NOMOSLEHRBUCH

Prof. Dr. Mathias Schmoeckel
Rheinische Friedrich-Wilhelms-Universität Bonn

Erbrecht

7. Auflage

Die Deutsche Nationalbibliothek verzeichnet diese Publikation in
der Deutschen Nationalbibliografie; detaillierte bibliografische
Daten sind im Internet über http://dnb.d-nb.de abrufbar.

ISBN 978-3-7560-0310-5 (Print)
ISBN 978-3-7489-3695-4 (ePDF)

7. Auflage 2025
© Nomos Verlagsgesellschaft, Baden-Baden 2025. Gesamtverantwortung für Druck
und Herstellung bei der Nomos Verlagsgesellschaft mbH & Co. KG. Alle Rechte, auch die
des Nachdrucks von Auszügen, der fotomechanischen Wiedergabe und der Übersetzung,
vorbehalten.

Vorwort zur 7. Auflage

Aufgrund der regen Nachfrage war es möglich, dieses Lehrbuch zu aktualisieren. In dieser Neuauflage konnte eine Reihe von Gesetzesnovellierungen berücksichtigt werden: insbesondere das Gesetz zur Modernisierung des Personengesellschaftsrechts (MoPeG) sowie die Stiftungsrechtsreform von 2023. Bei der EU-ErbrechtsVO zeigt sich immer weiterer Anpassungsbedarf. Ebenso im Hinblick auf das Betreuungsrechts und das FamFG wurden Angleichungen notwendig. In diesem Bereich half mir besonders mein wissenschaftlicher Mitarbeiter Matthias Bernhard Haase mit Rat und Tat.

Doch auch der Einblick auf den im Entstehen begriffenen neuen Band des Historisch-Kritischen Kommentars zum Erbrecht hat mir Anregungen vermittelt, sogar wenn es wie hier um die Einführung in das Thema geht. Manches konnte dadurch präzisiert und einige Aspekte ergänzt werden.

Bei der Drucklegung halfen mir im Institut besonders Julia Hüffel, Henning Allartz, Justus v. Loewenich, Christoph Schäfer, Narvik Reinhardt sowie Dominik Weber. Wieder war es eine Freude, mit Herrn Dr. Peter Schmidt und dem Nomos-Verlag die Neuauflage zu realisieren. Allen sei herzlich gedankt.

Ich hoffe, damit vielen weiteren Lesern das Interesse am Erbrecht sowie die Faszination für die Bedeutung dieses Fachs zu wecken.

im Sommer 2024 *Mathias Schmoeckel*

Aus dem Vorwort zur 1. Auflage

Ein neues Lehrbuch zum Erbrecht erscheint nicht unbedingt notwendig, da es bereits hervorragende und noch wesentlich ausführlichere Lehrbücher zum Erbrecht gibt. Aber umfassend soll das hier vorgelegte gerade nicht sein; vielmehr soll eine ausreichende Grundlage zum Verständnis dieser Materie gegeben werden. Andere Lehrbücher sind dagegen kürzer und beschränken sich auf einen überblicksartigen Grundriss. Die hier vorgelegte Darstellung soll jedoch nicht nur die Grundlinien, sondern eine verlässliche Einführung in die Materie geben. Aber auch als Einführung in die Materie, die ein verlässliches Verständnis über den Stoff schaffen will, betritt das hier vorgelegt Buch kein Neuland, da das Lehrbuch von Dieter Leipold genau diesen Anspruch erhebt und erfüllt. Zur Begründung meines Unterfangens und meines Ansatzes muss ich daher etwas weiter ausholen.

Wer jetzt Erbrecht lernt, muss mit einschneidenden Änderungen in der Zukunft rechnen. Das lange Zeit wenig veränderte Erbrecht gibt noch so stark wie kein anderes Buch des BGB die Konzeption des BGB von 1896 wieder. Doch in der letzten Zeit mehren sich die Anzeichen dafür, dass das Erbrecht in der nächsten Zeit in Fluss geraten könnte. Der Angriff auf die Privatautonomie im Vertragsrecht, der durch die Antidiskriminierungsrichtlinie ausgelöst und in Deutschland verschärft wurde, kann nicht ohne Auswirkungen auf die Testierfreiheit bleiben. In die gleiche Richtung drängen jüngere Entscheidungen bis hin zur problematischen Entscheidung des Bundesverfassungsgerichts in der Sache „Preußen".* Damit wird das Grundprinzip der gewillkürten Erbfolge, wenn nicht des deutschen Erbrechts insgesamt berührt. Es fragt sich daher, inwieweit die Testierfreiheit für das deutsche Erbrecht tragend ist.

Veränderungen können wie die Antidiskriminierungsrichtlinie ihren Ursprung in der europäischen Gesetzgebung haben. Die mögliche Neuausrichtung des Erbrechts wird dabei vor dem Hintergrund der verschiedenen europäischen Erbrechtsordnungen vorgenommen. Das gilt sowohl für den Einfluss der europäischen Rechtsprechung als auch europäischer Forscherkooperativen, die das Projekt einer neuen gemeineuropäischen Kodifikation in Angriff nehmen wollen. Aufgrund dieser Überlegungen wird deutlich, dass man sich auch im Erbrecht nicht darauf verlassen darf, dass in den nächsten Jahrzehnten alles beim Alten bleiben wird und nur das Erbrecht keinen Veränderungen ausgesetzt sein wird. Ein neues Lehrbuch zum Erbrecht muss daher zwei Anforderungen genügen:

Zum einen muss es die Strukturen und die Grundentscheidungen des BGB-Gesetzgebers vor dem Hintergrund alternativer Gestaltungsmöglichkeiten profilieren. Es kommt dabei nicht darauf an, zahlreiche Details aufzulisten, vielmehr sind aus den verschiedenen Rechtsinstituten und Regelungen die Prinzipien herauszuarbeiten, die

---

* BVerfG (22.3.2004 – 1 BvR 2248/01), FamRZ 2004, 765–768, auch in ZEV 2004, 241–243, EuGRZ 2004, 339–342, NJW 2004, 2008–2011, FPR 2004, 376–378, DNotZ 2004, 798–801, BVerfGK 3, 112–123; besprochen von *Ansgar Staudinger*, Anmerkung zu BVerfG 22.3.2004 – 1 BvR 2248/01, FamRZ 2004, 768–771; *Thomas Gutmann*, Der Erbe und seine Freiheit, NJW 2004, 2347–2349; *Gerhard Otte*, Die Bedeutung der „Hohenzollern"-Entscheidung des Bundesverfassungsgerichts für die Testierfreiheit, ZEV 2004, 393–398; *Josef Isensee*, Inhaltskontrolle des Bundesverfassungsgerichts über Verfügungen von Todes wegen – zum „Hohenzollern-Beschluss" des BVerfG –, DNotZ 2004, 754–766; *Christoph Scheuren-Brandes*, Wiederverheiratungsklauseln nach der Hohenzollern-Entscheidung – Handlungsbedarf für die Gestaltungspraxis?, ZEV 2005, 185–188; *Andreas Horsch*, Neue Aspekte zur Bestimmung des maßgeblichen Zeitpunkts der Sittenwidrigkeit von letztwilligen Verfügungen, Rpfleger 2005, 285–292. Zur Problematik dieser Entscheidung s. u. bei Fn. 156 ff.

Aus dem Vorwort zur 1. Auflage

im Idealfall wie im Fall des BGB ein kohärentes Erbrecht ergeben. Es ist daher beispielsweise zu fragen, welche Rolle der gesetzlichen Erbfolge zukommt, inwieweit die Testierfreiheit geschützt wird, welche die Grenzen der Gestaltungsmöglichkeiten im Erbrecht sind.

Zum anderen ist immer wieder auf andere Problemlösungen in der Vergangenheit und Gegenwart hinzuweisen. Worin die Charakteristika der BGB-Regelungen liegen, versteht man nur, wenn man über Alternativen informiert wird. Dieses Verständnis hilft zunächst bei dem Erlernen des BGB-Stoffes: Wer Damnations- und Vindikationslegat zu unterscheiden weiß, wird nie den schuldrechtlichen Charakter des deutschen Vermächtnisses verkennen. Der Blick auf die Besonderheiten des BGB ermöglicht es ferner, die Konsistenz dieser Grundentscheidungen zu erkennen. Nur so lässt sich ermessen, wie wichtig auch heute noch vor allem die Testierfreiheit ist. Schließlich ermöglicht das Aufzeigen der Differenzen zum Erbrecht anderer Länder den Rechtsvergleich. Dieser ist im Erbrecht nicht nur wegen der eben aufgezeichneten europäischen Dimension der Rechtsentwicklung unerlässlich, sondern vor allem weil grenzüberschreitende Fälle mittlerweile eher die Regel als die Ausnahme sind und daher nicht ohne IPR und Rechtsvergleichung lösbar sind.

Das bedeutet nicht, dass hier durchgehend rechtsvergleichend verschiedene Lösungen zu erörtern sind. Dies würde der Aufgabe nicht gerecht werden, das deutsche Recht zu erklären. Die vergleichenden Hinweise sind nur erforderlich, um die Merkmale des deutschen Rechts besser erkennen zu können. Dieses Verständnis erst ermöglicht den souveränen Umgang mit dem Stoff sowie Kritikfähigkeit. Dadurch kann man selbst bei unbekannten Problemen im Examen souverän mit dem Stoff umgehen und fundiert argumentieren.

Insgesamt soll diese Darstellung konzise die Struktur des Erbrechts erläutern. Studenten und Referendare sollen in den Stand versetzt werden, den Examensanforderungen zu genügen. Dazu gehört vor allem die Fähigkeit, den Stoff anwenden zu können. Man muss die Vorteile verschiedener Gestaltungsmöglichkeiten kennen. Dies ergibt sich erst dann, wenn man den Stoff beherrscht. Zu diesem Zweck müssen einige besonders häufig geprüfte Bereiche detaillierter dargestellt werden als andere, die weniger häufig gefragt werden bzw. nicht mehr zum Prüfungsstoff gehören. Zu diesem Zweck wurden ebenso Verständnisfragen und einige Fälle mit Lösungen beigegeben. Erbrecht lernt sich nicht allein durch die dogmatische Darstellung. Hinzu kommt ein Verständnis für den Aufbau und die Reihenfolge der zu prüfenden Probleme des Falles. Jeder, der das Buch durcharbeitet, sollte daher zunächst eigenständig die Bearbeitung der Fälle versuchen, bevor die Lösung studiert wird.

Dadurch soll die wunderbare Klarheit der erbrechtlichen Strukturen verdeutlicht werden. Nur ein solches grundlegendes Verständnis hilft, sowohl den immer neuen Examensfragen gerecht zu werden, aber auch auf die möglichen Neuerungen der Rechtsentwicklungen vor dem Hintergrund konkurrierender Modelle des Auslands vorbereitet zu sein.

Inhalt

Vorwort zur 7. Auflage	5
Aus dem Vorwort zur 1. Auflage	6
Abkürzungsverzeichnis	15
Bibliographische Hinweise	17

A. Einleitung

§ 1	Aufgabe	19
§ 2	Historischer Überblick	21
§ 3	Alternativen zum Erbrecht	27
§ 4	Grundbegriffe und Prinzipien	30
	I. Testierfreiheit	30
	II. Nachlass	31
	1. Grundsatz	31
	2. Höchstpersönliche Rechte	33
	3. Digitaler Nachlass	35
	III. Prinzipien	36
	1. Universalsukzession	36
	2. Soforterbfolge	37
	3. Vonselbsterwerb	38
§ 5	Berufung zum Erben, Erbfähigkeit	40
§ 6	Einschlägige Normen und Geltungsbereich	41
	I. Einschlägige Gesetze	41
	II. Geltungsbereich	42
§ 7	Das Erbrecht des Staates, Erbschaftsteuer	45
	I. Bedeutung	45
	II. Gestaltungsspielraum im Hinblick auf die Steuerpflicht	49
§ 8	Legalordnung des Erbrechts	52
	Fragen zur Wiederholung und Vertiefung	52

B. Vom Erbfall zum Erbe

§ 9	Nachlassverfahren	54
	I. Eröffnung des Nachlassverfahrens	54
	II. Verfahren nach FamFG	55

Inhalt

III.	Erbschein	57
	1. Inhalt und Funktion	57
	2. Verfahren	62

§ 10 Erbschaftsanspruch, § 2018 BGB 65

§ 11 Annahme und Ausschlagung der Erbschaft 69
    I. Fragestellung 69
    II. Ausschlagung §§ 1942 ff BGB 70

    Fragen zur Wiederholung und Vertiefung 73

C. Gesetzliche Erbfolge

§ 12 Ziele der gesetzlichen Erbfolge 74

§ 13 Parentelordnung 78

§ 14 Erbrecht der verschiedenen Ordnungen 81

§ 15 Erbrecht der nichtehelichen Kinder 84

§ 16 Erbrecht des überlebenden Ehepartners 86

§ 17 Weitere Erbrechte 90

    Fragen zur Wiederholung und Vertiefung 90

§ 18 Pflichtteilsrecht 91
    I. Einleitung 91
    II. Pflichtteilsberechtigte 92
    III. Voraussetzungen des Pflichtteilsanspruchs 93
    IV. Natur des Anspruchs 94
    V. Anspruchsinhalt 95
    VI. Anspruch auf Ergänzung des Pflichtteils 97
    VII. Entzug des Pflichtteils 98

    Fragen zur Wiederholung und Vertiefung 99

D. Gewillkürte Erbfolge

§ 19 Einführung 101
    I. Sinn und Aufgabe des Testamentsrechts 101
    II. Funktion der Testierfreiheit 106
    III. Erbrecht der Angehörigen? 108

§ 20 Testament – Allgemeine Voraussetzungen 111
    I. Charakteristika des Testaments 111
    II. Testierfähigkeit 112
    III. Testamentsformen 116
        1. Das privatschriftliche Testament 116

	2.	Das öffentliche Testament	119
	3.	Formen des Testaments in Notfällen	120
IV.	Widerruf eines Testaments		120
V.	Höchstpersönlichkeit		122
VI.	Sittenwidrigkeit letztwilliger Verfügungen		125
	Fragen zur Wiederholung und Vertiefung		130

§ 21 Weitere Arten letztwilliger Verfügungen   132
- I. Gemeinschaftliches Testament   132
  1. Anwendungsbereich   132
  2. Formerleichterung   133
  3. Trennungs- oder Einheitsprinzip   133
  4. Wechselbezügliche Verfügungen   135
  5. Besondere Nichtigkeitsgründe   137
- II. Erbvertrag   138
  1. Anwendungsbereich   138
  2. Umgehungsgeschäfte   139
  3. Voraussetzungen   140
  4. Grenzen der Bindungswirkung   141

Fragen zur Wiederholung und Vertiefung   142

§ 22 Testamentarische Anordnungen   144
- I. Erbeinsetzung   144
  1. Einsetzung und Erbquote   144
  2. Wegfall eines Erben: Ersatzerbe, Nacherbe, Anwachsung   146
  3. Vor- und Nacherbschaft   148
     a) Funktion   148
     b) Gestaltungsmöglichkeiten   149
     c) Vor- und Nacherbfall   151
     d) Zeitliche Beschränkung der Nacherbfolge   151
     e) Rechte des Vorerben   152
- II. Vermächtnis   156
  1. Funktion   156
  2. Abgrenzungen   157
  3. Vorausvermächtnis   157
  4. Voraussetzungen   158
  5. Forderungsrecht   158
  6. Haftungsfragen   160
  7. Verschiedene Arten des Vermächtnisses   160
  8. Abgrenzung von Vermächtnis und Erbeinsetzung   161
- III. Auflage   162
- IV. Weitere mögliche Inhalte eines Testaments   163

Fragen zur Wiederholung und Vertiefung   165

§ 23 Auslegung letztwilliger Verfügungen   166
- I. Einleitung   166
- II. Ermittlung des wirklichen Willens   167
- III. Auslegungsregeln und gesetzliche Vermutungen   170

IV. Ergänzende Auslegung	171
V. Spätere Willensänderung	172
VI. Auslegungsvertrag	173
Fragen zur Wiederholung und Vertiefung	174

E. Ausschluss von der Erbfolge

§ 24 Einleitung	175
§ 25 Erbverzicht	176
§ 26 Erbunwürdigkeit	178
§ 27 Anfechtung letztwilliger Verfügungen	180
Fragen zur Wiederholung und Vertiefung	182

F. Lebzeitige Geschäfte auf den Erbfall hin

§ 28 Einleitung und Folgeprobleme	183
I. Einleitung	183
II. Zusammenhang zu Pflichtteilsergänzungsansprüchen	185
Fragen zur Wiederholung und Vertiefung	186
§ 29 Die Trennung nach § 2301 BGB	187
§ 30 Die postmortale Vollmacht	190
§ 31 Die Fälle von § 331 BGB	192
§ 32 Kollision von Erb- und Handelsrecht, Nachfolgeklauseln	195
Fragen zur Wiederholung und Vertiefung	199
§ 33 Der Familienvertrag	200

G. Stellung der Erben in der Erbengemeinschaft

§ 34 Erbengemeinschaft	202
§ 35 Auseinandersetzung	205
I. Inhalt und Zeitpunkt	205
II. Teilungsverfahren	206
1. Teilungsanordnung	206
2. Ausgleichung	207
a) Zuwendungen	207
b) Leistungen	208
III. Vollzug der Teilung	209
Fragen zur Wiederholung und Vertiefung	210

H. Fürsorge für den Nachlass und Erbschaftskauf

§ 36 Nachlasspflegschaft	211
§ 37 Nachlassinsolvenzverfahren	213
§ 38 Nachlassverwaltung	215
§ 39 Testamentsvollstreckung	217
I. Einführung	217
II. Ernennung und Dauer des Amts	217
III. Aufgaben	219
IV. Befugnisse	221
V. Pflichten	221
VI. Testamentsvollstreckung in Gesellschaftsanteile	222
§ 40 Erbschaftskauf	224
Fragen zur Wiederholung und Vertiefung	225

J. Haftung der Erben

§ 41 Einführung	226
§ 42 Feststellung des Nachlasses	229
§ 43 Erschöpfungseinreden	231
§ 44 Beginn der Haftungspflicht	235
§ 45 Haftung der Miterben	237
I. Bis zur Nachverteilung	237
II. Nach der Nachlassteilung	238
Fragen zur Wiederholung und Vertiefung	239
§ 46 Gestaltung eines Testaments	241
I. Alternativen zum Testament	241
II. Vorzüge der gesetzlichen Erbfolge?	242
III. Testierfähigkeit	242
IV. Pflichtteilsrechte	243
V. Ermittlung des Erblasserwillens	243
VI. Art der letztwilligen Verfügung	243
VII. Gestaltungsmöglichkeiten	244
VIII. Mögliche Veränderungen der Rechts- und Sachlage	244
IX. Form	244

Inhalt

Wiederholungs- und Vertiefungsfragen und Antworten	247
Definitionen	281
Paragraphenregister	283
Stichwortverzeichnis	305

Abkürzungsverzeichnis

a.A.	anderer Ansicht/ (bei Gesetzen:) am Anfang
ABGB	Allgemeines Bürgerliches Gesetzbuch (Österreich)
AcP	Archiv für die civilistische Praxis
AGGVG	Ausführungsgesetz zum GVG
ALR	Allgemeines Landrecht für die Preußischen Staaten
Art.	Artikel
Aufl.	Auflage
BayObLG	Bayerisches Oberstes Landesgericht
BeurkG	Beurkundungsgesetz
BewG	Bewertungsgesetz
BFH	Bundesfinanzhof
BGB	Bürgerliches Gesetzbuch
BGH(Z)	Bundesgerichtshof (in Zivilsachen)
BVerfG(E)	Bundesverfassungsgericht(sentscheidungen)
BW	Burgerlijk Wetboek (Niederlande)
bzw.	beziehungsweise
Cc	Code civil
DNotZ	Deutsche Notar-Zeitschrift
DR	Deutsches Recht
EGBGB	Einführungsgesetz zum Bürgerlichen Gesetzbuch
ErbStG	Erbschaftssteuergesetz
EU	Europäische Union
evt.	eventuell
f/ ff	folgende/ fortfolgende
FamFG	Gesetz über das Verfahren in Familiensachen und in den Angelegenheiten der freiwilligen Gerichtsbarkeit (seit 1.9.2009)
FGG	Gesetz über die Angelegenheiten der Freiwilligen Gerichtsbarkeit (bis zum 31.8.2009)
Fn.	Fußnote
G	Gesetz
GebrMG	Gebrauchsmustergesetz
GeschmMG	Geschmacksmustergesetz
GG	Grundgesetz
GKG	Gerichtskostengesetz
h.M.	herrschende Meinung
HöfeO	Höfeordnung
HRG	Handwörterbuch zur Deutschen Rechtsgeschichte
Hrsg./ hrsg.	Herausgeber/ herausgegeben
Hs.	Halbsatz
InsO	Insolvenzordnung
i.V.m.	in Verbindung mit
JuS	Juristische Schulung
JZ	Juristenzeitung
KostO	Kostenordnung
LG	Landgericht
LPartG	Gesetz über die Eingetragene Lebenspartnerschaft
MüKo	Münchner Kommentar zum Bürgerlichen Gesetzbuch
NJW	Neue Juristische Wochenschrift
NJW-RR	NJW-Rechtsprechungsreport
OHG	Offene Handelsgesellschaft
OLG	Oberlandesgericht
PatG	Patentgesetz
RG(Z)	Reichsgericht (in Zivilsachen)
Rn.	Randnummer
S.	Satz/ Seite
s.(o./u.)	siehe (oben/ unten)

Abkürzungsverzeichnis

SeuffA	Seuffert's Archiv für Entscheidungen der obersten Gerichte in den deutschen Staaten
str.	strittig
TestG	Testamentsgesetz
UrhG	Urheberrechtsgesetz
v.	von
Var.	Variante
vgl.	vergleiche
z.B.	zum Beispiel
ZErb	Zeitschrift für die Steuer- und Erbrechtspraxis
ZEV	Zeitschrift für Erbrecht und Vermögensfragen
ZGB	Zivilgesetzbuch
ZIP	Zeitschrift für die Internationale Praxis
ZPO	Zivilprozessordnung

Bibliographische Hinweise

Ann, Christoph/ Kroiß, Ludwig/ Mayer, Jörg (iVm DAV, Bd.hrsg.), NK-BGB, Erbrecht, Band 5: §§ 1922–2385, 5. Aufl. Baden-Baden 2018.
Bauer, Kilian/ Keim, Christopher/ Weirich, Hans-Armin, Erben und Vererben. Handbuch des Erbrechts und der vorweggenommenen Vermögensnachfolge, 6. Aufl. Herne 2010.
Burandt, Wolfgang/ Rojahn, Dieter, Erbrecht, 3. Aufl. München 2019.
Brox, Hans/ Walker, Wolf-Dietrich, Erbrecht, 28. Aufl. München 2018.
Crezelius, Georg, Unternehmenserbrecht. Erbrecht, Gesellschaftsrecht, Steuerrecht, 2. Aufl. München 2009.
Damrau, Jürgen, Praxiskommentar Erbrecht, 4. Aufl. Bonn 2020.
Deutsche Gesellschaft für Erbrechtskunde (Hrsg.), Deutscher Erbrechtskommentar. Kommentar, Beratungshilfen und Muster zu §§ 1922–2385 BGB sowie Artikel 25, 26 und 235 EGBGB, bearbeitet von Wolfgang Burandt usw., Köln/ München usw. 2003.
Große-Wilde, Franz M/ Ouart, Peter E. (Hrsg.), Deutscher Erbrechtskommentar. §§ 1922–2385 BGB, Art. 25, 26, 235 EGBGB mit Formulierungshilfen und Mustern, 2. Aufl. Köln 2010.
Eidenmüller, Horst/ Fries, Martin, Fälle zum Erbrecht (Fälle mit Lösungen), 6. Aufl. München 2017.
Frank, Rainer/ Helms, Tobias, Erbrecht, 7. Aufl. München 2017.
Frohn, Peter, Nachlasswesen, (Rechtspfleger-Studienbücher), 3. Aufl. Bielefeld 2014.
Gursky, Karl H./ Lettmaier, Saskia, Erbrecht, 7. Aufl. Heidelberg 2018.
Harder, Manfred/ Kroppenberg, Inge, Grundzüge des Erbrechts, 5. Aufl. Neuwied 2002.
Kipp, Theodor/ Coing, Helmut, Erbrecht: Ein Lehrbuch, 14. Aufl. Tübingen 1990.
Krug, Walter, Erbrecht, 4. Aufl. München 2009.
Lange, Heinrich/ Kuchinke, Kurt, Erbrecht: ein Lehrbuch, 5. Aufl. München 2001.
Leipold, Dieter, Erbrecht, 22. Aufl. Tübingen 2020.
Leiß, Martin/ Löhnig, Martin, Fälle zum Familien- und Erbrecht, 4. Aufl. München 2019.
Medicus, Dieter/ Petersen, Jens, Bürgerliches Recht, 27. Aufl. 2019.
Michalski, Lutz/ Schmidt, Jessica, BGB-Erbrecht, 5. Aufl. Heidelberg 2019.
Muscheler, Karlheinz, Erbrecht, Band I und II, Tübingen 2010.
Olzen, Dirk/ Looschelders, Dirk, Erbrecht, 6. Aufl. Berlin etc. 2020.
Palandt, Otto, Bürgerliches Gesetzbuch, 79. Aufl. München 2020.
Roth, Andreas, Familien- und Erbrecht mit ausgewählten Verfahrensfragen, 5. Aufl. Heidelberg 2010.
Röthel, Anne, Erbrecht, 18. Aufl. München 2020.
Säcker, Franz Jürgen/ Rixecker, Roland/ Oetker, Hartmut (Hrsg.), Münchener Kommentar zum Bürgerlichen Gesetzbuch, Band 1: Allgemeiner Teil §§ 1–240 (AllgPersönlR, ProstG, AGG), Band 8: Sachenrecht §§ 854–1296 (WEG, ErbbauRG), Band 11: Erbrecht §§ 1922–2385 (§§ 27–35 BeurkG), München 2018, 2020, 2020.
Schilken, Eberhard, Zivilprozessrecht, 7. Aufl München 2014.
Schlüter, Wilfried/ Gutmann, Thomas, Erbrecht, (Prüfe Dein Wissen, 6), 11. Aufl. München 2020.
Simon, Dietrich/ Werner, Olaf, 22 Probleme aus dem Familien- und Erbrecht, 4. Aufl. Neuwied 2015.
Staudinger, Julius von/ div. Bearbeiter, Kommentar zum Bürgerlichen Gesetzbuch mit Einführungsgesetz und Nebengesetzen, Buch 5 Erbrecht, §§ 1967–2063 (Rechtsstellung des Erben), §§ 2265–2302 (Gemeinschaftliches Testament, Erbvertrag), §§ 2303–2345 (Pflichtteil, Erbunwürdigkeit), §§ 2346–2385 (Erbverzicht, Erbschein, Erbschaftskauf), Neubearbeitung Berlin 2016, 2014, 2015, 2010.
Süß, Rembert, Erbrecht in Europa, 4. Aufl. Bonn 2020.
Ubert, Guido/ Hochmuth, Johannes/ Kasper, Josef, Erbrecht, 10. Aufl. Sudholt 2020.
Zimmermann, Walter, Erbrecht, Lehrbuch mit Fällen, 5. Aufl. Berlin 2019.

Bibliographische Hinweise

Auch ältere Literatur bleibt hier verwendbar wie z. B.
v. Lübtow, Ulrich, Erbrecht – eine systematische Darstellung, 2 Halbbände, Berlin 1971 oder *Strohal, Emil*, Das Deutsche Erbrecht auf der Grundlage des BGB, 3. Aufl. 1903/1904.

A. Einleitung

§ 1 Aufgabe

Das Erbrecht zielt auf die Situation **nach einem Todesfall**. Zur Verteilung steht das, was nach einem Leben übrig ist. Es ist das Resultat eines Lebens im Guten wie im Bösen, doch nur in materieller Hinsicht. Selbst die Pflichten des Individuums erlöschen mit dem Tod und es verbleiben davon allenfalls Schulden oder Nachwirkungen. Es hilft den Hinterbliebenen, die Verteilung des Nachlasses vorzunehmen. Doch schon **vorher** steht es auch dem Erblasser zur Verfügung, um die Nachlassverteilung zu regeln und um Unklarheiten vorzubeugen.

Mit den anderen Büchern des BGB weist es Gemeinsamkeiten auf: Wie im Sachenrecht handelt es sich aus der Sicht der Erben also um den Erwerb von Sachen; wie im Familienrecht wird hierbei die Beziehung mit der Familie virulent; wie im Schuldrecht geht es für den Testator um die privatautonome Verteilung seines Eigentums. Besonders mit Familien- und Sachenrecht wurde das Erbrecht daher oft zusammen dargestellt. Das BGB trennte jedoch diese Materie durch die Regelung im fünften und letzten Buch als „**Recht der letzten Dinge**".

Das Erbrecht ist rein materieller Natur. Die Pflichten sind hier prinzipiell erloschen, während alle anderen Bücher des BGB Pflichten ausgleichen müssen: Das Schuldrecht dient dem Ausgleich mit dem Vertragspartner; das Sachenrecht regelt die Verpflichtungen erga omnes, die natürlich auch nach dem Tod verbleiben; im Familienrecht werden die Pflichten in der Familie geregelt. Im Erbrecht bleibt nur die Frage der Verteilung. Entsprechend kümmert sich das Erbrecht auch um Fragen, wie die Aufteilung durchgeführt werden kann. Deswegen wird neuerdings neben der Zuweisung durch das Erbrecht, eigentlich der Anerkennung der testamentarischen Verteilung, noch die Vollzugsdimension des Erbrechts unterschieden[1].

Das Erbrecht ist wie die anderen Bücher des BGB auch von einer **Grundfreiheit** durchdrungen. So wie der Allgemeine Teil die Vereinsfreiheit gewährt oder von der allgemeinen Gleichheit und Freiheit der Personen ausgeht, das Schuldrecht die Privatautonomie unterstellt, das Sachenrecht dann die Eigentumsfreiheit und das Familienrecht die Freiheit des Eheschlusses zugestehen, so liegt dem Erbrecht die **Testierfreiheit** zugrunde. Die Frage der Verteilung des Nachlasses liegt damit in der Hand des Erblassers. Damit wird deutlich, dass das Recht der Verteilung des Nachlasses vor allem ein lebzeitiges Freiheitsrecht darstellt, obwohl die Wirkung erst nach dem Tod des Erblassers eintritt. Dies kann sogar als (moralische) Pflicht im Vordergrund stehen, wie die weiterlaufende Nutzung des römischen Ausdrucks für das gesetzliche Erbrecht als „Intestaterbrecht" und damit als Ausnahmefall zur Regel des Testaments zeigt. Zweck des Erbrechts ist also einerseits, die Errichtung letztwilliger Verfügungen zu steuern und interpretieren zu helfen sowie andererseits die Verteilung des Nachlasses nach dem Tod des Erblassers zu regeln. Das Erbrecht ist daher nicht nur ein Nachlassrecht.

---

[1] *Jan Peter Schmidt*, Itinera hereditatis. Strukturen der Nachlassabwicklung in historisch-vergleichender Perspektive, (Jus Privatum, 258), Mohr 2022, 5.

A. Einleitung

3 In gewisser Weise ist das Erbrecht die **Vollendung des Privatrechts**. Dies gilt weniger aufgrund der systematischen Stellung im deutschen BGB, sondern ergibt sich eher aus inhaltlichen Gründen.

- Erstens lässt sich das Erbrecht nur mit guten Grundkenntnissen in allen anderen zivilrechtlichen Materien verstehen: Das Testament ist eine einseitige Willenserklärung und muss gemäß § 133 BGB ausgelegt werden, das Vermächtnis verweist als schuldrechtlicher Anspruch gegen die Erben auf das Schuldrecht, der Erbschaftsanspruch auf das Eigentümer-Besitzer-Verhältnis und die für die gesetzliche Erbfolge maßgebliche Verwandtschaft wird im Familienrecht geregelt. Das Erbrecht wiederholt und vertieft dabei das Verständnis der anderen Bücher des BGB.

- Zweitens stellt die Auslegung der letztwilligen Verfügungen oft eine große Herausforderung dar, um trotz gewandelter tatsächlicher Verhältnisse ein Ergebnis zu erzielen, das dem Willen des Erblassers noch entspricht. Die für Juristen zentrale Kunst der Auslegung ist in anderen Bereichen kaum derart gefordert wie im Erbrecht, hier kann man oder muss man sogar besonders frei und kreativ interpretieren. Die im Umgang mit Testamenten gewonnenen Fertigkeiten helfen in allen anderen Bereichen, die Möglichkeiten der Auslegung zu erkennen. Die Verbindung von Vermögensgegenständen und Menschen ist stets nur vorübergehender Natur. Jedenfalls der Tod schließt diese Beziehung ab. Während die ersten vier Bücher zunächst dem Erwerb gelten, dient das Erbrecht vor allem dazu, die sinnvolle Weitergabe des Nachlasses sicherzustellen.

- Drittens und vor allem ist die Verantwortung des Menschen im Umgang mit seiner Habe erst dann abgeschlossen, wenn die Weitergabe seiner Habe nach bestem Wissen und Gewissen geregelt wurde. Wenn dies unbestimmt blieb, muss das Gesetz eine Lösung vorgeben, damit das Vermögen wieder von anderen erworben wird.

§ 2 Historischer Überblick

▶ **Fall:** Ein Erblasser ordnet in seinem Testament von 1925 an, dass der Erbe die Voraussetzungen erfüllen muss, die in der Familie schon seit Jahrhunderten erfüllt werden und benennt diese konkret. Im Fall der Nacherbschaft kann das Testament auch noch gegenwärtig Anwendung finden. Können die in Bezug genommenen Regeln aus der Zeit vor der Geltung des BGB eine Rolle spielen? ◀

Erbrecht entwickelte sich überall besonders langsam, wahrscheinlich weil sich hier die Mentalitäten der Gesellschaft besonders stark auswirken.[2] Das geltende Recht spiegelt die Erfahrungen der Vergangenheit. Die Geschichte kann daher zum Verständnis der erbrechtlichen Regelungen besonders aufschlussreich sein. Überdies wird bis heute in erheblicher Weise mit historischen Erfahrungen – z. T. in stark verkürzter und irreführender Weise – argumentiert, so dass historische Grundkenntnisse selbst für die aktuelle politische Diskussion relevant sind.

Das **römische Recht** gab der Möglichkeit, über den Nachlass zu verfügen, eine große Bedeutung. Tatsächlich verfügte das Familienoberhaupt, der *pater familias*, nicht nur über die Latifundien und Sklaven der Gesamtfamilie. Vielmehr hingen daran auch die politische Macht und die Möglichkeit, eine Stellung im Staat zu erhalten. Den Familienvätern wurde die **Verantwortung** überlassen, wer im Wege der Erbfolge in diesen Kreis **der staatstragenden Männer** Einlass finden sollte. Über Adoption und damit die kunstvolle Anwendung von Familien- und Erbrecht wurde die Staatsführung des römischen Reiches in der Zeit nach Augustus über Jahrhunderte weitergegeben. Diese Politik spiegelte sich in den Familien und ihren Testamenten wider. Dabei durfte der Chef der Familie nicht beliebig, schon gar nicht gegen das Herkommen, testieren. Vielmehr war er an die Moralvorstellungen der Zeit gebunden. Andererseits durfte nichts seine Entscheidungsfreiheit mindern. Selbst Erbverträge innerhalb der Familie zur Aufteilung des Vermögens wurden daher als sittenwidrig angesehen.

In den spätantiken Gesetzen germanischer Herrscher finden sich nur rudimentäre Formen der gewillkürten Erbfolge. Dies liegt wohl an der vorherrschenden Landwirtschaft dieser Zeit, die auf langfristigen und eindeutigen Regeln sowie besonders an der Konzentration des Besitzes interessiert ist. Familien wirtschaften in diesem Modell zusammen, um Synergien zu nutzen. Bis in die Neuzeit herrschte vornehmlich in den adligen Familien Europas die Vorstellung vor, das Vermögen gehöre nicht einem allein, sondern der Gesamtfamilie. Auch wenn es von einem verwaltet wurde, konnte dieser darüber nicht frei verfügen. Lebzeitig musste er davon die Interessen der Familie finanzieren und letztwillig konnte er nicht frei testieren, sondern war gebunden, das Vermögen innerhalb der Familie weiterzugeben nach dem Motto: „**Das Gut rinnt wie das Blut**". Allerdings konnten im Wege der „**Spezialsukzession**" spezielle Gegenstände vom Vermögen getrennt und an einen allein vererbt werden. Der älteste Sohn etwa konnte Waffen und Rüstung des Vaters erwerben unabhängig von der Frage, was mit dem übrigen Vermögen geschah.

Dagegen versuchte insbesondere die **Kirche**, die Möglichkeit einer freien letztwilligen Verfügung über zumindest einen Teil des Vermögens durchzusetzen[3], besonders als sich um 1200 wieder ein Handel in Europa etablierte. Kaufleute sind eher an flexiblen

---

2 *Jens Beckert*, Unverdientes Vermögen. Soziologie des Erbrechts, 2004, 101, 323 ff.
3 Zur kirchlichen Abgabe aufgrund eines Erbfalls s. *David von Mayenburg*, „Laudabilis usus" oder „detestabilis consuetudo" – Mortuaria und andere Abgaben von Todes wegen aus der Perspektive des Kirchenrechts,

§ 2   A. Einleitung

Regeln des Erbrechts interessiert, um etwa den Geeignetsten aus dem Kreis der Erben auszusuchen und sich den Bedingungen des Umfelds anzupassen. Beide Erbrechtsmodelle zu kombinieren, war kaum möglich. Indem die Kirche beispielsweise fingierte, Jesus habe die Stellung eines Kindes, setzte sich die Vorstellung durch, dass der Testator jedenfalls einen Teil seines Reichtums, seinen „Seelteil", zur Verfügung habe, um ihn der Kirche zu hinterlassen.[4] Ein anderer Weg bestand darin, jede Verfügung über das Familienvermögen nicht nur mit dem Herrn des Hauses zu beschließen, sondern noch die Zustimmung der Erben einzuholen (Erbenlaub), um so deren Widerspruch nach dem Erbfall auszuschließen.

Im System des adligen Erbrechts war die Bindung von Hab und Gut an die Familie wichtig, um große **Familienvermögen** zu sammeln. Auf diese Weise sollte das Gut nach dem Tod nicht verteilt und so verkleinert werden, vielmehr sollten alle Geschwister und Generationen gemeinsam zur Vergrößerung des Familienguts beitragen. Je reicher die Familie, desto größer waren entsprechend ihr Ansehen („splendor familiae") und ihre Macht; zudem hatte auch jedes Familienmitglied mehr Chancen, in der Gesellschaft Reichtum, politische Macht und Ansehen zu erwerben. In einer Zeit, in der kaum Vermögen neu geschaffen wurden, bewirkte das Erbrecht in entscheidender Weise, welche Stellung jemand dank des ererbten Vermögens und Standes einnehmen konnte[5].

Den adligen Familien wurde in der Neuzeit gestattet, einen „**Familienfideikommiss**" anzuordnen. Damit wurde das Familienvermögen als eigene Organisationsform ausgestaltet, wodurch es vom persönlichen Vermögen des Erben getrennt wurde. Der Chef des Hauses hatte nur die Nutznießung am Familienvermögen; die Masse sollte dabei für die Familie eingesetzt und musste nach seinem Tod ungeschmälert an den Erben der nächsten Generation weitergegeben werden. Dadurch war dieses rechtlich abgesonderte Vermögen vor dem Zugriff der Gläubiger geschützt, das unter bestimmten Bedingungen genutzt, nie jedoch verbraucht werden konnte. Doch diese Bindung belastete die Familien stark, die selbst in besonderen Gefahren das Vermögen nicht antasten durften, so dass diese Gestaltung nach Möglichkeit vermieden wurde.

3   Zum 18. Jahrhundert hin wurde dieses **Erbrecht** des Adels aus politischen und wirtschaftlichen Gründen heftig **kritisiert**. Zum einen sah man die mächtigen Adelsfamilien als Bedrohung der staatlichen Macht; die Zentralgewalt sollte gestärkt werden, indem die Bürger gleicher wurden. Zum anderen sah man in der Akkumulierung von Reichtum, der nie wieder veräußert und daher dem Markt dauerhaft entzogen war, eine Gefahr für die Volkswirtschaft, die über die Jahrhunderte mangels Masse „austrocknen" musste. Die **Französische Revolution** beseitigte daher die Familienfideikommisse vollständig, wenn auch nicht dauerhaft, und ordnete eine Verteilung des Vermögens unter den gesetzlichen Erben an. Der Erblasser konnte nur noch über eine geringe Quote seines Nachlasses testieren, so etwa 1/10, wenn Kinder vorhanden waren.

Insbesondere der bedeutende französische Liberale Alexis de Tocqueville (1805–1859) machte in seiner Beschreibung des demokratischen Amerika den Unterschied zwischen

---

in: Orazio Condorelli/Franck Roumy/Mathias Schmoeckel (Hrsg.), Der Einfluss der Kanonistik auf die europäische Rechtskultur, Band 1, 2009, 337–387.
4   Genauer *Jan Hallebeek*, Dispositions *ad pias causas* in Gratian's Decretum: Should the *Portio Christi* be Restricted to a Child's Share?, in: Reinhard Zimmermann (Hrsg.), Der Einfluss religiöser Vorstellungen auf die Entwicklung des Erbrechts, 2012, 79–102.
5   *Dirk Heirbaut*, A History of the Law of Succession, in Particular the Southern Netherlands/Belgium, in: Ch. Castelein/ R. Foqué/ A. Verbeke (Hg.), Imperative Inheritance Law in a Late-modern Society, 2009, 65–84, 65.

einem demokratischen und einem aristokratischen Erbrecht deutlich.[6] Die gleiche politische Teilhabe der Demokratie erfordere die Verteilung, nicht die Bündelung der Erbschaft. Das Erbrecht sollte also jede Vermögensakkumulation zu Lebzeiten wieder durch Aufteilung unter den Erben ausgleichen. Seither wurde über das richtige Modell des Erbrechts gestritten. Bis heute prägt dies das grundlegende Verständnis des Erbrechts.

Der in der ersten Hälfte des 19. Jahrhunderts starke Liberalismus führte in Deutschland dazu, dass die Testierfreiheit als Grundsatz des Erbrechts in zahlreichen Gesetzen aufgenommen wurde. Dennoch blieb daneben für adlige Familien ein Sonderrecht erhalten. Die Ausgestaltung des Erbrechts wurde auch in den deutschen Staaten ein wichtiger Streitpunkt der politischen Auseinandersetzung.

Zur Zeit der **Kodifikation** des BGB galten in Deutschland ganz heterogene Erbrechtssysteme: teilweise römisches Recht mit seiner Testierfreiheit, teilweise Regime mit der Vorstellung einer völligen oder zumindest anteiligen Bindung des Vermögens an die Familie. Auch in den übrigen Streitpunkten[7] mussten die verschiedenen Entwürfe zum BGB gemeinsame Lösungen finden. Gottfried von Schmitt legte 1878 einen Teilentwurf vor, der von der 1. Kommission in großem Maße herangezogen wurde. Während er in der sprachlichen Fassung und logischen Konsequenz gelobt wurde, wurde die politische Entscheidung auf verschiedene Weisen harsch kritisiert. Grundsätzlich folgte der Entwurf dem liberalen Modell. Die Testierfreiheit wurde zum allgemeinen Prinzip des gewillkürten Erbrechts.

Die Zulassung der Testierfreiheit hielt **Otto von Gierke** (1841–1921) für einen Fehler. Er kritisierte das neue Erbrecht als „Standesrecht des liberalen Bürgertums", das dem Einzelnen zu viel Freiheit lasse. Dadurch werde die einheitliche Familienwirtschaft nicht genügend geschützt.[8] Stattdessen wollte er durch den Ausbau einer nicht zu entziehenden Erbenstellung seine Ideen eines sozialen Schutzes verwirklichen. **Anton Menger** (1841–1906) sah im BGB den Konflikt verschiedener Konzepte konserviert, deren Heterogenität durch die Testierfreiheit verschleiert würde.[9] Einerseits gebe es eine Zwangsquote aus der Erbmasse für die engsten Familienangehörigen (Pflichtteil), andererseits lasse man die aristokratischen Fideikommisse weiterhin zu. Das BGB beschränkte sich darauf, das allgemeine Zivilrecht zu regeln; das den Adel betreffende Recht wollte es nicht erfassen. Menger setzte sich erst in der Nachfolge der Weimarer Reichsverfassung von 1919 durch. Diese ordnete in Art. 155 WRV an, die Familienfideikommisse und die ähnlichen Formen durch nachfolgende Landesgesetze abzuschaffen. Diese sind bis in die 1950er Jahre erlassen worden.

Immerhin war Menger noch der Auffassung, der „freundliche Gedanke" der **Beseitigung des Erbrechts** sei unsinnig, da es für den Erhalt von Eigentum erforderlich sei. Dafür wurde ein solches Experiment 1917 in Russland durchgeführt. Die Abschaffung

---

6 *Alexis de Tocqueville*, Über die Demokratie in Amerika (zuerst 1835/40), übersetzt v. Hans Zbinden, 2. Aufl. 1984, 686 f: zur Trennung des aristokratischen von einem demokratischen Erbrecht.
7 Sondern durch die gemeinsamen Erinnerungen und die freie Übereinstimmung der Ansichten und der Neigungen verbindet die Demokratie die Brüder miteinander. Sie teilt ihre Erbschaft, sie erlaubt aber den Einklang ihrer Seelen".
Zum Streit insgesamt vgl. *Rainer Schröder*, Abschaffung oder Reform des Erbrechts? Die Begründung einer Entscheidung des BGB-Gesetzgebers im Kontext sozialer, ökonomischer und philosophischer Zeitströmungen, 1981.
8 *Otto von Gierke*, Die soziale Aufgabe des Privatrechts, 1948, 29 f.
9 *Anton Menger*, Das Bürgerliche Recht und die besitzlosen Volksklassen, 5. Aufl. 1927, 14.

§ 2 A. Einleitung

des Erbrechts zeigte dort jedoch, dass neben der allmählichen Übertragung des Eigentums auf den Fiskus schnell jeglicher Markt zusammenbrach und damit die Wirtschaft so geschädigt wurde, dass die Abschaffung bald revidiert wurde. Auf der Ebene des Reiches wurde 1906 eine Erbschaftsteuer eingeführt,[10] wodurch das Reich jedenfalls wertmäßig an den deutschen Nachlässen beteiligt wurde. 1907 und 1912 versuchte man ohne Erfolg, das Erbrecht des Staates auszudehnen, sofern nur weit entfernte Verwandte vorhanden seien.

6 Erhebliche Veränderungen wurden im **Nationalsozialismus** vorgenommen. Auch das Erbrecht wurde zur Diskriminierung der Juden herangezogen, etwa durch das Gesetz über erbrechtliche Beschränkungen wegen gemeinschaftswidrigen Verhaltens vom 5.11.1937, das ausgebürgerte Juden für erbunfähig erklärte. Nach 1933 wurde § 138 Abs. 1 BGB zunehmend dafür genutzt, politisch missliebige Verfügungen von Todes wegen zu annullieren. 1938 wurde zusätzlich das Testamentsgesetz geschaffen, das in Erweiterung dieses Ansatzes in § 48 Abs. 2 TestG bestimmte:[11]

> „Eine Verfügung von Todes wegen ist nichtig, soweit sie in einer dem gesunden Volksempfinden gröblich widersprechenden Weise gegen die Rücksichten verstößt, die ein verantwortungsbewusster Erblasser gegen Familie und Volksgemeinschaft zu nehmen hat."

In einem Urteil von 1944 wurde in der Entwicklung dieses Gedankens schließlich derjenige aus dem Umkreis des Erblassers als Erbe ausgesucht, der nach der Auffassung des Gerichts am ehesten versprach, den Betrieb erfolgreich und damit im Sinne der Volksgemeinschaft zu führen.[12] In der Verordnung zur Regelung der Erbfolge in besonderen Fällen vom 4.10.1944 wurde angeordnet, dass in allen Fällen gesetzlicher Erbfolge der Richter die Freiheit zur Disposition über den Nachlass erhalten solle.

7 Nach 1945 wurde in der Rechtsprechung der **Bundesrepublik** der Schutz der Familie zunächst so betont, dass im Ergebnis die weite Anwendung von § 138 Abs. 1 BGB erhalten blieb. 1997 wurde der letzte Schritt zur völligen Gleichbehandlung von nichtehelichen und ehelichen Kindern gemacht. Für die Altfälle der vor dem 1.7.1949 geborenen Erben hat der EGMR die Verletzung der EMRK festgestellt.[13] Wegen des gebotenen Vertrauensschutzes kann sich die damit gebotene Gleichstellung von nichtehelichen und ehelichen Kindern als gesetzlichen Erben des Erblassers nur auf Erbfälle nach dem 28.5.2009 beziehen.[14] Eine Invasion des Europarechts in erbrechtliche Materien ist bislang jedoch kaum und vor allem durch den Bezug zu Fragen des Allgemeinen Teils zu konstatieren.

---

10 *Clemens Wischermann*, Die Erbschaftssteuer im Kaiserreich und in der Weimarer Republik. Finanzprinzip versus Familienprinzip, in: Eckart Schremmer (Hrsg.), Steuern, Abgaben und Dienste vom Mittelalter bis zur Gegenwart, 1994, 171–196.
11 § 48 Abs. 2 TestG vom 31.7.1938, aufgehoben durch KontrollratsG Nr. 37 vom 31.10.1946.
12 RG 25.2.1944 – IV 155/43, DR 1944, 494 ff.
Bemerkung zur Zitierweise: Weil gerade im Erbrecht zahlreiche ältere Judikate wichtig sind, soll hier nicht die übliche Kurzform, sondern die wissenschaftlich korrekte Zitierweise der Judikate gepflegt werden, welche auf das Datum und den zuständigen Senat verweist und dadurch bereits Hintergründe der Entscheidung andeutet. Durch die Angabe des Aktenzeichens ist jede Verwechslung ausgeschlossen.
13 EGMR 28.5.2009 – 3545/04, NJW-RR 2009, 1603.
14 Für Erbfälle bis dahin s. *Dieter Leipold*, Auswirkungen der EGMR-Entscheidung Fabris gegen Frankreich auf das deutsche Nichtehelichen-Erbrecht, ZEV 2014, 449–455.

Periodisch wird in Deutschland darum gestritten, ob den engen Familienangehörigen ein besonderes Erbrecht, der Pflichtteil, garantiert werden muss.[15] Mit der Schaffung des Arbeits- und Sozialrechts hat das Erbrecht allerdings viel von seiner ursprünglichen Funktion der sozialen Absicherung der Familie verloren. Der durch die eigene Arbeitsleistung akkumulierte Renten- oder Pensionsanspruch tritt in den meisten Fällen an die Stelle von Sachen und Forderungen als Grundlage des Vermögens. Die Bedürftigkeit im Fall der Arbeitsunfähigkeit durch Krankheit und Alter wird durch die sozialen staatlichen Leistungen abgedeckt.[16] In neoliberalen ökonomischen Theorien wird dagegen wieder die Notwendigkeit großer Vermögen betont, denen mit jedem Tod des Inhabers droht, durch notwendige Erbverteilung zerschlagen zu werden.[17] Langsam werden die zugrunde liegenden Fragen damit wieder eröffnet.

Das **Vermögen**, welches aufgrund des Erbrechts verteilt wird, ist erheblich; die Schätzungen sind im letzten Jahrzehnt kontinuierlich gestiegen. Inzwischen nimmt man an, dass jährlich 400 Milliarden Euro vererbt werden.[18] Für die Jahre 2015 bis 2020 wird ein Gesamtvolumen an Erbschaften in Deutschland von 3,1 Billionen Euro prognostiziert.[19] Bis 2024 sollen dabei alleine Immobilien im Wert von 664 Milliarden Euro vererbt werden. Dabei ist das Vermögen sehr ungleich verteilt, insbesondere zwischen Ost- und Westdeutschland. Diese Fakten sollen den Spruch belegen: „Vermögen werden in der Bundesrepublik nicht mehr gemacht, sondern geerbt". Die politische Signifikanz des Erbrechts wird daraus deutlich und das Erbrecht selbst zunehmend in Frage gestellt.[20]

Angesichts der Zahlen wird man jedoch konstatieren müssen, dass die praktische **Bedeutung** des Erbrechts erheblich ist.[21] Der florierende Sozialstaat der Bundesrepublik weckte zwar bis in die 1980er Jahre die Erwartungen, dass der Staat in allen Situationen finanzieller Bedrängnis einspringen könnte, so dass eine private Versorgung durch Nachlässe weder erforderlich noch im Sinne der Gleichheit gerecht sei. Man wird wohl auch nicht annehmen können, das Wirtschaften innerhalb der Familie gehöre der Vergangenheit an: Die inzwischen begründete Förderung privater Vorsorge und Altersabsicherung indiziert, dass das eigene Vermögen incl. dessen Weitergabe innerhalb der Familie weiterhin auch für den Staat seine zentrale Rolle behält. Das Ererbte behält damit weiterhin seine Funktion der Alterssicherung und als Rücklage für Notfälle auch im personellen Umfeld. Man sollte nicht die Erfahrung der Russischen Revolution vergessen, dass die Möglichkeit der Absicherung der Familie ein maßgeblicher Faktor des Gewinnstrebens überhaupt ist. Wer etwas vererbt, leistet zunächst Konsumverzicht, dann einen Akt der Solidarität.[22] Wer also heute gegen die Erbschaften wettert, muss gleichermaßen gegen Schenkungen und innerfamiliäre Unterstützung sein. Diese

---

15 Zuletzt BVerfG 19.4.2005 – 1 BvR 1644/00, 1 BvR 188/03, NJW 2005, 1561–1567; dazu *Stephan Stüber*, BVerfG zum Pflichtteilsrecht: Kein Beitrag zu mehr Klarheit, NJW 2005, 2122–2124.
16 Dazu *Maximilian Fuchs*, Zivilrecht und Sozialrecht, 1992, 347.
17 *David Friedman*, Der ökonomische Code, 1999, 342.
18 Vgl. Der Spiegel vom 15.7.2017.
19 Vgl. Studie des Deutschen Instituts für Altersvorsorge (DIA), „Erben in Deutschland 2015–24: Volumen, Verteilung und Verwendung".
20 *Stefan Willer/Siegrid Weigel/Bernhard Jussen*, Erbe, Erbschaft, Vererbung. Eine aktuelle Problemlage und ihr historischer Index, in: dies. (Hrsg.), Erbe. Übertragungskonzepte zwischen Natur und Kultur, 2013, 7–36, besonders 28 f.
21 Vgl. *Rainer Schröder*, Der Funktionsverlust des bürgerlichen Erbrechts, in: Heinz Mohnhaupt (Hrsg.), Zur Geschichte des Familien- und Erbrechts. Politische Implikationen und Perspektiven (= Ius Commune, Sonderheft 32), 1987, 281–294.
22 *Jürgen Kaube*, Oma ihr klein Häuschen, FAS vom 8.2.2015.

Propaganda vergisst, dass das „kalte" Eigentum der Existenzgrundlage der Familie dient und Erbschaften innerfamiliär der Angleichung dienen, welche angeblich mit der Einschränkung der Erbschaft erreicht werden soll. Insofern entpuppt sich die meiste Agitation als gedankenlose Propaganda, die nur dann folgerichtig wäre, wenn sämtliche Einflüsse der Familie im Sinne allgemeiner Nivellierung ausgeschlossen würden. Das leistete nicht einmal der totalitäre Kommunismus der DDR und ist sicher nicht möglich, solange das Grundgesetz gilt.

▶ **Antwort:** Das BGB schafft einen Rahmen, innerhalb dessen den Erblassern Gestaltungsspielraum geschaffen wird. Solange und insofern sich die letztwilligen Verfügungen mit der deutschen Rechts- und Wertordnung in Einklang bringen lassen, können auch ältere Regelungen in aktuellen Fällen relevant werden. ◀

§ 3 Alternativen zum Erbrecht

▶ **Fall:** Der reiche Junggeselle E ist nicht sicher, ob sein Vermögen nach seinem Tod genau nach seinem Willen verteilt und verwendet wird. Er bevorzugt daher Lösungen, die ihm noch lebzeitig ein Einwirkungsrecht geben. Was ist ihm zu raten? ◀

Das Vermögen des Erblassers muss nach dem Tode nicht erbrechtlich verteilt werden, es kann auch anders eingesetzt werden. Neben der schon von Anton Menger angesprochenen Möglichkeit einer staatlichen Enteignung zugunsten der staatlichen Neuzuteilung gibt es vor allem zwei Möglichkeiten, nämlich entweder das Geld in Stiftungen zu transferieren oder die Schenkung unter Lebenden. 1

Stiftungsrecht erfreut sich allgemeiner Beliebtheit, zu seiner Förderung wurde es zum 01.09.2002 geändert.[23] Mit Wirkung zum 01.07.2023 kam es zu einer weiteren Reform des Stiftungsrechts.[24] Hierbei wurde das sog. Stiftungszivilrecht vereinheitlicht und abschließend durch den Bund geregelt.[25] Erstmalig wurde dabei in § 80 Abs. 1 BGB eine Definition von Stiftungen geschaffen. Der Rechtsanspruch auf Anerkennung einer Stiftung wanderte dabei in § 82 S. 1 BGB. Bzgl. der formalen Voraussetzungen wird in § 81 Abs. 1-3 BGB verwiesen. Dabei darf die Stiftung nicht das Gemeinwohl gefährden. Darüber hinaus muss sie das dauernde und nachhaltige Erfüllen des Stiftungszweckes gewährleisten. Bei den nun ausdrücklich anerkannten Verbrauchsstiftungen (§ 80 Abs. 1 S. 2 BGB) wird Letzteres ab einer Dauer von 10 Jahren vermutet.[26] Darüber hinaus sollen ab dem 01.01.2026 die Normen an ein bis dahin noch zu schaffendes Register andocken.

Juristische Personen müssen grundsätzlich existieren, wenn der Vermögenstransfer stattfinden soll, spätestens also im Zeitpunkt des Todes. Eine Besonderheit von Stiftungen ist demgegenüber, dass sie nach § 80 Abs. 2 S. 2 BGB erst nach dem Erbfall gegründet bzw. anerkannt werden können. § 81 Abs. 4 S. 2 BGB stellt dabei sicher, dass die zuständige Behörde ein unzureichendes Stiftungsgeschäft im Sinne des § 81 Abs. 1, 2 BGB gemäß dem Willen des Stifters ergänzen kann. Sicherlich stellt es eine Verfahrenserleichterung dar, das unvollständige Stiftungsgeschäft durch selbstverständliche Regeln zu ergänzen, bevor das Stiftungsgeschäft nach Ablehnung erneut vorgenommen werden muss, sofern dies überhaupt noch möglich ist. Die Vorschrift ist jedoch insoweit missglückt, als die Grenzen der Ergänzungsbefugnis der Behörde nicht ersichtlich sind; der kreativen Ergänzung „im Sinn des Erblassers" nach dem Belieben der zuständigen Beamten und ihrer Regierung sind Tür und Tor geöffnet. So erinnert die neue Bestimmung fatal an das große Ermessen der erwähnten Verordnung zur Regelung der Erbfolge in besonderen Fällen vom 4.10.1944 und kann aus der Sicht des Stifterwillens gefährlich sein. 2

Neben diesem Fall der Gründung einer selbstständigen rechtsfähigen Stiftung gibt es auch nichtrechtsfähige **unselbständige Stiftungen**. Dabei handelt es sich um treuhänderisch nach den Grundsätzen des Treuhandvertrags verwaltete Vermögensmassen. Sie unterliegen keiner staatlichen Aufsicht und müssen nicht staatlich anerkannt werden. 3

---

23 Vgl. *Bernd Andrick/Joachim Suerbaum*, Das Gesetz zur Modernisierung des Stiftungsrechts, NJW 2002, 2905–2910; *Andreas Schlüter/Stefan Stolte*, Stiftungsrecht: Formen und Errichtung, Stiftungsaufsicht, Verwaltung, Besteuerung, Internationales Stiftungsrecht, 4. Aufl. 2025.
24 Ausführlich zu dieser Reform: Burghard/*Burghard*, Stiftungsrecht, 2022, Vor § 80 Rn. 2-8, 11-19a.
25 Burghard/*Burghard*, Stiftungsrecht, 2022, Vor § 80 Rn. 2-8, 11-19a.
26 Burghard/Burghard, Stiftungsrecht, 2022, § 82 Rn. 32.

A. Einleitung

Da sie bereits mit kleineren Kapitalien errichtet werden können, stellen sie tatsächlich den häufigsten Fall der Stiftungen dar. Davon zu trennen sind die **Zustiftungen**, wodurch einer bestehenden Stiftung ein weiteres Vermögen zugewandt wird. Dabei kann es sich um den Stifter handeln, welcher für den Fall seines Todes der Stiftung sein restliches Vermögen überträgt, oder um einen Dritten, der die Stiftung unterstützen will und dabei durchaus einen besonderen Aufgabenkreis definieren kann.

4   Die Übertragung von Vermögen auf eine Stiftung zu ihrer Gründung ist ein Vorgang, der nach § 7 Abs. 1 Nr. 8 ErbStG schenkungssteuerpflichtig ist. Steuerfrei bleiben aber einstweilen gemäß § 13 Abs. 1 Nr. 16 ErbStG Zuwendungen an gemeinnützige Organisationen. Das Vermögen einer Stiftung unterliegt weiterhin nach § 1 Abs. 1 Nr. 4 ErbStG der Erbschaftsteuer, sofern es sich um eine Familienstiftung handelt. Alle 30 Jahre soll das Vermögen einmal insgesamt versteuert werden. Dem liegt der Gedanke zugrunde, dass auch das einer Stiftung übertragene Familienvermögen nach jeder Generation einmal versteuert werden soll. Die Weiterleitung an eine gemeinnützige Stiftung wird angeregt durch § 29 Abs. 1 Nr. 4 ErbStG. Wer das Geld nur weiterleitet, ist steuerfrei.

5   Die **Schenkung unter Lebenden** berührt sich insbesondere dann mit dem Erbrecht, wenn Verfügungen im Hinblick auf den Todesfall getätigt werden. Das Erbschaftsteuergesetz versucht diese Umgehung zu unterbinden, indem Schenkungen innerhalb der letzten 10 Jahre vor dem Erbfall erbschaftsteuerpflichtig werden, also zusammen mit dem Erbteil versteuert werden müssen. Dennoch kann man gerade bei großen Vermögen versuchen, unter Ausnutzung des Freiteils immer wieder Vermögensteile zu transferieren.

Noch enger ist der Bezug bei im Hinblick auf den Todesfall bedingten Schenkungen. Bei diesen postmortalen Schenkungen stellt sich jedoch die Frage, ob sie als Umgehungsgeschäft nicht doch den Regeln des Erbrechts unterliegen müssen (daher s. u. § 21, S. 136). Diese Frage wird ebenso für die Geschäfte zu klären sein, die eine Leistung nach dem Todesfall im Sinn der §§ 331 ff BGB vorsehen.

6   In Großbritannien und anderen Orten wird der **Trust** als Alternative zum Erbrecht genutzt. Ein Vermögen wird dem Treuhänder gesetzlich (*at law*) übertragen, während eine andere Person eigentlich berechtigt sein soll (*equitable owner*). Die Treuhänder (*trustees*) werden mit den Anweisungen eingesetzt, wie sie mit dem Vermögen zugunsten eines Nutznießers (*beneficiary*) verfahren sollen. Nach maximal 30 Jahren ist der Trust aufzulösen. Das Vermögen des Trust befindet sich nicht im Nachlass desjenigen, der ihn errichtet hat; man kann so das Vermögen gut verteilen und sichern. Die Frage ist jedoch, wie man dieses feine Mittel des angelsächsischen Rechts für deutsche Verhältnisse heranziehen kann.

Ein Weg dazu ist die gesetzlich nicht vorgegebene **Treuhand**, die darum vielfach ausgestaltet werden kann: Der Treuhänder kann schlicht Stellvertreter sein oder das Vermögen wird an ihn übereignet und der Treuhänder ist nur durch die Abrede mit dem Treugeber schuldrechtlich gebunden.[27] Sonst kommt die Errichtung eines Trusts

---

27 Klassisch *Helmut Coing*, Die Treuhand kraft privaten Rechtsgeschäfts, 1973, 38; rechtsvergleichend *Richard H. Helmholz/Reinhard Zimmermann* (Hrsg.), Itinera Fiduciae. Trust and Treuhand in Historical Perspective (= Comparative Studies in Continental and Anglo-American Legal History, 19), 1998.

§ 3 Alternativen zum Erbrecht

im Ausland bzw. nach ausländischem Recht in Betracht, besonders seit der Einführung des Trusts in den Steueroasen Guernsey und Jersey.[28]

▶ **Antwort:** Sofern sich kein britischer Trust errichten lässt und die Anordnung einer Treuhand mit Unsicherheiten verbunden ist, empfiehlt sich vor allem die Lösung von E's Problem durch die Schaffung einer Stiftung. Mittlerweile sind auch sog. „Verbrauchstiftungen" gemäß § 80 Abs. 1 S. 2 BGB unproblematisch zulässig. Die lebzeitige Einrichtung erfordert, dass E sich schon vor seinem Tod vom Stiftungskapital trennt und es der Stiftung überträgt. Im Rahmen der Stiftung kann er über die Verwendung des Geldes aber mit entscheiden, wenn deren Organisation entsprechend eingerichtet ist. ◀

---

[28] *Malte Schindhelm/Klaus Stein*, Der trust im deutschen Erbschaft- und Schenkungsteuerrecht, Arbeitspapier 5/98, Institut für Handels- und Wirtschaftsrecht Universität Osnabrück [https://d-nb.info/1059710455/34, Erscheinungsdatum 2005, zuletzt 23.7.2020], mit weiterer Literatur Fn. 2.

§ 4 Grundbegriffe und Prinzipien

I. Testierfreiheit

▶ **Frage:** Wozu dient die Testierfreiheit? ◀

1 Erbrecht ist grundsätzlich dispositives Recht. Der historische Überblick zeigt, dass es in der Bundesrepublik zweierlei Wege gibt, Erbe zu werden: Zum einen kann das Gesetz die Erbfolge bestimmen und den Nachlass unter den Familienmitgliedern aufteilen, zum anderen gibt es die Möglichkeit einer letztwilligen Verfügung. Hier wird die Erbfolge „gewillkürt", insofern sie vom freien Willen des Erblassers abhängt. Dabei gibt es verschiedene Formen der Verfügungen von Todes wegen.

2 Zunächst gibt es **einseitige Verfügungen**: In Übernahme des französischen Rechts darf der Erblasser allein in Deutschland ein „Testament" aufsetzen. Er kann sich vom Notar beraten lassen und durch die notarielle Form die Rechtssicherheit erhöhen. Möglich ist aber auch, dass **Ehegatten** ein „gemeinschaftliches Testament" aufsetzen; sie bestimmen zusammen in einem Verfügungsakt über ihre Vermögen. Nach § 10 Abs. 4 LPartG ist dies auch für eingetragene Lebenspartnerschaften möglich. Auch im Fall eines gemeinschaftlichen Testaments liegen einseitige Verfügungen vor, nämlich die beider Ehegatten. Wegen der möglichen Wechselbezüglichkeit gestattet das Erbrecht die besondere Form, die beiden Testamente räumlich in einer Urkunde zusammenzufügen.

Daneben gibt es auch die Möglichkeit einer vertraglichen Verfügung von Todes wegen; den „**Erbvertrag**", der insbesondere in größeren Familien oder bei unverheirateten Paaren genutzt werden kann.

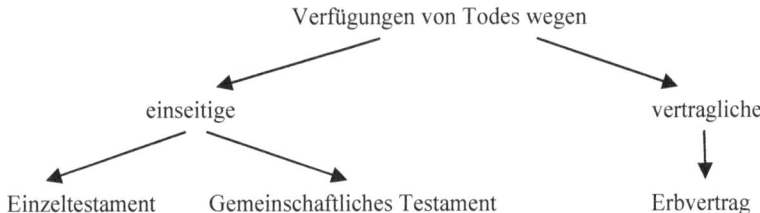

Erklärt wurde bereits, warum das römische Recht Erbverträge ablehnte (s. o. § 2 Rn. 1). Auch im heutigen Recht Italiens wird daher der **Erbvertrag**, ebenso das gemeinschaftliche Testament, **abgelehnt**; nach Art. 458, 589 Codice civile steht dort zur letztwilligen Verfügung nur das Testament zur Verfügung. Der Erbvertrag ist also keineswegs selbstverständlich im Rahmen der europäischen Rechtsordnungen. Das bedeutet, dass die Anerkennung und Behandlung eines Erbvertrags im Ausland Probleme bereiten kann. Das ist jedenfalls mit zu bedenken, wenn in einem Fall mit (künftiger) Auslandsberührung der Erbvertrag als Form der letztwilligen Verfügung in Betracht kommt.

3 Die gesetzliche Erbfolge tritt nach dem BGB erst dann ein, wenn keine gültige Verfügung von Todes wegen zu finden ist. Der Nachlass wird nach den gesetzlichen Bestimmungen der §§ 1922 ff BGB verteilt. Auch wenn offenbar Lücken im Testament vorhanden sind, kommt die gesetzliche Erbfolge zur Anwendung. Es wird beispielsweise nur eine kleine Geldzahlung an einen Freund angeordnet, während der Nachlass sonst nicht verteilt wird. Schon das römische Recht bezeichnete diese Erbfolge als **Intestater-**

brecht; es wird durch das Fehlen einer letztwilligen Verfügung gekennzeichnet. Der Wille des Erblassers zu testieren hat also Vorrang vor der gesetzlichen Erbfolge.

Das BGB gestattet die Erbfolge grundsätzlich nach dem **Willen des Erblassers**, nennt aber einige **Einschränkungen**:

(1.) Im Fall der gewillkürten Erbfolge muss der Erblasser die vorgeschriebene Form wahren.

(2.) Die Beteiligung des Staates am Nachlass in Form der Erbschaftsteuer kann der Erblasser nicht ausschließen.

(3.) Inhaltliche Korrekturen an der vom Erblasser vorgeschriebenen Nachfolgeordnung können in besonderen Fällen vorgenommen werden. Dies geschieht insbesondere aufgrund der Generalklauseln: Im Fall der sittenwidrigen Gestaltung kann der Mangel der inhaltlichen Ausgestaltung bis zur Nichtigkeit der letztwilligen Verfügung führen.

(4.) Die inhaltlich wichtigste Einschränkung der Testierfreiheit wird durch das **Pflichtteilsrecht** bewirkt. Familienangehörige, die nicht Erben geworden sind, haben danach Anspruch auf einen Teil des Nachlasses in der Höhe der Hälfte ihres gesetzlichen Erbteils, § 2303 BGB, den sogenannten Pflichtteil. Daraus wird deutlich, dass es sich um einen schuldrechtlichen Geldanspruch gegen den oder die Erben handelt. Der Pflichtteilsberechtigte wird also nicht Erbe.

▶ **Antwort:** Die Testierfreiheit schützt das Eigentum, über das noch einmal für den Todesfall frei verfügt werden darf. ◀

II. Nachlass

1. Grundsatz

Gegenstück zur Testierfreiheit ist die Verantwortung für alle Vermögenswerte und Belange des Verstorbenen. Das **Vermögen** des Erblassers bildet den **Nachlass** (Legaldefinition: „Erbschaft"; sowohl der Begriff „Erbschaft", als auch „Nachlass" werden vom Gesetz verwendet[29]) nach § 1922 Abs. 1 BGB. Damit wird deutlich gemacht, dass Aktiva und Passiva zur „Erbschaft" (vgl. § 1967 Abs. 2 HS. 1 BGB) gehören. Nachlass und Erbschaft meinen beide umfassend das, was der Erbe hinterlässt. Der Gesetzgeber der ersten Kommission wollte dabei mit dem Begriff des „Vermögens" keinen wesentlichen Begriff prägen, sondern im Gegenteil nur deutlich machen, dass der Erblasser kein Vermögen haben muss, damit überhaupt ein Erbfall vorliegt: Auch der Obdachlose hat einen Nachlass, selbst wenn es nur seine Kleider sind. Darin erkennt man den Ansatz des Gesetzgebers, zwischen vermögenswerten Gegenständen und den übrigen Belangen, die den Erblasser betreffen, nicht differenzieren zu wollen. Eine Differenzierung nach dem Wert des Nachlasses ist unbedingt abzulehnen.

Grds. wird also „alles" im Wege der Erbfolge übertragen. Doch es gibt Fälle, in denen dieses Prinzip nicht ohne Weiteres erkannt werden kann. So werden höchstpersönliche Rechte des Erblassers nicht an die Erben weitergegeben (z. B. die Berechtigung einen Doktortitel zu führen) (s. dazu auch weiter unten). Oft wird noch zwischen den (Vermögens-) Rechten des Erben und den immateriellen der Familie unterschieden. So gelten etwa beim Erbschaftskauf **Familienpapiere** und -bilder nach der Auslegungsregel

---

29 Näher dazu: BeckOK BGB/*Müller-Christmann*, 70. Aufl. 01.11.2023, BGB § 1922 Rn. 11.

des § 2373 S. 2 BGB grds. als nicht an den Käufer verkauft. In § 2047 Abs. 2 BGB werden Schriftstücke zu persönlichen Verhältnissen des Erblassers daher nicht unter den Erben aufgeteilt, sondern bleiben gemeinschaftlich. In diesen Fällen wird unterstellt, dass es nur um das Vermögen geht, die Angelegenheiten der Familien jedoch in dieser bleiben sollen. Doch kann der Erblasser natürlich auch bestimmen, was mit den Familienpapieren geschehen soll: Er kann sie wegwerfen oder Dritten zuwenden. Im Übrigen gilt, dass der Erbe entscheiden muss, was sich zu behalten lohnt oder was entsorgt werden muss. Ein Recht der Angehörigen, persönliche Dinge im Vorgriff aus dem Vermögen bzw. dem Nachlass auszusortieren, gibt es nicht. Es kommt dabei nicht darauf an, ob etwas wertvoll ist: Der Erbe darf auch das Silberbesteck wegwerfen, dafür aber eine Serviette aus sentimentalen Gründen bewahren. Als Rechtsnachfolger ist nur der Erbe berechtigt zu entscheiden, was mit den Gegenständen geschehen soll. Darin kann er von einer Anordnung des Verstorbenen angeleitet werden.

Der Erblasser kann seine Angelegenheiten also umfassend regeln. Er bestimmt, was mit seinem Vermögen oder seinem Leichnam geschehen soll und was sonst getan werden soll, um seine Interessen zu schützen. Dieser Wille ist zu berücksichtigen, selbst wenn er formlos geäußert sein sollte. Der Umgang mit dem **Leichnam** ist einerseits eine Frage des öffentlichen Bestattungs- und Friedhofsrechts. Die Entnahme des Zahngolds verwirklicht den Straftatbestand der Störung der Totenruhe nach § 168 StGB.[30] Doch kann der Leichnam aus zivilrechtlicher Sicht andererseits nicht herrenlos sein.[31] Strittig ist nur, wem die Dispositionsbefugnis darüber zusteht. Aus der Ehe und der Verwandtschaft folgt zweifellos die Pflicht, sich darum zu kümmern, wenn der Erblasser dazu nichts verfügt hat. Doch auch sein Erbe, sollte er kein Familienmitglied sein, hat diese Pflicht. Gewohnheitsrechtlich wird der Familie das Vorrecht zugestanden, umgekehrt könnte man aus der Nachfolge in das Vermögen die vorrangige Pflicht folgern, auch die Beerdigung zu übernehmen (zumindest müssen die Kosten getragen werden nach § 1968 BGB). Das schließt die Entscheidung über den Umgang mit den **Organen** ein. Dazu gehört auch die Entscheidung über eine Exhumierung: Neu ist die Diskussion um das Recht der Kenntnis der eigenen Abstammung. Dieser Belang, nicht zuletzt auch wegen Fragen genetischer Dispositionen, hat grds. Vorrang vor dem Recht der Totenruhe, wenn also der präsumtive Vater bereits beerdigt ist.[32]

Das Recht auf Einsicht der Patienten in ihre Krankenakten kann ebenfalls vererbt werden.[33] Der Angehörige kann ein – immaterielles – Interesse an genetischen Faktoren haben oder der familienfremde Erbe will über die Tätigkeit der Ärzte informiert werden, um die Behandlungskosten entscheiden zu können. Im Zweifel steht das **Patienteneinsichtsrecht** daher nicht nur den Erben, sondern auch den Familienangehörigen zu.

Manche Rechtsfragen hängen nicht mit dem Erbschaftsbegriff des § 1922 Abs. 1 BGB zusammen. So statuiert das Mietrecht eine sog. Sonderrechtsnachfolge (Abweichung von dem Grundsatz der Universalsukzession; s. u.): Wenn jemand im Fall der **Miete**

---

30 BGH 30.6.2015 – 5 StR 71/15, NStZ 2016, 92.
31 Anders die ganz h.M.: Christian Grüneberg, Bürgerliches Gesetzbuch, 83. Aktualisierte Aufl., 2024/ *Weidlich*, § 1922 Rn. 37; Schöne dogmatische und interessante Darstellung über den Fall eines afrikanischen Regenten bei: *Matthias Hucke*, Erlebnisse eines Berliner Richters: Wem gehört die Leiche?. In: Legal Tribune Online, 08.06.2024, https://www.lto.de/persistent/a_id/54728/ (abgerufen am: 12.06.2024).
32 BGH 29.10.2015 – XII ZB 20/14, ZEV 2015, 228.
33 *Gabriele Müller*, Das Akteneinsichtsrecht des Patienten nach dem Patientenrechtegesetz und seine postmortale Wahrnehmung durch Dritte, ZEV 2014, 401–404.

mit dem Verstorbenen zusammengewohnt hat, welcher der offizielle Mieter war, stellt sich die Frage, wie der Vertrag fortgesetzt werden kann. Natürlich ist der Verstorbene aufgrund seines Todes aus dem Mietverhältnis ausgeschieden. Doch in Bezug auf die Mitbewohner geben §§ 563 ff BGB ein Eintrittsrecht sowie ein außerordentliches Kündigungsrecht: § 563 Abs. 1 BGB gewährt dem überlebenden Ehegatten bzw. Lebenspartner ein Recht auf Fortsetzung des **Mietvertrags**. Gleiches gilt nach der Maßgabe von § 563 Abs. 2 BGB auch für andere Familienangehörige, die im gemeinsamen Hausstand des Verstorbenen gelebt haben. Dieses Mietverhältnis kann den Erben betreffen, doch muss dies nicht so sein. Insofern liegt hier ein Problem außerhalb des Erbrechts vor. Unabhängig vom Erbrecht wird auch im Fall des echten **Vertrags** zugunsten Dritter der Dritte bei Leistungen **für den Todesfall** nach § 331 BGB aus dem Vertrag berechtigt, nicht der Erbe (dazu s. u. § 31, S. 188 ff).

Fraglich ist, ob die Nachfolge auch in **Rechtsscheintatbestände** möglich ist. Im Fall der Verjährung hat der Gesetzgeber mittlerweile das Einrücken des besitzenden Erben in die Position des Erblassers in § 198 BGB gesetzlich normiert. Der Erwerb eines Rechtsscheintatbestands ähnelt der Vermögenslage, die durch den Besitz im Fall der Verjährung vorgegaukelt wird, so dass auch hier eine Vererbung möglich erscheint.

Genauso fraglich ist die Vererbung einer **Haftungslage**, etwa wenn der Erblasser ein Vermögensobjekt so geordnet hat, dass andere gefährdet werden können: Ein scheinbar harmloser Gegenstand ist so verändert, dass er gravierende Schäden anrichten kann bei unsachgemäßer Behandlung. Kommt dieser Gegenstand durch Erbfolge in das Vermögen des Erben, stellt sich im Fall der Schädigung Dritter die Frage, ob der Erbe für diese Schäden haften soll. Entscheidend ist hier wohl die dauerhafte Verbindung der Gefahr mit der Sache, z. B. etwa auch bei Grundstücken. Wer als Erbe den Vermögensvorteil der Sache haben will, muss auch die verbundenen Risiken akzeptieren. Sofern die Gefährdung aus dem Zustand der Sache herrührt und nicht die Handlung des Erblassers zum Anknüpfungspunkt gewählt wird, kommt daher eine Vererbung in Betracht. Allerdings kann nicht das individuelle Verschulden hinsichtlich der Gefährdung vererbt werden, sondern nur die im Eigentum begründete Haftung für die Sache.

In gleicher Weise muss es dem Erben ferner möglich sein, die **Tilgungsbestimmung** einer Leistung nachträglich zu ändern, sofern eine solche Änderung überhaupt zulässig ist.

2. Höchstpersönliche Rechte

Nicht zum Nachlass gehören dagegen **höchstpersönliche Rechte**: Auf Verwandtschaft beruhende Rechte wie die elterliche Sorge gehen nicht auf einen Erben über, sondern erlöschen. Die elterliche Sorge muss gerichtlich übertragen werden. Auch Unterhaltsansprüche enden grundsätzlich mit dem Tod des Verpflichteten gemäß § 1615 Abs. 1 BGB. In den Nachlass fallen nach § 1615 Abs. 1 HS. 2 BGB nur die bis zum Tod entstandenen Forderungen. Nach § 1586 b Abs. 1 BGB gilt allerdings eine Ausnahme: Ein Unterhaltsanspruch eines geschiedenen Ehepartners erlöscht nicht ggü. dem Erben. Dieser kann aber seine Haftung auf die Höhe des Betrages begrenzen, den der Ehepartner bei nicht vorhandener Scheidung nach Tod des Ehepartners als Pflichtteil erhalten hätte. Dabei wird aber gemäß § 1586b Abs. 2 BGB keine Berechnung des Pflichtteils nach dem Güterstandsrecht vorgenommen.

Dagegen bestehen **allgemeine Persönlichkeitsrechte** auch über den Tod hinaus fort. Früher nahm man zwar an, dass auch das allgemeine Persönlichkeitsrecht nach dem Tod der Person erlischt. Seit der Mephisto-Entscheidung des BVerfG[34] wissen wir jedoch, dass Persönlichkeitsrechte u. U. auch nach dem Tod des Verstorbenen beachtet werden müssen. Oft wurde argumentiert, dass es sich dabei meist nicht um Vermögensrechte handele, die daher nicht wirklich zum Nachlass gehörten und eines eigenen Sachwalters bedürften. Das Argument greift nicht, denn aus dem Schutz von Namen, Markenzeichen oder Rechten am eigenen Bild können gewichtige finanzielle Interessen erwachsen.[35] So bildete sich allmählich die Vererblichkeit der postmortalen Persönlichkeitsrechte heraus.[36] Diese Positionen können den Wert des Nachlasses sogar nachhaltig bestimmen. Entsprechend werden die Bestandteile des Persönlichkeitsrechts mittlerweile dann unstrittig übertragen, wenn sie einen abgrenzbaren Vermögenswert darstellen.[37] Natürlich darf der Erblasser zwischen seinem schriftstellerischen Œuvre und seinem Nachlass im Übrigen differenzieren und ersteres einem besonderen Sachwalter übertragen. Dann wird der Nachlass entsprechend geteilt. Ohne eine solche Teilung müssen wir davon ausgehen, dass mit der Einsetzung des Erben dieser allein die Entscheidung in allen Bereichen zu fällen hat. Existiert hingegen keine solche erbrechtliche Bestimmung, kann weder die besondere Natur dieser allgemeinen Persönlichkeitsrechte noch ein weiterer Grund dafür sprechen, diese Rechte aus dem allgemeinen Nachlass herauszunehmen und besonderen Personen, z. B. aus der Familie, als Berechtigte speziell zuzuweisen. Natürlich lässt sich zudem kaum eine klare Grenze ziehen zwischen der persönlichen Hinterlassenschaft und dem Nachlass im Übrigen. Schließlich müssen wie bei den anderen Nachlasspositionen die Interessen des Verstorbenen mit denen anderer abgeglichen werden. Das ist die Aufgabe des Erben; ihm allein hat das Gesetz diese Aufgabe zugewiesen. Verfügte beispielsweise der Erblasser, ein berühmter Schriftsteller, dass seine Tagebücher grundsätzlich geheim bleiben sollten, muss jemand im Ablauf der Jahre die Interessen der Geheimhaltung mit dem allgemeinen und wissenschaftlichen Interesse am Verstorbenen abwägen. Die Entscheidung über deren Publikation und Vermarktung darf nur treffen, wer vom Erblasser dazu berufen wurde. Der Erbe muss zwischen Schund und Ruhm, zwischen der Geheimhaltung und den kommerziellen Chancen abwägen. Selbst wenn alle anderen meinen, diese Entscheidung besser treffen zu können, sind sie dennoch nicht dazu berufen. Wird also kein Familienmitglied, sondern ein Freund zum Erben bzw. Nachlassverwalter berufen, liegt darin wohl auch die Hoffnung, dass dieser bei der Entscheidung nicht nach Familieninteressen, sondern nach den Kriterien des Verstorbenen, egal wie skurril er war, entscheiden wird. Die h.M. billigt den nächsten Angehörigen hingegen Beseitigungs- und Unterlassungsansprüche unabhängig von einer Erbenstellung zu.[38] Darüber hinaus wird eine Vererbung von Geldentschädigungen aufgrund der Verletzung des

---

34 BVerfG 24.2.1971 – 1 BvR 435/68, BVerfGE 30, 173 („Mephisto"); BGH 20.3.1968 – I ZR 44/66, BGHZ 50, 133; für das Internet s. *Mario Martini*, Digitaler Nachlass und postmortaler Persönlichkeitsschutz im Internet, JZ 2012, 1145–1155.
35 Zum Begriff des Vermögens hier vgl. *Katharina Seidler*, Digitaler Nachlass. Das postmortale Schicksal elektronischer Kommunikation (Schriften zum deutschen und ausländischen Familien- und Erbrecht, 2016, 17), 26 ff.
36 Vgl. BGH 1.12.1999 – I ZR 49/97, BGHZ 143, 214 („Marlene Dietrich"); zu dieser Rechtsfortbildung s. *Alexander Jung*, Die Vererblichkeit des Allgemeinen Persönlichkeitsrechts, 2005, 322.
37 BeckOk BGB/*Müller-Christmann*, 70. Aufl. 01.11.2023, BGB § 1922 Rn. 32.
38 *Stephanie Herzog*, Der digitale Nachlass – ein bisher kaum gesehenes und häufig missverstandenes Problem, NJW 2013, 3745–3751, 3750; Überblick über entsprechende Entscheidungen: BeckOK/*Müller-Christmann*, 70. Aufl. 1.11.2023, BGB § 1922 Rn. 31.

allgemeinen Persönlichkeitsrechtes weiterhin von der Rechtsprechung verneint, sofern bei Todeseintritt noch kein rechtskräftiges Urteil vorliegt.[39]

Wegen des Grundsatzes der Universalsukzession gehören diese Rechte zum allgemeinen Nachlass. Dabei kommt es nicht darauf an, ob es sich um Sachen oder Rechte handelt und in welcher Form sie vorliegen. **Immaterialgüterrechte** gehen sowohl in ihrem vermögensrechtlichen als auch in dem persönlichkeitsrechtlichen Bestandteil auf die Erben bzw. die Erbengemeinschaft über. Dies gilt für Urheberrechte (§§ 28 Abs. 1, 70 UrhG) ebenso wie für Patentrechte (§ 15 S. 1 PatG), Gebrauchsmuster (§ 22 Abs. 1 S. 1 GebrMG) und Geschmacksmuster (§ 7 Abs. 1 S. 1 GeschmMG). Der als Erbe eingesetzte familienfremde Dritte wird also ebenso berechtigt, über diese Belange zu entscheiden, wie die Person, die zum „literarischen Nachlassverwalter" bestimmt wird. Glücklicherweise leistete Max Brod der Anweisung seines Freundes Franz Kafka keine Folge, den Nachlass komplett und ungelesen zu verbrennen. Es war gut, dass hier der als Erbe eingesetzte Dritte entschied, was erhaltenswert sei und was zum Schutz des Gedächtnisses an den Verstorbenen besser vernichtet würde.

3. Digitaler Nachlass

Auch im „digitalen Nachlass" vermischen sich vermögensrechtliche und persönlichkeitsrechtliche Aspekte.[40] Was aufbewahrt oder vernichtet werden soll, beurteilen – unabhängig vom Wert – allein die Erben. Ein unabhängiges Recht der Familienangehörigen für Rechte, die kein „Vermögen" sind, gibt es nicht.[41] Nur weil hier tatbestandlich ein neuer Entscheidungsbedarf entdeckt wird, folgt daraus nicht, dass dafür andere Prinzipien gelten. Der Begriff des „digitalen Nachlasses" ist daher irreführend, insofern er etwas eigenständig Neues und Trennbares suggeriert, was letztlich nicht abgesondert werden kann. Die Mischung aus privaten Interessen und Vermögen trifft man genauso im übrigen Nachlass, z. B. im Hinblick auf die Briefe. Es handelt sich nur um eine Reihe von neuartigen Formen der Kommunikation und Rechtsverhältnisse. „Zugang" zu den digitalen Information bedeutet also alles, was notwendig ist, um die Daten einsehen und verändern zu können.[42] Diese Möglichkeit eröffnet nun der neu geschaffene § 4 TDDDG. Dieser stellt ausdrücklich fest, dass kein Verstoß gegen das Fernmeldegeheimnis (§ 3 TDDDG, § 206 StGB, Art. 10 Abs. 1 GG) durch die Erben als Rechtsnachfolger in einer solchen Zugangsverschaffung liegt. Mit der Schaffung dieser Gesetzesgrundlage wurde die vorherige höchstrichterliche Rechtsprechung des BGH kodifiziert.[43] Gerade im Umgang mit Domainrechten und ähnlichen zeigt sich, dass sich die Trennung von Vermögen und nichtvermögensrelevanten Persönlichkeitsrechten kaum aufrechterhalten lässt. Sonderregeln für den digitalen Nachlass sind damit kaum erforderlich.[44]

Eine andere Frage ist stets, wie man mit diesen Problemen praktisch umgeht. Hier gibt es eine Reihe von Empfehlungen,[45] um dem Erben – wann immer dieser zuständig

---

39 BGH 29.11.2021 – VI ZR 248/18, NJW 2022, 847.
40 So LG Berlin 17.12.2015 – 20 O 172/15, DNotZ 2016, 537.
41 So jetzt auch BGH 12.7.2018 – III ZR 183/17; *Antonia Kutscher*, Der digitale Nachlass, 2015, 95.
42 KG 31.5.2017 – 21 U 9/16, RNotZ 2017, 457.
43 BGH, Urteil vom 12.07.2018 – III ZR 183/17; HK-TTDSG/*Leicht*, 1. Aufl. 2022, TTDSG § 4 Rn. 19.
44 So auch *Pia Elisa Uhrenbacher*, Digitales Testament und digitaler Nachlass (Europäische Hochschulschriften, 5908), 2017, 223, 224f. Zur Auseinandersetzung über Änderungen im TKG; jetzt auch BGB vom 12.7.2018.
45 *Stephanie Herzog/Matthias Pruns*, Der digitale Nachlass in der Vorsorge- und Erbrechtspraxis, 2018, 143 ff.

wird – die nötigen Informationen über die Regelungsprobleme und über den Zugang zu den Konten, insbesondere die Passwörter, zukommen zu lassen. Eine ausdrückliche Regelung zu diesen Fragen hilft mehr als ein diesbezügliches Schweigen, selbst wenn dieses dem Übergang der Rechte im digitalen Nachlass nicht im Wege steht. Eine Vollmacht, insbesondere eine notarielle Vollmacht, hilft beim Nachweis der neuen Rechtsposition.

III. Prinzipien

1. Universalsukzession

▶ **Frage:** Der Großvater hinterlässt einen Schreibtisch, in dessen Geheimfach seit 1945 eine Handgranate verborgen liegt. Der Sohn S erbt diesen Schreibtisch, ohne das Geheimfach zu entdecken. Nach Jahren findet sie ein sechsjähriger Freund seines Sohnes und bringt sie prompt zur Explosion. Muss S für die Gefährdungssituation haften, von der er selbst nichts wusste? ◀

9 „Erbrecht" lässt sich in zweifacher Weise verstehen. Einerseits bezeichnet es im objektiven Sinne die Gesamtheit der Normen dieser Rechtsmaterie. Andererseits bezeichnet es im subjektiven Sinne das Recht des Erben in Bezug auf die Erbschaft. Dieses geht nicht primär auf das Vermögen ein, sondern beinhaltet zunächst nur das Recht, die Erbschaft anzunehmen oder auszuschlagen.[46] Ein Anspruch auf das Erbe zu Lebzeiten des Erblassers ist damit aber nicht gemeint.

Aus dem Vorstehenden ergibt sich bereits, dass Familienangehörige nicht automatisch als Erben bezeichnet werden können, da dem Erblasser die Testierfreiheit zusteht. Die Rechtsstellung eines Verwandten als Erbe muss erst festgestellt werden. Anders als im allgemeinen Sprachgebrauch können die Kinder von ihren Eltern **nicht** „um ihr Erbe gebracht werden".

Als **Erblasser** (in der Literatur oft lateinisch als *„de cuius"* bezeichnet) wird der bezeichnet, dessen Vermögen nach seinem Tod verteilt werden soll. Sein Tod wird **Erbfall** genannt, wie sich aus der Legaldefinition in § 1922 Abs. 1 BGB ergibt. Hieran zeigt sich bereits, dass das Erbrecht am Anfang des 5. Buches um Definitionen der Grundbegriffe bemüht ist.

10 Die historischen Ausführungen illustrierten bereits ein grundlegendes Prinzip des deutschen Erbrechts, das **Prinzip der Universalsukzession** bzw. Gesamtrechtsnachfolge.[47] Dies erfasst grundsätzlich auch die beschränkten dinglichen Rechte wie die Sicherungsgrundschuld; Ausnahmen gelten allerdings für Nießbrauch und die beschränkt persönlichen Dienstbarkeiten nach §§ 1061 S. 1, 1090 Abs. 2 BGB. Der Nachlass wird als Einheit auf den oder die Erben übertragen. Es gibt keine Nachfolge in einzelne Gegenstände oder Rechte, wie etwa nach dem alten deutschen Erbrecht das Recht des Sohnes auf die Waffen und Rüstung des Vaters (Einzelrechtsnachfolge). Aktiva und Passiva des Nachlasses bleiben als vom Vermögen des Erblassers getrennte Sondervermögen bis zur Teilung des Nachlasses unter den Erben in der Hand der **Erbengemeinschaft** nach § 2032 Abs. 1 BGB erhalten. Die Erben sind somit vor der Teilung im Verhältnis

---

[46] Emil Strohal, Das deutsche Erbrecht, 3. Aufl. 1903/1904, 22, differenzierter 19.
[47] Dieses Prinzip des BGB galt allerdings nicht für die speziellen Erbrechte wie etwa die adligen Hausgesetze, deren Aufhebung erst die Weimarer Reichsverfassung gebot. 1954 schlug Wolfgang Siebert in einer analogen Situation wieder eine Durchbrechung vor und setzte sich damit weithin durch, *Wolfgang Siebert*, Gesellschaftsvertrag und Erbrecht bei der Offenen Handelsgesellschaft, 3. Aufl. 1958, 17 ff; vgl. § 32 Rn. 1 ff.

ihres Anteils am gesamten Nachlass berechtigt, alle trifft anteilig die Haftungspflicht für die Passiva. Dem Wert nach steht den Miterben dagegen nach § 2033 Abs. 1 S. 1 BGB nur ein Anteil am Nachlass insgesamt zu, jedem gebührt also ein **Erbteil**. Erst wenn die Erbengemeinschaft aufgelöst wird, wird das Vermögen nach dem Erbteil verteilt. Die Erbengemeinschaft wird also erst durch die Auseinandersetzung unter den Erben beendet, indem die Verteilung des Nachlasses unter den Erben gemäß der Erbquote ausgehandelt wird. Dies ist mitunter schwierig, Erbengemeinschaften können daher auch über eine lange Zeit hinweg bestehen.

Bis zur Auseinandersetzung handelt es sich bei der Erbengemeinschaft folglich um eine **Gesamthandsgemeinschaft**, wie sie etwa die Gesellschaft bürgerlichen Rechts darstellt, nicht dagegen um eine Bruchteilsgemeinschaft nach §§ 741 ff BGB. Dabei besteht die Möglichkeit, dass die ungeteilt fortgeführte Gesamthandsgemeinschaft auch weiterhin den Nachlass zur Vermehrung des Vermögens einsetzt. In Betracht kommt also, dass die Erben in der Erbengemeinschaft gemeinschaftlich einen Zweck verfolgen, so dass die Voraussetzungen einer Gesellschaft bürgerlichen Rechts vorliegen. Der BFH lehnt diese Identitätsmöglichkeit mittlerweile höchstrichterlich ab, sofern nicht zuvor eine Auseinandersetzung der Erbengemeinschaft stattgefunden hat.[48] Die Annahme der Möglichkeit einer Außenrechtsfähigkeit wurde zuvor schon von der h.M. klar abgelehnt.[49]

Unabhängig vom Erbrecht wird im Fall des echten **Vertrags** zugunsten Dritter der Dritte bei Leistungen **für den Todesfall** nach § 331 Abs. 1 BGB aus dem Vertrag berechtigt, nicht der Erbe (dazu s. u. § 31, S. 188 ff). Ebenso unabhängig vom Erbrecht gibt § 563 Abs. 1 BGB dem überlebenden Ehegatten bzw. Lebenspartner ein Recht auf Fortsetzung des **Mietvertrags**. Gleiches gilt nach der Maßgabe von § 563 Abs. 2 BGB auch für andere Familienangehörige, die im gemeinsamen Hausstand des Verstorbenen gelebt haben.

▶ **Antwort:** Die Gefährdungssituation ergibt sich aus der Gestalt der Sache, die S im Wege der Erbschaft erhalten hat, und kann nicht unabhängig von der Sache gedacht werden.[50] Mit Erwerb des Eigentums an der Sache wird S also öffentlichrechtlich zum Zustandsstörer. Vieles spricht daher dafür, nicht nur seine zivilrechtliche Haftung nach § 1004 Abs. 1 S. 1 BGB als untrennbare Kehrseite des ererbten Eigentums anzusehen, sondern ihm auch die Fahrlässigkeit des Erblassers nach § 823 Abs. 1 zuzurechnen. ◀

2. Soforterbfolge

▶ **Frage:** Worin liegen die Probleme unklarer juristischer Zuordnung von Gütern und Rechten nach dem Todesfall? ◀

Ferner ist als zweites Prinzip des deutschen Erbrechts die „**Soforterbfolge**" oder das „**Anfallprinzip**" zu nennen: Der Erbe wird unmittelbar im Moment des Erbfalls Rechtsnachfolger des Nachlasses. § 1922 Abs. 1 BGB spricht vom „Zeitpunkt der Erbfolge". Gemeint ist, dass die Sachen und Rechte des Erblassers keine Sekunde ohne klare Zuordnung zu einer Person verweilen sollen. Es muss deutlich sein, wer berechtigt ist, auf den Nachlass zurückzugreifen, und wer die Pflicht hat, für die Sachen und

---

[48] BFH, Urteil vom 19.01.2023 – IV R 5/19 Rz. 38, ZEV 2023, 399.
[49] BeckOK BGB/*Lohmann*, 70. Aufl. 01.05.2024, BGB § 2023 Rn. 5.
[50] So geht auch § 4 Abs. 3 S. 1 Bundesbodenschutzg von der Sanierungspflicht des Erben aus.

Rechte des Nachlasses zu haften. Es ist ähnlich wie mit der Staatsmacht, die auch nicht bei Wechsel einer Regierung herrenlos sein darf. In Frankreich wurde der Tod des Königs dem Hof mit den Worten verkündet: „*le roi est mort – vive le roi*" (Der König ist tot, es lebe der König). Damit sollte die Kontinuität der Rechtsstellung des Thronerben ausgedrückt werden, wie sie durch das Anfallprinzip für den zivilrechtlichen Erben gemeint ist. Der Erbe rückt unmittelbar mit dem Tod des Erblassers in die Position des Verstorbenen ein (im Französischen: *„le mort saisit le vif"* – Der Tod ergreift den Lebenden). Auf eine Mitwirkungshandlung des Erben oder seine Kenntnis kann es daher nicht ankommen.

So soll die Möglichkeit vermieden werden, dass der Nachlass keiner Person klar zugeordnet werden kann. Dem römischen Recht war dies in einigen Fällen als **„liegende Erbschaft"** (*hereditas iacens*) bekannt. Im 19. Jahrhundert erschien der Fall subjektloser Vermögensgegenstände als logische Unmöglichkeit, der Nachlass sollte in jedem Fall zu jedem Zeitpunkt klar zugeordnet werden können.

14 Im englischen und schottischen Recht hingegen geht der Nachlass auf den *„personal representative"* über, entweder der vom Erblasser ernannte Testamentsvollstrecker (*executor*) oder ein vom Nachlassgericht zu benennender Erbschaftsverwalter (*administrator*). Der *personal representative* ordnet den Nachlass, begleicht die Verbindlichkeiten und verteilt den Rest an die Erben.[51] Er hat also die Stellung eines **trustee** mit der Aufgabe, den Nachlass für die Erben als *beneficiary* zu verwalten und letztlich irgendwann an sie zu übergeben. In Deutschland wird jedoch derjenige, der für den Erben die Verwaltung des Nachlasses übernimmt, wofür es verschiedene Formen gibt, anders als der *trustee*, nicht der Rechtsträger des Nachlasses.

▶ **Antwort:** Die liegende Erbschaft (*hereditas iacens*) ist deswegen ein Schreckgespenst, weil nicht allein Dritte die unklare Situation für sich betrügerisch ausnützen könnten, sondern vor allem weil die Sachen versorgt sein wollen und der Staat den Verantwortlichen für eine Sache ansprechen können muss, etwa wenn eine Gefahr von der Sache ausgeht. ◀

3. Vonselbsterwerb

▶ **Frage:** Wen schützt das Recht, wenn es bestimmt, dass die Erbschaft ohne weiteren Formalakt auf den Erben übergeht? ◀

15 Mit dem Erbfall muss der Nachlass mindestens einer anderen Person zugeordnet werden. Im 19. Jahrhundert wollte man vor allem das Problem der **„hereditas iacens"** (brach liegende Erbschaft) lösen, also das Problem einer herrenlosen, noch nicht klar zuzuordnenden Vermögensmasse beseitigen. Man kann einen Formalakt verlangen, in dem die Erbschaft dem oder den Erben zugewiesen wird. Dafür spricht die Klarheit der Zuordnung des Nachlasses. Das BGB hat sich dagegen für den „Vonselbsterwerb" entschieden, wodurch der Erbe den Nachlass ohne weiteren Zwischenschritt erhält. Durch diese Lösung ist sichergestellt, dass der Erbe unmittelbar mit dem Tod des Erblassers die Rechte am Nachlass erhält. Nach dem Grundsatz der Sofortsukzession tritt die Erbfolge ipso iure aufgrund des Gesetzes ein. Für diese Lösung spricht, dass

---

51 Vgl. *Dieter Henrich*, Großbritannien, in: Murad Ferid/Karl Firsching/Peter Lichtenberger, Internationales Erbrecht, Nachlieferung 1984, C V Rn. 67; E I, Rn. 134.

(1.) die Sachen sachenrechtlich klar zugeordnet werden, auch um den verantwortlichen Eigentümer für mögliche Störungen bestimmen zu können und eintreten zu lassen,
(2.) die Nachlassgläubiger zumindest theoretisch sofort wissen, an wen sie sich halten können.

Der Erbe rückt damit nach dem BGB sofort in die Stellung des Erblassers ein, seine Rechte als Erbe am Nachlass entstehen unmittelbar im Moment des Erbfalls. Aufgrund der Soforterbfolge kann der Erbe alsbald und ohne weiteren Formalakt **alle dinglichen Ansprüche** aus der Erbschaft geltend machen: Er kann sein neues Eigentum nach § 985 BGB vindizieren, ebenso kommen Ansprüche aus dem früheren Besitz des Erblassers nach §§ 861, 1007 Abs. 1, Abs. 2 BGB in Betracht. Auch der Besitz der Erbschaft ist geschützt; nach § 857 BGB wird der Besitz des Erben fingiert, auch wenn er noch nichts vom Todesfall und seiner Erbenstellung weiß.

Durch den Vonselbsterwerb realisiert sich der Grundsatz der Soforterbfolge. Keine Behörde und kein Dritter müssen tätig werden, um den Beginn der Erbenstellung zu bewirken. Nicht einmal der Erbe muss etwas bewirken: Auch wenn er vom Erbfall und der Erbschaft nichts weiß, ist er bereits Eigentümer und Besitzer.

Für diese Problemlage gibt es jedoch wie gesehen andere Lösungsmöglichkeiten. So kann an die Stelle des Vonselbsterwerbs ein weiterer Akt treten, um dem Erben Eigentum und Besitz zuzuführen. Dies kann in einem „**Antritt**" liegen. Durch ihn erwirbt der Erbe in Frankreich nach Art. 724, 711 Cc den Nachlass ohne staatliche Mitwirkung; zur Geltendmachung des Erbrechts ist eine „saisine" (Besitzergreifung) erforderlich, welche nur bei den „successeurs réguliers" (gesetzlichen Erben) von allein eintritt. Durch die formelle Ergreifung (*saisine*) ist der Erbe zur Verwaltung des Nachlasses berechtigt.[52] An Stelle dieses zivilrechtlichen Antritts kann auch eine staatliche Handlung erforderlich gemacht werden. In Österreich etwa ist eine **behördliche Einführung in das Erbe** erforderlich, solange wird der Erbe noch als fortlebend fingiert. Möglich ist auch, dass man den Nachlass vorübergehend einem Juristen oder Spezialisten anvertraut; so etwa wird in England ein *executor* eingesetzt, der u. a. den Erben zu ermitteln und ihm das Vermögen zu übertragen hat.

Der Vonselbsterwerb vermeidet alle diese Übergangsformen und ist dadurch einfacher. Er gewährt ebenso die klare sachenrechtliche Zuordnung des Nachlasses und gleichzeitig den Nachlassgläubigern die Identifikation des Anspruchsgegners. Der Vonselbsterwerb erscheint daher nach wie vor als konstruktiv vorzugswürdig. Die Kehrseite des Vonselbsterwerbs ist, dass der Erbe auf sich gestellt ist, Aktiva und Passiva des Nachlasses in Erfahrung zu bringen, um rechtzeitig disponieren zu können. Auch auf seine fehlende Kenntnis von der neuen Rechtslage nach dem Erbfall wird keine Rücksicht genommen. Die Klarheit der sachenrechtlichen Zuordnung wird daher erkauft durch die **Unsicherheit des Erben** über den Umfang des Nachlasses und ebenso jene der Nachlassgläubiger, die andauert, bis die Person des Erben zweifelsfrei feststeht.

▶ **Antwort:** Das Prinzip des Vonselbsterwerbs schützt die Nachlassgläubiger, denen in jeder Sekunde ein Schuldner klar zugeordnet wird. Geschützt wird aber auch der Erbe, der sein Recht erwirbt, ohne auf andere angewiesen zu sein. Allerdings wird er nicht in seinem finanziellen Interesse geschützt, da er so noch nicht weiß, ob der Nachlass reich oder überschuldet ist. ◀

---

52 *Alain Sériaux*, Manuel de droit des successions et des libéralités, 2003, 165.

§ 5 Berufung zum Erben, Erbfähigkeit

▶ **Frage:** Bei einem Autounfall sterben E, seine hochschwangere Ehefrau F sowie sein Sohn S. In einer Notoperation kann das Leben der ungeborenen Tochter T gerettet werden. Kann sie nach E erben? ◀

1 **Erbe** ist dabei der, auf den das Vermögen in einer der eben beschriebenen Weisen übergeht. Die Stellung als Erbe kann man dabei nur entweder durch Testament oder durch gesetzliche Erbfolge erlangen: Vorrangig darf dies das Testament bestimmen, doch es kann auch nur andere Fragen regeln. Anders als im römischen Recht (*„nemo pro parte testatus pro parte intestatus decedere potest"*) kann man dagegen aus beiden Gründen anteilsmäßig am Nachlass beteiligt werden.

Soll eine konkret bestimmte Zuwendung ohne Rücksicht auf den Rest des Nachlasses gewährt werden, insbesondere bei der Zuweisung nur eines Gegenstandes, handelt es sich nach der Vermutung des § 2087 Abs. 2 BGB am wahrscheinlichsten um ein **Vermächtnis** nach § 1939 BGB: Der Vermächtnisnehmer ist nicht Erbe, er hat einen schuldrechtlichen Anspruch ggü. dem Erben auf die Überlassung des Gegenstands. Er ist also nicht insgesamt am Nachlass berechtigt oder aus ihm verpflichtet.

2 Die Fähigkeit, Erbe zu werden („**Erbfähigkeit**"), entspricht der Rechtsfähigkeit. Der Erbe muss nach § 1923 Abs. 1 BGB zum Zeitpunkt des Erbfalls leben, auch wenn dies nur für einige Sekunden zutrifft, oder bereits gezeugt sein (*nasciturus*) und gemäß § 1923 Abs. 2 BGB später lebend geboren werden. Dann wird fingiert, dass dieses Kind zum Zeitpunkt des Erbfalls schon lebte. Zusätzlich gibt es in bestimmten Ausnahmen die Möglichkeit, sogar die noch nicht Empfangenen (*nondum conceptus*) zu Erben einzusetzen. Dies gilt nach § 2101 Abs. 1 S. 1 BGB etwa im Fall gestaffelter Erbfolge für den sogenannten Nacherben, entsprechendes gilt gemäß § 2101 Abs. 2 HS. 1 BGB auch für juristische Personen. Eine Ausnahme bildet nach § 80 Abs. 2 S. 2 BGB nur die Stiftung (s. o. § 3 Rn. 2).

Wer vor dem Erblasser verstorben ist, und sei es nur um eine Minute wie etwa bei einem Unfall eines Ehepartners, kann daher nicht Erbe werden und damit wiederum auch nicht seine Erben. Lässt sich jedoch nicht feststellen, in welcher Reihenfolge verschiedene Personen starben, dann tritt nach § 11 VerschollenheitsG die Vermutung ein, dass die Personen gleichzeitig verstorben sind („**Kommorientenvermutung**"). Auch in diesem Fall können diese Personen nicht gegenseitig Erbe geworden sein. Es handelt sich also nicht um zwei nacheinander stattfindende Erbfälle, vielmehr sind zwei Erbfälle parallel durchzuführen.

▶ **Antwort:** F und S sind vermutlich gleichzeitig verstorben nach § 11 VerschollenheitsG und kommen daher nicht mehr als Erben des E in Betracht. T war zu diesem Zeitpunkt zwar noch nicht geboren, doch wurde sie gemäß § 1923 Abs. 2 BGB später lebend geboren und ist daher erbberechtigt. ◀

§ 6 Einschlägige Normen und Geltungsbereich

▶ **Fall:** Bauer B hinterlässt seinem ersten Sohn allein den Hof in Westfalen, die anderen Kinder gehen leer aus. Welche Vorschriften neben dem BGB sind noch zu berücksichtigen? ◀

I. Einschlägige Gesetze

Neben dem zentralen 5. Buch des BGB sind, wie schon deutlich wurde, verschiedene Vorschriften des Schuld- (z. B. §§ 330 ff BGB), Sachen- (z. B. § 857 BGB) und Familienrechts (§§ 1589 ff BGB) im Erbrecht heranzuziehen. Aus dem Allgemeinen Teil sind etwa manche Vorschriften über das Zustandekommen und die Auslegung von Willenserklärungen und Rechtsgeschäften wichtig, z. B. § 133 BGB.

Daneben gibt es noch eine Reihe wichtiger Gesetze mit erbrechtlichen Regelungen, wie beispielsweise das LebenspartnerschaftsG und das HGB. In § 10 **LebenspartnerschaftsG** wird die erbrechtliche Stellung des Lebenspartners in einer eingetragenen – gleichgeschlechtlichen – Lebenspartnerschaft geregelt. In § 22 **HGB** wird bestimmt, wer nach dem Tod des Inhabers berechtigt ist, die Firma des Unternehmens fortzuführen. Daneben gibt es noch eine Vielzahl von Gesetzen, die das Erbrecht berühren.

Ein eigenes Erbrecht liegt im **Höferecht** begründet. Landwirtschaftliche Güter können durch Teilung ihre Rentabilität verlieren, ebenso durch den Abfluss allzu großer Vermögensteile. Jeder Erbfall gefährdet also den Bestand der Höfe. Deswegen wurde oft ein Erbrecht eingeführt, dass einen „Anerben" zulasten der anderen „weichenden Erben" begünstigt. Oft wurde jemand als Anerbe ausgewählt, der in besonderer Weise zur Übernahme des Hofes geeignet erschien. Diese Anerbenrechte galten jedoch nur regional und waren unterschiedlich ausgestaltet. Die reichsweite Regelung des ReichserbhofG der Nationalsozialisten wurde 1945 aufgehoben, stattdessen finden sich Regelungen in den Ländern. Die wichtigste Bestimmung ist die der Höfeordnung für die Britische Zone vom 24.4.1947 in der Neufassung vom 26.7.1976, die als partielles Bundesrecht anzusehen ist.[53] Diese komplexe Spezialmaterie berücksichtigt die Probleme, die bei der Teilung eines großen Vermögensgegenstandes im Nachlass auftauchen können. Es handelt sich dabei weder um eine rein deutsche noch eine überholte Rechtsfrage.[54] Diese Spezialregelungen sollen hier zwar nicht weiter behandelt werden, doch das Sachproblem kennt auch das allgemeine Erbrecht, etwa bei Familienunternehmen im Nachlass (dazu s. u. § 32, Rn. 1 ff).

Zu berücksichtigen sind schließlich auch die Vorgaben des **Grundgesetzes**. Das Erbrecht selbst wird nach Art. 14 Abs. 1 S. 1 GG zusammen mit dem Eigentumsrecht und als Ausfluss des Eigentumsrechts geschützt. Natürlich kommt es hier auf die Perspektive des Erblassers, nicht des Bedachten an. Für ihn ist der Empfang des Nachlasses so willkürlich wie eine Schenkung. Ohne Erbrecht würde Eigentum einen großen Teil seiner Attraktivität verlieren, wie das russische Beispiel zeigte (s. o. § 2 Rn. 7). Ebenso wird nach allgemeiner Auffassung die Testierfreiheit nach Art. 14 Abs. 1 S. 1 GG geschützt.

---

53 Dazu *Tim Kannewurf*, Die Höfeordnung vom 24.4.1947, 2004.
54 Vgl. für das schweizerische Recht *Stephan Wolf/Stephanie Hrubesch-Millauer*, Grundriss des schweizerischen Erbrechts, 2. Aufl., Bern 2020, 468 ff.

Dagegen stehen jedoch einige Bestimmungen, welche diese Rechte einschränken. Nach Art. 14 Abs. 1 S. 2 GG werden Inhalts- und Schrankenbestimmungen ermöglicht; hinzu tritt die Sozialbindung des Eigentums nach Art. 14 Abs. 2 GG. Zusätzlich kann man Pflichten für den Erblasser aus dem Gleichheitsgrundsatz nach Art. 3 GG, aus der Pflicht zum Schutz der Ehe und Familie nach Art. 6 GG sowie zur Wahrung der Menschenwürde allgemein nach Art. 1 Abs. 1 GG herauslesen. Mit dem Dogma, das Grundgesetz habe in seinen Grundrechten eine Wertordnung aufgestellt, der Drittwirkung zukomme, werden diese Artikel dem Zivilrecht übergeordnet. Bei einer Anwendung der Normen zur Bestimmung des richtigen Testamentes bliebe von der Testierfreiheit freilich kaum noch etwas übrig.

3 Nicht einheitlich beantwortet wird hingegen die Frage, wie die Grundrechte im Zivilrecht gelten. Gestritten wird um eine unmittelbare oder indirekte Drittwirkung der Grundrechte (dazu näher s. u. § 19 Rn. 8). Die Entwicklung begann mit der Lüth-Entscheidung,[55] in der die Auffassung begründet wurde, das Grundgesetz verkörpere eine allem Recht vorgelagerte **Wertordnung**. Bindet diese die Bürger unmittelbar oder nur indirekt? Schon in der Elfes-Entscheidung[56] wurde die Theorie der indirekten Drittwirkung der Grundrechte im Zivilrecht angeschnitten. Die h. M. geht nach wie vor davon aus, dass das Zivilrecht nur mittelbar durch die Ausfüllung der unbestimmten Generalklauseln wie § 138 Abs. 1 BGB von den Wertungen der Grundrechte erfasst wird.

4 Aus der verfassungsrechtlichen Gewährleistung des Zivilrechts entsteht auf diese Weise in der verfassungsrechtlichen Judikatur ein eigenständiges, übergeordnetes „Super-Zivilrecht" mit Verfassungsrang, das allein in der Imaginationskraft und der Kreativität der Verfassungsrichter begründet ist. Inhaltlich hervorzuheben ist, dass jüngere Entscheidungen des Bundesverfassungsgerichts[57] und des Bundesgerichtshofs[58] die Testierfreiheit als Schutzgut des Art. 14 Abs. 1 GG wieder betonen.

▶ **Antwort:** Neben dem BGB sind evt. im Hinblick auf die mögliche Sittenwidrigkeit der Enterbung grundrechtliche Wertungen zu berücksichtigen. Vor allem ist zu prüfen, ob das Höferecht der ehemals britischen Zone zur Anwendung kommt. ◀

II. Geltungsbereich

▶ **Fall:** O stirbt am 1.10.1990 in Leipzig. Nach welchem Recht ist sein Erbfall zu beurteilen? ◀

5 Das BGB gilt in ganz Deutschland, im Gebiet der alten Bundesländer seit dem 1.1.1900, in den fünf neuen Bundesländern dagegen für Erbfälle gemäß Art. 230 Abs. 2 EGBGB, Art. 235 § 1 EGBGB e contrario erst nach dem 3.10.1990. Trat der Erbfall auf diesem Territorium vorher ein, bestimmt sich gemäß Art. 235 § 1 EGBGB die Rechtslage nach dem Recht der ehemaligen DDR. Nach Art. 235 § 2 EGBGB bleibt dieses Recht für die alten Testamente und Erbverträge anwendbar.[59] „Intertemporal"

---

[55] BVerfG 15.1.1958 – 1 BvR 400/51, BVerfGE 7, 198, 204 ff. („Lüth-Urteil").
[56] BVerfG 16.1.1957 – 1 BvR 253/56, BVerfGE 6, 32 („Elfes-Entscheidung").
[57] BVerfG 21.2.2000 – 1 BvR 1937/97, NJW 2000, 2495.
[58] BGH 2.12.1998 – IV ZB 19/97, NJW 1999, 566–570, m. Anm. *Karlheinz Muscheler*, Zur Sittenwidrigkeit von letztwilligen Potestativbedingungen, ZEV 1999, 151 f.; *Verf.*, Anmerkung zu BGH 2.12.1998 – IV ZB 19/97 („Preußen"), JZ 1999, 517–519.
[59] Einen besonders schwierigen Fall findet man in: BayObLG 22.2.1999 – I ZBR 105/98, ZEV 1999, 314 f., m. Anm. *Gerhard Otte*, Zur Wirksamkeit eines 1938 von einem jüdischen Erblasser abgeschlossenen Erbvertrages, ZEV 1999, 316 f.

§ 6 Einschlägige Normen und Geltungsbereich

gilt das Gesetz also nur für jene Zeit, in der es in Kraft gesetzt war und ist nicht mit Rückwirkung ausgestattet.

Gemäß dem deutschen **Internationalen Privatrecht (IPR)** ist das deutsche Erbrecht nach der Maßgabe der Art. 25, 26 EGBGB anwendbar. Art. 25 EGBGB verweist dabei vollständig auf die EuErbVO[60]. Es wird sogar eine entsprechende Anwendung von Kapitel III der EuErbVO angeordnet, sofern eine direkte Anwendung der EuErbVO nicht möglich ist. Nach Art. 21 Abs. 1 EuErbVO ist grundsätzlich das Recht des Staates anzuwenden, in dem der Erblasser im Zeitpunkt seines Todes seinen gewöhnlichen Aufenthalt hatte. Dem Erblasser wird aber gemäß Art. 22 Abs. 1 EuErbVO die Wahl überlassen, das Recht des Staates anzuwenden, welchem er im Zeitpunkt der Wahl bzw. zum Zeitpunkt des Todes angehörig ist.

Verfügungen von Todes wegen sollen nach der *ratio legis* des Art. 26 EGBGB nach Möglichkeit erhalten bleiben. Art 26 EBGB stellt dabei nur eine Kollisionsnorm bzgl. der Formvoraussetzungen dar. Im Grundsatz gelten gemäß Art. 26 Abs. 1 S. 2 EGBGB die Kollisionsnormen der HTestFormÜ[61]. Diese genießt gemäß Art. 75 Abs. 1 UAbs. 2 EuErbVO auch Anwendungsvorrang vor der EuErbVO, sodass keine Kollision mit der EU-Verordnung entstehen kann. Art. 3 HTestFormÜ ermöglicht es den Vertragsstaaten ergänzende Regelungen von der HTestFormÜ zu treffen. In Art. 26 Abs. 2 S. 1 EGBGB hat der deutsche Gesetzgeber von dieser Möglichkeit Gebrauch gemacht.[62] Es soll gemäß Art. 26 Abs. 1 S. 1 EGBGB das Recht angewendet werden, welches allgemein auf die Rechtsnachfolge im Zeitpunkt des Todes anzuwenden ist (Var. 1) oder welches bei einem hypothetischen Todesfall im Zeitpunkt der Errichtung des Testaments auf die Rechtsnachfolge anzuwenden gewesen wäre (Var. 2). Diese allgemeine Verknüpfung mit dem Recht der Rechtsnachfolge ist dann wiederum nach der EuErbVO zu beurteilen.[63] Eine Abweichung von HTestFormÜ und EuErbVO ist damit kaum zu erwarten.[64] Das Ziel der EuErbVO ist es, möglichst nur noch ein Recht für den gesamten Nachlass gelten zu lassen und insofern eine Nachlassspaltung zu verhindern, weshalb der Anwendungsbereich des nationalen Kollisionsrecht sich beinahe nur in der EuErbVO erschöpft. Schließlich soll durch ein europäisches Nachlasszeugnis eine einheitliche Legitimation des Erben in der Union geschaffen werden. Dieses europäische Nachlasszeugnis sollte eigentlich die Abwicklung eines grenzüberschreitenden Erbfalls vereinfachen. Es ist jedoch so umständlich, lang und kompliziert, dass manche Staaten lieber den deutschen Erbschein eingeführt haben. Viele Abgrenzungsfragen wurden inzwischen durch die europäische Rechtsprechung gelöst, freilich immer zugunsten der Kompetenz des europäischen Rechts, statt differenzierter auf eine sachgerechte Lösung zu achten.[65]

Damit gibt es neben dem deutschen Erbrecht im Ansatz auch ein europäisches Erbrecht, das jedenfalls anstelle des deutschen Erbscheins das Europäische Nachlasszeugnis setzt und im Verfahren eigene Regeln enthält und durch Formblätter das einheitliche Vorgehen vorgibt. Das Verfahren musste durch §§ 33 ff IntErbRVG ergänzend ge-

---

60 Verordnung (EU) Nr. 650/2012.
61 Haager Testamentsformübereinkommen – BGBl. 1965 II S. 1144.
62 Teilweise wird die Realisation der Abweichungsmöglichkeit als Verstoß gegen die EuErbVO gewertet: BeckOK BGB/*Lorenz*, 70. Aufl. 01.05.2024, EGBGB Art. 26 Rn. 2.1.
63 BeckOK BGB/*Lorenz*, 70. Aufl. 01.05.2024, EGBGB Art. 26 Rn. 2.
64 BeckOK BGB/*Lorenz*, 70. Aufl. 01.05.2024, EGBGB Art. 26 Rn. 2.
65 *Wolfgang Roth/Thomas Maulbetsch*, Neue Rechtsprechung zur EU-Erbrechtsverordnung, NJW-Spezial 2020, 359.

§ 6   A. Einleitung

regelt werden.⁶⁶ Findet sich dort keine einschlägige Antwort, kann gemäß § 35 Abs. 1 IntErbRVG das FamFG subsidiär herangezogen werden. Die DurchführungsVO (EU Nr. 1329/2014) zur ErbrechtsVO enthält die Formblätter. Bei einer Entscheidung in einer Nachlasssache kann etwa eine Bescheinigung nach Art. 64 S. 2 lit. b) i. V. m. Art. 67 Abs. 1 UAbs. 1 S. 1 EuErbVO erteilt werden. Das europäische Nachlasszeugnis gilt gemäß Art. 70 Abs. 3 S. 1 EuErbVO sechs Monate. Weiter als der Erbschein weist das europäische Nachlasszeugnis nicht nur den Erblasser oder die Testamentsvollstreckung, sondern auch andere Angaben wie den Nachlassverwalter sicher nach (vgl. Art. 68 lit. o) EuErbVO).

▶ **Antwort:** Der Erbfall des O ist gemäß Art. 25 Abs. 1 S. 1, 235 § 1 Abs. 1 EGBGB nach dem Zivilgesetzbuch (ZBG) der DDR zu beurteilen, da O vor dem Beitritt der DDR gestorben ist. ◀

---

66 *Anatol Dutta*, Das neue Internationale Erbrechtsverfahrensgesetz, ZEV 2015, 493–502.

§ 7 Das Erbrecht des Staates, Erbschaftsteuer

I. Bedeutung

▶ **Frage:** Wozu dient die Erbschaftsteuer? ◀

In der europäischen Rechtsgeschichte fiel der Nachlass an die Familie bzw. Verwandtschaft; ein Erb- oder Heimfallrecht des Staates bzw. Fürsten verfiel allmählich sogar im Lehnsrecht und spielt daher in der jüngeren Privatrechtsgeschichte keine Rolle mehr. Nur die Kirche beanspruchte einen Teil des Nachlasses. Erst unter dem Eindruck des Sozialismus stieg das Interesse des Staates, am Nachlass beteiligt zu werden. Dieses Anliegen konnte sich im Erbrecht des BGB von 1896 nicht mehr auswirken. Der Erbe rückt mit dem Erbfall in die Position des Erblassers ein; so wird er Rechtsnachfolger ab dem Moment des Erbfalls und unmittelbar von Art. 14 Abs. 1 S. 1 GG geschützt. Rechtlich unproblematisch bzw. ohne eigenständigen Regelungsbedarf ist es, wenn der Staat vom Erben **testamentarisch** als Erbe bestimmt wird. Relevanter ist dagegen die Möglichkeit, dass der Staat **gesetzlicher Erbe** werden kann. Ähnliches gilt bei der Bestimmung eines wohltätigen Zwecks; der Fiskus ist dann gesetzlicher Erbe mit einer Zweckauflage.[67] Im BGB gibt es mit § 1936 S. 1 BGB ein Erbrecht des Landes, in dem der letzte Wohnsitz lag, wenn sonst aus der gesamten Großfamilie kein Angehöriger zu finden ist;[68] dabei reicht es aus, wenn die Personen nur gemeinsame, vor Jahrhunderten verstorbene Ahnen haben. Hierbei handelt es sich um ein zivilrechtlich ausgestaltetes echtes Erbrecht des Staates. Die Feststellung des Staates als gesetzlicher Erbe ist gemäß § 1964 Abs. 2 BGB stets widerlegbar.[69] Selbst die für dieses Verfahren „öffentliche Aufforderung zur Anmeldung der Erbrechte" gemäß § 1965 BGB schließt „nicht angemeldete Erbrechte" nicht aus: § 1965 Abs. 2 S. 1 BGB ändert daran nichts.[70]

In Österreich gibt es dagegen ein staatliches Aneignungsrecht, wenn aus der enger bestimmten Gruppe der gesetzlichen Erben kein Erbe zu finden ist. Ebenso hat der englische Staat ein **Okkupationsrecht**, wenn mangels gesetzlicher Erben der Nachlass als herrenlos angesehen wird. In diesen beiden Fällen kommt es zu einem hoheitlichen Aneignungsakt, wohingegen in Deutschland der Staat zunächst nur eine rein zivilrechtliche Stellung hat. In Japan wird der Nachlass vom Gericht zu einer juristischen Person erklärt, der ein Nachlassverwalter vorsteht. Der Überschuss kann nach § 951 des japanischen BGB an den Staat oder an einen Lebensgefährten ausgekehrt werden. Diese Lösung ist vielleicht zu flexibel, ermöglicht aber eine bessere Behandlung des im deutschen Recht schlecht gestellten Lebensgefährten.

Bedeutend ist der Unterschied für die grenzüberschreitende Behandlung von Erbfällen: Der Hoheitsakt gilt nicht im Ausland, der in Deutschland belegene Nachlass eines Engländers wird vom englischen Hoheitsakt nicht erfasst und wird daher anders weitergeleitet.

Die Vorschriften, welche die Erben betreffen, gelten daher auch grundsätzlich für den Staat, mit folgenden **Besonderheiten**:

---

67 OLG Düsseldorf 2.9.2014 – I-3 Wx 80/13, NJW-Spezial 2015, 71 f.
68 Zum Verfahren s. §§ 1964 ff BGB.
69 BeckOK BGB/*Sigemann/Höger*, 70. Aufl. 01.02.2024, BGB § 1964 Rn. 2.
70 BeckOK BGB/*Sigemann/Höger*, 70. Aufl. 01.02.2024, BGB § 1965.

- Der Staat hat nach § 1942 Abs. 2 BGB kein Recht, das Erbrecht auszuschlagen oder e contrario § 2346 Abs. 1 S. 1 BGB darauf zu verzichten; der Staat ist gesetzlicher Zwangserbe.
- Nach § 2011 BGB kann dem Staat keine Inventarfrist gesetzt werden, welche zu einer unbeschränkten Haftung führen könnte.[71] Darüber hinaus braucht sich der Staat im Verfahren nicht auf eine Haftungsbeschränkung gemäß § 780 Abs. 2 Var. 1 ZPO zu berufen; vielmehr gilt diese automatisch.

Das nach § 1936 S. 1 BGB eingenommene Geld fällt den Bundesländern zu, die es freilich öffentlich-rechtlichen Körperschaften zuleiten können, wie dies früher in Preußen der Fall war (Art. 138 EGBGB). Das Land kann den Nachlass aber auch dem überlassen, der vom Erblasser versorgt wurde (Art. 139 EGBGB).

4 Die **Erbschaftsteuer** ermöglicht es dem Staat viel leichter, sein Ziel, am Nachlass beteiligt zu werden, indirekt zu erreichen. Erbschaftsteuer gab es in Ansätzen schon seit Kaiser Augustus in Rom,[72] in den deutschen Ländern wurde sie vereinzelt ab dem 17. Jahrhundert eingeführt. Mal wurde der Nachlass („Nachlasssteuer"), mal der Vermögensanfall bei den Erben besteuert („Erbschaftsteuer").[73] Das Erbschaftsteuergesetz von 1906 ist die Grundlage des heutigen Gesetzes. Versuche der Ausdehnung in den folgenden Jahren wurden wieder zurückgenommen: Das Erbschaftsteuergesetz von 1919 wollte etwa den Nachlass besteuern, doch wurde bereits 1925 in der Weimarer Republik wieder eine Erbschaftsteuer mit Freibeträgen eingeführt.[74]

Gemäß Art. 106 Abs. 2 Nr. 2 GG stehen diese Einkünfte den Ländern zu. Lange Zeit gewährte die Erbschaftsteuer eine Privilegierung des Grundbesitzes, indem dessen steuerlich maßgeblicher Wert, der Einheitswert, deutlich unter dem Verkehrswert des Marktes angesiedelt wurde. 1974 wurde mit der Angleichung der Besteuerung von Grundbesitz an die Besteuerung übriger Objekte begonnen, indem der Einheitswert angehoben wurde. Das BVerfG ordnete 1995 in zwei Entscheidungen sowohl zur Vermögens- als auch zur Erbschaftsteuer[75] eine weitere Angleichung an. Dem Staat wurde aufgegeben, das „persönliche Gebrauchsvermögen" zu schützen. Kleine Vermögen sind daher steuerlich ganz zu befreien, große Vermögen zum großen Teil.[76] Das BVerfG hat gleichzeitig deutlich gemacht, dass die Erbschaftsteuer nicht das Erbrecht aushöhlen darf, **verboten** sind also sogenannte „konfiskatorische Erbschaftsteuern".[77] Steuern dürfen damit keine konfiszierende oder erdrosselnde Wirkung haben. Dies ist dann anzunehmen, wenn die Steuer nicht mehr aus den Erträgen einer Steuerquelle erbracht werden kann, sondern die Verwertung der Quelle erfordert. Ökonomisch und politisch wird auch immer noch grundsätzlich um die Beteiligung des Staates am Nachlass gestritten, gefordert werden sowohl die Abschaffung der Steuer als auch deren Ausweitung.[78]

---

71 BeckOK BGB/*Lohmann*, 70. Aufl. 01.05.2024, BGB § 2011 Rn. 1.
72 Vgl. *Max Kaser*, Das römische Privatrecht, Band 1, 2. Aufl. 1971, § 164 Rn. 2, 692.
73 Vgl. *Mathias Schmoeckel/Matthias Maetschke*, Rechtsgeschichte der Wirtschaft, 2. Aufl. 2016, Rn. 382, 256 f.
74 *Schmoeckel/Maetschke* Rechtsgeschichte der Wirtschaft (Fn. 73), Rn. 397.
75 BVerfG *22.6.1995 – 2 BvL 37/91*, BVerfGE 93, 121 = NJW 1995, 2615; BVerfG *22.6.1995 – 2 BvR 552/91*, BVerfGE 93, 165 = NJW 1995, 2624.
76 BVerfGE (Fn. 75) 93, 165.
77 BVerfG *24.7.1962 – 2 BvL 15, 16/61*, BVerfGE 14, 221, 241; *9.12.1965 – 1 BvR 228/65*, BVerfGE 19, 119, 128; *14.5.1968 – 2 BvR 544/63*, BVerfGE 23, 288, 315; *9.3.1971 – 2 BvR 326, 327, 341–345/69*, BVerfGE 30, 250, 271; *8.3.1983 – 3 BvL 27/81*, BVerfGE 63, 312, 327; *31.5.1988 – 1 BvL 22/85*, BVerfGE 78, 232, 243; *31.5.1990 – 2 BvL 12/88, 2 BvL 13/88, 2 BvR 1436/87*, BVerfGE 82, 159, 190.
78 Einen Überblick über die Diskussion gibt *Beckert* (Fn. 2), 275 ff.

§ 7 Das Erbrecht des Staates, Erbschaftsteuer

2006 gab das BVerfG dem Gesetzgeber vor, die steuerliche Privilegierung von Grundbesitz aufzuheben.[79] Die Reform vom 1.1.2009 erschien von vornherein „gespickt mit zahlreichen Unsicherheiten" durch unvollständige Regeln und neue Begriffe[80] sowie Wertungsbrüche. Das Ende der Steuerprivilegierung für Geschwister riskiert, dass im Fall eines gemeinsamen Elternhauses, das von Geschwistern nacheinander geerbt wird, aufgrund der Erbschaftsteuer das Haus eventuell verkauft werden muss, um die Steuerschuld begleichen zu können. Daher wurde wieder eine gewisse Verbesserung für Geschwister und deren Kinder eingeführt. Angegriffen wurden insbesondere die Steuerbefreiung von betrieblichem Vermögen und die dadurch ermöglichte Umgehung von Erbschaftsteuer des Privatvermögens als möglicher Grund der Verfassungswidrigkeit, wenn über sieben Jahre hinaus mindestens 20 Mitarbeiterstellen erhalten blieben.[81] Das Bundesverfassungsgericht erklärte diese Privilegierung am 17.12.2014 jedenfalls teilweise für verfassungswidrig.[82] Gemäß der Reform von 2016 sollen Firmen nun bereits ab fünf Mitarbeiterstellen in den Genuss der Steuerbefreiung kommen, wenn sie das Unternehmen mindestens sieben Jahre weiterführen. Unternehmen bis 15 Mitarbeitern und einem Wert von unter 26 Mio. EUR müssen die Beschäftigung stabil halten, um die Steuerprivilegierung zu erhalten. Ab einem Firmenwert von 26 Mio. EUR je Erbteil wird es eine „Bedürfnisprüfung" geben, mit der der Erbe nachweisen muss, dass ihn die Steuerzahlung überfordern würde. Dabei kann sein eigenes Vermögen bis zu 50 % herangezogen werden, um die Steuerschuld zu begleichen; diese kann ihm auch 10 Jahre lang gestundet werden. Ab einem Vermögen von 90 Mio. EUR gibt es keine Verschonung mehr.

Die spezifische Gefahr der Erbschaftsteuer – über die Minderung von Vermögen hinaus – betrifft den Mittelstand: Die nächste Generation kann das Unternehmen u. U. nicht fortführen, wenn ein wesentlicher Teil für die Bezahlung der Erbschaftsteuer verkauft werden muss; Einkommen und Arbeitsplätze werden reduziert. Mobile Unternehmen können in andere Staaten fliehen, was den deutschen Interessen zuwiderläuft. Gerade kleinere Unternehmen sind meist nicht so flexibel. Ähnlich riskiert die Belastung mit der Erbschaftsteuer, dass der wesentliche Vermögensgegenstand im Nachlass, das Hausgrundstück, verkauft werden muss, um die Steuerschuld begleichen zu können; die Erbschaftsteuer kann damit Familien aus ihren Eigenheimen vertreiben. Gegen die Belastung des Erben spricht hier **ökonomisch**, dass der Staat wertvolles Produktionskapital in privater Hand zerschlägt und damit eine der wesentlichen Säulen der deutschen Wirtschaft. Gestaltung der Wirtschaft oder soziale Umverteilung bilden dabei keine Aufgaben des Erbrechts.

Sicherlich ist der Erbfall ein geschickter Moment, Steuern zu erheben, da der Erbe immer noch den Großteil des Erbes erhält. Der Vermögensübergang ist jedoch ebenso wenig ein Grund, den Staat zu beteiligen wie jeder andere Transfer unter Lebenden. Im Nachlass befindet sich stets versteuertes Geld. Ob es daher gerechtfertigt ist, das Vermögen nach dem Tod des Erblassers erneut zu versteuern, kann durchaus bezweifelt werden. Jeder hat zudem die Pflicht, sich und seine Familie zunächst mit eigenen Mitteln zu unterhalten; die Weggabe des eigenen Vermögens, um dann von öffentlichen Zuwendungen zu leben, wäre Rechtsmissbrauch. Wenn also Vermögen bis zum

---

79 BVerfG 7.11.2006 – 1 BvL 10/02, BVerfGE 117, 1 = NJW 2007, 573.
80 *Agnes Fischl/Wolfgang Roth*, Die Reform des Erbschaftsteuer- und Bewertungsrechts zum 1.1.2009, NJW 2009, 177–182, 182.
81 BFH 27.9.12, II R 9/11, legte diese Fragen dem BVerfG vor.
82 BVerfG 17.12. 2014 – 1 BvL 21/12, BVerfGE 138, 136 = NJW 2015, 303.

Tod erhalten wurde, darf die Freigiebigkeit unter Lebenden nicht anders behandelt werden als die von Todes wegen. Formal erreicht dies das deutsche Gesetz, indem es Schenkungs- und Erbschaftsteuer zusammen und gleich behandelt.

Zur freien Gestaltung des eigenen Lebens gehört auch die Sorge für die eigene Familie. Das Motiv, für die eigene Familie zu wirtschaften, hielt der Ökonom Friedrich August von Hayek (1899 – 1992) für so wichtig, dass er Familie und Eigentum als die Grundlage einer freien Gesellschaft ansah, in der sich jeder nach seinen Möglichkeiten engagiert:[83] Immer noch bildet der Rückhalt in der Familie eine der wichtigen Stützen für die Menschen in der Bundesrepublik. Es ist unwahrscheinlich, dass sich das in den nächsten Jahrzehnten ändert. Das bedeutet, dass das Familienvermögen zur Finanzierung der Ausbildung der nächsten Generation und zur Vorsorge der Älteren erforderlich ist.

Der Begriff der Familie ist dabei unscharf. Die Unterstützung des Onkels für seine mittellosen Neffen wird steuerlich anders behandelt als die der Eltern für die Kinder. Persönliche Verbindungen ohne Blutsverwandtschaft werden nicht berücksichtigt, sofern keine Adoption durchgeführt wird; „Regenbogenfamilien" finden insoweit keine Berücksichtigung. De lege ferendo wären hier Verbesserungen sinnvoll.

Die Erbschaftsteuer einer freiheitlichen Gesellschaft sollte so gestaltet sein, dass sie weder die Wirtschaft schwächt noch die notwendigen Ressourcen der Familien angreift. Dabei wird man die Familien zunehmend weniger nach formaler Abstammung als nach sozialer Nähe zu Lebzeiten bestimmen müssen.

6 Der rechtsvergleichende Blick zeigt, dass es Länder mit niedrigeren und mit höheren Erbschaftsteuern gibt. Nirgends jedoch spielt diese Steuer eine erhebliche Rolle bei der Finanzierung des Staates.[84] In Deutschland brachte die Erbschaftsteuer 2016 den Spitzenertrag von 6,8 Mrd. Euro, also 0,7 % des Gesamtsteueraufkommens, 2018 waren es 6,7 Mrd. Euro.[85] Allerdings fluktuierte das Aufkommen in den letzten Jahren, was zu neuen Reformforderungen führte. In den USA mit einer hohen Erbschaftssteuer beläuft es sich nur auf 1,4 % des Gesamtsteuereinkommens.[86] Berücksichtigt man zudem den Verwaltungsaufwand sowie die natürliche Schranke für die Erbschaftsteuer, die nicht konfiskatorisch wirken darf, kann der Erbschaftssteuer fiskalisch nur eine untergeordnete Bedeutung zukommen. Die Funktion der Umverteilung darf diese Steuer nicht leisten, dies wäre die Aufgabe einer Vermögensteuer. Die Erbschaftsteuer wird nie das Mittel sein können, eine Finanzierung einer staatlichen Armenfürsorge, Bildungs- und Sozialpolitik zu garantieren.[87] Auch aus wirtschaftlichen Gründen erscheint die Berechtigung der Erbschaftsteuer zweifelhaft. In Italien wurde sie daher abgeschafft.[88]

▶ **Antwort:** Sie ermöglicht dem Staat die wertmäßige Beteiligung am Nachlass, ohne mit dessen Abwicklung befasst zu werden. Im Recht der Bundesrepublik bedeutet sie den Kompromiss zwischen Privateigentum und Erbfreiheit einerseits und dem sozialen Auftrag

---

83 Vgl. *Friedrich August von Hayek*, Die Anmaßung von Wissen. Neue Freiburger Studien, 1996, 107.
84 *Henriette Hauben*, Aufkommens- und Verteilungswirkungen alternativer Erbschaftsteuersysteme, in: Helmut P. Gaisbauer/Otto Neumaier/Gottfried Schweiger/Clemens Sedmak (Hrsg.), Erbschaftsteuer im Kontext, Wiesbaden 2013, 115–142, 117.
85 S. https://www.destatis.de/DE/Presse/Pressemitteilungen/2019/08/PD19_309_736.html, abgerufen 23.7.2020.
86 *Beckert* (Fn. 2), 312, 316.
87 10 % der Bevölkerung halten in Deutschland mehr als 60 % des Privatvermögens, in den USA fast 83 %.
88 Mitteilung in ZEV 2001, Heft 12, Umschlagseite VI.

des Staates andererseits. Sofern das geltende Erbrecht in Frage gestellt wird, dreht sich die Diskussion um die Höhe der Erbschaftsteuer. Die grundlegende politische Entscheidung für die Zulässigkeit des Erbens wird dabei regelmäßig nicht angezweifelt. ◄

II. Gestaltungsspielraum im Hinblick auf die Steuerpflicht

▶ **Frage:** Wie kann M zur Reduktion der Erbschaftsteuer nach seinem Tod beitragen, wenn er sein Vermögen seiner Frau hinterlassen will und nach ihrem Tod den gemeinsamen Kindern? ◄

Die Erbschaftsteuer richtet sich zunächst gemäß § 15 Abs. 1 ErbStG nach der **Steuerklasse**, in die der Erbe aufgrund seiner Stellung zum Erblasser einzureihen ist.[89] Es werden drei unterschiedlich privilegierte Gruppen geschaffen. Dabei gibt es nicht nur eine Ungleichbehandlung der Steuerklassen nach den Steuersätzen (dazu Rn. 8), sondern auch nach Freibeträgen, die von vornherein nicht steuerpflichtig werden (vgl. § 16 ErbStG):

Steuerklasse I mit Freibeträgen:

1. der Ehegatte: 500.000 EUR,
2. die Kinder, Stiefkinder, Adoptivkinder: 400.000 EUR,
3. die Abkömmlinge der in Nr. 2 genannten Kinder/Stiefkinder: 200.000 EUR,
4. die Eltern und Voreltern bei Erwerben von Todes wegen: 100.000 EUR;

Steuerklasse II (Freibetrag: 20.000 EUR):

1. die Eltern/Voreltern, soweit nicht in Steuerklasse I,[90]
2. die Geschwister,
3. die Abkömmlinge ersten Grades von Geschwistern,
4. die Stiefeltern,
5. die Schwiegerkinder,
6. die Schwiegereltern,
7. der geschiedene Ehegatte;

Steuerklasse III (Freibetrag: 20.000 EUR):

Alle übrigen Erwerber und die Zweckzuwendungen.

Die **näheren Familienangehörigen** sollen **besser gestellt** werden. Der Enteignungscharakter ist dagegen schon ab der 2. Klasse besonders deutlich. Der Berufungsgrund der Erben spielt dabei keine Rolle. Eine Ausnahme davon bildet das Erbrecht der Eltern bzw. Voreltern: Hier differenziert das Steuerrecht danach, ob die Eltern und Großeltern aufgrund eines Testamentes oder aufgrund gesetzlicher Erbfolge erben. Danach entscheidet sich, ob sie der Steuerklasse I oder II angehören.

---

[89] Zur genaueren Darstellung des Folgenden vgl. die maßgebliche Darstellung von *Jens Peter Meincke/Frank Hannes/Michael Holtz*, ErbStG, 18. Aufl. 2021, § 15 Rn. 5–16.
[90] Gemeint sind etwa Schenkungen an Eltern, Geschäfte zwischen Geschwistern über die Eltern zur Ausnutzung des Freibetrags, s. *Meincke/Hannes/Holtz*, ErbStG (Fn. 89), § 15 Rn. 12.

A. Einleitung

Die Erbschaftsteuer bestimmt sich ferner nach dem in § 19 ErbStG festgesetzten Steuersatz:

Wert des steuerpflichtigen Erwerbs	Prozentsatz in Klasse		
	I	II	III
75.000 EUR	7	15	30
300.000 EUR	11	20	30
600.000 EUR	15	25	30
6.000.000 EUR	19	30	30
13.000.000 EUR	23	35	50
26.000.000 EUR	27	40	50
darüber	30	43	50

9 Zu den genannten, nach der Person des Erben bestimmten Freibeträgen, kommen noch weitere Freibeträge: Der überlebende Ehepartner braucht als Versorgungsfreibetrag eine weitere Summe von 265.000 EUR nicht zu versteuern, Verwandte der Seitenlinie hingegen nur 20.000 EUR. Wer den Erblasser gepflegt hat, kann zudem einen Pflegefreibetrag in Höhe von 20.000 EUR in Anspruch nehmen.

Besonders gerungen wurde nach 2006 um eine Steuerprivilegierung von Immobilien und Betriebsvermögen. Die Vorschriften wurden daher kompliziert gestaltet. Bei bebauten und vermieteten Grundstücken gibt es einen Verschonungsabschlag in Höhe von 10 % gemäß § 13d Abs. 1 ErbStG. Selbstgenutzte Immobilien sind für den erbenden Ehepartner oder die Kinder steuerfrei nach § 13 Abs. 1 Nr. 4b und c ErbStG, sofern sie das Haus 10 Jahre lang selbst weiter nutzen. Eine Ausnahme gewährte das bisherige Gesetz nur, wenn die Immobilie aus zwingenden Gründen nicht mehr selbst bewohnt werden kann. Betriebsvermögen werden gemäß § 13a Abs. 1 S. 1 ErbStG zu 85 % ihres Wertes steuerfrei, wenn der Betrieb gemäß § 13a Abs. 6 S. 1 ErbStG fünf Jahre fortgeführt wird und dabei gemäß § 13a Abs. 3 S. 1 eine gewisse Mindestlohnsumme nicht unterschritten wird.

Um die verbleibende Steuerpflicht bei Grundstücken und Betriebsvermögen zu berechnen, muss man ihren Wert bemessen. Dieser richtet sich grundsätzlich nach dem Ende der Privilegierung des Grundvermögens nach dem Verkehrswert. Das ErbStG verweist für die Berechnung auf die detaillierten Vorschriften des BewG mit seinen Anlagen.

Die Steuer erfasst nicht nur Erbfälle, sondern auch **Schenkungen unter Lebenden** nach § 7 Abs. 1 ErbStG sowie Zweckzuwendungen gemäß § 8 ErbStG, kurzum alle unentgeltlichen Zuwendungen. Vermögende Familien könnten bestrebt sein, durch Vermögenstransfer über Jahrzehnte immer wieder die Freibeträge für Schenkungen auszunutzen. Dem schiebt § 14 ErbStG einen Riegel vor, indem die Schenkungen der letzten 10 Jahre zusammen gezählt werden; zum Nachlass werden also auch die Schenkungen der letzten 10 Jahre an den Erben gezählt.

10 ▶ **Antwort:** Zur Verdeutlichung seien zwei alternative Gestaltungsmöglichkeiten vorgeführt. ◀

§ 7 Das Erbrecht des Staates, Erbschaftsteuer

▶ **1. Beispiel:** M hinterlässt ein Vermögen von 1.000.000 EUR. Er bestimmt, dass seine Frau F die Hälfte, je ein Viertel die beiden Kinder K1 und K2 erben

F soll 500.000 EUR, K1 und K2 je 150.000 EUR erben. Alle drei Erben gehören in die erste Steuerklasse, § 15 Abs. 1 Nr. 1, 2 ErbStG. Nach § 19 ErbStG müssen sie die Erbschaft mit 11 % versteuern. Für F bleibt jedoch ein Vermögen bis zu 500.000 EUR gemäß § 16 Abs. 1 ErbStG steuerfrei. Sie muss daher keine Steuer zahlen. Die Kinder erben weniger, als Ihnen nach ihrem Freibetrag (je 400.000,-) steuerfrei bleibt. Folglich brauchen alle keine Erbschaftsteuer zu zahlen. ◀

▶ **2. Beispiel:** Soll im vorgenannten Fall F Alleinerbin sein, dann übersteigt ihr Anteil 500.000 EUR; sie wird erbschaftsteuerpflichtig. Auch nach Abzug des weiteren Versorgungsfreibetrags gemäß § 17 Abs. 1 ErbStG in Höhe von 256.000 EUR bleibt ein zu versteuernder Rest. Steuerlich ist folglich von dieser Gestaltung der Nachfolgeregelung abzuraten, so verständlich der Wunsch ist, den bisherigen Lebensstil des gemeinsamen Lebens zu erhalten. ◀

§ 8 Legalordnung des Erbrechts

▶ **Frage:** Welches allgemeine Prinzip leitet die Anordnung der Materien im Erbrecht? ◀

1 Das Erbrecht ist in neun Abschnitte unterteilt. Zunächst stellt es die Grundsätze der gesetzlichen Erbfolge dar und bemüht sich gleichzeitig, grundlegende Begriffe zu erklären, wobei auch Grundbegriffe der gewillkürten Erbfolge mit behandelt werden (1. Abschnitt §§ 1922–1941 BGB). Während damit die wichtigsten Elemente am Anfang dargestellt werden und zunehmend Spezielles folgt, ist der folgende Stoff nicht allein in der Folge abnehmender Gewichtung gegliedert.

Der 2. Abschnitt behandelt die Rechtsstellung des Erben (§§ 1942–2063 BGB) und greift damit ganz verschiedene Fragestellungen auf: wie der Erbe die Erbschaft ausschlagen kann, wie er für die Nachlassschulden verantwortlich ist, wie er seinen Erbschaftsanspruch geltend machen kann und wie sich mehrere Erben untereinander auseinandersetzen sollen. Der dritte Abschnitt regelt das Testament (§§ 2064–2272 BGB), hierin ist auch das gemeinschaftliche Testament geregelt; im vierten Abschnitt erfolgt die Regelung des Erbvertrags (§§ 2274–2302 BGB). Danach folgen die Normen zum Pflichtteilsrecht (§§ 2303–2338 BGB), also die Einschränkung der Testierfreiheit. Damit ist das Recht der gewillkürten Erbfolge abgehandelt. Es folgen allgemeine Abschnitte, die zum Ausschluss der Erbenstellen unabhängig vom Berufungsgrund führen: Erbunwürdigkeit (§§ 2339–2345 BGB) sowie Erbverzicht (§§ 2346–2352 BGB). Bedeutend ist der achte Abschnitt zum Erbschein (§§ 2353–2370 BGB), in dem erste prozessuale Schritte geregelt werden. Zuletzt wird der Verkauf einer Erbenstellung an Dritte, der Erbschaftskauf, in §§ 2371–2385 BGB geregelt.

▶ **Antwort:** Hier gilt wie sonst auch im BGB der Grundsatz, dass die allgemeinen Regelungen an den Anfang gestellt werden. In den §§ 1937 ff BGB, am Ende des ersten Abschnitts, finden sich daher einige grundlegende Bestimmungen von Instituten, die erst später detaillierter geregelt werden. Doch „allgemeine Teile" dienen nicht einfach nur der Begriffsklärung, sondern legen rechtliche Instrumente fest, mit denen das Erbrecht im folgenden operieren kann. ◀

Fragen zur Wiederholung und Vertiefung

1. Was ist Universalsukzession?
2. Kann der Erbe die Tilgungsbestimmung ändern?
3. Warum könnten die Erben eine Gesellschaft bürgerlichen Rechts bilden?
4. Was ist der Zweck des Erbrechts?
5. Was sind die Voraussetzungen für die Errichtung einer selbstständigen, rechtsfähigen Stiftung?
6. Was ist ein *nondum conceptus*?
7. Welche Verfügungen von Todes wegen kennt das deutsche Recht?
8. Was bedeutet das Prinzip des Vonselbsterwerbs bzw. der Soforterbfolge?
9. Was ist „Höferecht"?
10. Kann das Erbrecht des BGB für einen Erbfall vom 10.10.1989 in Dresden herangezogen werden?
11. Auf welche Weise ist der Staat am Nachlass beteiligt?

§ 8 Legalordnung des Erbrechts § 8

12. Der Erblasser hinterlässt seinem einzigen Erben 100.000 EUR. In den letzten 15 Jahren hat er ihm jedes Jahr die gleiche Summe als Geschenk zugewendet. Wieviel hat der Erbe zu versteuern?
13. Testamentarischer Erbe wird neben dem einzigen Sohn auch die Mutter des Verstorbenen. In welche Steuerklasse fällt sie?
14. Worin liegt die Privilegierung von Grundbesitz, warum könnte sie verfassungswidrig sein?

B. Vom Erbfall zum Erbe

§ 9 Nachlassverfahren

I. Eröffnung des Nachlassverfahrens

▶ **Fall:** M stirbt. Wie erfährt Ehefrau F, ob sie Erbin geworden ist? ◀

1 Ist jemand gestorben, so unterrichtet in der Regel der Arzt, der den Tod feststellt, das Standesamt. Dieses ist verpflichtet, das zuständige Gericht über den Todesfall zu informieren. Gemäß §§ 343 Abs. 1 FamFG ist grundsätzlich das Amtsgericht am gewöhnlichen Aufenthaltsort des Verstorbenen als „Nachlassgericht" zuständig.[91] Ausnahmsweise ist nach § 344 Abs. 6 FamFG ein anderes Gericht zuständig, wenn es das Testament verwahrt. Das Nachlassgericht muss ermitteln, ob die gesetzliche oder gewillkürte Erbfolge eintritt. Für diesen Zweck müssen alle Parteien gezwungen werden, die bei ihnen verwahrten letztwilligen Verfügungen herauszugeben. Dies trifft Private nach § 2259 Abs. 1 BGB sowie – für Erbverträge – § 2300 Abs. 1 BGB, Behörden gemäß § 2259 Abs. 2 S. 1 BGB. Wer schuldhaft Testamente nicht vorlegt, kann nach § 823 Abs. 2 BGB i. V. m § 2259 BGB schadensersatzpflichtig werden.[92]

Das Nachlassgericht kann nach § 348 Abs. 1 S. 1 FamFG einen Termin bestimmen, in dem das Testament eröffnet bzw. bekannt gegeben wird. Zum Termin sind die Beteiligten nach § 348 Abs. 2 S. 1 FamFG, also die gesetzlichen Erben sowie weitere geeignete Personen, einzuladen. Das Gericht kann die Erben aber auch schriftlich informieren, sofern diese nicht schon beim Termin anwesend waren, § 348 Abs. 3 FamFG.

2 Liegt das Testament vor, ist es „alsbald" zu eröffnen nach den Vorschriften von § 3 Nr. 2 c RPflG (in der Sammlung von „Habersack" Gesetz Nr. 96) bzw. § 348 Abs. 1 S. 1 FamFG. Alle Texte, die ein Testament sein könnten, sind dabei zu sammeln. Soweit dies tunlich ist, kann das Gericht den Termin der **Eröffnung** noch ein bis zwei Wochen hinausschieben. Der Erblasser darf die Eröffnung gemäß § 2263 BGB nicht verbieten. Die Eröffnung nimmt der **Rechtspfleger** gemäß § 3 Nr. 2 c RPflG vor, indem er in einem Termin den Erben die erbrechtliche Lage erklärt. Er verkündet das Testament oder legt es vor und die Erben dürfen das Testament einsehen. Dessen Urschrift verbleibt anschließend beim Gericht. Abwesende Parteien werden über das Testament bzw. die Erbfolge gemäß § 348 Abs. 3 FamFG informiert.

3 Der Nachlass ist gemäß § 1960 Abs. 1 BGB **fürsorgebedürftig** (s. u. § 36). Der Nachlass ist zu sichern, z. B. durch Versiegelung von Räumen, Hinterlegung von Geld, Kostbarkeiten und Wertpapieren. In Betracht kommt aber auch, dass aufwendigere Arbeiten notwendig werden, die nicht das Gericht erledigen kann. Dann kann das Gericht einen Nachlasspfleger bestimmen. Dies gilt auch dann, wenn ein Nachlassgläubiger angibt, dass der Nachlass dürftig sei, also nicht zur Befriedigung der Forderungen ausreicht.[93] Der Nachlasspfleger wird gemäß § 1960 Abs. 2 BGB anstelle des Erben vom Nachlassgericht zur Verwaltung des Nachlasses eingesetzt. Dieser kann zur Sicherung des Nachlasses ernannt werden (Sicherungspfleger, § 1960 Abs. 1 S. 1 BGB) oder

---

[91] In Baden-Württemberg sind die Notariate als Nachlassgericht eingesetzt.
[92] OLG Brandenburg 12.3.2008 – 13 U 123/07, ZEV 2008, 287.
[93] OLG Zweibrücken 7.5.2015 – 8 W 49/15, NJW-Spezial 2015, 424.

aufgrund einer Klage, welche die Pflege des Nachlasses in einer evt. längerfristigen Periode unsicherer Erbenstellung erforderlich macht (Klagepfleger, § 1961 BGB). Der Pfleger ist gesetzlicher **Vertreter der Erben**,[94] nicht Amtsträger. Der Pfleger unterliegt gemäß 1888 Abs. 1 BGB dem Betreuungsrecht. Anwendbare Vorschriften für die Nachlasspflegschaft sind laut Gesetzesbegründung folgende:[95] Vorschriften über die Vertretung und Haftung (§§ 1823, 1824, 1826 BGB); Vorschriften über die Vermögenssorge und die Aufsicht (§§ 1835 – 1862, 1864 – 1867 BGB); Vorschriften über die Beendigung (§§ 1870 – 1874 BGB); Vorschriften über die Pflichten (1821 BGB). Er muss zunächst gemäß § 1835 Abs. 1 S. 1 BGB ein Verzeichnis des Nachlasses anlegen. Verfügungen über Wertpapiere und Rechte auf bestimmte Leistungen darf er nur mit Genehmigung des Nachlass- bzw. Betreuungsgerichts vornehmen, § 1849 Abs. 1 S. 1 BGB. Schon den Erlass einer geringfügigen Schuld oder den Austritt aus einem Club kann der Pfleger nicht allein vornehmen.[96]

4   Die ersten Aufgaben liegen neben der Sicherung des Nachlasses gemäß § 1964 Abs. 1 BGB auch in der Ermittlung der Erben. Dafür kann ein öffentlicher Aufruf an die Erben mit Anmelde- und Ausschlussfrist nach § 1965 Abs. 1 BGB in Betracht kommen. Für seine Dienste hat der Nachlasspfleger Anspruch auf Vergütung, sofern er berufsmäßiger Pfleger ist. Dies wird für den berufsmäßigen Pfleger gemäß § 1888 Abs. 2 S. 1 BGB nach den §§ 1- 6 VBVG bestimmt. Gemäß § 3 Abs. 1 S. 2 Nr. 2 VBVG können dabei bis zu 39 Euro pro Stunde geltend gemacht werden.

▶ **Antwort:** Sofern F nicht bereits sicher das letztgültige Testament kennt, wird sie durch die Eröffnung von seinem Inhalt Kenntnis erlangen. Dem geht eine gerichtliche Klärung voraus, ob es sich tatsächlich um das letzte und damit gültige Testament handelt. ◀

II. Verfahren nach FamFG

▶ **Fall:** Wo sollte man die Klage erheben, wenn man die Erbschaft beansprucht? ◀

5   **In Nachlasssachen** entscheidet das örtlich zuständige Amtsgericht als Nachlassgericht. § 342 Abs. 1 FamFG listet auf, was darunter fällt: Dazu gehören Angelegenheiten der amtlichen Verwahrung von letztwilligen Verfügungen, die Sicherung des Nachlasses, die Eröffnung der Testamente, die Ermittlung der Erben, die Entgegennahme öffentlicher Erklärungen in diesem Zusammenhang, Erbscheine und andere Zeugnisse betreffend den Nachlass, die Testamentsvollstreckung, Nachlassverwaltung und Ähnliches. Alle diese Verfahren werden im Rahmen eines eigenen Verfahrensrechts betrieben, nämlich der **Freiwilligen Gerichtsbarkeit**.

6   Dieses ist seit dem 1.9.2009 im FamFG geregelt, welches das alte FGG von 1898 ablöste. Die Freiwillige Gerichtsbarkeit als die Verwaltungstätigkeit der Gerichte unterscheidet sich vom streitigen Prozessrecht der ZPO in gewissen Punkten: Vor allem gilt hier nach § 26 FamFG der **Amtsermittlungsgrundsatz**: Die Parteien können zwar Beweisanträge stellen, diese gelten jedoch nur als Anregung, denn das Gericht muss schon von sich aus tätig werden. Streitige Fragen hat es selbst zu klären und darf nicht auf den streitigen Rechtsweg verweisen. Der Zweck ist, so zu einem schnellen Zugriff auf die Materie zu gelangen um zügiger das Legitimationspapier des Erbscheins erhalten zu können. Insoweit kann man mit einigen Literaturstimmen den Prozess der Frei-

---

94 BeckOK BGB/*Siegmann*/*Höger*, 70. Aufl. 01.02.2024, BGB § 1960 Rn. 12.
95 BT-Drs. 19/24445, S. 316.
96 *Walter Zimmermann*, Vermögensverwaltung durch Nachlasspfleger und Betreuer, ZEV 2014, 76–81.

willigen Gerichtsbarkeit schon als Verwaltungsverfahren begreifen. **In der streitigen Gerichtsbarkeit** gilt dagegen der **Dispositionsgrundsatz**, wonach die Parteien selbst verpflichtet sind, die für sie günstigen Gesichtspunkte anzusprechen sowie die erforderlichen Beweise vorzulegen.[97]

Bemerkenswert ist der Unterschied zur streitigen Gerichtsbarkeit, wenn festgestellt werden soll, wer Erbe geworden ist. Möglich ist hier eine Feststellungsklage nach § 256 ZPO. Der Erbe kann ebenso den Erbschaftsanspruch nach § 2018 Abs. 1 BGB erheben, der dem Vindikationsanspruch des § 985 BGB nachgebildet ist und auf die Herausgabe des Erbteils zielt (dazu s. u. § 10 Rn. 1 ff). In diesen Verfahren der streitigen Gerichtsbarkeit müssen die Erbprätendenten selbst die Beweise erbringen. Wird jedoch vom Nachlassgericht der Erbschein als Zeugnis der Erbenstellung verlangt, handelt es sich um ein Verfahren der Freiwilligen Gerichtsbarkeit. Hier gilt deswegen der Amtsermittlungsgrundsatz. Für denjenigen, der das Erbe beansprucht, ist dieses Verfahren **aus weiteren Gründen günstiger**.

7 Zum einen unterscheiden sich die Streitgegenstände von freiwilliger und streitiger Gerichtsbarkeit: Nach dem **zweigliedrigen Streitgegenstandsbegriff**[98] kommt es zur Bestimmung des **Streitgegenstands** und damit zur Frage, was in Rechtskraft erwächst, auf den Antrag und den zugrunde liegenden Sachverhalt an. Beim Erbscheinsverfahren richtet sich der Antrag auf Erteilung oder Einziehung des Erbscheins, im streitigen Verfahren der Erbschaftsklage bzw. der Feststellungsklage hingegen wesentlich umfassender auf die Feststellung des Erben. Die Entscheidung der streitigen Gerichtsbarkeit erwächst gemäß §§ 322, 325 ZPO in formelle und materielle **Rechtskraft** und bindet dabei auch die freiwillige Gerichtsbarkeit. Wegen des unterschiedlichen Streitgegenstandes wirkt das Verfahren der Freiwilligen Gerichtsbarkeit umgekehrt jedoch nicht präjudiziell für das streitige Verfahren.

8 Die Entscheidung des Nachlassgerichts zum Erbschein ist mangels Rechtskraft **jederzeit abänderbar**: Ergibt sich die Unrichtigkeit des Erbscheins, muss das Nachlassgericht ihn nach § 2361 Abs. 1 S. 1 BGB einziehen. Dies ist auch eine Konsequenz des Amtsermittlungsprinzips.

9 Früher war das Verfahren der Freiwilligen Gerichtsbarkeit entscheidend billiger. Die **Kosten** des Verfahrens der Freiwilligen Gerichtsbarkeit bestimmen sich nach dem FamGKG (Habersack Nr. 118), insbesondere § 28 FamGKG, jene der streitigen Gerichtsbarkeit dagegen nach GKG (Habersack Nr. 115). Doch die Gebührensätze sind seit 2013 angeglichen. Zur Feststellung der Gebühren ist der Streitgegenstand, also der Wert des Nachlasses, allein maßgebend. Nach **§ 148 Abs. 1 ZPO** soll das Gericht sein Verfahren aussetzen, wenn dadurch Mehraufwand vermieden wird. Das würde nahe legen, dass das Nachlassgericht zugunsten des streitigen Verfahrens aussetzt, um die endgültige und in Rechtskraft erwachsende Entscheidung abzuwarten. Das Kostenargument, weswegen bisher eher der Rechtsweg der Freiwilligen Gerichtsbarkeit gewählt wurde, ist jetzt nicht mehr so gewichtig.

10 Handelt es sich um eine Nachlasssache nach FamFG, werden die Gerichte der Freiwilligen Gerichtsbarkeit tätig. Dabei handelt es sich zunächst nach §§ 348, 343 FamFG um das örtlich zuständige Amtsgericht, also entweder den Richter oder den Rechtspfleger, wenn kein Testament vorliegt. Gegen die Entscheidung kann das Rechtsmittel

---

97 Vgl. *Eberhard Schilken/ Moritz Brinkmann*, Zivilprozessrecht, 8. Aufl. 2022, § 2 Rn. 2 ff., § 6 Rn. 33.
98 *Schilken/ Brinkmann* (Fn. 97), § 5 Rn. 68 ff.

der Beschwerde nach §§ 58 ff FamFG eingereicht werden, zuständig ist dann das örtliche Landgericht. Gegen die Entscheidungen des Landgerichts ist die Rechtsbeschwerde nach §§ 70 ff FamFG zum BGH statthaft.[99] Für die streitige Gerichtsbarkeit beginnt der Instanzenweg bei Nachlässen über 5.000 EUR jedoch bereits beim Landgericht, vgl. §§ 23 Abs. 1 Nr. 1, 71 Abs. 1 GVG.

▶ **Antwort:** Die beschriebenen finanziellen Vorteile des Verfahrens der Freiwilligen Gerichtsbarkeit, aber auch der Amtsermittlungsgrundsatz legen es nahe, nach FamFG, nicht nach ZPO zu klagen. Daher sollte die Klärung der Erbschaft im Erbscheinsverfahren herbeigeführt werden, nicht im Verfahren um die Feststellung des Erben. Der Erbschein ist beim Amtsgericht zu beantragen, abzuraten ist von der Einreichung einer Feststellungsklage beim Landgericht. ◀

III. Erbschein

1. Inhalt und Funktion

▶ **Frage:** F möchte die Nachlasskosten mit den Mitteln ihres verstorbenen Ehemannes M begleichen. Wie kann sie der Bank glaubhaft machen, dass sie nunmehr über sein Konto verfügungsberechtigt ist? ◀

Der Erbschein ist nach der Definition des § 2353 BGB ein vom Nachlassgericht über das Erbrecht und die Größe des Erbteils ausgestelltes **Zeugnis**. Funktion des Erbscheins ist der Nachweis der Erbenstellung. Er ermöglicht dem Erben den Zugriff auf das Vermögen des Erblassers. Ersterer kann so schnell den Nachweis seiner Berechtigung führen und die anfallenden Kosten etwa der Beerdigung oder drängender Gläubiger des Erblassers aus dem Nachlass begleichen; er braucht dafür nicht auf sein eigenes Vermögen zurückzugreifen. Wer jedoch ohnehin den Zugriff auf den Nachlass hat und keinen weiteren Ausweis dafür benötigt, braucht den Erbschein nicht.

11

Der Inhalt des Erbscheins gilt gegenüber Dritten kraft der gesetzlichen Vermutung des § 2365 BGB als richtig. In seiner Wirkung entspricht der Erbschein dem Grundbuch: Beide begründen den öffentlichen Glauben an ihren Inhalt. Es handelt sich jedoch nach § 2365 BGB i. V. m. § 292 S. 1 ZPO nur um eine **widerlegbare Vermutung für das Erbrecht des Ausgewiesenen**. Die im Erbschein ausgewiesene Rechtslage darf jederzeit widerlegt werden, denn ihr Zweck ist die schnelle, nicht die endgültige und perfekte Klärung der Sachlage.

Durch den Erbschein **wirkt** gemäß § 2366 BGB eine darauf gestützte **Verfügung wie vom Eigentümer selbst vorgenommen**, egal ob der Ausgewiesene tatsächlich Erbe geworden ist. Denn es kann vorkommen, dass später ein weiteres Testament entdeckt wird, das jemand anderen als Erben bezeichnet. Trotzdem ist der Rechtserwerb in diesen Fällen wirksam, die Situation entspricht insofern der Verfügung eines Nichtberechtigten. Bei der Verfügung über Fahrniseigentum (Eigentum an Mobilien) hat § 2366 Anwendungsvorrang vor den Vorschriften des Gutglaubenserwerbs nach §§ 932 ff BGB, sodass diese grds. keine Anwendung finden.[100] Entsprechend spielt auch § 935

12

---

[99] Bis zum 1.9.2009 konnte der BGH nach § 28 Abs. 2 FGG mit einem Erbscheinsverfahren nur dann betraut werden, wenn das OLG von der Entscheidung eines anderen OLG abweichen wollte; die zugrundeliegende Rechtsfrage wurde dann zur bundeseinheitlichen Handhabung vom BGH entschieden.
[100] MüKoBGB/*Grziwotz*, 9. Aufl. 2022, BGB § 2366 Rn. 16, 40.

BGB im Verhältnis zum wahren Erben keine Rolle.[101] Folglich müssen bei Verfügungen über Fahrniseigentum nur die Voraussetzungen des § 2366 BGB und der §§ 929 – 931 BGB geprüft werden.

13 Dies ermöglicht Dritten grundsätzlich auch den **Rechtserwerb kraft Guten Glaubens** vom tatsächlichen Nichterben, sofern dieser den Erbschein erhalten hat. Dies wird in §§ 2366, 2367 BGB in zwei Fällen ermöglicht:

(1.) Nach § 2366 BGB kann der Erbscheinserbe rechtsgeschäftliche Verfügungen gegenüber einem Dritten vornehmen, um diesem einen Bestandteil des Nachlasses[102] zu verschaffen.

(2.) Schließen der Erbscheinserbe und ein Dritter im Hinblick auf den Nachlass ein Geschäft, das nicht von § 2366 BGB erfasst wird und eine Verfügung über ein zur Erbschaft gehörendes Recht beinhaltet, ist dieses nach § 2367 Var. 2 BGB wirksam.

Gemäß § 2367 Var. 1 BGB kann auch an den Erbscheinserben mit Erfüllungswirkung geleistet werden.

14 Der Gute Glaube schützt Verfügungen, nicht Verpflichtungsgeschäfte. Er schützt also die Zugehörigkeit von Forderungen, Fahrnisgütern und ebenso Immobilien zum Nachlass; die Verträge zwischen dem falschen Erben und dem Dritten bleiben davon unberührt. Nach § 40 GBO braucht der Erbe nicht im Grundbuch voreingetragen zu sein; der Grundsatz der Voreintragung findet hier eine Ausnahme. Der Erbe benötigt also in Verbindung mit der Eintragung des Erblassers nur den Erbschein, um auch als tatsächlicher Nichterbe über die Immobilie verfügen zu können.

Allerdings kann der Schutz durch den Erbschein nicht über die Rechte des Erblassers hinausreichen. Was nicht zum Nachlass gehört, kann auch nicht kraft § 2366 BGB vom Erbscheinerben erworben werden. Allerdings kommt ein gutgläubiger Erwerb in Betracht, wenn man § 932 Abs. 1 BGB hinzunimmt:

So kommt es zu einem relevanten Doppelmangel, wenn der Erblasser eine bewegliche Sache hinterlässt, an der Ihm (Erblasser) nur ein Besitzrecht (Besitzform: unmittelbarer Besitz), aber kein Eigentumsrecht zustand. Diese Sache versucht nun der Erbscheinserbe, der tatsächlich kein Erbe geworden ist, an einen gutgläubigen Dritten zu übereignen. Eine Übereignung gemäß § 2366 i. V. m. § 929 S. 1 BGB scheitert dabei an der Berechtigung des Erbscheinserben: Schon der Erblasser war kein Eigentümer. Diesen Mangel heilt § 2366 BGB nicht. Es kommt aber eine Übereignung gemäß § 932 Abs. 1 S. 1 BGB in Betracht (Der Anwendungsvorrang von § 2366 BGB gilt insoweit nicht – der Erblasser war nie Eigentümer). Bei der Prüfung aller Merkmale des § 932 Abs. 1 S. 1 BGB stellt sich kein Problem, sodass im Grundsatz eine Übereignung zu bejahen wäre. Die Übereignung würde bei obiger Konstellation aber an § 935 Abs. 1 S. 2 BGB scheitern. Der wahre Erbe ist aufgrund des § 857 BGB in das Besitzrecht (hier: unmittelbarer Besitz) des Erblassers eingetreten. Durch die Weggabe im Rahmen von § 932 BGB käme es also grds. zu einem Abhandenkommen gemäß § 935 Abs. 1 S. 2 BGB, sodass der gutgläubige Erwerb des Dritten scheitern würde. Dieser Mangel wird nun aber wiederum durch die Anwendung von § 2366 BGB, welcher den Erbenbesitz

---

101 MüKoBGB/*Grziwotz*, 9. Aufl. 2022, BGB § 2366 Rn. 16.
102 Vgl. *Julius von Staudinger*, Kommentar zum Bürgerlichen Gesetzbuch, Buch 5: Erbrecht: §§ 2346–2385, Neubearb. 2016/ *Herzog*, § 2366 Rn. 12.

(§ 857 BGB) beim Erbscheinserben fingiert, geheilt.[103] Ein vorheriges Abhandenkommen kann dadurch aber natürlich nicht geheilt werden.

Der Schutz des guten Glaubens findet jedoch selbstverständlich nicht statt, wenn und insofern der Dritte die vom Rechtsschein abweichende Wahrheit kennt. Der Schutz nach §§ 2366 f. BGB greift nicht, wenn der Erwerber die **Unrichtigkeit des Erbscheins kennt** oder weiß, dass das Nachlassgericht dessen Rückgabe wegen Unrichtigkeit verlangt hat. Der gute Glaube der §§ 2366 f. BGB ist damit schwerer als der gute Glaube des § 932 Abs. 2 BGB zu erschüttern, welcher auch die fahrlässige Unkenntnis als nicht mehr vom guten Glauben umfasst definiert. Beim Erbschein schadet allein positives Nichtwissen der Unrichtigkeit des Erbscheins bzw. dessen Rückforderung durch das Nachlassgericht. Allerdings wird der Schutz gewährt unabhängig davon, ob dem Dritten der Erbschein gezeigt wurde und ihm die Erbenstellung bekannt war; auf die Kausalität des Erbscheins kommt es also nicht an.

---

103 MüKoBGB/*Grziwotz*, 9. Aufl. 2022, BGB § 2366 Rn. 40.

16

> Amtsgericht Bonn
>
> – Nachlassgericht –
>
> Az. 2 V 45/02
>
> Erbschein
>
> Es wird bezeugt, dass der am 30.9.2012 in Bonn verstorbene Dr. jur. Peter Schmitz, geb. am 20.1.1929 in Bonn, zuletzt wohnhaft in 53113 Bonn, Adenauerallee 65,
>
> aufgrund eines privatschriftlichen Testaments vom 20.10.1995 von seinen Kindern
>
> Dr. med. Josef Schmitz, geb. 15.7.1955, Arzt in 53173 Bonn, Beethovenallee 6,
>
> und
>
> Petra Schulte, geb. Schmitz, geb. 5.12.1959, Hausfrau in 53121 Bonn, Römerweg 20,
>
> zu je einer Hälfte
>
> beerbt worden ist.
>
> Testamentsvollstreckung ist angeordnet.
>
> Bonn, den 24.10.2012
>
> *Müller*
>
> (Müller)
>
> Richterin am Amtsgericht

17 Der Erbschein beinhaltet also:
(1.) nach §§ 352 ff FamFG die Angabe des Erbrechts bzw. des **Berufungsgrundes**; dies ist insbesondere dann nötig, wenn es der Klärung des Umfangs des Erbrechts dient;
(2.) die Angabe des **Erbteils** bzw. der Erbquote, entweder nur für einen der Erben (Teilerbschein) oder unter Benennung der Erbteile aller Miterben für die Erbengemeinschaft (gemeinschaftlicher Erbschein); auch die Auflistung der Erbteile nur einiger Erben ist möglich (Gruppenerbschein);
(3.) die **Beschränkungen** des Erben, etwa wenn eine Nacherbschaft angeordnet ist; dann ist zu benennen, wann/ unter welchen Voraussetzungen und wer zur Nacherbfolge berufen ist; auch eine Testamentsvollstreckung, nicht aber ein konkreter Name, sind in dieser Weise anzugeben;
(4.) weitere Angaben, wenn sie noch erforderlich werden. Bei gewillkürter Erbfolge ist also die Verfügung zu bezeichnen, durch die das Erbrecht begründet wird.

18 Erbscheine kann es für den Alleinerben geben („Alleinerbschein"), für einen oder mehrere Erben in Form des Teilerbscheins, den „**Gruppenerbschein**" für eine Gruppe von Erben oder als „Sammelerbschein" bei verschiedenen Erbfällen, die zusammen abgewickelt werden. Schließlich kann es nach § 352c FamFG einen gegenständlich beschränkten Erbschein geben, wenn nur einzelne Gegenstände eines Nachlasses geregelt werden sollen, etwa wenn durch Auslandsberührung der Nachlass gespalten wird.

§ 9 Nachlassverfahren

Das Besondere am deutschen Erbschein, der einer preußischen Tradition entstammt, ist die **auch in juristischer Hinsicht vorläufige Prüfung** des Sachverhalts. Um dieses Charakteristikum zu verstehen, lohnt sich ein rechtsvergleichender Blick. Im französischen Recht hat die Rechtsprechung entwickelt, dass Notare einen *acte de notoriété* aufsetzen können: In einer Urkunde hält ein Notar nach Art. 730-1 Cc fest, dass Personen vor ihm erschienen sind, die ihre Erbenstellung behaupten und Beweise dafür vorgelegt haben. Der Notar stellt dann diesen *acte de notoriété* aus, ohne die Beweise weiter zu überprüfen. Ob die Beweise ausreichen und die Erbprätendeten, diejenigen also, die vorgeben Erbe zu sein, damit tatsächlich Erben sind, sagt die Urkunde gerade nicht aus.[104]

Auch in der Schweiz wird nach Art. 559 ZGB nur ein formelles Verfahren durchgeführt. In diesen Fällen wird keine rechtliche und umfassende Würdigung der Sachlage vorgenommen.

Diese Prüfung tritt in keine Konkurrenz zur gerichtlichen Feststellung des wirklichen Erben. Dagegen erteilt in England das zuständige Registergericht dem *executor* ein *grant of probate* nach einer abschließenden Prüfung der Rechtslage, selbst wenn der *executor* bereits durch das Testament eingesetzt ist und die Gerichtsentscheidung daher nur als deklaratorisch wirken kann.[105]

Die EuErbVO mit dem *europäischen Nachlasszeugnis* entfaltet ebenfalls eine Gutglaubenswirkung nach Art. 69 Abs. 3 und Abs. 4 EuErbVO. Doch muss der Dritte konkret den guten Glauben gewonnen haben und darf dabei nicht grob fahrlässig sein. Aus deutscher Sicht hat man dem Nachlasszeugnis den Erbschein daher überall als Alternative und weitergehenden Schutz zur Seite gestellt.[106]

In Deutschland hingegen nimmt das Nachlassgericht eine umfassende Würdigung vor, nur um den Erbschein zu erteilen und ohne damit abschließend über die Frage zu entscheiden, wer tatsächlich Erbe geworden ist. Dabei kann und teilweise muss es auch eigene Ermittlungen anstellen, § 26 FamFG.[107] Damit ist das Ergebnis des Erbscheinsverfahrens zwar keine sichere oder abschließende Feststellung, und man kann darüber streiten, ob der Aufwand beim Erbschein neben der gerichtlichen Feststellung des Erbens zu groß ist. Aber immerhin rechtfertigt er die **widerlegbare Vermutung** des Erben nach § 2365 BGB. Diese berechtigt den öffentlichen Glauben, so dass sich der damit verbundene Aufwand lohnt. Der Überblick zeigt aber auch, dass der Erbschein nicht mit den anderen Verfahren gleichgesetzt werden kann. Für das Europäische Nachlasszeugnis (s. o. § 6 Rn. 6) folgt daraus, dass man die Regeln des deutschen Erbscheins kaum darauf übertragen kann.

▶ **Antwort:** F benötigt einen Erbschein. Da mit jedem Todesfall zunächst erhebliche Kosten entstehen, besteht seitens der Erben ein erhebliches Interesse, diese mit den Mitteln des Nachlasses zu begleichen und alsbald ihre Erbenstellung nach außen hin nachzuweisen. ◀

---

[104] Vgl. *Christoph Döbereiner*, Erbrecht in Frankreich, in: Rembert Süß, Erbrecht in Europa, 4. Aufl. 2020, 605, Rn. 180.
[105] *Felix Odersky*, Erbrecht in Großbritannien, in: Süß (Fn. 104), 676, Rn. 83 ff.
[106] *Jessica Schmidt*, Der Erbnachweis in Deutschland ab 2015: Erbschein vs. Europäisches Nachlasszeugnis, ZEV 2014, 389–395.
[107] BGH Beschluss vom 08.02.2023 – IV ZB 16/22, NJW 2023, 1296.

2. Verfahren

▶ **Frage:** Um die Erbschaft streiten sich die Ehefrau F und der Sohn S des Verstorbenen. Welchen Weg empfehlen sie den Parteien, um das Erbrecht möglichst rasch und sicher zu ermitteln? ◀

20 Für das Erbscheinsverfahren ist nach § 2353 BGB ein **Antrag** nötig. Diesen können stellen:

- jeder Erbe,
- der Testaments-, Nachlass- oder Nachlassinsolvenzverwalter sowie
- die Gläubiger des Erben mit vollstreckbarem Titel.

§§ 352 ff FamFG nennen die erforderlichen Angaben: Die Zeit des Todes, den Grund des Erbrechts, ob also ein Testament oder ein gesetzliches Erbrecht vorliegt, dann ist das Verwandtschaftsverhältnis zu spezifizieren, ob und welche Verfügungen vorliegen, ob und welche Personen vom Erbe ausgeschlossen wurden, ob der Erbteil gemindert wurde und ob ein Rechtsstreit besteht. Zur Angleichung mit dem Europäischen Nachlasszeugnis sind auch der letzte gewöhnliche Aufenthaltsort und die Staatsangehörigkeit des Erblassers sowie die Größe des Erbteils anzugeben, § 352 Abs. 1 Nr. 2, 8 FamFG. Diese Angaben sind zu beweisen oder zumindest glaubhaft zu machen, etwa durch eidesstattliche Versicherung. Der Erbschein ist nach § 352e Abs. 1 S. 1 FamFG zu erteilen, wenn die erforderlichen Tatsachen nach Ansicht des Gerichts feststehen.

21 Der Erbschein wird erteilt durch

- den Rechtspfleger im Fall gesetzlicher Erbfolge,
- den Richter, sofern ein Testament vorliegt, §§ 3 Nr. 2 lit. c), 16 Abs. 1 Nr. 6 und Abs. 2 RPflG.

Die Erteilung des Erbscheins sowie das Verfahren gegen ihn unterliegen jedoch einem besonderen Verfahrensrecht.

22 Das Nachlassgericht entscheidet gemäß § 352e Abs. 1 S. 2 FamFG durch **Beschluss**. Dagegen kann Beschwerde erheben, wer sich durch diesen in seinen Rechten verletzt sieht. Da das Gericht nach FamFG nicht mehr unmittelbar den Erbschein erlässt, ist der früher in der Praxis bei strittigen Angelegenheiten übliche „Vorbescheid" überflüssig geworden. Wer sich gegen die Entscheidung des Gerichts wenden will, greift den Beschluss, nicht mehr die Ankündigung eines Erbscheins an.

23 Der Erbschein kann **unrichtig** sein, weil das Nachlassgericht sich in rechtlicher oder tatsächlicher Hinsicht geirrt hat, etwa wenn das Testament nichtig, die eidesstattliche Versicherung falsch ist oder ein neues Testament auftaucht. Ebenso können neue Tatsachen die Rechtslage verändern, beispielsweise die Anfechtung des Testaments (dazu s. u. § 27 Rn. 1 ff). Der Erbe kann gegen einen unrichtigen Erbschein Beschwerde mit Antrag auf Einziehung des Erbscheins erheben. Dabei handelt es sich entweder um eine Leistungsklage, welche die Kraftloserklärung des Erbscheins zum Gegenstand hat, oder um eine Feststellungsklage mit dem Antrag, die Unrichtigkeit des Erbscheins festzustellen. Wird die Erteilung eines Erbscheins abgelehnt, kann dagegen nach §§ 58, 59, 372 FamFG die einfache Beschwerde erhoben werden bzw. § 11 Abs. 1 RPflG bei Tätigkeit des Rechtspflegers.

24 Geht es für die Parteien um alles oder nichts oder jedenfalls um sehr viel Geld, wird der Anreiz groß sein, alle prozessualen Möglichkeiten auszunutzen. Die geringe Kom-

petenz der Gerichte in erster Instanz wird oft bemerkt. Nach dem Erbscheinsverfahren in allen Instanzen steht den Parteien jedoch immer noch das Feststellungsverfahren nach § 256 ZPO zur Verfügung. Durch die unterschiedlichen Anträge gibt es keine Rechtskrafterstreckung. Hier könnte man **kritisieren**, dass die Sache nach dem Durchlauf durch drei Instanzen nicht unbedingt noch einmal vor ebenso qualifizierten Richtern in weiteren drei Instanzen verhandelt werden müsste, weil kein Rechtsschutzbedürfnis mehr besteht. Schon um die Parteien zu schützen, sollten die Erbstreitigkeiten nicht um weitere Jahre verlängert werden können.

So könnte in einem Verfahren streitender Brüder das Verfahren um die Erteilung des Erbscheins beginnen und vom Amtsgericht zum Landgericht bis zum OLG geführt werden.[108] Da das OLG nur die Rechtsfragen behandelt,[109] wird es zur Rückverweisung an das LG kommen, das den Erbschein erteilt oder nicht. Gegen diesen gibt es dann wieder die weitere Beschwerde zum ebengenannten OLG. Ebenso konnte es nach dem FGG bis 2008 zu Divergenzen mit der Rechtsprechung anderer OLGe kommen, so dass der BGH nach § 28 Abs. 2 FGG mit der Sache befasst wurde.[110] Nach § 70 Abs. 2 FamFG müssen die Oberlandesgerichte entscheiden, ob der Fall wegen seiner grundsätzlichen Bedeutung zum BGH zugelassen wird.[111] Bei Testamenten und übergangenen Erben könnten immer noch Grundrechtsfragen behandelt werden, so dass auch das **BVerfG** involviert werden könnte.[112] Die unterlegene Partei könnte dann sogar noch daran denken, vor dem Europäischen Gerichtshof zum Schutz der Menschenrechte in Straßburg die Verletzung der **EMRK** geltend zu machen.

Daneben gibt es noch die Möglichkeit der **Schiedsgerichtsverfahren**, die entweder allgemein für Fälle dieser Art zuständig sind oder für den Fall *ad hoc* gebildet werden können. Und immer noch stünde nach dem Erbscheinsverfahren der Weg zur streitigen Gerichtsbarkeit offen, in welcher alle Fragen erneut behandelt werden müssten.

Dieser Verfahrensgang ist keineswegs nur hypothetisch!

▶ **Antwort:** Für ein FamFG-Verfahren sprechen zwar die günstigeren Kosten, aber auch dabei ist viel zu zahlen und es kann viele Jahre dauern, bis das Verfahren beendet ist. Das streitige Verfahren klärt zwar die Fragen letztlich definitiv, es kann jedoch genauso lange dauern und ist jedenfalls viel teurer.

Vorzugswürdig vor einer Inanspruchnahme staatlicher Gerichte könnte jedoch ein Schieds- oder Schlichtungsverfahren sein. Das Ziel sollte eine einvernehmliche Lösung und Klärung

---

108 Z. B. BayObLG 3.9.1996 – 1 Z BR 41/95, BayObLGZ 1996, 204–233 = FamRZ 1997, 705–710, dazu *Joachim Goebel*, Eheschließungsunfreiheit und erbrechtliche Potestativbedingungen. Zugleich eine Besprechung des Beschlusses des BayObLG 3.9.1996 – 1Z BR 41/95, FamRZ 1997, 656–662.
109 Die Trennung von Rechts- und Tatsachenfrage fällt schwer hinsichtlich der Auslegung letztwilliger Verfügungen. Das Testament – egal wie man es versteht – ist eine Tatsache, für die Auslegung gelten aber Rechtsregeln (s. u. § 22). Die Rechtsprechung verfährt hier uneinheitlich. Insbesondere der BGH scheint die Auslegung dann als Rechtsfrage anzusehen, wenn er das Auslegungsergebnis des Instanzgerichts nicht teilt; vgl. zuletzt BGH 24.6.2009 – IV ZR 202/07, Rn. 26, bzw. wenn „gesetzliche Auslegungsregeln, Denkgesetze oder Erfahrungssätze verletzt sind oder wesentlicher Auslegungsstoff außer Acht gelassen wurde".
110 Aufgrund der Kollision des eben erwähnten Urteils des BayObLG mit OLG Stuttgart 19.8.1997 – 8 W 124/97, ZEV 1998, 185, 186 („Preußen"), kam es zum Beschluss des BGH 2.12.1998 – IV ZB 19/97, NJW 1999, 566–570, m. Anm. *Muscheler* (Fn. 58), ZEV 1999,151; *Verf.* (Fn. 58), JZ 1999, 517–519.
111 Kritisch dazu *Rainer Kanzleiter*, Die Oberlandesgerichte als „Endstation" für die Entscheidung erbrechtlicher Streitigkeiten im Bereich der freiwilligen Gerichtsbarkeit, ZEV 2015, 249–254.
112 So in der erwähnten Sache BVerfG 21.2.2000 – 1 BvR 1937/97, NJW 2000, 2495.

der erbrechtlichen Lage sein. So werden die Resultate leichter, schneller, billiger und ohne lang nachwirkenden Ärger erreicht. ◄

§ 10 Erbschaftsanspruch, § 2018 BGB

▶ **Frage:** Zwischen M und N war strittig, wem der Mercedes Baujahr 1955 gehörte; untergestellt war dieser bei O. Kann S als Erbe des verstorbenen M den Wagen von N herausverlangen, nachdem dieser den Besitz des Wagens erlangt hat? ◀

Der Erbe kann Schwierigkeiten haben, seinen Anspruch auf den Nachlass durchzusetzen. Beispielsweise kann der Erbschein jemanden vorläufig als Erben ausweisen, obgleich später ein Testament gefunden wird, demzufolge ein anderer als Erbe berufen ist. Eine solche Situation kann auch dadurch eintreten, dass der wahre Erbe zunächst Schwierigkeiten hat, in den Besitz des verstreuten Nachlasses zu gelangen. Zur Durchsetzung seines Erbrechts gewährt ihm § 2018 BGB einen umfassenden Anspruch. Es handelt sich um einen **Universalanspruch** gegenüber allen, die im Besitz von Nachlasssachen (grds. jeder Vermögensvorteil) sind. Er ist dem Herausgabeanspruch des § 985 BGB nachgebildet und auf die spezifische Situation der Erbschaft zugeschnitten.

Der Anspruch umfasst alles, was aufgrund des Erbrechts beansprucht werden darf. Der Inhalt des Herausgabeanspruchs von § 2018 BGB bezieht sich damit **auf den gesamten Nachlass**. Der Erbschaftsanspruch kann nach § 253 Abs. 2 Nr. 2 ZPO allerdings nur genau spezifiziert erhoben werden. Der Erbe muss exakt benennen, was er fordert, obwohl die Herausgabe einer zusammenhängenden Sachmenge bzw. eines Inbegriffs verlangt wird. Der Klageantrag muss nach diesem Bestimmtheitsgrundsatz die einzelnen Sachen und Rechte bezeichnen, die herausverlangt werden, sowie die Höhe der Gesamtforderung. Um überhaupt den Überblick über die zum Nachlass gehörenden Sachen zu gewinnen, braucht er **Auskunftsansprüche** gegen den

(1.) der den Nachlass besitzt („Erbschaftsbesitzer"), § 2027 Abs. 1 BGB,
(2.) der Gegenstände aus dem Nachlass entnommen hat (ohne „Erbschaftsbesitzer" zu sein), § 2027 Abs. 2 BGB,
(3.) der aufgrund eines unrichtigen Erbscheins besitzt, § 2362 Abs. 2 BGB,
(4.) der sich zur Zeit des Erbfalls in häuslicher Gemeinschaft mit dem Erblasser befand, § 2028 Abs. 1 BGB.

Eine Klage aufgrund des § 2018 BGB führt nicht zur gerichtlichen Feststellung der Erbschaft. Will man diese Feststellung durch das Gericht erreichen, muss man die Feststellungsklage nach § 256 ZPO erheben.

Inhaber des Anspruchs ist nur der wirkliche **Erbe** und auch der Miterbe. Letzterer kann gemäß § 2039 S. 1 BGB nach dem Prinzip der Universalsukzession nur die Herausgabe an die noch ungeteilte Erbengemeinschaft verlangen. Daneben kommt in Betracht, dass auch Nachlassverwalter, Nachlassinsolvenzverwalter, Testamentsvollstrecker oder Nachlasspfleger den Anspruch erheben können; dieses wird teilweise nur im Wege der Prozessstandschaft gestattet.[113]

Anspruchsgegner ist der **Erbschaftsbesitzer**. Dieser wird in der Legaldefinition des § 2018 BGB sehr genau und spezifisch beschrieben: „Jeder, der **aufgrund eines ihm in Wirklichkeit nicht zustehenden Erbrechts** etwas aus der Erbschaft erlangt hat", ist demnach Erbschaftsbesitzer. Es müssen folglich zwei Voraussetzungen gegeben sein:

---

[113] Für deren unmittelbare Berechtigung Jürgen Damrau/ Manuel Tanck (Hrsg.), Erbrecht. Praxiskommentar, 4. Aufl. 2020/ *Schmalenbach*, § 2018 Rn. 5; für ein Klagerecht nur aufgrund der Prozessstandschaft; Franz Jürgen Säcker/Roland Rixecker/Hartmut Oetker (Hrsg.), Münchener Kommentar zum Bürgerlichen Gesetzbuch, Band 11, 9. Aufl. 2022/ *Helms*, § 2018 Rn. 20.

(1.) Der Anspruchsgegner muss irgendeinen Vermögensvorteil aus der Erbschaft besitzen.

(2.) Diesen Vorteil muss er sich aufgrund eines vermeintlichen Erbrechts **angemaßt** haben (unabhängig von einer etwaigen Gut- oder Bösglaubigkeit)[114].

Der (Mit-)Erbe mag Erbe und Besitz am Nachlass haben, aber er ist dennoch nicht Erbschaftsbesitzer. Vielmehr muss der Erbschaftsbesitzer den Nachlassgegenstand infolge des Erbfalls vom Erblasser oder jedenfalls später nach der Besitzerlangung zu Unrecht **aufgrund eines behaupteten Erbrechts für sich in Anspruch nehmen**. Dabei ist es egal, ob er von seiner Berechtigung zum Besitz überzeugt ist oder nicht. Auch der zunächst rechtmäßige Erbe kann Anspruchsgegner sein, wenn er sein Erbrecht durch rückwirkenden Verlust des Erbrechts, etwa durch Ausschlagung oder Erbunwürdigkeit, verloren hat. Wurde die Erbschaft vom Scheinerben verkauft, steht der Erbschaftskäufer nach § 2030 BGB gegenüber dem wahren Erben einem Erbschaftsbesitzer gleich.

Wer etwas rechtmäßig aus dem Nachlass erlangt hat, maßt sich kein Erbrecht an und kann daher kein Anspruchsgegner sein. Wer z. B. den Gegenstand vom Erblasser aufgrund einer Schenkung erhielt, besitzt diesen nicht aufgrund eines behaupteten Erbrechts. Der Vermächtnisnehmer muss den Gegenstand ebenso wenig zurückgeben wie der vorläufige Erbe, der die Erbschaft noch nicht ausgeschlagen hat. Letzterer haftet dem späteren Erben insoweit nach allgemeinen Grundsätzen, etwa nach der Geschäftsführung ohne Auftrag (§ 1959 Abs. 1 BGB).

3 Der Erbschaftsanspruch ist **inhaltlich** gerichtet **auf Herausgabe** dessen, was ursprünglich aus dem **Nachlass** erlangt wurde, wie z. B. Sachen, Forderungen oder unrichtige Grundbuchpositionen. Irrelevant ist, ob die Sachen im Eigentum des Erblassers standen. Es reicht aus, dass es sich um einen Teil des Nachlasses handelt. Hinzu kommt, was gemäß § 2019 BGB als Surrogat eines Erbschaftsrechts erworben wurde (dazu sogleich). Ferner sind ähnlich wie in § 988 BGB gemäß § 2020 i. V. m. § 100 BGB sämtliche Nutzungen und Gebrauchsvorteile herauszugeben, damit auch die Früchte im Sinne von § 99 BGB wie etwa Dividenden. Schließlich ist gegebenenfalls auch Wertersatz nach § 2021 BGB oder Schadensersatz gemäß §§ 2023 ff BGB zu leisten.

Der Anspruch aus § 2018 BGB ähnelt damit stark dem Eigentümer-Besitzer-Verhältnis. Er setzt einen Herausgabeanspruch entsprechend der Vindikationslage voraus, die Problemlage entspricht der der §§ 987 ff BGB. Anstatt hierauf zu verweisen, hat das Gesetz jedoch Sonderregelungen getroffen. Als Eigentümer kann der Erbe die Erbschaftsbesitzer aus §§ 985 ff, 861, 1007, 823 BGB in Anspruch nehmen,[115] diese Ansprüche richten sich allerdings auf einzelne Sachen. § 2018 BGB gewährt stattdessen einen Anspruch auf die Erbschaft insgesamt. Insoweit konkurriert der Anspruch aus §§ 2018 ff BGB mit den anderen Ansprüchen. Eine eigene Bedeutung erlangt der Anspruch somit vor allem durch die Sekundäransprüche des Erbschaftsanspruchs.[116]

Hinsichtlich der **Haftung des Erbschaftsbesitzers** berücksichtigt der Erbschaftsanspruch, dass man auch ganz unverschuldet oder mit der Legitimation eines Erbscheins in den Besitz des Nachlasses geraten kann, ohne wahrer Erbe zu sein. Aus diesem Grund soll der Erbschaftsbesitzer **privilegiert** haften; aus dem gleichen Motiv wird der

---

114 BeckOK BGB/*Müller-Christmann*, 70. Aufl. 01.05.2024, BGB § 2018 Rn. 11.
115 MüKoBGB/*Helms*, 9. Aufl. 2022, BGB § 2018 Rn. 2.
116 MüKoBGB/*Helms*, 9. Aufl. 2022, BGB § 2018 Rn. 2.

redliche Besitzer bei der Haftung nach dem Eigentümer-Besitzer-Verhältnis besser gestellt. Die Privilegierung des Erbschaftsbesitzers gilt nach § 2029 BGB allgemein: Seine Privilegierung gilt auch dann, wenn nicht der gesamte Nachlass, sondern nur Einzelansprüche geltend gemacht werden.[117] Die Haftung des Erbschaftsbesitzers bestimmt sich unabhängig vom erhobenen Anspruch nur nach §§ 2019 ff BGB.

Herauszugeben sind nach § 2019 Abs. 1 BGB auch die mit Mitteln der Erbschaft erworbenen Gegenstände. Hier findet eine „**dingliche Surrogation**" statt: Für den Verlust des Nachlassgegenstandes wird der Erbe kompensiert: Er wird Eigentümer der neu erworbenen Sache, welche die Stelle der alten einnimmt. So wird er z. B. Eigentümer des mit Nachlassmitteln angeschafften Wagens. Der wahre Erbe wird dadurch unmittelbar Eigentümer unabhängig davon, wer im Verfügungsvertrag als Partei erscheint.[118] Auf die Willensrichtung der Beteiligten des Verfügungsvertrags kommt es nicht an.

§ 2019 Abs. 1 BGB spricht vom „Erwerb durch Rechtsgeschäft". Aber auch dann, wenn wegen der Zerstörung einer Sache der Schaden ersetzt wird, muss nach herrschender Meinung eine dingliche Surrogation stattfinden.[119] Wenn etwa das Auto z. B. einen Totalschaden erlitten hat und mit Mitteln der Versicherungszahlung ein weiteres erworben wurde oder werden könnte, sollte eine Surrogation stattfinden. Diese weite Interpretation findet ihre Bestätigung in § 2041 BGB. Hiernach findet in weitem Maße eine dingliche Surrogation statt, wenn ein Gegenstand oder ein Recht aus dem Nachlass zerstört oder sonst auf eine Art entzogen wird.

Voraussetzung für die Surrogation ist dabei, dass die **Verfügung** des Scheinerben **wirksam** ist; etwa durch die Wirkung eines Erbscheins nach § 2366 BGB oder aufgrund der Genehmigung des Erben. Bei Forderungen, die der Erbschaftsbesitzer begründet hat, wird der Schuldner behandelt, als ob eine Abtretung an den Erben stattgefunden habe. Diese kann ihm (dem Schuldner) gemäß § 2019 Abs. 2 BGB erst entgegengehalten werden, wenn er Kenntnis von der Zugehörigkeit zum Nachlass erlangt. Im Übrigen findet hier auch der Gutglaubensschutz gemäß §§ 406–408 BGB statt.

Ähnlich wie im Eigentümer-Besitzer-Verhältnis gibt es verschiedene **Haftungsstufen**. Unterschieden wird, ebenso wie im Rahmen der §§ 987 ff BGB, zwischen dem unverklagten und gutgläubigen Erbschaftsbesitzer, dem verklagten (vgl. § 989 BGB) und bösgläubigen (vgl. § 990 BGB) Erbschaftsbesitzer sowie dem deliktischen Erbschaftsbesitzer (vgl. § 992 BGB). Die dortigen Wertungen sind auf den Fall des Erbschaftsbesitzes übertragbar; die Situationen entsprechen sich. Teilweise wird sogar auf das EBV verwiesen.

Der noch **unverklagte und gutgläubige Erbschaftsbesitzer** haftet nach § 2021 BGB milde: Verwiesen wird auf § 818 Abs. 2, 3 BGB, so dass der Wertersatz nur in Höhe der noch vorhandenen Bereicherung geschuldet wird. Dieser privilegierte Erbschaftsbesitzer kommt damit in den Genuss des Privilegs aus § 818 Abs. 3 BGB, sich auf den Wegfall der Bereicherung berufen zu dürfen. Auch kann der Anspruchsgegner Ersatz aller Verwendungen, selbst der nutzlosen, gemäß § 2022 BGB verlangen. Was etwa mit eigenen Mitteln zur Deckung von Erbschaftsschulden aufgewandt wurde, kann im Wege des Wertersatzes nach § 2022 Abs. 2 BGB herausverlangt werden, z. B. auch die gezahlte Erbschaftsteuer.

---

117 *Dieter Leipold*, Erbrecht: Ein Lehrbuch mit Fällen und Kontrollfragen, 23. Aufl. 2022, Rn. 638.
118 MüKoBGB/*Helms*, 9. Aufl. 2022, BGB § 2019 Rn. 14.
119 BeckOK BGB/*Müller-Christmann*, 70. Aufl. 01.05.2024, BGB § 2019 Rn. 6.

War die **Erbschaftsklage rechtshängig**, so haftet der Anspruchsgegner nach § 2023 Abs. 1 BGB auf Schadensersatz für jede verschuldete Verschlechterung oder Unmöglichkeit zur Herausgabe. Es wird dafür entsprechend auf das EBV verwiesen (§ 989 BGB). Ebenso wird der **bösgläubige Erbschaftsbesitzer** behandelt; § 2024 S. 1 BGB verweist entsprechend auf § 2023 BGB. Wusste er also von seiner fehlenden Berechtigung bzw. war er hierüber in grob fahrlässiger Weise in Unkenntnis, haftet er nach §§ 2024 S. 1, 932 Abs. 2 BGB wie im Fall des rechtshängigen Erbschaftsanspruchs. Nach § 2024 S. 2 BGB schadet es ihm ebenso, wenn er später bösgläubig wird, fahrlässige Unkenntnis reicht allerdings insoweit nicht. Dann haftet er nach der Maßgabe von § 2023 BGB erst von diesem späteren Zeitpunkt an, in dem er Kenntnis von der wahren Sachlage erwarb.

Für nicht gezogene Nutzungen ist Ersatz zu leisten. Zu vergüten ist der objektive Wert, auch hier verweisen die §§ 2023 Abs. 1 f. BGB auf den § 987 Abs. 1 BGB. Auf den Wegfall der Bereicherung kann sich der Anspruchsgegner nicht mehr berufen, § 2024 BGB entspricht damit § 818 Abs. 4 BGB. Nur notwendige Verwendungen sind nach der Regelung der Geschäftsführung ohne Auftrag zu ersetzen; §§ 2023 Abs. 2 Var. 2, 2024 S. 1 und 2 BGB verweisen entsprechend auf § 994 Abs. 2 BGB. Verzug bzgl. der Herausgabe der Erbschaft begründet die Haftung gemäß § 2024 S. 3 BGB nach Maßgabe der §§ 286 ff BGB, damit gilt auch die Haftung für zufällige Schäden nach § 287 BGB.

Wurde der **Erbschaftsgegenstand durch eine Straftat oder verbotene Eigenmacht** im Sinne von § 858 BGB erworben, greift die deliktische Haftung. § 2025 S. 1 BGB enthält eine Rechtsgrundverweisung auf die Voraussetzungen von § 823 BGB und hebt damit die Sperrwirkung von § 2018 BGB auf.

▶ **Antwort:** Bei wem die Voraussetzungen von § 985 BGB vorliegen, ist gerade zwischen N und S strittig. Nur wenn sich herausstellt, dass M Eigentümer war, kann S vindizieren. Die Besitzschutzansprüche nach §§ 862, 869, 857 BGB helfen S nicht, da nur die Herausgabe an den mittelbaren Besitzer O verlangt werden kann. Auch den Erbschaftsanspruch nach § 2018 BGB kann S nicht geltend machen. Zwar gehört der Herausgabeanspruch des M gegen O zum Nachlass. Diesen Vermögensvorteil kann S nach § 2018 BGB gegen N jedoch nur geltend machen, wenn N Erbschaftsbesitzer ist. Da er behauptet, Eigentümer zu sein, ohne sich ein Erbrecht anzumaßen, scheidet der Erbschaftsanspruch aus. ◀

§ 11 Annahme und Ausschlagung der Erbschaft

I. Fragestellung

▶ **Frage:** Erfreut erfährt T, dass sie Erbin ihres Onkels O geworden ist, der immer in Saus und Braus lebte. Nach einem halben Jahr intensiver Recherche stellt sie jedoch keine Reichtümer, sondern nur Schulden fest, für die sie nicht einstehen möchte. Kann sie sich noch von der Erbschaft befreien? ◀

Das Prinzip des Vonselbsterwerbs enthält wie schon gezeigt (s. o. § 4 Rn. 8) konstruktive Vorteile, indem es die herrenlos „brachliegende" Nachlassenschaft (*hereditas iacens*) vermeidet und eine klare rechtliche Zuordnung des Nachlasses gewährt. Allerdings bestehen dann zwei Probleme: Zunächst kann der Fall auftreten, dass der **Erbe nicht sofort ermittelt** werden kann. Möglicherweise vergeht viel Zeit, bis selbst professionelle „Erbensucher" fündig werden. In solchen Fällen kann das Nachlassgericht mit der Anordnung der Nachlassverwaltung (dazu näher s. u. § 37, S. 215) helfen. Dazu ist es aufgrund seiner Fürsorgepflicht sogar verpflichtet.

Niemand kann verpflichtet werden, gegen seinen Willen Erbe zu werden. Zwangserbe ist nach § 1942 Abs. 2 BGB allein der Staat. Ansonsten kann keinem Erben die Erbschaft aufgezwungen werden. Der Vonselbsterwerb besagt nur, wie der Erbe den Nachlass erwirbt – nämlich ohne Weiteres –, schließt jedoch den notwendigen Willen, Rechtsnachfolger zu werden, nicht aus. Da eine formelle Annahme wegen des Vonselbsterwerbs nicht notwendig sein kann, muss der Erbe die Möglichkeit erhalten, zumindest durch **Ausschlagung** der Erbschaft wieder abzulehnen. Als Korrektiv für die Soforterbfolge und den geringen Einfluss des Erben wird so das Recht der freien Entscheidung über die Annahme der Erbschaft noch gewahrt.

1

Nach der Formulierung von § 1942 Abs. 1 BGB muss nur die **Ausschlagung ausdrücklich** formuliert werden. Die ausdrückliche Annahmeerklärung ist dagegen weder empfangsbedürftig noch gar erforderlich, aber gleichwohl möglich. Vielmehr wird meist aus den Umständen gefolgert, dass jemand das Erbe angenommen hat. Eine **konkludente Annahme** wird angenommen, wenn der Erbe (1.) sich eindeutig als Erbe aufführt („pro herede gestio"), etwa indem er den Nachlass für sich ausgibt. Nicht alle Handlungen in Bezug auf die Erbschaft können jedoch als Annahme gedeutet werden: Keine Annahme ist etwa die zur Sicherung des Nachlasses erforderliche schnelle Abwehr deliktischer Aneignungsversuche, ebenso wenig jene Verwaltung des Nachlasses, die auch der Ermittlung einer eventuellen Überschuldung dient. Maßnahmen zur Erhaltung des Nachlasses stellen also in der Regel keine Annahme dar. Erhebt jemand für den Nachlass eine Auskunftsklage, muss darin ebenso wenig eine Annahmeerklärung liegen, besonders wenn sich der zur Erbschaft Berufene erst über die finanzielle Situation informieren will. Eine konkludente Annahme liegt auch (2.) im Verstreichen der Ausschlagungsfrist, das Schweigen bedeutet dann die Annahmeerklärung (vgl. § 1943 HS. 2 BGB).

2

Mit der Annahme erwirbt der designierte, vorläufige Erbe die Erbschaft endgültig.[120] Die Ausschlagung kann nach § 1943 HS. 1 Var. 1 BGB nicht mehr erklärt werden. Als Konsequenz des Vonselbsterwerbs ist der Erbe allerdings schon vorher Eigentümer der zum Nachlass gehörenden Sachen und Rechte. Seine vorher getroffenen Verfügungen

---

120 *Leipold* (Fn. 117), Rn. 607.

bleiben unproblematisch wirksam. Komplizierter ist allerdings die Situation, sollte der vorläufige Erbe die Erbschaft ausschlagen.

II. Ausschlagung §§ 1942 ff BGB

3 Will der als Erbe Benannte die Erbschaft nicht antreten, kann er die Erbschaft ausschlagen. Bei der Ausschlagung handelt es sich nach §§ 1945 Abs. 1, 1944 BGB um eine **förmliche, amtsempfangsbedürftige, fristgebundene Erklärung** gegenüber dem **Nachlassgericht**. Die Entscheidung ist frei. Auch der Sozialhilfeempfänger darf eine Erbschaft ausschlagen mit der Konsequenz, dass der Sozialhilfeträger weiter belastet wird, ohne dass die Ausschlagung als sittenwidrig gewertet wird.[121] Jeder Erbe darf folglich ausschlagen, nur nicht der Staat als gesetzlicher Erbe, da er dann nach § 1942 Abs. 2 BGB Zwangserbe ist.

4 Die Ausschlagung ist gemäß § 1943 BGB **ausgeschlossen**, wenn die Annahme der Erbschaft bereits erklärt wurde oder die Annahmefrist verstrichen ist. Für die Ausschlagung hat der Erbe grundsätzlich nach § 1944 Abs. 1 BGB sechs Wochen Zeit. Die **Frist** beginnt mit der Kenntnis vom Erbfall und vom Berufungsgrund. Wegen der besonderen Kürze der Frist ist man hier großzügig und nimmt „Kenntnis" erst mit sicherem Wissen an. Wurde ein Testament eröffnet, beginnt die Frist folglich mit der Eröffnung, sonst mit der Benachrichtigung durch das Nachlassgericht. Bei der gesetzlichen Erbfolge muss der Erbe die zum Erbe berechtigenden Familienverhältnisse kennen sowie die Existenz von Testamenten ausschließen können.

Hatte der Erblasser allerdings seinen ausschließlichen Wohnsitz im Ausland oder hielt sich der Erbe zufällig im Zeitpunkt des Erbfalls gerade im Ausland auf, dann beträgt die Ausschlagungsfrist nach § 1944 Abs. 3 BGB sechs Monate.

5 Die Willenserklärung der Ausschlagung ist nach § 1946 BGB ebenso wie die Annahme erst **nach dem Erbfall** zulässig, denn der als Erbe Eingesetzte soll die konkrete Situation und die Erbschaft kennen, wenn er sich zur Ausschlagung entschließt. Vor dem Erbfall ist allerdings ein grundsätzlicher Erbverzicht nach §§ 2346 ff BGB möglich; als solcher kann eine entsprechende Ausschlagungserklärung vor dem Erbfall umgedeutet werden.

Die Willenserklärung der Ausschlagung setzt die **Geschäftsfähigkeit** des Erklärenden voraus, §§ 104 ff BGB sind unmittelbar anwendbar. Da weder die Ausschlagung noch die Annahme allein rechtlich vorteilhaft sind, muss die Erklärung durch den Vertreter eines nicht voll Geschäftsfähigen abgegeben werden. Die Haftung für Geschäfte der Vertreter innerhalb ihrer Vertretungsmacht beschränkt sich nach § 1629 a Abs. 1 BGB auf das Vermögen des Kindes in dem Moment, in dem er volljährig wird; gleiches gilt für die rechtmäßigen Geschäfte des Minderjährigen innerhalb seiner beschränkten Geschäftsfähigkeit.

Wurde für Minderjährige die Annahme der Erbschaft erklärt bzw. verstrich die Ausschlagungsfrist ungenutzt[122], haften diese ab ihrer Volljährigkeit nach § 1629a BGB nur beschränkt auf das bei Volljährigkeit vorhandene Vermögen.[123] Die Einrede der Dürftigkeit nach §§ 1990f BGB bleibt ihnen daneben unbenommen. Die Minderjährigen starten damit jedenfalls nicht mit Schulden in die Volljährigkeit.

---

[121] So LG Aachen 4.1.2004 – 7 T 99/04, NJW-RR 2005, 307 f.
[122] *Thorsten Behnke*, Das neue Minderjährigenhaftungsbeschränkungsgesetz, NJW 1998, 3078 (3079).
[123] *Wolfgang Reimann*, Das Minderjährigenhaftungsbeschränkungsgesetz, MittBayNot 1998, 326 (326).

Die Ausschlagung ist **amtsempfangsbedürftig**, sie muss also gegenüber dem Nachlassgericht erklärt werden. Sie muss dabei nach § 1945 Abs. 1 BGB entweder öffentlich beglaubigt oder zur Niederschrift des Gerichts gebracht werden. Sie ist ferner gemäß § 1947 BGB **bedingungsfeindlich**, eine Ausschlagung unter Vorbehalt ist unwirksam. Die Entscheidung über die Ausschlagung muss daher mit Bedacht vorgenommen werden. Das Ausschlagungsrecht ist schließlich nicht übertragbar, aber nach § 1952 BGB vererblich.

Die **Wirkung** der Ausschlagung ist, dass der Ausschlagende rückwirkend nicht mehr als Erbe angesehen wird. Er wird nach § 1953 Abs. 1 BGB behandelt, **als ob er nicht Erbe geworden** oder als ob er im Zeitpunkt des Erbfalls schon vorverstorben sei. An seine Stelle tritt nach § 1953 Abs. 2 BGB derjenige, der berufen wäre, wenn der Ausschlagende vorverstorben gewesen wäre. So könnten etwa die Kinder des Ausschlagenden erbberechtigt sein, dann werden sie so gestellt, als ob sie vom Zeitpunkt des Erbfalls an Erben geworden seien.

Die **Fiktion der Rückwirkung** ist dabei sicherlich ein Nachteil für denjenigen, der anschließend zum wahren Erben wird. Aufgrund der Soforterbfolge muss diese Person rückwirkend Berechtigte und Verpflichtete werden. Auf diese Weise wird erneut die angestrebte klare sachenrechtliche Zuschreibung des Nachlasses erreicht. Allerdings muss auch dem neuen Erben die Ausschlagung ermöglicht werden. Erst nach Ablauf seiner weiteren Ausschlagungsfrist erhalten die Nachlassgläubiger Gewissheit über die Person des haftenden Erben. Nach § 1958 BGB dürfen sie ihre Ansprüche gegen den Erben erst geltend machen, nachdem die Annahme erklärt wurde. Die Klage ist sogar unmöglich, wenn eine gerichtliche Feststellung der Erbenstellung vorliegt. Manche prozessualen Handlungen können aber als konkludente Annahme ausgelegt werden, sodass die Wirkung von § 1958 BGB in diesen Momenten entfällt.[124]

Die Geschäfte des vorläufigen Erben in Bezug auf den Nachlass gelten dem endgültigen Erben gegenüber nach § 1959 Abs. 1 BGB wie die Geschäfte eines **Geschäftsführers ohne Auftrag**. Nach den Regeln der Geschäftsführung ohne Auftrag kommt daher eine Rückabwicklung zwischen beiden in Betracht. Nach § 1959 Abs. 2 BGB behalten jene Geschäfte ihre Gültigkeit, die zur Verwaltung des Nachlasses unaufschiebbar waren. Ebenso bleibt nach § 1959 Abs. 3 BGB ein Geschäft wirksam, das vor der Ausschlagung gegenüber dem vorläufigen Erben vorgenommen wurde.

Nach dem Grundsatz der Universalsukzession kann es keine Annahme oder Ausschlagung nur bezüglich eines Teils der Erbschaft geben. Eine **Teilausschlagung bzw. -annahme** wird durch § 1950 BGB ausdrücklich **ausgeschlossen**. Ebenso verlangt die eindeutige Zuschreibung von Sachen und Haftungslagen eine unmissverständliche sowie leicht zu klärende Situation. Daher kommen grundsätzlich nur die völlige Annahme oder Ausschlagung in Betracht.

In einigen wenigen Fällen gibt es Ausnahmeregeln, so etwa gemäß § 1952 Abs. 3 BGB für Erbeserben. Hinzurechnen könnte man auch die Ausschlagung, insofern das Pflichtteilsrecht gemäß §§ 1371 Abs. 3, 2306 Abs. 1 BGB nicht erlischt und eine Berechtigung am Nachlass erhalten bleibt. Weitere Ausnahmen existieren im Höferecht.

---

124 BeckOK BGB/*Siegmann/Höger*, 70. Aufl. 01.02.2024, BGB § 1958 Rn. 2.

Wichtiger sind die **Ausnahmen** des Grundsatzes nach § 1950 BGB, denen zufolge die Teilausschlagung zulässig ist,
(1.) wenn nach § 1948 BGB mehrere Berufungsgründe eines Erben vorliegen, oder
(2.) wenn gemäß § 1951 BGB der Erbe auf mehrere Erbteile eingesetzt ist.

Wird der Erbe etwa teilweise aufgrund eines Testaments, teilweise aber auch gesetzlicher Erbe, dann kann er gemäß § 1948 Abs. 1 BGB das **Erbe nach einem Berufungsgrund ausschlagen und dennoch nach einem anderen Erbe werden**. So kann er die Erbschaft nach dem Testament ausschlagen und trotzdem gesetzlicher Erbe sein. Werden im Testament Anordnungen getroffen für den Fall, dass die zunächst geregelte Erbfolge vom Erben durch Ausschlagung in Wegfall gebracht wird, dann läuft eine solche variable Gestaltung des Testaments letztlich auf ein **Wahlrecht des Erben** hinaus.[125] Allerdings muss der Erbe bei der Erklärung vorsichtig sein: Nach § 1949 Abs. 2 BGB erstreckt sich die Ausschlagung auf alle Berufungsgründe, die Beschränkung der Ausschlagung muss der Erbe demnach deutlich machen. Ein Irrtum über die Berufungsgründe stellt einen unbeachtlichen Motivirrtum dar.

Wird jemand als Erbe berufen aufgrund verschiedener Berufungsgründe und auf **mehrere Erbteile** eingesetzt, kann er nach § 1951 Abs. 1 BGB lediglich einen Erbteil ausschlagen. Liegt hingegen nur ein Berufungsgrund vor, etwa ein Testament, das dem Erben verschiedene Anteile zuweist, kann der Erbe nach § 1951 Abs. 2 BGB nur alle Anteile zusammen ausschlagen. Allerdings kann der Erblasser dem Erben gemäß § 1951 Abs. 3 BGB die Teilausschlagung in diesem Fall ausdrücklich testamentarisch gestatten. Soll ein Erbe Hof und Hund erhalten, gibt es das Landgut nicht ohne das Tier; es sei denn, dass der Erbe die Ausschlagung hinsichtlich des Hundes im Testament ausdrücklich gestattet hat.

8   Die Annahme bzw. Ausschlagung kann wie jede Willenserklärung **aufgrund eines Irrtums angefochten** werden; §§ 119, 123, 142 f. BGB gelten hier uneingeschränkt (dazu näher s. u. § 26, S. 180). Man kann sich etwa über die Zugehörigkeit einzelner Sachen und Rechte zum Nachlass irren, dann kommt ein Eigenschaftsirrtum nach § 119 Abs. 2 BGB in Betracht.[126] Die Überschuldung des Nachlasses stellt nach herrschender Meinung einen verkehrswesentlichen Umstand dar, so dass ein Anfechtungsgrund nach § 119 Abs. 2 BGB gegeben ist.[127] Irrte sich der Erklärende jedoch nur über den Wert, liegt kein Irrtum über eine verkehrswesentliche Eigenschaft im Sinne von § 119 Abs. 2 BGB vor, sondern ein unbeachtlicher Motivirrtum. Wer die Ausschlagung pauschal „aus allen Gründen" vorgenommen hat, für den kann der Irrtum in einem Umstand nicht mehr die Anfechtung begründen.[128]

Dennoch gelten bei dieser Irrtumsanfechtung erbrechtlich einige Besonderheiten: Der Irrtum über den Grund der Berufung als Erbe wird in § 1949 BGB eigens als weiterer Anfechtungsgrund bestimmt. Nach ganz h.M. ist dies hingegen ein ipso iure Nichtigkeitsgrund.[129] Es wird damit allein dem Wortlaut der Norm gefolgt, obwohl Irrtümer in der grundsätzlichen Dogmatik eher zu einer Anfechtung befähigen. Die **Anfechtungsfrist** beträgt nach § 1954 Abs. 1 BGB sechs Wochen und läuft ab Kenntnis des Anfechtungsgrunds, § 1954 Abs. 2 S. 1 Var. 2 BGB. Die Anfechtungserklärung ent-

---

125 So zu Recht *Heinrich Lange/Kurt Kuchinke*, Erbrecht: Ein Lehrbuch, 5. Aufl. 2001, 213.
126 BeckOK BGB/*Siegmann/Höger*, 70. Aufl. 01.02.2024, BGB § 1954 Rn. 9.
127 *Hans Brox/Wolf-Dietrich Walker*, Erbrecht, 30. Aufl. 2024, § 22 Rn. 11.
128 So auch zuletzt OLG Hamm 17.2.2011 – 15 W 167/10, FGPrax 2011, 184.
129 BeckOK BGB/*Siegmann/Höger*, 70. Aufl. 01.02.2024, BGB § 1949 Rn. 1.

spricht nach § 1955 BGB der **Form der Ausschlagung**; auf § 1945 BGB wird zusätzlich ausdrücklich verwiesen.

Die **Anfechtung der Annahme** wirkt nach § 1957 Abs. 1 BGB **wie eine Ausschlagung**, die Anfechtung der Ausschlagung wie eine Annahme. Folglich sind die Anfechtungserklärungen auch formal gemäß ihrer materiellen Wirkung wie Annahme- oder Ausschlagungserklärungen zu behandeln. Sie unterliegen der Form der Ausschlagung gemäß §§ 1955, 1945 BGB und müssen ebenso gegenüber dem Nachlassgericht erklärt werden. Die Anfechtung ist nach § 1954 Abs. 1 BGB binnen sechs Wochen ab Kenntnis der wahren Sachlage gemäß § 1954 Abs. 2 S. 1 Var. 2 BGB zu erklären.

9

Natürlich kann man auch die Anfechtungserklärung der Annahme noch anfechten. Es handelt sich dabei ebenfalls um eine Willenserklärung, die nach §§ 119 ff BGB fehlerhaft sein kann. Hier gilt dann die Frist nach § 121 BGB.[130]

▶ **Antwort:** Die Ausschlagungsfrist von sechs Wochen nach Kenntnisnahme gemäß § 1944 Abs. 1, Abs. 2 BGB ist verstrichen. Damit ist die Annahme erklärt. Diese könnte jedoch angefochten werden, wenn ein erheblicher Irrtum vorliegt. Hat T bekannte Aktiva und Passiva falsch bewertet, liegt nur ein Irrtum über den Wert der Erbschaft vor, der nach herrschender Meinung nur einen nach § 119 Abs. 2 BGB unerheblichen Motivirrtum darstellt. Entdeckt T jedoch nach der Frist neue Nachlassschulden, darf sie nach §§ 119 Abs. 2, 1956 BGB in der Frist des § 1954 Abs. 1 BGB anfechten. ◀

Fragen zur Wiederholung und Vertiefung

15. Wozu dient der Erbschein?
16. Wer kann einen Erbschein beantragen?
17. Wozu dient ein Vorbescheid?
18. Worin liegen die wesentlichen Unterschiede zwischen freiwilliger und streitiger Gerichtsbarkeit?
19. Sind die Sachen, die sich in Übereinstimmung mit dem gültigen Erbschein im Besitz des Scheinerben befinden, dem Erben abhanden gekommen?
20. Was ist der Erbschaftsanspruch?
21. Was ist eine dingliche Surrogation?
22. Warum muss das deutsche Recht die Ausschlagung der Erbschaft regeln?
23. Was ist die Ausschlagung?
24. Warum ist eine Teilausschlagung grundsätzlich auszuschließen?
25. Kann man die Erbschaft nur im Hinblick auf die Passiva ausschlagen?
26. Wie wirkt die Ausschlagung?
27. Welche Voraussetzungen sind zu beachten bei der Anfechtung der Ausschlagung?
28. Die Vereinbarung eines Mietverhältnisses durch den Erben, der noch nicht ausgeschlagen hat, ist dem nach der Ausschlagung berufenen Erben gegenüber wirksam; warum?
29. S wird nach Ausschlagung der Erbschaft durch T Erbe. Vor der Ausschlagung hat T einen Nachlassgegenstand veräußert. Ist dies gegenüber S wirksam?

---

130 BGH 10.6.2015 – IV ZB 39/14, ZEV 2015, 468.

C. Gesetzliche Erbfolge

§ 12 Ziele der gesetzlichen Erbfolge

▶ **Frage:** Wozu dient das gesetzliche Erbrecht? ◀

1 Auch wenn keine testamentarische Nachfolgeregelung besteht, muss der Nachlass verteilt werden. Dann greift das gesetzliche Erbrecht, es gilt insoweit subsidiär zum gewillkürten Erbrecht. Damit ist jedoch noch nicht geklärt, wie die **Regel** lautet und was als Ausnahme anzusehen ist: Stellt man auf die Testierfreiheit als Grundsatz ab, ist das gewillkürte Erbrecht die Regel, das gesetzliche „Intestaterbrecht" die Ausnahme. Legt man jedoch die Nachfolge zugunsten der Familie als Grundsatz zugrunde, bildet die gesetzliche Erbfolge die Regel und die gewillkürte zur Ermöglichung von anderweitigen Verfügungen die Ausnahme.

Das gesetzliche Erbrecht verfolgt eine typisierende Betrachtung. Mit wenigen Normen (§§ 1924 bis 1936 BGB) und noch weniger allgemeinen Regeln, die in den folgenden Abschnitten darzustellen sind, wird die Verteilung des Nachlasses vorgenommen. Dies kann nur akzeptiert werden, wenn eine **anderweitige Regelung** individuell **leicht möglich** ist. Dabei kann man unterstellen, dass die wenigen Regeln der gesetzlichen Erbfolge in ihren groben Prinzipien bekannt sind. Man weiß, dass der Nachlass zunächst unter der nahen Verwandtschaft verteilt wird. Testamente müssen grundsätzlich nur handschriftlich aufgesetzt und unterzeichnet werden, dies stellt keine übertrieben hohe formelle Anforderung dar. In Notsituationen sind die Formanforderungen sogar noch weiter reduziert. Damit kommen letztwillige Verfügungen ganz flexibel in jeder Situation in Betracht und es ist jedem möglich, mittels eines Testaments die gesetzliche Erbfolge auszuschließen.

Aus diesen Gründen kommt auch eine **Vermengung der testamentarischen und gesetzlichen Erbfolge** in Betracht. Nach dem römischen Recht galt zwar der Grundsatz, dass niemand zugleich gesetzlicher und testamentarischer Erbe sein könne (*nemo ex parte testatus, ex parte intestatus decedere potest*). Der Erblasser sollte so gezwungen werden, eine vollständige Nachfolgeregelung zu treffen und sich über die Konsequenzen seiner Anordnungen vollständig im Klaren zu sein. Doch das gesetzliche Erbrecht ist heute einfacher und wohl allgemein bekannt. Der Einzelne braucht also nur dann eine Regelung zu treffen, wenn er punktuell von der gesetzlichen Erbfolge abweichen will; **subsidiär gilt das gesetzliche Erbrecht**. Insoweit er keine abweichende Verfügung anordnete, nahm er die Nachfolgebestimmungen der gesetzlichen Erbfolge in seinen Willen auf.

2 Wenn der Gesetzgeber die Verteilung des Nachlasses vornimmt, muss dies nach Vorstellungen vorgenommen werden, die in der Gesellschaft weit verbreitet sind. Insofern kann man davon ausgehen, dass die gesetzliche Erbfolge nicht beliebig ist, sondern **Vorbildcharakter** einnimmt. Die wenigen Vorschriften der gesetzlichen Erbfolge vermitteln sich leicht in den Grundprinzipien, wenn auch nicht in den dogmatischen Details. Neben der subsidiären Nachlassverteilung liegt hierin wohl die zweite Funktion der gesetzlichen Erbfolge.

3 Der Gesetzgeber schützt durch seine gesetzliche Erbfolge die Verwandten im genetischen Sinne. Hierbei handelt es sich wohl um den konservativsten Teil des deutschen

Erbrechts. Das römische Erbrecht der klassischen Zeit kannte noch eine **agnatische** Familie: Unter dem *pater familias* wurde innerhalb seiner *familia* ohne Rücksicht auf die genetische Verwandtschaft versammelt, wer unter seiner Macht stand, oder modern gesprochen, wer zusammenwohnte und eine Wirtschaftsgemeinschaft bildete. Das waren neben seinen Kindern auch die Ehefrau sowie weitere Personen, die nicht durch das Blut mit ihm verwandt waren, aber mit ihm zusammenlebten. Durch den Einfluss der Kirche, welche das Produkt der Ehe schützen wollte, wurde die **cognatische** Familie gestärkt: Danach gehört zur Familie nur der, der genetisch verwandt mit dem Erblasser ist. Schon die Ehefrau gehört nicht mehr dazu, da sie als solche mit ihrem Ehemann nicht verwandt ist.

Das BGB ordnete im Grundsatz das Erbrecht der cognatischen Familie an. Indem der Gesetzgeber den Nachlass nur innerhalb der nächsten Familie verteilt, schließt er sich ganz traditionellen Vorstellungen aus der deutschen Rechtsgeschichte an, wonach das Gut grundsätzlich wie das Blut rinnen soll: Es soll möglichst vollständig in die nächste Generation gebracht werden. Durch diese restriktive Einstellung entstehen zahlreiche Probleme. Der Ehegatte erbt nur neben den Verwandten nach § 1931 BGB. Für den Lebenspartner der gleichgeschlechtlichen Lebensgemeinschaft im Sinne des LPartG wurde eigens die Erbberechtigung nach § 10 LPartG geschaffen, eine ähnliche Norm gibt es immer noch nicht für den Lebenspartner einer heterosexuellen nicht rechtlich bindenden Lebensgemeinschaft.

Die Bevorzugung der kognatischen Familie findet in Art. 6 Abs. 1 GG sicherlich seine Stütze. Danach werden Ehe und Familie unter einen besonderen Schutz gestellt. Dies bedeutet gemäß dem Abstandsgebot, dass andere Formen der Lebensgemeinschaft nicht gleichermaßen geschützt werden dürfen. Das BGB bestimmt dabei, wer in welcher Beziehung zur Familie gehört.[131] §§ 1589 ff BGB regeln **Verwandtschaft** und **Abstammung**. Zusätzlich wird durch die Adoption nach § 1754 BGB der Weg eröffnet, dass nicht durch das Blut verwandte Personen rechtlich in eine Elternteil-Kind-Beziehung treten. Das Gesetz fingiert hier eine Verwandtschaft im genetischen Sinne. Juristen sind dadurch nicht an die Genetik gebunden. Ebenso frei können Probleme der künstlichen Insemination und der Leihmutterschaft geregelt werden: Vater ist gemäß § 1592 Nr. 1 BGB, wer mit der Mutter zur Zeit der Geburt verheiratet ist. Der Ehemann, der wegen der Verwendung anderer Spermien nicht als Vater gelten will, muss folglich seine Vaterschaft nach § 1599 BGB anfechten. Mutter ist § 1591 BGB zufolge jene Frau, die das Kind zur Welt bringt. Handelt es sich um eine „Leihmutter", die das Kind einer anderen Frau austragen soll, muss die biologische Mutter das Kind adoptieren. Will die „Leihmutter" jedoch nach der Geburt das Kind behalten, ist die Adoption ausgeschlossen. Es fragt sich daher, ob der Gesetzgeber damit eine Regelung gefunden hat, die den vielfältigen neuen Möglichkeiten der Reproduktionsmedizin ausreichend angepasst ist. „Verwandtschaft" und „Abstammung" sind Rechtsbegriffe, die auch anders definiert werden könnten.

Es wird allerdings bezweifelt, ob die Familie heute in diesem Maße schutzwürdig ist. Sie ist meist keine gemeinsame Produktionsstätte mehr, sondern allenfalls eine Gemeinschaft im Konsum. Relevanter ist jedoch die Frage, ob sie den in finanziellen Engpass geratenen Angehörigen noch jenen Rückhalt gewährt, den sie am Ende des 19. Jahr-

---

131 Sicherlich kann man historisch ermitteln, wer unter den Schutzbereich des GG fallen sollte. Doch die neuen medizinischen Möglichkeiten führen dazu, dass ganz neue Fragen in diesem Zusammenhang geklärt werden müssen.

hunderts versprach. Nach neuen Untersuchungen ist das klassische Modell der Familie gegenwärtig noch lebendig, auch die klassische **Versorgungsfunktion** kann ihr gegenwärtig nicht grundsätzlich abgesprochen werden.[132] Deutlich wird dies besonders im Hinblick auf die Finanzierung der Ausbildung, deren Art und Umfang in Deutschland noch stark von der Familientradition bestimmt sind (s. o. § 7 Rn. 5). Die Familie bleibt damit der wichtigste Faktor für das Bildungsniveau der Deutschen. Sicherlich ist diese Funktion durch die staatlichen Leistungen bis hin zur Sozialhilfe geringer geworden. Die staatlichen Leistungen scheinen jedoch weder so umfassend noch so sicher für die Zukunft zu sein, dass die Funktion der Familie juristisch geleugnet werden dürfte. Die Solidaritätsgemeinschaft „Familie" ist noch immer und künftig vielleicht verstärkt notwendig.

Das Idealbild der **Kleinfamilie** repräsentiert dabei nicht mehr ganz die Lebenswirklichkeit. Erwachsene behalten zum einen eine enge Beziehung zu den Geschwistern, entferntere Angehörige bilden immerhin für Informationen und Beziehungen einen gewissen Rückhalt. Die größere Familie behält also in Notsituationen bislang die Funktion der Hilfestellung.[133] Insofern ist der Anknüpfungspunkt „Familie" nicht nur durch Art. 6 Abs. 1 GG geboten, sondern auch tatsächlich gerechtfertigt.

Die Frage ist jedoch zum anderen, ob die Definition der Familie nicht zu eng ist, insoweit sie den Partner einer heterosexuellen **Lebenspartnerschaft** im nicht rechtlich bindenden Sinne vom Erbrecht ausschließt. Während in einigen Ländern eine eigene Bezeichnung für diesen Partner besteht (dänisch: „Kæreste") und in anderen Ländern diese Partnerschaft oft sogar eine rudimentäre Regelung erhält wie etwa in Frankreich mit dem „pacte civil de solidarité" (Pacs), gibt es hierfür im Deutschen weder eine Regelung noch eine eigene Bezeichnung. Nur die gleichgeschlechtliche Lebenspartnerschaft wurde durch das LPartG gesetzlich geregelt. Hier fällt die Familie in rechtlicher und soziologischer Hinsicht besonders deutlich auseinander. Die Patchwork-Familie, also der Kreis der tatsächlich miteinander Lebenden, soll zwar durch den Gesetzgeber der Pflichtteilsreform von 2008 geschützt werden;[134] doch im gesetzlichen Erbrecht findet dieser Gedanke keine Beachtung. Zwar braucht der Staat einen Anhaltspunkt, um die Zugehörigkeit zur „Familie" zugrunde legen zu können. Wenn nicht jeder Mitbewohner einer Wohngemeinschaft erbberechtigt werden soll, müsste man die Intensität der Beziehungen als Kriterium heranziehen, was kaum zum Gegenstand des Verfahrens und der richterlichen Prüfung gemacht werden kann. Nicht immer kann man unterstellen, dass der Lebenspartner wie ein Ehepartner versorgt werden soll, zumal die Heirat jederzeit vorgenommen werden könnte und noch leichter entsprechende testamentarische Verfügungen möglich sind. Zunehmend erscheint es jedoch als problematisch, dem langjährigen Lebenspartner nichts, alles hingegen einem dem Erblasser kaum noch bekannten entfernten Verwandten zuzuwenden. Ähnliches gilt für das Erbrecht des überlebenden Ehepartners nur „neben" den Angehörigen selbst der zweiten Ordnung.

▶ **Antwort:** Das gesetzliche Erbrecht ist Lückenfüller, wenn und insofern keine gewillkürte Erbfolge gegeben ist. Das Testament kann daher auch Teilbereiche regeln und den Rest der gesetzlichen Erbfolge überlassen. Das gesetzliche Erbrecht erleichtert dadurch das Tes-

---

132 *Anja Celina Linker*, Zur Neubestimmung der Ordnungsaufgaben im Erbrecht in rechtsvergleichender Sicht, 1999, 111.
133 *Linker* (Fn. 132), 113, in der Nachkriegszeit war etwa der „Onkel aus Amerika" wichtig.
134 BMJ, Pressemitteilung vom 16.3.2007.

tieren. Überdies ist das gesetzliche Erbrecht auch ein Muster und eine Anleitung: Wer entsprechend diesen Bestimmungen testiert, agiert bestimmt nicht sittenwidrig. Das Gesetz lehrt insoweit, worauf ein Testator achten muss. ◀

§ 13 Parentelordnung

▶ **Frage:** M hinterlässt nach seinem Tod seine Großmutter G und seinen Bruder B. Wer erbt? ◀

1 Das gesetzliche Erbrecht des BGB verteilt den Nachlass auf die **Verwandten** im Sinne von §§ 1589 ff BGB. Damit ist jedoch grundsätzlich keine Verteilung nach der Nähe der Verwandtschaft im Sinne eines Gradsystems gemeint. Auf diese Weise wird der Erbe etwa in Frankreich und in den Niederlanden bestimmt. Wie im römischen Recht wird hier auf die Zahl der vermittelnden Geburten abgestellt.

Im deutschen Recht zählt man stattdessen wie im kanonischen Recht nach den **Generationen**, die man zurückgehen muss, um gemeinsame Vorfahren zu finden. Man ermittelt die sogenannte **Parentel**, zu der alle Personen gehören, die von einem gemeinsamen Vorfahren abstammen. Unterschieden werden also die Parentel derjenigen, die von dem Vater, und jene, die vom Großvater abstammen usw. Die Kenntnis des Stammbaums bildet also die Grundlage bei der Bestimmung der Erben.

2 Man erforscht also die Vorfahren und ihre Abkömmlinge. „Abkömmling" wird zwar nicht definiert, doch folgt das Erbrecht hier dem Familienrecht, das feststellt, zu wem man in einem Kindschaftsverhältnis steht.[135] Das Ganze bildet eine **Parentelordnung**, da die Parentele in einem festen Verhältnis zueinander stehen. In die erste Gruppe gehören damit die Abkömmlinge des Erblassers, in die zweite seine Eltern sowie deren Abkömmlinge, in die dritte seine Großeltern ebenso wie deren Nachkommen usw. Diese Gruppen repräsentieren also Familienstämme und bilden Ordnungen, insoweit die Verwandtschaft in verschiedene Klassen eingeteilt wird.

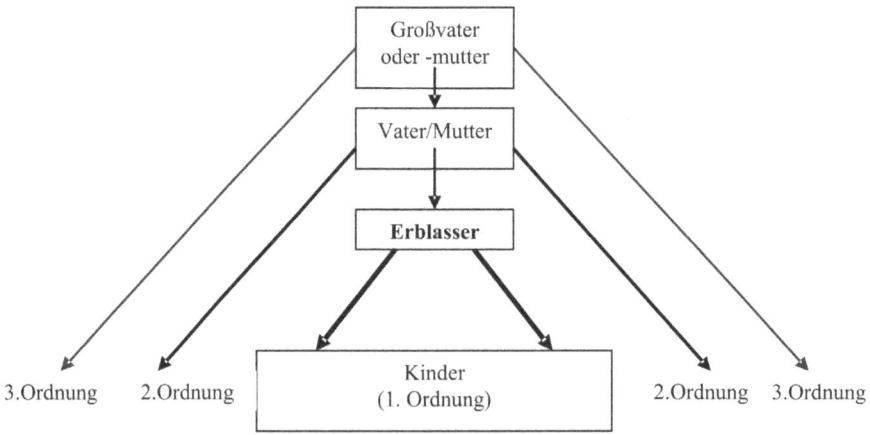

3 Bei der Ermittlung der Erben gilt gemäß § 1930 BGB als zweiter Grundsatz das **Prinzip der Rangfolge** der Parentelordnungen (*successio ordinum*):[136] Die Mitglieder einer Parentelklasse werden durch einen Verwandten in einer vorangehenden Parentelklasse ausgeschlossen: Lebt ein Abkömmling des Erblassers, werden dessen Eltern usw. von der Erbfolge ausgeschlossen. Man ermittelt also zunächst, ob Erben der 1. Parentel-

---

135 *Christoph Karczewski*, Der Begriff des Abkömmlings im Erbrecht, ZEV 2014, 641–646.
136 Entstehung bei *Lange/Kuchinke* (Fn. 125), 232 f.

§ 13 Parentelordnung

klasse vorhanden sind. Ist dies der Fall, braucht man nicht mehr Verwandte der 2. Ordnung zu suchen. Zählte man nach der reinen Nähe der Verwandtschaft, müsste die Mutter des Erblassers vor dessen Enkeln erben, anders ist es hingegen nach dem BGB geregelt, das die Enkel bevorzugt.

Innerhalb der Ordnung sind die Erben grundsätzlich gleichberechtigt, es wird nach Kopfteilen, also gleichmäßig geteilt (**Kopfteilprinzip**). Für die erste Ordnung ist dies in § 1924 Abs. 4 BGB bestimmt, für die zweite Parentelordnung in § 1925 Abs. 2 BGB. Modifikationen gibt es allerdings in der dritten und den weiteren Parentelordnungen.

Hiervon gibt es eine Ausnahme: Lebt ein Abkömmling des Erblassers, so schließt er die ferneren Abkömmlinge, die durch ihn mit dem Erblasser verwandt sind, von der Erbfolge aus. Die Tochter des Erblassers etwa erbt allein, nicht ihre Töchter, also die Enkelinnen des Erblassers. Der lebende Abkömmling des Erblassers repräsentiert seinen Stamm der Familie, dies ergibt sich aus § 1924 Abs. 2 BGB. Hier spricht man daher vom **Repräsentationsprinzip** des Erbrechts.

Um das Prinzip der Parentelordnung durchzuhalten, müssen auch die weiteren Abkömmlinge eines vorverstorbenen Erbberechtigten an dessen Stelle treten. Enkel haben etwa das Recht, an die Stelle ihres vorverstorbenen Vaters zu treten, der seinerseits als Sohn des Erblassers erbberechtigt war. § 1924 Abs. 3 BGB definiert dies als „**Erbfolge nach Stämmen**". Dieses **Eintrittsprinzip** bedeutet, dass die Enkel sich den Erbteil des Vaters teilen müssen. Zwischen Kindern und Enkeln wird daher nicht nach Kopfteilen geteilt.[137] Die Mutter des Erblassers wird damit vom Enkel in der Erbfolge ausgeschlossen, da sie erst der nächsten Parentelordnung angehört.

Das gesetzliche Erbrecht wird nur von wenigen Normen gebildet: §§ 1924 bis 1936 BGB. Zwar ist eine Vielzahl von Fällen zu bedenken, doch aufgrund klarer Regeln ist die Ermittlung der gesetzlichen Erben einfach gehalten. Zunächst wird das gesetzliche Erbrecht grundsätzlich nicht mit weiteren Bestimmungen für Vermächtnisse, Teilungsbestimmungen oder Auflagen überlagert und verkompliziert. Das Denken in Parentelordnungen macht verständlich, warum der überlebende Ehepartner nach §§ 1931 Abs. 1 S. 1, 1371 BGB nur „neben" den Verwandten erbt. Für Ehegatten bestimmt § 1932 BGB zusätzlich die Zuweisung eines gesetzlichen Vermächtnisses, des „Voraus", und nach § 1969 BGB wird der Erbe verpflichtet, im Haushalt des Verstorbenen wohnenden Familienangehörigen noch für 30 Tage Unterhalt zu gewähren („der Dreißigste"). Zu ermitteln sind also der Reihe nach

(1.) die Erben in ihrer verwandtschaftlichen Nähe zum Erblasser unter Berücksichtigung der vom BGB aufgestellten Ordnungen bzw. Parentele.

(2.) Dabei sind zunächst die Mitglieder der ersten Parentel zu identifizieren, dann die der weiteren Parentele, um so die vorrangigen Erben nach §§ 1924 Abs. 2, 1930 BGB zu bestimmen.

(3.) Mehrere gleichberechtigte Erben teilen sich den Nachlass zu gleichen Teilen.

▶ **Antwort:** G mag näher mit M verbunden gewesen sein als B. B gehört jedoch als Abkömmling der gemeinsamen Eltern in die zweite Parentelordnung nach § 1925 Abs. 1 BGB. In Ermangelung der Eltern (§ 1925 Abs. 3 BGB) wird er Erbe. G hingegen ist nach § 1926

---

137 Dieses Eintrittsrecht wurde 938 im deutschen Recht durch den Reichstag von Stela (Steele) bei Essen durch Zweikampf etabliert, als der Kämpfer dieser Seite siegte, s. *Adalbert Erler*, ‚Eintrittsrecht', HRG, Bd. 1, 1971, Sp. 908–910. Dies ist ein schönes Beispiel dafür, wie willkürlich die Geltung von Rechtssätzen begründet werden kann, welche trotzdem scheinbar selbstverständlich werden können.

Abs. 1 BGB nur Mitglied der dritten Parentelordnung. Sie ist daher gemäß § 1930 BGB von der Erbfolge ausgeschlossen. ◄

§ 14 Erbrecht der verschiedenen Ordnungen

▶ **Frage:** Wann kommt die Aufteilung nach Kopfteilen zur Anwendung? ◀

Nach § 1924 Abs. 1 BGB bilden die Abkömmlinge des Erblassers ebenso wie deren Nachkommen die **erste Parentelklasse**. Der mit dem Erblasser näher verwandte Abkömmling schließt, solange er lebt, die durch ihn verwandten weiteren Nachkommen von der Erbfolge gemäß § 1924 Abs. 2 BGB aus. Stirbt der Großvater E, erbt sein Sohn S. Die Enkel des Erblassers, E1 und E2, sind nicht erbberechtigt, solange S lebt. Nur falls S vorverstorben ist, treten sie an seine Stelle nach § 1924 Abs. 3 BGB. Sie teilen sich dabei den Erbteil, den der Sohn sonst bekommen hätte. Hier spricht man von dem **Eintrittsrecht der Abkömmlinge**. Lebt etwa noch ein weiterer Sohn des Erblassers, so erbt dieser die eine Hälfte, ohne dass es darauf ankommt, ob er Kinder hat. Die andere Hälfte des Nachlasses teilen sich E1 und E2. Der Nachlass wird also gleichmäßig auf die Nachkommen bzw. die Stämme aufgeteilt, die Sonderübertragung einzelner Güter auf bestimmte Familienzweige ist als Folge der Universalsukzession ausgeschlossen. Da hierbei nur Bruchteile des Nachlasses zugewiesen werden, bleibt das mögliche Motiv, einzelne Güter einem bestimmten Erben zuzuwenden, unberücksichtigt. Die Objekte bilden nur einen Teil des Nachlasses, der den Erben anteilig zugewiesen wird. Die alte Familienbibel wird nicht dem gläubigen Erben zugewiesen; bei der Verteilung des Nachlasses im Rahmen der Erbauseinandersetzung unter den Erben kann die Perlenkette ebenso dem Sohn wie der Tochter zugeordnet werden. Diese Belange spielen erst bei der Teilung des Nachlasses durch die Erben eine Rolle; um eine einvernehmliche Aufteilung zu erreichen, ist die Berücksichtigung solcher Interessen vorteilhaft.

In der **zweiten Ordnung** stehen nach § 1925 Abs. 1 BGB die Eltern sowie deren Abkömmlinge, also die Geschwister des Erblassers einschließlich deren Nachkommen. Die noch lebenden Eltern erben allein und zu gleichen Teilen gemäß § 1925 Abs. 2 BGB. Sie schließen dabei ihre weiteren Kinder von der Erbfolge aus. Sind Vater oder Mutter vorverstorben, treten die Geschwister des Erblassers in den Erbteil der vorverstorbenen Eltern ein. Lebt etwa die Mutter noch, erbt sie die Hälfte; die andere Hälfte erben nach §§ 1925 Abs. 3 S. 1, 1924 Abs. 3 BGB die Abkömmlinge des vorverstorbenen Vaters. Dabei kommt es nicht darauf an, ob es sich um Voll- oder Halbgeschwister des Erblassers handelt. Auch die Halbschwester, Tochter des vorverstorbenen Vaters, tritt an dessen Stelle als Erbe zur Hälfte ein. Hier spricht man vom „**Linienprinzip**", der Erbteil wird in der Linie der Nachkommen des verstorbenen Vaters gehalten. Nur wenn keine weiteren Nachkommen mehr vorhanden sein sollten, erbt nach § 1925 Abs. 3 S. 2 BGB die allein überlebende Mutter den gesamten Nachlass. Entgegen dem Wortlaut sind diese Regeln für jeden Fall des Ausscheidens aus der Erbfolge anzuwenden: Sie finden Anwendung nicht nur bei vorverstorbenen Erbberechtigten, sondern auch im Fall der Ausschlagung.[138]

Die **dritte Parentelklasse** bilden nach § 1926 Abs. 1 BGB die Großeltern und deren Abkömmlinge, also die Geschwister der Eltern. Sie sind nach dem Prinzip der Rangfolge der Parentele (*successio ordinum*) von der Erbfolge ausgeschlossen, solange etwa noch eine Tochter der Schwester des Erblassers lebt. Die noch lebenden Großeltern schließen nach § 1926 Abs. 2 BGB gemäß dem Repräsentationsprinzip ihre weiteren Abkömmlinge von dem Nachlass aus. Lebt aber zum Zeitpunkt des Erbfalls ein Teil des Großel-

---

138 MüKoBGB/*Leipold*, 9. Aufl. 2022, BGB § 1925 Rn. 7.

ternpaars nicht mehr, so treten dessen Abkömmlinge gemäß § 1926 Abs. 3 S. 1 BGB an die Stelle des verstorbenen Großelternteils. In diesem Fall bemüht sich § 1926 Abs. 3 S. 1 BGB darum, dessen Erbteil in seiner Familie zu halten. Hat der verstorbene Großelternteil keine Abkömmlinge, steht der Erbteil nach § 1926 Abs. 3 S. 2 BGB dem überlebenden Großelternteil im Fall dessen Vorversterbens seinen Abkömmlingen zu. Sinn dieser **Aufteilung** ist es, den Anteil der Familie in derselben zu erhalten, aus dem er vermutlich stammt. An die Stelle der vorverstorbenen Großmutter tritt etwa deren Sohn bzw. Enkel; der Anteil wird nicht an das andere Großelternpaar sowie deren Abkömmlinge übertragen.

4   In der **vierten Ordnung** stehen nach § 1928 Abs. 1 BGB die gegebenenfalls noch lebenden Urgroßeltern sowie deren Nachkommen. Leben die Urgroßeltern noch, schließen sie alle anderen Nachkommen, gleich welches (vorverstorbenen) anderen Urgroßelternteils, gemäß § 1928 Abs. 2 Hs. 1 BGB von der Erbfolge aus. Der Nachlass wird nach § 1928 Abs. 2 Hs. 2 BGB auf die noch lebenden Urgroßelternteile nach Kopfteilen, ungeachtet der Linien- und Familienzugehörigkeit verteilt. Nach § 1928 Abs. 3 BGB wird unter den Nachkommen der Urgroßeltern der Nachlass **nach dem Grad der Verwandtschaft** verteilt. Hier folgt das BGB also erstmals dem Gradualsystem: Die Verwandtschaft wird hier nach Graden im Sinn von § 1589 S. 3 BGB zur Bestimmung des Erben herangezogen. Derjenige erhält den Nachlass, der dem Erblasser am nächsten verwandt ist; also die wenigsten vermittelnden Geburten aufweist. Sind mehrere gleich nah verwandt, wird der Nachlass nach Kopfteilen aufgeteilt. Ähnliches bestimmt § 1929 BGB für die **fünfte** und die folgenden Ordnungen: § 1929 Abs. 2 BGB verweist dabei auf das Gradualsystem von 1928 BGB.

5   Innerhalb der Ordnungen kann der gleiche Erbe mehrfach mit dem Erblasser verwandt sein. Relevant ist dabei nur die Bestimmung der nächsten Ordnung. Da diese Ordnung die fernere Verwandtschaft von der Erbschaft ausschließt, ist die Verwandtschaft im Übrigen unerheblich. Führt diese **mehrfache Verwandtschaft** allerdings dazu, dass dieser Erbe mehrmals in dieselbe Ordnung fällt, erhält dieser Erbe gemäß § 1927 BGB aufgrund jedes Verwandtschaftsverhältnisses einen Teil des Nachlasses. Dieser wird also nicht nach Kopfteilen verteilt.

6   § 1929 BGB deutet an, dass die Einteilung der Verwandten nicht mit der Festlegung der fünften Parentelordnung beendet ist, vielmehr können unbegrenzt noch weitere Parentelklassen gebildet und immer entferntere Erben ermittelt werden. Schon einer der ersten Kritiker des BGB spottete, die **infinite** Bildung von **Parentelen** würde zur Erbberechtigung aller Menschen als Nachkommen von Adam und Eva führen.[139] Dies führt zunächst zu dem praktischen Problem, die entfernten Erben überhaupt zu ermitteln. Solch entfernte Verwandtschaftsverhältnisse sind den Betroffenen längst nicht mehr bekannt. Schwierige Familienforschung und detektivische Ermittlung des Wohnorts werden nötig. Hierfür hat sich der Berufszweig der **Erbensucher** entwickelt. Sofern der Erbe keinen Vertrag schließen wollte, klagten sie ihren Honoraranspruch im Wege der Geschäftsführung ohne Auftrag ein. Diesem Vorgehen hat der BGH vor einiger Zeit jedenfalls Hindernisse in den Weg gelegt.[140]

---

[139] *Menger* (Fn. 9), 230.
[140] BGH 23.9.2004 – III ZR 322/98, NJW 2000, 72–73; OLG Celle 11.2.1998 – 21 U 49/97, ZEV 1999, 449; BayObLG 11.5.1999 – 1 Z BR 36/99, FamRZ 1999, 1603; dazu *Ulrich Falk*, Von Titelhändlern und Erbensuchern, JuS 2003, 833–839.

Bei der infiniten Parentelordnung handelt es sich um eine Besonderheit des deutschen Erbrechts, die besonders leicht zu kritisieren ist. Kaum jemand kann seine Urgroßeltern benennen, ohne in Unterlagen nachzuschlagen. Ein Abbruch nach der 4. Parentelklasse schlösse immerhin in den meisten Fällen alle jene ein, die noch als Familienangehörige bekannt sind. In Österreich etwa kommen noch die Urgroßeltern als Erben in Betracht, nicht mehr hingegen ihre Nachkommen, in Finnland sogar nur noch die Großeltern oder deren Kinder, nicht aber mehr deren Vettern und Cousinen.

Wird kein Verwandter als Erbe ermittelt, kommt das Land des letzten Wohnsitzes, sonst der Bund als gesetzlicher Erbe zum Zuge nach § 1936 BGB. Wie zuvor ausgeführt schreibt § 1964 Abs. 1 BGB eine „den Umständen entsprechende Frist" zur Ermittlung von Erben vor. Mit der Feststellung des staatlichen Erbrechts wird nur eine widerlegbare Vermutung begründet, § 1964 Abs. 2 BGB. Falls der Erblasser damit nicht einverstanden sein sollte, steht ihm die Möglichkeit eines Testamentes offen. Jedenfalls bietet sich eine solche Beteiligung des Staates am Nachlass viel eher an als eine übermäßige Besteuerung des Nachlasses.

▶ **Antwort:** In der ersten und zweiten Parentelordnung wird die Erbschaft unter mehreren nach Kopfteilen aufgeteilt. In der dritten Parentelordnung wird dies von der Verpflichtung durchbrochen, den Anteil der vorverstorbenen Großeltern in deren Familie zu belassen, § 1926 Abs. 3 BGB. In der vierten Parentelordnung und in allen weiteren wird der gradnächste Verwandte bestimmt, nur wenn mehrere gleich nah verwandt sind, ist der Nachlass nach Kopfteilen aufzuteilen. ◀

§ 15 Erbrecht der nichtehelichen Kinder

▶ **Frage:** Der Vater zahlte dem vor dem 31.3.1998 außerhalb der Ehe geborenen Kind K neben der Unterhaltsschuld einen größeren Geldbetrag im Hinblick auf einen vorzeitigen Erbausgleich, der allerdings nicht verbindlich zustande kam. Dürfen die übrigen Erben diese Zahlung auf den Erbteil des K anrechnen? ◀

1   Dieses Kapitel hat im deutschen Recht fast nur noch eine rechtshistorische Bedeutung. Traditionell wurden die außerhalb einer Ehe geborenen Kinder erbrechtlich anders behandelt als die ehelich geborenen. Bis 1970 war das „uneheliche" Kind nicht mit dem Vater verwandt, in beide Richtungen bestand kein Erbrecht. Bis 1998 gab es Sondervorschriften in den §§ 1934 a bis e BGB, die einerseits ein Erbrecht der nichtehelich geborenen Kinder einführten, andererseits eine Vermengung mit den Ehelichen im Rahmen einer Gemeinschaft der Erben zu verhindern suchten. Der ehelichen Familie sollte die Auseinandersetzung mit „Fremden" innerhalb einer Erbengemeinschaft erspart bleiben. So gab es für die nichtehelich Geborenen nur einen Erbersatzanspruch in Höhe des gesetzlichen Erbteils, der als Forderung gegenüber den Erben zu stellen war.

2   Eine besondere Regelung bestand im **vorzeitigen Erbausgleich** nach § 1934 d BGB. Danach konnten die nichtehelich Geborenen im Alter zwischen 21 und 26 Jahren die Auszahlung ihres Erbersatzanspruchs vom Elternteil auch zu dessen Lebzeiten verlangen. Zum Zeitpunkt ihres Antrags wurde die Höhe ihres Anspruchs berechnet, der Elternteil zur alsbaldigen Auszahlung verpflichtet. Damit erlosch dann jedoch jede erbrechtliche Beziehung zwischen Kind und dem nichtehelichen Elternteil bzw. dessen Verwandten. Diese Beerbung „bei lebendigem Leibe" führte dazu, dass sich das Elternteil von einem großen Teil seines Vermögens trennen musste und stellte einen erheblichen Eingriff in sein Leben dar. Dieses „Schmerzensgeld für fehlende Sozialisationsmöglichkeit"[141] wurde daher nachdrücklich kritisiert. Bei der vorweggenommenen Erbfolge besteht das Risiko der Verarmung des „Schenkers", so dass auch ein Rückgriffsanspruch nach § 528 Abs. 1 BGB besteht, auf den zudem der Sozialhilfeträger zurückgreifen kann.[142]

In Reaktion auf die Rechtsprechung des Europäischen Menschenrechtsgerichtshofs bestimmt das „Zweite Gesetz zur erbrechtlichen Gleichstellung nichtehelicher Kinder" vom 15.4.2011, dass eheliche und nichteheliche Kinder, die vor dem 01.7.1949 geboren wurden, als gesetzliche Erben ihrer Väter gleich stehen. Das Gesetz von 1969, das erstmals das Erbrecht nichtehelicher Kinder einführte, sah keine Rückwirkung für die Zeit vor der Gründung der Bundesrepublik vor. Daraus entstand diese Regelungslücke in zeitlicher Hinsicht.

3   Durch das Erbrechtsgleichstellungsgesetz vom 16.12.1997 wurde die Stellung der nichtehelich geborenen **vollständig** der Stellung **der ehelichen Kinder** angeglichen. Insoweit handelt es sich bei diesem Abschnitt schon fast um einen rechtshistorischen Exkurs; die frühere Rechtslage gilt nach Art. 227 Abs. 1 EGBGB allerdings noch für Erbfälle vor dem 31.3.1998 und Vereinbarungen über den Erbausgleich, die bis zu diesem Zeitpunkt geschlossen wurden, weiter. Außerhalb einer Ehe geborene Kinder haben die gleichen Ansprüche wie eheliche Kinder, es bestehen daher keine Sonderregelungen mehr.

---

141 *Rainer Jochem*, Der vorzeitige Erbausgleich – Beerbung nach Bedarf?, FamRZ 1974, 360, 363 f.
142 Vgl. *Bernhard Klinger/Thomas Maulbetsch*, Vorweggenommene Erbfolge und Sozialhilferegress, NJW-Spezial 2004, 301.

Allerdings wird gelegentlich eine Ausweitung von § 1934 d a. F. BGB verlangt.[143] Man sieht hierin ein Mittel, in jedem Fall die Eltern zur Finanzierung der Ausbildung zu zwingen. Dem wird zu Recht entgegen gehalten, dass durch BAföG und andere Mittel des Sozialstaats ohnehin die Möglichkeit zur Finanzierung einer Ausbildung besteht, so dass kein Bedarf für eine Ausweitung bestehe. Der vorzeitige Erbausgleich führt letztlich zu einer Aushöhlung des Erbrechts, insofern wird verkannt, dass nur das nach dem Tod vorhandene Vermögen zur Verteilung kommt. Erbrechtlich gibt es keine Verpflichtung, das Vermögen zu erhalten, um es den Nachkommen zuzuwenden.

Nicht in allen Ländern der EU wird diese vollständige Gleichbehandlung durchgeführt. In den Niederlanden etwa ist für die Vaterstellung immer noch gemäß Art 1: 221, 222 BW die Anerkennung durch den Vater nötig. Dabei ist seine Anerkennung im Fall von Inzest und bei Ehebruchskindern sittenwidrig und nichtig, Art. 1: 224 I i. V. m. Art. 1: 41 BW. Für diese nicht anerkannten Kinder besteht nach Art. 1: 394 BW ein Unterhaltsanspruch des Erben als pauschalierter Gesamtbetrag, der in der Höhe durch den hypothetischen Pflichtteil begrenzt wird.

4

▶ **Antwort:** Es ist kein wirksamer Erbausgleich zustande gekommen, so dass das neue Recht nach Art. 227 Abs. 1 Nr. 2 EGBGB Anwendung findet. Art. 227 Abs. 2 EGBGB verweist für die schon erfolgten Zahlungen unter anderem auf § 2050 Abs. 1 und § 2315 Abs. 1 BGB. Das Gezahlte kann danach als Ausstattung oder als Zahlung auf den Pflichtteil gewertet werden. Treffen diese Voraussetzungen zu, darf eine Anrechnung vorgenommen werden. ◀

---

143   Vgl. bei *Linker* (Fn. 132), 174 f.

§ 16 Erbrecht des überlebenden Ehepartners

▶ **Frage:** Ist die Ehefrau im Hinblick auf ihr Wohnrecht besser abgesichert, wenn die Ehewohnung vom Mann gemietet wurde oder wenn sie in seinem Eigentum stand? ◀

1   Im klassischen römischen Recht hatte die freie, nicht in den Familienverband des Mannes eingetretene Witwe, kein Erbrecht. Sie war durch eigenes Vermögen (*dos*, Mitgift) abgesichert und weiterhin durch die Zugehörigkeit zu ihrer Familie geschützt. Die Kirche setzte die Unauflöslichkeit der Ehe durch, indem sie vom Ehemann die Übertragung einer Mitgift zugunsten der Frau verlangte. Durch die Scheidung verlor der Mann dann den Zugriff auf dieses Gut. Dennoch lebte die Frau auch vom Vermögen des Mannes und wurde in die Wirtschaftsgemeinschaft der Familie des Ehemannes eingebunden.

Schon das ursprüngliche BGB versuchte die Position des überlebenden Ehepartners, i. d.R. der Ehefrau, zu stärken, indem sie nicht nur an der Erbschaft beteiligt wurde, sondern ihr zudem ein finanzieller Ausgleich aufgrund der Auflösung des gesetzlichen Güterstands durch den Tod des Ehepartners zustand. Das gilt nun ebenso im gesetzlichen Güterstand der Zugewinngemeinschaft. Das bedeutet, dass der überlebende Ehepartner beim gesetzlichen Güterstand zweifach am Nachlass berechtigt sein kann, nämlich aufgrund Erbrechts (§ 1931 BGB) sowie aufgrund Eherechts (§ 1371 BGB).

Mit dem LPartG von 2001 wurden die Partner gleichgeschlechtlicher Lebenspartnerschaften den Ehegatten weitgehend gleichgestellt. Durch das Gesetz zur Einführung des Rechts auf Eheschließung für Personen gleichen Geschlechts vom 20.7.2017 (BGBl 2017, I 2787) können diese Lebenspartnerschaften in Ehen umgewandelt werden. Seit dem 01. Oktober 2017 wird also insoweit nicht länger unterschieden.

2   Zum einen gibt es das **gesetzliche Erbrecht** des Ehegatten **nach § 1931 Abs. 1, 2** BGB. Neben Verwandten der ersten Ordnung steht dem Ehegatten ein Viertel des Nachlasses zu, neben solchen der zweiten Ordnung sowie den Großeltern die Hälfte. Ist ein Teil der Großeltern erbberechtigt, steht den Abkömmlingen des verstorbenen Großelternteils entgegen § 1926 Abs. 3 S. 1 BGB kein Erbrecht zu, vielmehr wächst gemäß § 1931 Abs. 1 S. 2 BGB der Teil des verstorbenen Großvaters oder der verstorbenen Großmutter dem Ehegatten zu. Ist dieser auch noch als Verwandter des Verstorbenen erbberechtigt, so werden nach § 1934 S. 1 BGB die Erbteile kumuliert. Erst wenn keine Großeltern mehr vorhanden sind, erbt der überlebende Ehegatte den Nachlass nach § 1931 Abs. 2 BGB vollständig. Hinzu tritt gemäß § 1932 BGB der gesetzliche **Voraus** des Ehegatten. Hierbei handelt es sich um einen schuldrechtlichen Anspruch des Ehegatten auf besondere Gegenstände des ehelichen Haushalts sowie auf Hochzeitsgeschenke. Dies ist nach § 1932 Abs. 2 BGB als gesetzliches Vermächtnis zu qualifizieren, also als schuldrechtlicher Anspruch gegen die Erben kraft Gesetz. Dessen Erfüllung kann der überlebende Ehepartner von den Erben verlangen, auch wenn er Miterbe ist; der überlebende Ehegatte wird damit Nachlassgläubiger nach § 1932 Abs. 2 i. V. m. § 1967 Abs. 2 BGB. Der Voraus besteht aber nur gegenüber Verwandten ab der zweiten Ordnung.

§ 16 Erbrecht des überlebenden Ehepartners

Das gesetzliche Erbrecht ist allerdings nach § 1933 BGB ausgeschlossen, wenn die Voraussetzungen der Scheidung vorlagen und der Antrag auf Scheidung gestellt war bzw. die Zustimmung dazu erklärt wurde.[144]

Zum anderen steht dem Ehegatten nach § **1371 Abs. 1** BGB infolge der **Auflösung des gesetzlichen Güterstandes** ein Teil des Vermögens des Verstorbenen zu; § 1931 Abs. 3 BGB stellt dies ausdrücklich klar. Immerhin ist der Tod noch die häufigste Art, durch die eine Ehe beendet wird. Spezielle Voraussetzung für den güterrechtlichen Ausgleich ist allerdings,

(1.) dass eine gültige Ehe vorlag und kein Ausschlussgrund nach § 1933 BGB gegeben ist,

(2.) die Ehegatten im gesetzlichen Güterstand der Zugewinngemeinschaft lebten und

(3.) der überlebende Ehepartner gesetzlicher Erbe ist. Wird er durch ein Testament auf den gesetzlichen Erbteil gesetzt oder entspricht dem die Zuwendung, ist der Zugewinnausgleich ebenfalls möglich.

Im Fall der Auflösung einer Ehe muss grundsätzlich ein Güterausgleich zwischen den Eheleuten gemäß ihres ehelichen Güterstands durchgeführt werden. Im Fall der Zugewinngemeinschaft muss **Zugewinnausgleich** erfolgen. Nach § **1371 Abs. 1** BGB wird der Zugewinnausgleich im Todesfalle durchgeführt, indem fix ein Viertel des Vermögens des Verstorbenen dem Überlebenden übertragen bzw. dem gesetzlichen Erbrecht hinzugerechnet wird. Hier spricht man von der **erbrechtlichen Lösung**. Völlig unabhängig davon, wie viel der tatsächliche Zugewinn des Verstorbenen beträgt und ob überhaupt ein Zugewinn vorliegt, wird der Zugewinnausgleich **pauschal** als Quote des Nachlasses gesetzlich festgelegt. Dies erleichtert die Abrechnung, mag im Einzelfall jedoch ungerecht sein.

Eine andere Berechnung schreibt § **1371 Abs. 2** BGB dann vor, wenn der überlebende Ehepartner aufgrund einer Enterbung (§ 1937 BGB) **nicht Erbe** geworden ist.

Schlägt der Ehepartner die Erbschaft aus, kann er gemäß § 1371 Abs. 3 HS. 1 BGB weiterhin auch einen Pflichtteil gelten machen, sofern ihm einer z. B. gcmäß § 2303 Abs. 2 S. 1 BGB zusteht. Grundsätzlich würde nämlich ansonsten eine solche Ausschlagung dazu führen, dass die Voraussetzungen des § 2303 BGB Abs. 1 S. 1 oder Abs. 2 S. 1 BGB nicht gegeben sind und der Pflichtteil nicht geltend gemacht werden kann.[145]

Folglich kann dann der Zugewinn wie bei der Scheidung nach §§ 1373 ff BGB nach den tatsächlichen Vermögenssituationen der Eheleute berechnet werden. Es ist also der **konkrete Zugewinn** zu ermitteln und auszugleichen, indem das Anfangs- und Endvermögen jedes Ehegatten ermittelt, der Zugewinn jedes Ehegatten in der Ehezeit berechnet und der Überschuss auf der einen Seite halbiert wird. Dies wird dann als **güterrechtliche Lösung** bezeichnet.

Der Zugewinnausgleich führt jedoch kaum zu einer wesentlich besseren Stellung des überlebenden Ehegatten: Selbst wenn der Mann alles verdient hat und sein gesamtes Vermögen Zugewinn darstellt, wäre die Ehefrau nach § 1371 Abs. 2 BGB nur zur Hälfte des Nachlasses berechtigt. Genau so viel erhielte sie aber auch über die Kombination von § 1371 Abs. 1 BGB mit § 1931 Abs. 1 BGB neben einem Verwandten der

---

144 Kann die Scheidung jedoch aufgrund fehlender Voraussetzungen nicht vorgenommen werden, bleibt die Ehefrau erbberechtigt, vgl. BGH 2.7.2008 – IV ZR 34/08, NJW-Spezial 2008, 679 f.
145 MüKoBGB/*Leipold*, 9. Aufl. 2022, BGB § 1953 Rn. 7.

ersten Ordnung. Wurde hingegen – auch im Hinblick auf ihren Vermögenszuwachs – kein Zugewinn erzielt, erhält die Frau nichts. Ein anderes Ergebnis ergibt sich erst, wenn man das Pflichtteilsrecht berücksichtigt.

5 Der Zugewinnausgleich nach § 1371 Abs. 2 BGB schließt nicht aus, dass der überlebende Ehegatte noch den **Pflichtteil** geltend machen kann, also die Hälfte des gesetzlichen Erbteils gemäß § 2303 Abs. 1 BGB. Dies ergibt sich aus § 2303 Abs. 2 S. 2 BGB, wonach § 1371 BGB „unberührt" bleibt. Voraussetzung dafür ist, dass der Ehegatte weder Erbe noch Vermächtnisnehmer geworden ist bzw. nicht mindestens in Höhe seines Pflichtteilsanspruchs am Nachlass beteiligt ist. Der Erblasser hat gemäß § 1938 BGB das Recht, Familienangehörige durch Nichterwähnung im Testament zu enterben. Es gibt außerhalb der Grenzen des § 2303 BGB keinen Grund, dieses Recht einzuschränken. Auch das Eherecht gebietet keine solche Einschränkung. Für die Geltendmachung des Pflichtteilrechts ist es gleichgültig, ob der Erblasser den Ehegatten übergangen hat oder dieser die Erbschaft bzw. das Vermächtnis ausgeschlagen hat.

Der Pflichtteil des Ehegatten könnte theoretisch auf **zwei Weisen berechnet** werden:

- Entweder kann man auf den Erbteil nach § 1931 BGB abstellen und davon die Hälfte ermitteln. Dies wird der „**kleine Pflichtteil**" genannt.
- Oder man kann bei der Berechnung das gesetzliche Erbrecht §§ 1931 BGB mit § 1371 BGB kombinieren und davon dann die Hälfte berechnen, hierdurch erhält man den „**großen Pflichtteil**".

§ 1371 Abs. 2 a. E. BGB schreibt jedoch den „kleinen Pflichtteil" mit hinlänglicher Deutlichkeit vor; die herrschende Meinung in der Literatur[146] und der BGH[147] folgen dem seit längerer Zeit. Der Pflichtteil wird daher stets als „kleiner" nur nach § 1931 BGB berechnet (näher dazu s. u. § 18 Rn. 9 ff).

6 In Verbindung mit dem Pflichtteil kann die güterrechtliche Lösung für den überlebenden Ehegatten in einigen Fällen die **günstigere Lösung** darstellen, wenn etwa der Zugewinn einen besonders hohen Anteil im Vermögen des Verstorbenen ausmacht. In Betracht kommt dann ein **Wahlrecht** des Ehegatten zwischen der Berechnung über § 1371 Abs. 1 oder Abs. 2 BGB. Ganz allgemein wird dem Ehegatten kein Wahlrecht zugestanden, etwa auf die Geltendmachung des Anspruchs aus § 1371 Abs. 2 BGB zu verzichten und anschließend die erbrechtliche Lösung durchzuführen.[148] Dem überlebenden Ehegatten, der nicht Erbe geworden ist, steht nur die güterrechtliche Lösung offen. Wurde er allerdings Erbe, kann er die Erbschaft ausschlagen und gemäß § 1371 Abs. 3 HS. 1 BGB die güterrechtliche Lösung des § 1371 Abs. 2 BGB zum Ansatz bringen. Nur in diesem Fall läuft die gesetzliche Regelung auf ein Wahlrecht des Ehegatten hinaus. In diesen Fällen muss sauber nachvollzogen werden, welche Lösung für den Ehegatten finanziell lohnenswerter ist. Eine falsche anwaltliche Beratung kann hier zu einer Anwaltshaftung führen.

7 Der pauschalierte Zugewinnausgleich nach § 1371 Abs. 1 BGB des überlebenden Ehegatten wird weiterhin nach § 1371 Abs. 4 BGB belastet mit dem Recht der **Stiefkinder**, die Finanzierung einer angemessenen Ausbildung verlangen zu können.

---

146 Vgl. Julius von Staudinger, Kommentar zum Bürgerlichen Gesetzbuch, Buch 5, §§ 2303–2345, Neubearb. 2021/ *Otte*, § 2303 Rn. 50; *Leipold* (Fn. 117), Rn. 171.
147 BGH 25.6.1964 – III ZR 90/63, BGHZ 42, 182 = DNotZ 1983, 187.
148 Staudinger (Fn. 146)/ *Otte*, § 2303 Rn. 53 ff.

§ 16 Erbrecht des überlebenden Ehepartners

Das Erbrecht des Ehepartners gilt verbreitet als **unzureichend**.[149] Den Nachlass mit Kindern des Erblassers zu teilen, bedeutet meist eine erhebliche Verschlechterung des Lebensstandards. Die Freibeträge des ErbStG helfen nur dann, wenn das dem überlebenden Ehepartner zukommende Vermögen die Aufrechterhaltung des bisherigen Lebenszuschnitts ermöglicht. In Großbritannien gibt es eine stärkere Stellung des Überlebenden, insoweit ihm neben den Haushaltssachen, einer fixen Summe, einem Zins von 4 % des Kapitals und einer lebenslänglichen Nutznießung der Hälfte dessen, was übrig bleibt, zukommt.[150] Gerade letzteres scheint besonders effektiv zu sein, um dem überlebenden Ehepartner den ehelichen Lebensstandard weiterhin zu erhalten. In den Niederlanden ist der überlebende Ehegatte den ehelichen Kindern gleichgestellt; wenn kein Kind vorhanden ist, wird er Alleinerbe (Art. 899 a BW). Solange der deutsche Gesetzgeber nicht hilft, ist eine testamentarische Nachfolgeregelung zum besseren Schutz des überlebenden Ehepartners erforderlich.

▶ **Antwort:** Wurde die Wohnung gemietet, tritt F nach § 563 Abs. 1 BGB als Vertragspartei in den Mietvertrag ein. Stand die Wohnung im Eigentum des M, geht sie in den Nachlass über. Daran ist F nur kraft §§ 1931, 1371 Abs. 1 BGB beteiligt; der Voraus nach § 1932 BGB greift insoweit nicht. Gegebenenfalls muss die Wohnung verkauft werden, um die Nachlassteilung zu ermöglichen; F muss dann die Wohnung räumen. Allenfalls kann sie dann noch nach § 1969 BGB verlangen, 30 Tage nach dem Tod in der Wohnung bleiben zu dürfen. ◀

---

149 *Linker* (Fn. 132), 176.
150 *Anthony R. Mellows*, The Law of Succession, 1973, 177 f.

§ 17 Weitere Erbrechte

1 Dem Erbrecht der Ehegatten angeglichen wurde jenes der **Lebenspartner** einer gleichgeschlechtlichen, eingetragenen Lebenspartnerschaft. Nach § 10 Abs. 1 S. 1 LPartG erbt der Lebenspartner neben Verwandten der ersten Ordnung ein Viertel, neben Verwandten der zweiten Ordnung sowie Großeltern die Hälfte der Erbschaft. Sind keine Verwandten vorhanden, erbt der Lebenspartner nach § 10 Abs. 2 S. 1 LPartG alles. Er erhält sogar neben Verwandten der ersten Ordnung gemäß § 10 Abs. 1 S. 3 LParG den Voraus, wenn er diese Gegenstände zur Führung des Haushalts benötigt. Bestanden die Voraussetzungen für eine Aufhebung der Lebenspartnerschaft, war die Auflösung beantragt und ihr bereits zugestimmt oder war der Antrag nach § 15 LPartG auf Aufhebung gestellt und begründet, erlischt das Erbrecht des Lebenspartners nach § 10 Abs. 3 LPartG.

Die eingetragenen Lebenspartner werden damit in erbrechtlicher Hinsicht den Ehepartnern umfassend gleichgestellt. Als Unterschied verbleibt der in der Lebenspartnerschaft fehlende Zugewinnausgleich, so dass sich der Erbteil des überlebenden Lebenspartners nicht wie beim Ehepartner erhöhen kann.

Durch das Gesetz zur Einführung des Rechts auf Eheschließung für Personen gleichen Geschlechts vom 20.7.2017 (BGBl 2017, I 2787) wurde für gleichgeschlechtliche Paare der Weg zur Ehe eröffnet, neue Lebenspartnerschaften können dagegen nicht mehr begründet werden (Art. 3 Abs. 3). Nach dem Willen des Gesetzgebers soll diese Sonderform also aus der Praxis verschwinden.

Das Ersatzerbrecht des Staates nach § 1936 BGB wurde bereits (s. o. § 7 Rn. 1 f) dargestellt.

Fragen zur Wiederholung und Vertiefung

30. Worin liegt die Funktion der gesetzlichen Erbfolge?
31. Was ist eine Parentelordnung?
32. Welche Grundsätze leiten das deutsche gesetzliche Erbrecht?
33. Was für „Systeme" kennt das deutsche gesetzliche Erbrecht?
34. Welches sind die besonderen Erbregeln für Kinder nicht miteinander verheirateter Eltern?
35. Wie erbt die – nicht enterbte, die Erbschaft nicht ausschlagende – Ehefrau neben einem gemeinsamen Kind mit dem verstorbenen Ehemann?
36. Macht es einen Unterschied in der erbrechtlichen Behandlung, ob es sich um eine homosexuelle oder eine heterosexuelle Lebenspartnerschaft handelt?

§ 18 Pflichtteilsrecht

I. Einleitung

▶ **Frage:** Wozu dient das Pflichtteilsrecht? ◀

Gemäß § 1938 BGB hat der Erblasser das Recht, durch bloße Nichterwähnung,[151] jedenfalls durch ausdrücklich Erklärung, Familienangehörige von der Erbschaft auszuschließen. Das Pflichtteilsrecht schränkt diese Testierfreiheit ein, um ein Mindestmaß an Beteiligung der Familie am Nachlass zu erreichen.[152] Zum Ausgleich des Rechts des Erblassers, seine Familie zu enterben, bestimmte das römische Recht, dass den nächsten Angehörigen jedenfalls ein fester Teil des Erbes nicht entzogen werden durfte. Seit Kaiser Justinian stand den Kindern ein Drittel des Nachlasses zu, oder, sobald es mehr als vier Berechtigte gab, sogar die Hälfte. Hiermit wurde ein echtes Erbrecht der nächsten Verwandten begründet, das der Erblasser nicht übergehen konnte. Sprach er den Angehörigen weniger zu, blieben diese in jedem Fall Erben; doch insoweit das Testament unwirksam war, wurde es dem Gesetz automatisch angepasst. Man kann dies als ein **formelles Noterbrecht** bezeichnen, da die Angehörigen auch in formeller Hinsicht den Status als Erben erhalten. Solche Regelungen finden sich noch heute in den meisten romanischen Rechten, aber auch das schweizerische ZGB und ihm folgend das türkische Gesetzbuch wählten diese Lösung. In Frankreich kann der Erblasser wegen der Bindung an die Familie grundsätzlich nur Vermächtnisse anordnen.[153]

Während in der Zeit nach der Antike und in der Frühen Neuzeit das Recht der Familie so stark wurde, dass es die Testierfreiheit stark einschränkte und teilweise sogar negierte, gewährten das preußische ALR und das österreichische ABGB den nahen Angehörigen im Fall der Enterbung nur einen schuldrechtlichen Anspruch auf Geld. Sie wurden dabei nicht Erben, sondern hatten nur den Anspruch auf die Auszahlung eines Betrages. Man kann hier von einem **materiellen Noterbrecht** sprechen: Der Angehörige wird materiell am Nachlass beteiligt, ohne jedoch den Status als Erbe zu erhalten. Diese Lösung wählte das BGB; dies gilt bis heute.

Es gibt auch Rechtsordnungen, die auf eine Absicherung der Familie weitgehend verzichten. In den USA gibt es nur Regeln, welche die Versorgung des überlebenden Ehegatten sicherstellen. In Großbritannien kann das Gericht nach dem Inheritance Act von 1975 viel flexibler denjenigen, die mit dem Erblasser zusammengelebt haben, auf deren Antrag eine angemessene Unterstützung zuweisen.[154] Insgesamt kann man festhalten, dass die Testierfreiheit in anderen Ländern deutlich weniger eingeschränkt wird. Sie wird in Deutschland keineswegs besonders stark geschützt.[155]

Eine interessante vermittelnde Lösung wählte Schottland: Dort werden den Verwandten keine Quoten des Nachlasses, sondern feste Beträge etwa zum Unterhalt des überlebenden Ehepartners gewährt.[156] In China kann dem gesetzlichen Erben sein

---

151 Eine stillschweigende Ausschließung kann zu Problemen führen: MüKoBGB/*Leipold*, 9. Aufl. 2022, BGB § 1938 Rn. 3.
152 Zur Zulässigkeit des Pflichtteilsrechts vgl. BVerfG 19.4.2005 – 1 BvR 1644/00/1 BvR 188/03, NJW 2005, 1561 ff.; dagegen zuletzt Ann-Marie Cathérine Kaulbach, Gestaltungsfreiheit im Erbrecht. Pflichtteilsrecht und Testiervertrag auf dem Prüfstand (Schriften zum deutschen und ausländischen Familien- und Erbrecht, 8), 2012, 161.
153 *Döbereiner* (Fn. 104), 407 Rn. 85.
154 *Veena Kanda-Rovati*, Succession: The Law of Wills and Estates, 3. Aufl. 2001, 190 ff.
155 *Beckert* (Fn. 2), 100.
156 *Odersky* (Fn. 105), 6 ff., 529–544, 531.

Erbteil dann nicht entzogen werden, wenn dieser arbeitsunfähig und unterhaltsbedürftig ist.[157] Würde man in Deutschland wirklich den Unterhalt der Angehörigen bezwecken,[158] müsste man auf den Bedarf abstellen. Dies scheint für eine neue Diskussion *de lege ferenda* ein besserer Ansatz zu sein.

3   Das Pflichtteilsrecht der §§ 2303–2338 BGB gibt daher den nächsten Angehörigen den **schuldrechtlichen Anspruch** auf Auszahlung eines bestimmten Anteiles vom Wert des Nachlasses. Sie werden keine Erben, sondern haben nur dieses Forderungsrecht gegenüber dem oder den Erben. Dennoch reicht die Bedeutung des Pflichtteilsrechts weiter: Lebzeitig erinnert es erstens den Testator an das Recht der nahen Angehörigen, am Nachlass beteiligt zu werden; mindestens soll ihnen der Pflichtteil zugewandt werden. Nach dem Tod entsteht dann der Anspruch gegen den Erben auf Zahlung des dem Pflichtteil entsprechenden Geldbetrages.

Der Schutz des Pflichtteils wird schließlich auch denen zuteil, die pflichtteilsberechtigt sind und zum Erben eingesetzt werden, aber weniger als den Pflichtteil erhalten sollen. Die pflichtteilsberechtigten Erben können in verschiedenen Fallkonstellationen darauf bestehen, jedenfalls so viel vom Nachlass zu erhalten, wie ihr Pflichtteilsanspruch beträgt. Reicht der Nachlass z. B. nicht zur Befriedigung aller Ansprüche aus oder ist der Erbteil durch Nacherbschaft, Vermächtnisse, Auflagen u.a.m. übermäßig beschwert, kann der pflichtteilsberechtigte Erbe daher ein Leistungsverweigerungsrecht für sich geltend machen. Insoweit sein Pflichtteilsrecht betroffen ist, kann der Erbe die Erfüllung der Forderung nach §§ 2318 Abs. 3, 2319 S. 1 BGB verweigern.

Zur Verwirklichung des Pflichtteilsanspruchs benötigt der Berechtigte ein **Auskunftsrecht** gegenüber dem Erben, um die Höhe des Nachlasses zu ermitteln und so den Anspruch berechnen zu können. Dieser Auskunftsanspruch wird in §§ 2314, 260 BGB vom Gesetz angeordnet und präzisiert. Für die letzten 10 Jahre muss der Pflichtteilsschuldner also alle Nachweise führen können, sowohl für die Entwicklung des Nachlasses als auch für pflichtteilsergänzungsrelevante Schenkungen an sich. Der Pflichtteilsberechtigte kann nach § 2314 Abs. 1 S. 3 BGB sogar verlangen, dass ein Notar das Nachlassverzeichnis erstellt. Diese Regelung macht aber eigentlich nur dann Sinn, wenn die Auskunft des pflichtteilsschuldigen Erben angezweifelt werden kann; hier geht der Gesetzgeber zu weit.

▶ **Antwort:** Das Pflichtteilsrecht ist ein Korrektiv der Testierfreiheit. Jedenfalls für das engste Familienumfeld wird so eine Mindestversorgung durch den Nachlass sichergestellt, obgleich nicht auf den konkreten Bedarf abgestellt, sondern pauschalisiert wird. ◀

II. Pflichtteilsberechtigte

▶ **Frage:** Warum kommt das Pflichtteilsrecht nur für die nahe Familie und die Ehefrau in Betracht? ◀

4   Pflichtteilsberechtigte sind nach § 2303 Abs. 1 S. 1 BGB die **Abkömmlinge** des Erblassers, selbstverständlich auch die an Kindes statt Angenommenen (§ 1754 BGB, für Volljährige s. §§ 1767 Abs. 2, 1770, 1772 BGB). Gleiches gilt nach § 2303 Abs. 2 BGB

---

157 *Christina Eberl-Borges*, Erbrecht in der VR China (Schriftenreihe zum deutschen und internationalen Erbrecht, 7), 2015, 15–26, 19.
158 BVerfG 19.4.2005 – 1 BvR 1644/00, 1 BvR 188/03, NJW 2005, 1561, 1564, hat es unterlassen zu klären, wie weit der materielle Schutz des Pflichtteilsrechts nach Art. 6 Abs. 1 GG reichen muss. Es hat sich damit begnügt, die Verfassungsmäßigkeit der tradierten BGB-Regelungen festzustellen.

auch für den **Ehegatten**. Der geschiedene Ehegatte hat kein Pflichtteilsrecht. Falls er jedoch einen Anspruch auf Unterhalt gegen den Erblasser hatte, steht ihm nach § 1586 b Abs. 1 S. 1, Abs. 2 BGB gegen die Erben ein Anspruch auf Auszahlung des Unterhalts bis zur Höhe des fiktiven Pflichtteils zu.[159] Vom Pflichtteilsrecht ausgeschlossen sind sodann die Großeltern und Geschwister.

Nach § 2303 Abs. 2 S. 1 BGB haben die **Eltern** ein Pflichtteilsrecht. Dieses ist gemäß § 2309 BGB ausgeschlossen, wenn ein pflichtteilsberechtigter Abkömmling vorhanden ist, der sie im Rahmen der gesetzlichen Erbfolge ausschließen würde. In gleichem Maße werden **entferntere Abkömmlinge** nach § 2309 BGB entsprechend dem Repräsentationsprinzip der gesetzlichen Erbfolge durch die Näheren vom Pflichtteilsrecht ausgeschlossen. Die Enkel haben also nur ein Pflichtteilsrecht, wenn die Tochter des Erblassers, ihre Mutter, vorverstorben ist oder die Erbschaft ausgeschlagen hat. Wenn der nähere Abkömmling lediglich einen Teil des Pflichtteils erhalten hat, kann der entferntere Abkömmling nur den Restbetrag einfordern. Das Pflichtteilsrecht der entfernteren Abkömmlinge reduziert sich also um das, was die sie Ausschließenden aus dem Nachlass erhalten haben: Enterbte etwa der Vater den Sohn, um ihn nur auf ein Vermächtnis in Höhe von 10.000 Euro einzusetzen, könnte dieser nach § 2307 Abs. 1 S. 2 HS. 1 BGB den Pflichtteil abzüglich der 10.000 Euro verlangen. Statt seiner kann nach § 2309 BGB (Wortlaut: „insoweit") auch ein Enkel, also ein Kind des Übergangenen, den Differenzbetrag verlangen.

▸ **Antwort:** Die Einschränkung der Testierfreiheit erfolgt zum Schutz der Familie. Nur insoweit eine Unterhaltspflicht des Verstorbenen angenommen wird, ist damit das Pflichtteilsrecht geboten. ◂

III. Voraussetzungen des Pflichtteilsanspruchs

▸ **Frage:** Sohn S ist als Erbe des E eingesetzt, schlägt dieses Erbe jedoch aus. Kann er den Pflichtteil in Anspruch nehmen? ◂

Voraussetzung für die Pflichtteilsberechtigung ist, dass es sich um einen **gesetzlichen Erben** handelt. Es müssen also alle Voraussetzungen für die Erbenstellung vorliegen: Der Erbe muss folglich zum Zeitpunkt des Erbfalls leben, darf weder den Erb- oder nur den Pflichtteilsverzicht (§ 2346 Abs. 1, Abs. 2 BGB) erklärt haben, noch erbunwürdig oder sonst vom Erbe ausgeschlossen sein. Möglich ist noch der Entzug des Pflichtteils nach §§ 2333 ff BGB.

Wer die Erbschaft ausgeschlagen hat, erhält nach § 1953 Abs. 1 BGB keinen Anteil an der Erbschaft. Da er nicht durch den Erblasser von der Erbschaft ausgeschlossen wurde, wie es § 2303 Abs. 1 BGB voraussetzt, entfällt auch sein Pflichtteilsrecht, sofern das Gesetz nicht etwas anderes in Ausnahmefällen wie § 1371 Abs. 3 BGB anordnet. Wer also die Erbschaft „aus allen Gründen" ausschlägt, verliert grundsätzlich auch sein Pflichtteilsrecht. Der Ausschlagende kann sich jedoch das Pflichtteilsrecht vorbehalten; also unter der sog. „Gegenwartsbedingung" erklären, dass die Ausschlagung nur wirksam sein solle, wenn Pflichtteilsansprüche weiterhin bestehen bleiben (insb. bei Ehegatten der Fall). Ob dies einen Verstoß gegen § 1947 BGB darstellt, ist umstritten: Es geht dabei um die Frage, ob eine „Gegenwartsbedingung" (Bedingung, die

---

[159] Pflichtteilsberechtigte Erben können zwar die Ergänzung des fremden Pflichtteils verweigern, soweit ihnen selbst der Pflichtteil zusteht. Nach BGH 18.7.2007 – XII ZR 64/05, NJW 2007, 3207, gilt dies jedoch nicht gegenüber Unterhaltsansprüchen.

schon objektiv eingetreten ist oder nicht) eine Bedingung im Sinne von § 158 BGB darstellt.[160] Geschieht das nicht, kann man vielleicht noch die Ausschlagungserklärung durch Interpretation ergänzen oder anfechten. Sonst scheidet das Pflichtteilsrecht jedoch aus.[161]

Um das Pflichtteilsrecht für sich in Anspruch nehmen zu können, muss der gesetzliche Erbe entweder durch Testament oder Ausschlagung vollkommen **von der Erbfolge ausgeschlossen** sein. Wer also nur unter Beschränkungen oder Beschwerungen als Erbe eingesetzt ist, insbesondere wer nur als Nacherbe eingesetzt ist, muss zunächst das Erbe ausschlagen, um pflichtteilsberechtigt zu werden (§ 2306 Abs. 1 und Abs. 2 BGB). Wurde ihm hingegen etwas zugewendet, das geringer als sein Pflichtteil ist, dann hat er jedenfalls nach § 2305 BGB den Anspruch auf die **Ergänzung des Pflichtteils**. Man spricht hier vom **Pflichtteilsrestanspruch** bzw. gemäß § 2305 BGB vom Anspruch auf den Zusatzpflichtteil. Dabei hat der gesetzliche Erbe **seit 2009** nach § 2306 ein Wahlrecht zwischen dem Pflichtteil und dem wie auch immer beschwerten oder beschränkten Erbteil, egal ob dieser im Wert kleiner oder größer als der Pflichtteil ist.

Beim Vermächtnis hat er nach § 2307 BGB ebenfalls ein **Wahlrecht**, ob er das Vermächtnis ausschlagen und den vollen Pflichtteil in Anspruch nehmen will oder ob er neben dem Vermächtnis den Pflichtteilsrestanspruch geltend macht. Ist das Vermächtnis beschwert, so kann der gesetzliche Erbe dieses ebenfalls nach § 2307 Abs. 1 BGB ausschlagen und erhält dann den Pflichtteil ohne eine Beschwerung.

Der überlebende Ehegatte einer Zugewinngemeinschaft kann wie gesehen das Erbe ausschlagen und nach § 1371 Abs. 3 BGB den Zugewinnausgleich sowie den kleinen Pflichtteil verlangen (s. o. § 16 Rn. 5).

▶ **Antwort:** Voraussetzung des Pflichtteilsanspruchs ist gemäß § 2303 Abs. 1 BGB, dass S durch eine Verfügung von Todes wegen als Erbe vom Nachlass ausgeschlossen wird. Schlägt er die Erbschaft aus, verliert er also Erb- und Pflichtteilsrecht. Nur in den Fällen der §§ 2305–2307 BGB kann er das Erbrecht ausschlagen, ohne das Pflichtteilsrecht zu verlieren. ◀

IV. Natur des Anspruchs

▶ **Frage:** Sohn S will nicht seinen Erbteil, sondern allein die Familienbibel. Erhält er sie als Pflichtteilsberechtigter? ◀

6   Der Pflichtteilsanspruch gewährt kein Erbfolgerecht, also nicht die Stellung eines Erben, sondern als „materielles Notrecht" lediglich einen **schuldrechtlichen Geldanspruch**. Man ermittelt den Bestand und Wert des Nachlasses zur Zeit des Erbfalls, indem man den Erlös bestimmt oder schätzt. Davon wird dann der Anteil des Pflichtteilsberechtigten berechnet. Der Pflichtteilsanspruch entsteht kraft Gesetzes mit dem Zeitpunkt des Erbfalls gemäß § 2317 Abs. 1 BGB. Er ist nach § 2317 Abs. 2 BGB sowohl veräußerlich als auch vererblich. Für die Verjährung erbrechtlicher Ansprüche gelten seit dem am 8.7.2009 beschlossenen Gesetz zur Änderung des Erb- und Verjährungsrechts die allgemeinen Vorschriften, also die Regelverjährung binnen drei Jahren. Sofern keine Kenntnis des Anspruchs vorhanden und keine grob fahrlässige Unkenntnis vorzuwerfen ist, gilt dagegen die Verjährungsfrist von 30 Jahren gemäß § 199 Abs. 3a BGB. Nach § 195 BGB verjährt der Pflichtteilsanspruch damit in drei

---

[160] Die verschiedenen Meinungsvertreter aufführend: BeckOK BGB/*Siegmann*/*Höger*, 70. Aufl. 01.02.2024, BGB § 1947 Rn. 4.
[161] Zumindest missverständlich OLG Schleswig 2.9.2014 – 3 U 3/14, NJW-Spezial 2015, 8.

Jahren, ohne Kenntnis bzw. bei grob fahrlässiger Unkenntnis vom Pflichtteilsanspruch nach 30 Jahren gemäß § 199 Abs. 3a BGB. Das Pflichtteilsrecht kann gemäß § 2345 Abs. 2 BGB angefochten werden, wenn der Pflichtteilsberechtigte nach § 2339 BGB erbunwürdig ist.

Der Pflichtteilsanspruch stellt eine **Nachlassverbindlichkeit** dar. Die Erben haften dafür als Gesamtschuldner nach außen, nach innen im Verhältnis ihrer Erbteile. Der Erbe kann, um den Pflichtteilsanspruch zu erfüllen, sogar gemäß § 2318 Abs. 1 BGB Vermächtnisse und Auflagen kürzen. Erbe und Vermächtnisnehmer tragen insoweit die Pflichtteilslast im Verhältnis ihrer wertmäßigen Berechtigung am Nachlass (s. o. § 18 Rn. 10). Der Erbe kann nach § 2331 a BGB ausnahmsweise die Stundung der Pflichtteilsansprüche verlangen, wenn die sofortige Erfüllung für ihn eine „unbillige Härte" darstellt. Die Tochter als Alleinerbin beispielsweise kann dem enterbten Sohn gegenüber also Stundung verlangen, wenn nicht ausreichend liquide Mittel im Nachlass enthalten sind und erst Immobilien veräußert werden müssen. Das Recht der oder des Pflichtteilsberechtigten ist aber angemessen zu berücksichtigen.

Kann der Erbe den Pflichtteil wegen Schenkungen durch den Erblasser nicht auszahlen, darf sich der Pflichtteilsberechtigte sogar gegen den Beschenkten nach § 2329 BGB wenden. Dieser muss das Geschenk herausgeben, damit der Pflichtteilsanspruch durch den Veräußerungserlös erfüllt werden kann.

▶ **Antwort:** Als Erbe müsste sich S mit den anderen Erben auseinandersetzen, um die Bibel als Anteil seines Erbteils zu erhalten. Als Pflichtteilsberechtigter hat er jedoch nur einen Anspruch auf Auszahlung des entsprechenden Wertes. Zwar kann er mit den Erben vereinbaren, dass ihm die Bibel anstelle der Zahlung gegeben wird. Voraussetzung ist, dass die Erben sich darüber einigen. Einen Anspruch auf die Bibel hat S nicht. ◀

V. Anspruchsinhalt

▶ **Frage:** S hat einen Pflichtteilsanspruch in Höhe von 40.000 EUR. Für den Erwerb seiner Wohnung hatte ihm der Vater vor elf Jahren 40.000 EUR gegeben. Können die Erben des Vaters diese Zahlung auf den Pflichtteil anrechnen? ◀

Der Pflichtteilsanspruch geht als Erbersatzanspruch gemäß § 2303 Abs. 1 S. 2 BGB auf die Hälfte des Wertes des gesetzlichen Erbteils. Zur Berechnung des Pflichtteils muss also

(1.) zunächst die Anzahl der am Nachlass berechtigten Erben nach gesetzlicher Erbfolge, ebenso ihr Erbteil, sodann

(2.) der **Wert des Nachlasses** festgestellt werden.

Hierbei sind der Bestand der Gegenstände und ihr Wert zu ermitteln, wobei nach § 2311 Abs. 1 S. 1 BGB der Wert zur Zeit des Erbfalls zugrunde gelegt werden muss. Sodann muss man

(3.) die Höhe des gesetzlichen Erbteils eruieren.

Dabei sind nach § 2310 BGB auch die gesetzlichen Erben zu berücksichtigen, die enterbt wurden, die Erbschaft ausschlugen oder erbunwürdig sind; dies gilt allerdings dann nicht, wenn sie schon vor dem Erblasser gestorben sind oder durch Erbverzicht ausscheiden.

Im ehelichen Güterstand der Zugewinngemeinschaft ist aufgrund der Beendigung des ehelichen Güterstandes durch Tod zusätzlich der **Zugewinnausgleich** vorzunehmen.

Wurde der Ehegatte von der Erbfolge ausgeschlossen, ist der Zugewinnausgleich nach § 1371 Abs. 2 BGB vorzunehmen, allein die güterrechtliche Lösung ist statthaft.[162] Der Ehegatte hat nicht die Möglichkeit, den pauschalierten Zugewinnausgleich nach § 1371 Abs. 1 BGB zu verlangen. Der rechnerisch nach §§ 1373 ff BGB bestimmte Zugewinnausgleichsanspruch trifft den Erben als Nachlassschuld; diese hat Vorrang vor Pflichtteilsrechten, Vermächtnissen und Auflagen. Der Zugewinnausgleichsanspruch wird daher bei der Berechnung der Erbteile nicht mitgerechnet. Der Pflichtteilsanspruch aus §§ 1931 Abs. 1, 2303 Abs. 2 BGB wird nach der klaren Vorgabe von § 1372 Abs. 2 a. E. BGB stets als „**kleiner Pflichtteil**" berechnet: Zur Berechnung wird der nicht nach § 1371 BGB erhöhte Erbteil zugrunde gelegt (s. o. § 16). Gegenüber Abkömmlingen beträgt dieser „kleine Pflichtteil" nur ein Achtel des Nachlasses.

10 Hat man

(4.) die Höhe des gesetzlichen Erbrechts ermittelt und für den Pflichtteilsanspruch halbiert, sind ferner noch

(5.) gemäß § 2315 BGB die Leistungen abzuziehen, die der Pflichtteilsberechtigte evt. schon lebzeitig erhalten hat.

Diese sogenannten **Vorempfänge** sind allerdings nur **ausgleichspflichtig**, sofern der Erblasser eine solche Anrechnung auf den Pflichtteil wollte. Lebzeitige Schenkungen sind also grundsätzlich nicht zu berücksichtigen, sofern dies nicht eigens bestimmt wurde. Allerdings muss diese Bestimmung nicht einer Form entsprechen und kann daher auch konkludent erfolgen. Sie muss grundsätzlich spätestens bei der Zuwendung erklärt werden.[163] Eine einseitige Widerrufung durch den Erblasser ist jederzeit und nach h.M formlos möglich.[164] Eine nachträgliche Anordnung ist hingegen nur möglich, wenn sich der Erblasser diese Entscheidung vorbehalten hatte oder der Erbe ihr zustimmt. Letzteres wird als Pflichtteilsverzichtsvertrag, welcher gemäß § 2348 BGB einer qualifizierten Form bedarf, verstanden.[165] Die nachträgliche Anordnung über die Anrechnung muss dann aber durch eine Verfügung von Todes wegen festgelegt werden; formlose Erklärungen oder Vereinbarungen bezüglich der Anrechnung bleiben meiner Meinung nach damit wirkungslos.

Etwas Ähnliches ordnet § 2316 BGB durch Verweis auf §§ 2050 ff BGB zur Ausgleichungspflicht unter den Erben an: Was als „Ausstattung" erhalten wurde, müssen sich sowohl Erben als auch Pflichtteilsberechtigte auf ihren Erbteil bzw. Pflichtteil anrechnen lassen.

Schließlich kommt

(6.) ein Anspruch auf Ergänzung des Pflichtteils in Betracht (dazu sogleich).

▶ **Antwort:** Diese lebzeitig erfolgte Zahlung an den Pflichtteilsberechtigten ist kein Geburtstagsgeschenk o. ä., wie es dem familiären Kontakt geschuldet ist. Vielmehr handelt es sich um eine besondere, ausstattungsähnliche Leistung, die aufgrund der Höhe des Betrags den Nachlass deutlich dezimiert. Da dieser Umstand auch dem Empfänger deutlich war, ist von einer stillschweigend vereinbarten Anrechnungspflicht auszugehen. Der Wert der Zu-

---

162 Vgl. Franz Jürgen Säcker, Roland Rixecker, Hartmut Oetker (Hrsg.), Münchener Kommentar zum Bürgerlichen Gesetzbuch, Band 9, 9. Aufl. 2022/ *Koch*, § 1371 Rn. 34.
163 BeckOK BGB/*Müller-Engels*, 70. Aufl. 01.05.2024, BGB § 2315 Rn. 10; MüKoBGB/*Lange*, 9. Aufl. 2022, BGB § 2315 Rn. 14.
164 BeckOK BGB/*Müller-Engels*, 70. Aufl. 01.05.2024, BGB § 2315 Rn. 10a.
165 MüKoBGB/Lange, 9. Aufl. 2022, BGB § 2315 Rn. 16.

wendung ist dann dem Nachlass gemäß § 2315 Abs. 2 BGB hinzuzurechnen. Davon ist der Pflichtteil neu zu berechnen, von dem dann der Wert der Zuwendung abgezogen wird. Durch diese Berechnungsweise wird der Pflichtteilsanspruch höher, so dass A immerhin noch einen Betrag erhalten wird, der sich ohne weitere Angaben jedoch nicht berechnen lässt. ◄

VI. Anspruch auf Ergänzung des Pflichtteils

▶ **Frage:** Wie eben, jedoch wurde der Zuschuss zum Wohnungserwerb erst vor vier Jahren geleistet. Der Nachlass beträgt insgesamt 160.000 EUR. ◄

Ungewöhnliche Schenkungen des Erblassers vor seinem Tod können eventuell bei der Berechnung des Pflichtteils zum Nachlass hinzugerechnet werden, so dass sich ein höherer Pflichtteilsanspruch berechnen lässt. Solche Schenkungen an einen Erben oder andere sollen die Pflichtteilsberechtigten nicht in ihrer Mindestbeteiligung am Nachlass beschränken.

11

Alle Schenkungen ohne Rücksicht auf die Größe und Intention werden hiervon nach § 2325 Abs. 3 S. 2 BGB erfasst, sofern sie nicht älter als zehn Jahre sind. Seit dem Gesetz zur Änderung des Erb- und Verjährungsrechts vom 2.7.2009 gilt nach § 2325 Abs. 3 BGB eine **pro rata-Lösung**, insofern mit jedem seit der Schenkung vergangenen Jahr ein Zehntel weniger ausgleichspflichtig ist. Die vor neun Jahren erfolgte Schenkung ist damit nur noch zu einem Zehntel zu berücksichtigen. Nach zehn Jahren bleibt die Schenkung unbeachtlich gemäß § 2325 Abs. 3 S. 2 BGB.

Es darf sich bei diesen Schenkungen **nicht um Pflicht- und Anstandsschenkungen** handeln, die gewöhnlichen Geburtstagsgeschenke sind daher ausgenommen. Schließlich scheiden auch Schenkungen aus, die vor der Entstehung des Pflichtteilsrechts, z. B. Eheschließung, vorgenommen wurden; das Brilliantenarmband zur Verlobung bleibt also ausgenommen. Im Fall einer Spende zugunsten der Stiftung zum Wiederaufbau der Dresdner Frauenkirche hat das OLG Dresden entschieden, dass Spenden nicht als Schenkungen zu bezeichnen sind und daher keine Ergänzungsansprüche auslösen.[166] Bei den „**unbenannten Zuwendungen**" unter **Ehepartnern** kommt in Betracht, sie erbrechtlich Schenkungen gleichzustellen und unter § 2325 BGB zu subsumieren. Der BGH lässt es ausreichen, dass keine objektive Gegenleistung erfolgt, und stellt die unbenannte Zuwendung einer Schenkung gleich, selbst wenn die Eheleute subjektiv nicht von der Unentgeltlichkeit ausgehen.[167] Wie weit diese Auffassung sich vertreten lässt und in zukünftigen Fällen vom BGH aufrecht erhalten wird, ist jedoch offen.[168]

Der **Wert** der Schenkungen ist dann **dem Nachlass hinzuzurechnen**, so dass der Pflichtteil nach dem höheren Wert des Nachlasses berechnet werden muss. Die Differenz zu dem auf der Grundlage des wirklichen Nachlasses berechneten Pflichtteil ist der Pflichtteilsergänzungsanspruch nach § 2325 Abs. 1 BGB. Jeder Pflichtteilsberechtigte hat nach § 2326 S. 1 BGB einen solchen Anspruch, selbst wenn ihm die Hälfte des tatsächlichen Nachlasses hinterlassen wurde. Ist ihm mehr als die Hälfte des Nachlasses hinterlassen, so ist dieses „Mehr" von seinem Pflichtteilsergänzungsanspruch gemäß § 2326 S. 2 BGB abzuziehen.

12

---

166 OLG Dresden 2.5.2002 – 7 U 2905/01, NJW 2002, 3181 m. zust. Anm. *Peter Rawert*, Charitable Correctness – Das OLG Dresden zu Spenden und Pflichtteilsergänzung, NJW 2002, 3151–3153.
167 BGH 27.11.1991 – IV ZR 164/90, BGHZ 116, 167.
168 MüKo/*Lange*, § 2325 Rn. 16.

Hat der Pflichtteilberechtigte selbst ein Geschenk erhalten, ist es rechnerisch
(1.) dem Nachlass hinzuzurechnen,
(2.) dann ist der Pflichtteilsergänzungsanspruch neu zu berechnen und
(3.) dem neuen Betrag des Pflichtteilsanspruchs ist schließlich der Wert des Geschenks anzurechnen.

Schuldner des Pflichtteilergänzungsanspruchs ist nach § 2325 BGB der Erbe; der Anspruch verjährt nach den allgemeinen Verjährungsregeln. Sofern der Erbe zur Ergänzung des Pflichtteils nicht verpflichtet ist, etwa aufgrund einer beschränkten Haftung nach §§ 1975 oder 1990, 1992 BGB, ist der Beschenkte nach § 2329 BGB der Anspruchsgegner. Ihm gegenüber verjährt der Anspruch nach § 2332 Abs. 1 BGB unabhängig von der Kenntnis in drei Jahren nach dem Erbfall.

▶ **Antwort:** Schenkungen innerhalb der letzten zehn Jahre vor dem Erbfall sind im Rahmen des Pflichtteilergänzungsanspruchs zu berücksichtigen. Da die Zahlung vor vier Jahren stattfand, ist sie nach § 2325 Abs. 3 Hs. 1 BGB ausgleichungspflichtig. Die 40.000 EUR werden dem Nachlass hinzugerechnet. Beläuft sich der Wert des Nachlasses nunmehr auf insgesamt 200.000 EUR, beträgt der gesetzliche Erbteil 100.000 EUR. Davon umfasst der Pflichtteil die Hälfte, der Pflichtteilsanspruch beläuft sich daher auf 50.000 EUR. Davon ist der Wert des Wohnungszuschusses abzurechnen; S verbleibt ein Pflichtteilsanspruch in Höhe von 10.000 EUR. ◀

VII. Entzug des Pflichtteils

▶ **Frage:** Sohn S hat den Verzicht auf sein Erbteil erklärt. Er verzichtete jedoch nicht auf den Pflichtteil. Kann er noch den Pflichtteil beanspruchen? ◀

13 Auf den Pflichtteil kann man **verzichten**. In Betracht kommt nicht nur der Verzicht auf das Pflichtteilsrecht gemäß § 2346 Abs. 2 BGB, sondern auch der Verzicht auf das Erbrecht insgesamt einschließlich des Pflichtteilsrechts nach § 2346 Abs. 1 BGB. Der Verzicht muss nach § 2348 BGB notariell beurkundet und gemäß § 2347 S. 1 HS. 1 BGB höchstpersönlich erklärt werden.

14 Der Pflichtteil kann aber auch **wegen bestimmter schwerer Verfehlungen** zur Strafe entzogen werden. In § 2333 BGB werden solche Verfehlungen abschließend aufgezählt; allein die hier genannten Fälle können den Entzug des Pflichtteils rechtfertigen. Durch das Gesetz zur Änderung des Erb- und Verjährungsrechts vom 2.7.2009 wurden die Entziehungsgründe weitergehend vereinheitlicht: Gegenüber Abkömmlingen, Eltern und Ehegatten stellen „Lebensbedrohung", „Verbrechen" oder „sonstige schwere vorsätzliche Vergehen" gegen den Erblasser, seine Abkömmlinge oder seinen Ehegatten erhebliche Gründe dar. Ob ein „sonstiges schweres Vergehen" zusätzlich das Tatbestandsmerkmal einer „Pietätsverletzung" (Def.: Verletzung der Achtung des Erblassers)[169] bedarf, ist umstritten. Die Kernfrage ist dabei, ob die vorherige Rechtsprechung von vor 2009 durch den Gesetzgeber wirklich weiter übernommen worden ist. Als Wortlautargument für die Annahme wird das Adjektiv „schwer" betont und die Gesetzesbegründung herangezogen. Auf eine strafrechtliche Verurteilung in diesen Fällen kommt es jedenfalls nach ganz h.M. nicht an, es muss nur einer der Tatbestände vorliegen.[170] Dies wird als argumentum e contrario aus dem Wortlaut von § 2333

---

169 Ausführliche Definition s.: BeckOK BGB/*Müller-Engels*, 70. Aufl. 01.05.2024, BGB § 2333 Rn. 14.
170 BeckOK BGB/*Müller-Engels*, 70. Aufl. 01.05.2024, BGB § 2333 Rn. 17.

Abs. 1 Nr. 4 S. 1 BGB, welcher dort eine rechtskräftige Verurteilung verlangt, geschlossen.

Gemäß § 2333 Abs. 1 Nr. 3 BGB ist auch die böswillige Verletzung der gesetzlich obliegenden Unterhaltspflicht ggü. dem Erblasser ein Grund der Entziehung des Pflichtteilsrechts. Alle diese Ausschlussgründe des § 2333 Abs. 1 BGB beziehen sich auf den Abkömmling als Pflichtteilsberechtigten. In Abs. 2 wird aber die entsprechende Anwendung auf Eltern und Ehegatten als Pflichtteilsberechtige angeordnet.

Daneben kann der Pflichtteil nach § 2338 BGB **in guter Absicht beschränkt** werden, wenn die Verschwendungssucht oder Überschuldung des Erben den Nachlass nach dem Erbfall gefährden würde. In diesen Fällen muss der Erblasser anordnen, dass die gesetzlichen Erben des Abkömmlings als Nacherben eingesetzt werden oder die Nachlassverwaltung durch einen Testamentsvollstrecker übernommen wird. Die Beschränkung sowie ihre Gründe müssen in der letztwilligen Verfügung hinreichend konkretisiert und erklärt werden.

Weil die Erwägungen nach § 2338 BGB im Testament geäußert werden müssen, handelt es sich um eine Entscheidung zunächst nur durch den Erblasser. Diese guten Gründe der Beschränkung eines Erbrechts müssen jedoch auch im Umgang der Miterben untereinander gelten. Hier kann man die Gesichtspunkte des § 2338 BGB heranziehen, wenn in einem Vertrag zwischen den Erben das Erbrecht des einen aus den genannten guten Gründen beschränkt wird; dies gilt insbesondere, wenn über die Sittenwidrigkeit dieses Vertrags nach § 138 Abs. 1 BGB entschieden wird.

Die Entziehung ist **formgebunden**: Die Gründe der Pflichtteilsentziehung sind mit Bezug auf konkrete Vorgänge gemäß § 2336 Abs. 2 BGB im Testament zu benennen. Je schwerwiegender die Tat, desto eher reicht dabei die Angabe des vorgeworfenen Kerntatbestands und desto geringer sind die Anforderungen an die Darlegung der Gründe.[171] Der Grund muss zur Zeit der letztwilligen Verfügung vorliegen.

15

Der Widerruf eines Pflichtteilsentzugs gilt nach § 2337 BGB als **Verzeihung**. Das Pflichtteilrecht kann aufgrund der verziehenen Verfehlung nicht mehr entzogen werden. Die Verzeihung kann auch konkludent erklärt werden, etwa durch Wiederaufnahme familiärer Kontakte. Sicherlich enthält aber auch nicht jeder neuerliche Kontakt eine Verzeihung. Anders als die Entziehung ist der actus contrarius also nicht formgebunden. Die Verzeihung wird sogar nicht als ein Rechtsgeschäft, sondern allein als ein tatsächlicher Vorgang qualifiziert.[172]

▶ **Antwort:** Neben dem Erbverzicht nach § 2346 Abs. 1 BGB kann man nach § 2346 Abs. 2 BGB auch lediglich auf den Pflichtteil verzichten. Hätte S auf den Pflichtteil verzichtet, könnte er noch gewillkürter Erbe werden. Wurde jedoch der Erbverzicht erklärt, beinhaltet dieser nach § 2346 Abs. 1 S. 2 Hs. 2 BGB auch den Verzicht auf den Pflichtteil. ◀

Fragen zur Wiederholung und Vertiefung

37. Wozu dient das Pflichtteilsrecht?
38. Was ist der große Pflichtteil und wann bekommt der überlebende Ehegatte nur den „kleinen" Pflichtteil?

---

171 OLG Hamm 22.2.2007 – 10 U 111/06, NJW-RR 2007, 1235.
172 MüKoBGB/*Lange*, 9. Aufl. 2022, BGB § 2337 Rn. 3.

39. Kind K erhält als Vermächtnis eine Zuwendung, die ein Achtel des Nachlasses ausmacht; sein gesetzliches Erbrecht hätte sich auf die Hälfte des Nachlasses bezogen. Was kann K machen?
40. Warum ist eine Spende zugunsten der Stiftung zum Wiederaufbau der Dresdner Frauenkirche keine Schenkung, die einen Pflichtteilergänzungsanspruch nach § 2325 Abs. 1 BGB auslösen kann?
41. Sohn S ist drogensüchtig und würde das zu erbende Vermögen nur in Drogen umsetzen. Was kann der Erblasser tun?

D. Gewillkürte Erbfolge

§ 19 Einführung

I. Sinn und Aufgabe des Testamentsrechts

▶ **Frage:** Worin besteht die Chance, worin das Risiko eines Testaments? ◀

Das Testament bietet die Möglichkeit, die Erbfolge nach dem eigenen Tod frei zu gestalten. Der Erblasser erhält so die **Möglichkeit**, sein Vermögen nach den eigenen Vorstellungen an die nächste Generation weiterzuleiten. Gerade dann, wenn sich größere Werte im Nachlass befinden oder sogar Arbeitsplätze davon abhängen, sollte man auch von einer moralischen **Pflicht** sprechen, den Nachlass bedacht zu verteilen. Friedrich Schleiermacher bezeichnete das Testament daher einmal als „Weihnachtsbescherung am Ende des Lebens",[173] weil die letzte Freigiebigkeit versucht, jedem das Passende zu hinterlassen. Pflichten verlieren ihre Bedeutung nicht durch die Erkenntnis, dass manche davor zurückschrecken.[174]

Das Testamentsrecht legt insbesondere die Formen für ein wirksames Testament fest, bestimmt also die Modalitäten der Artikulation des „letzten Willens".

Aufgabe des Testamentsrechtes ist es daher zunächst,

(1.) die **Voraussetzungen** eines wirksamen Testamentes zu bestimmen.

(2.) Ferner muss das Testamentsrecht bemüht sein, dem im Testament geäußerten **Willen zur Wirksamkeit zu verhelfen**, also den Schutz des Erblasserwillens sicherzustellen.

(3.) Der Jurist muss die **juristischen Schranken** für das Testament etwa aufgrund gesellschaftlicher Anschauung im Rahmen von § 138 Abs. 1 BGB bestimmen.

Zum einen kann es an der Unmöglichkeit der juristischen Gestaltung oder an nichtigen Bestimmungen liegen, dass der Eingriff durch Juristen in das Testament unvermeidlich wird. Zum anderen kann sich nach Abfassung des Testaments die Situation des Erblassers so verändert haben, dass eine neue Interpretation der Verfügung geboten ist, etwa wenn der Erblasser „seine Kinder" bedachte, nach der Niederschrift des Testaments ihm jedoch noch ein weiteres Kind geboren wird.

Natürlich muss auch der Testator versuchen, eine Gestaltung zu finden, die als sittenkonform erachtet werden kann. Eröffnet man jedoch auch Nichtjuristen die Gestaltungsmöglichkeit des Testaments, muss man mit unzureichender Rechtskenntnis rechnen. Die Aufgabe des Juristen ist dann, das Testament so zu interpretieren, dass es noch mit dem Gesetz im Einklang steht.

In der **Geschichte** finden sich verschiedene Ausprägungen des Testierrechts. Im römischen Recht bildete es die Grundlage der Gesellschaft, insoweit mit dem Besitz des *pater familias* auch die Übergabe der Macht einer Familie bewirkt wurde. Letztlich fand mit der Nachlassverteilung deswegen ein staatlich bedeutendes Geschäft statt. Die

---

173 *Friedrich Daniel Ernst Schleiermacher*, Gedanken II, in: ders., Schriften aus der Berliner Zeit 1796–1799, ed. G. Meckenstock (Kritische Gesamtausgabe, 2), 1874, 115.
174 Gegen *Anatol Dutta*, Warum Erbrecht?, 2013, 163 ff.

Verantwortung des Testators kommt hierin besonders deutlich zum Ausdruck. Nach der Antike sollte das Vermögen die Familie als Wirtschaftsgemeinschaft schützen und dies schloss das Testament aus. Nur für einen Anteil an die Kirche, den „Seelteil", hielt die Kirche den Gedanken an das Testierrecht aufrecht. Ansonsten konnte nur mit Zustimmung der Erben über das Familiengut verfügt werden (Erbenlaub). Zur Frühen Neuzeit etablierte sich das Testament jedoch in den wichtigen Handelsnationen, die es als unverzichtbaren Teil ihrer Rechtsordnung ansahen.

Aus völlig anderen Gründen erlebte das Testierrecht im 19. Jahrhundert eine erneute Blüte. In der Zeit des Liberalismus und des frühen Kapitalismus stärkte man die Privatautonomie und die Freiheitsrechte, um Eigentum attraktiv zu machen und so die Wirtschaft anzuregen. Erst der freie Wettbewerb setzte die Kräfte frei, die für die Industrialisierung erforderlich waren. Dies setzte das freie Eigentumsrecht, Bildung und Unternehmergeist voraus. Die Testierfreiheit war mit dem Eigentum eine der grundlegenden Freiheiten, aufgrund derer eine private Wirtschaft entstehen konnte und die Grundlage für die weltweit dominierende Wirtschaftskraft Europas schuf. Dieser Aspekt ist heute weniger selbstverständlich und bekannt als vor 100 Jahren und deutliche Einschränkungen und Vorbehalte sind spürbar. Immerhin jedoch nutzt jeder fünfte Deutsche diese Möglichkeit und fertigt ein Testament an. Die testamentarische Nachfolge ist in allen Ländern Europas grundsätzlich akzeptiert, die Grenzen der Gestaltungsfreiheit werden allerdings unterschiedlich gezogen.

3 **Zweck** des Testamentsrechtes ist eine Weiterleitung des Vermögens, die inhaltlich von der gesetzlichen Erbfolge abweicht. Diese stellt zwar ein Modell dar, doch ist sie dispositiv. Auch enthält etwa das Höferecht ein ganz anderes Erbfolgemodell, das den Hoferben gegenüber den übrigen Erbberechtigten bevorzugt (Anerbenprinzip). Die gleichmäßige Verteilung des Nachlasses innerhalb der Familie kann daher nicht als einzige vom Gesetz vorgegebene Gestaltung angesehen werden.

Sinn der freien Gestaltung der Nachfolgeregelungen ist, dass **niemand so kompetent** diese Entscheidungen fällen kann **wie der Erblasser**. Er weiß wie kein Zweiter

(1.) was zu seinen Rechten zählt und welche Fähigkeiten vorhanden sein müssen, um mit der Sache verantwortlich umzugehen;

Beispiel: Der Ring ist tatsächlich alter Familienschmuck und sollte nicht nur nach dem Materialwert geschätzt werden, sondern auch wegen des ideellen Werts; das alte Buch ist nur für den Historiker von besonderem Interesse; die Standuhr benötigt eine technisch versierte Hand;

(2.) wer als Erbe innerhalb und außerhalb der Familie in Betracht kommt und

(3.) welche Fähigkeiten der Betreffende hat;

Beispiel: Der Sohn ist blind, herkömmliche Bücher und Gemälde sind ohne Wert für ihn;

(4.) welche möglichen Beziehungen zwischen Sache und Person etwa affektiver Art bestehen;

Beispiel: Die Tochter hat sich schon immer den Familienschmuck gewünscht, der Sohn kann nichts damit anfangen;

oder wer voraussichtlich verantwortlich mit den Sachen umgehen wird;

Beispiel: Die älteste Tochter mag Schmuck, verliert ihn aber immer, wohingegen die zweite Tochter alles im Banksafe lässt.

(5.) Weil in unterschiedlichen Situationen je ganz verschiedene Kriterien zu einer idealen Verteilung führen können, bedarf es nicht nur der genauen Kenntnis der Situation, um die anwendbaren Verteilungskriterien festzulegen (s. o. (1.)-(4.)). Vielmehr fragt sich, wer darüber entscheiden kann, was unter der idealen Verteilung zu verstehen ist. Als Ausfluss des Eigentums, aber auch aufgrund der Sachnähe hat der Erblasser die Kompetenz, über das Ziel der Verteilung zu entscheiden.

> Beispiel: Kommt es auf die Gewinnmaximierung im Familienbetrieb oder das Glück der Erben an? Soll die Familienbibel dauerhaft in der Familie erhalten bleiben oder durch die Übergabe an ein Museum in ihrem historischen Wert geschützt werden? Die Entscheidung darüber, welche Lösung vorzugswürdig ist, obliegt allein dem Erblasser.

Man könnte zwar an die Stelle des Erblassers das Äquivalent eines britischen *executor* oder den Amtsrichter zur Erbverteilung autorisieren und zweifellos fühlen sich beide befähigt, gerecht über die Nachfolge zu entscheiden, aber in den gewöhnlichen Fällen haben sie nicht die erforderlichen Kenntnisse. Vor allem fehlt ihnen die persönliche Beziehung eines Eigentümers zu den Sachen und des Erblassers zu den Personen. Die Entscheidung des Erblassers ist also **höchstpersönlich** und kann nicht ersetzt werden.

Die **gesellschaftliche Bedeutung** dieser höchstpersönlichen Entscheidung wird zunächst aus dem Zusammenhang von Erb- und Eigentumsrecht deutlich. Die Möglichkeit der letztwilligen Verteilung des Eigentums steigert das individuelle Interesse am Eigentum allgemein. Werden Individuen mit Eigentumsrechten ausgestattet, wird ihnen auch die Fähigkeit zu einem verantwortungsvollen Umgang mit diesen zugesprochen. Die Rechtsordnung vermutet daher, dass der Erblasser zu einer verantwortungsvollen Gestaltung der Erbfolge finden wird.[175] Dieses Vertrauen zeigt sich insbesondere bei Produktionsmitteln. Es finden sich auch ganze Betriebe in deutschen Nachlässen. Hier wird jeweils vom Erblasser erwartet, dass er verantwortungsvoll testiert. Die gesetzliche Erbfolge würde möglicherweise zur Erbteilung und so vielleicht gar zur Zerschlagung und Schließung des Betriebs führen. Wichtig ist also, einen fähigen Erben zu finden, der auch zur Übernahme der Geschäftsführung bereit ist. Die Kriterien festzulegen, mit denen die Fähigkeit bestimmt wird, obliegt wiederum dem Erblasser. Soll größtmöglicher Profit das Ziel bilden, eignet sich vom Persönlichkeitsprofil eventuell die Tochter mit dem betriebswirtschaftlichen Studium und besonderem wirtschaftlichen Erfolg, wohingegen der Sohn zwar keine spezielle Ausbildung hat, aber lange im Betrieb gearbeitet und eine bessere Beziehung zu den Angestellten aufgebaut hat. Die ideale Verteilung ist nicht von vornherein gegeben, sondern muss höchstpersönlich vorgenommen werden. Diese Entscheidung muss gerade wegen der Gefahr getroffen werden, die in einer gesetzlichen Erbfolge liegen könnte. Diese Aufgabe hat die deutsche Rechtsordnung den Eigentümern selbst übertragen.

Die Frage, inwieweit man generell eine **frei verantwortliche Entscheidung** des Erblassers unterstellen kann, stellt allerdings ein allgemeines Problem dar. Ist der Testator nicht bei anderer Gelegenheit ein Verbraucher, dem man nicht zutraut, beim Kauf aus dem Versandhandel eine wirklich freie Entscheidung mit dauernder Bindung zu treffen? Geht man allgemein nicht mehr vom Leitbild des verantwortungsvollen Erblassers, sondern dem des abhängigen, willensschwachen und wetterwendigen Heimbe-

---

175 So bereits *Verf.* (Fn. 55), JZ 1999, 517–519.

wohners aus, der den jeweils letzten Besucher aus dem Kreis der Familie zum Erben einsetzt, wird man die Testiermacht einzuschränken bestrebt sein. So weit ist es noch nicht und dürfte es auch nicht kommen, solange man den Menschen noch zutraut, verantwortliche Entscheidungen beispielsweise in Bundes- und Landtagswahlen zu treffen. Die Frage des Menschenbilds berührt letztlich die gesamte Rechtsordnung.

6 Das Verfassungsrecht schützt das Erbrecht durch **Art. 14 Abs. 1 S. 1 GG**. Der innere Zusammenhang von Eigentums- und Erbfreiheit kommt in dieser Bestimmung zum Ausdruck. Mit ihr sind mehrere Rechte gewährleistet:

(1.) Das Erbrecht wird zunächst als **Institut** gewährleistet, der Staat darf das Erbrecht nicht gänzlich abschaffen.

(2.) Die Testierfreiheit wird gesichert als **Recht des Erblassers** zur freien Gestaltung der Erbfolge nach dem eigenen Tode.

(3.) Gewährleistet wird umgekehrt auch das **Recht des Erben**, die Erbschaft in Empfang zu nehmen.[176] Dies bezieht sich freilich nur auf denjenigen, der nach dem Tod als Erbe ermittelt wird, nicht auf diejenigen, die sich zu Lebzeiten einen Erbteil erhoffen. Wer also im Testament als Erbe bezeichnet ist, darf das Gut in Empfang nehmen, keiner kann ihm das verwehren.

Aber schon die Erbschaftsteuer zeigt, dass es **Grenzen** dieses Rechts gibt.

(1.) Nach Art. 14 Abs. 1 S. 2 GG darf das Freiheitsrecht durch Gesetz inhaltlich ausgestaltet und beschränkt werden. Dies bezieht sich vordringlich auf das BGB, dessen Erbrecht hiermit legitimiert wird, aber auch auf das ErbStG.

(2.) Eine weitere wichtige Einschränkung ordnet Art. 14 Abs. 2 GG an. Danach ist Eigentum **sozialpflichtig**. Strittig ist, inwieweit dies nur den Eigentümer bei Verfügungen unter Lebenden betrifft oder auch den Testator.[177]

Hinzu treten die zivilrechtlichen Einschränkungen, neben dem Pflichtteilsrecht besonders die allgemeine Grenze der Sittenwidrigkeit.

7 Die Begrenzung des Erblasserwillens erhielt nie so viel Gewicht wie in § 48 Abs. 2 TestG von 1938. Hiernach wurde der Erblasser verpflichtet, im Interesse der Volksgemeinschaft zu testieren. Wurde dagegen verstoßen, war der Richter befugt, den geeigneten Erben zu bestimmen. Unter anderem wurde hiermit das Erbrecht der Familie geschützt. Nach dem Krieg wurde die familienfreundliche Rechtsprechung aufrechterhalten, obwohl § 48 Abs. 2 TestG durch den Alliierten Kontrollrat 1945 aufgehoben worden war. Über § 138 Abs. 1 BGB ließen sich weitgehend inhaltsähnliche Judikate formulieren. Ferner konnte zugunsten der Familie noch Art. 6 Abs. 1 GG und der danach gebotene Schutz für Ehe und Familie herangezogen werden; die Ungleichbehandlung von Familienangehörigen konnte über Art. 3 GG für verfassungswidrig, sittenwidrig und nichtig befunden werden. In den letzten 10 bis 20 Jahren erwies sich die Rechtsprechung allerdings als liberal, der Schutz der Familie wurde in geringerem Maße zur Begründung von Sittenwidrigkeiten der Testamente herangezogen.

Die **Rechte des Erben** bilden sicherlich Schranken für das Freiheitsrecht des Testators. Allerdings ist zu berücksichtigen, dass sich erst nach dem Tod herausstellt, wer Erbe wird. Jedes Vertrauen auf die Erbenstellung ist nach dem Gesetz erst dann und inso-

---

176 BeckOK GG/*Axer*, 57. Aufl. 15.01.2024, GG Art. 14 Rn. 147.
177 H.M. bejaht eine Anwendung des Abs. 2: Jarass/Pieroth/*Jarass*, 18. Aufl. 2024, GG Art. 14 Rn. 107; BeckOK GG/*Axer*, 57. Aufl. 15.01.2024, GG Art. 14 Rn. 154.

weit geschützt, wenn ein Erbvertrag abgeschlossen wurde. Würde die bloße Hoffnung des „Erbprinzen" höher eingeschätzt, würde man dem Erblasser die Testierfreiheit nehmen (näher s. u. § 19 Rn. 10ff). § 1938 BGB gewährt in grundgesetzkonformer Weise die Möglichkeit der Enterbung auch von Abkömmlingen.[178]

Diese könnte allerdings nach § 138 Abs. 1 BGB als sittenwidrig befunden werden. Fraglich wird damit die **Drittwirkung** von Grundrechten. Nach der ältesten Meinung gab es eine direkte Drittwirkung, der zufolge jede privatrechtliche Entscheidung direkt in Abwägung der Grundrechte gefällt werden sollte. Zu Beginn der 1950er Jahre setzte sich dagegen die unter anderem von Hans Carl Nipperdey begründete Auffassung der **mittelbaren** Drittwirkung durch.[179] Dieser Auffassung folgt wohl noch heute die h. M.[180] Danach sind die Grundrechte nicht unmittelbar bei der Entscheidungsfindung heranzuziehen, sondern müssen nach dieser Auffassung nur im Rahmen der Generalklauseln als Ausdruck der bundesrepublikanischen Wertordnung beachtet werden. 8

Demgegenüber entwickelte Claus-Wilhelm Canaris seine modifizierte Theorie der mittelbaren Drittwirkung. Jeder Richter sei ein Organ der Rechtspflege in Deutschland und als solches unmittelbar an die Verfassung gebunden.[181] Das Grundgesetz sei daher nicht nur in den Generalklauseln, sondern in jeder Entscheidung zu berücksichtigen. Auch der Einzelne ist danach verpflichtet, bei der Anwendung der Zivilrechtsnormen die grundrechtlich gebotene Auslegung zu berücksichtigen. Allerdings dürften nicht nur die Beschränkungen der Freiheitsrechte gewürdigt werden, vielmehr sind ihr die Gewährleistungen der Freiheit, also etwa Art. 14 Abs. 1 S. 1 GG oder im Bereich des Vertragsrechts Art. 2 Abs. 1 GG, entgegenzuhalten. Jede zivilrechtliche Entscheidung muss also die gegenläufigen **Grundrechte der Parteien** im Wege einer **praktischen Konkordanz** würdigen. Diese Auffassung gewährt nach Canaris eine wirkliche Einheit der Rechtsordnung. Der Rückgriff auf § 138 Abs. 1 BGB ist daher oft zu holzschnittartig.[182]

Dagegen ist zu fragen, ob die zivilrechtliche Entscheidung wirklich durch die verfassungsrechtliche Überprüfung verbessert werden kann. Die Grundrechte sind so allgemein gehalten, dass die Entscheidungen letztlich nach konkreten Wertungen ausfallen, die nicht dem Grundgesetz entnommen werden. Im Einzelfall kann man durch die grundrechtliche Argumentation zu gerechten Lösungen gelangen. Aber die Zivilgerichte anzuhalten, bei der Auslegung des Erbrechts stets die Wertungen der Grundrechte zu berücksichtigen,[183] bewirkt mehr richterliche Entscheidungsfreiheit und die Gefahr einer unbegrenzten und unberechenbaren Auslegung.[184] 9

Die materielle Überprüfung des Zivilrechts hat sich erst allmählich zunehmend ab den 1970er Jahren entwickelt. Je älter das Grundgesetz wurde, desto mehr wurde es als allgemeiner Maßstab auch zur Korrektur des Zivilrechts anerkannt. Man darf dies aller-

---

178 Verfassungsrechtlich gibt es kein Gebot der Gleichbehandlung der Kinder, BVerfG 19.4.2005 – 1 BvR 1644/00, NJW 2005, 1561 u. v.m.
179 Im Anschluss an *Hans-Carl Nipperdey*, Gleicher Lohn der Frau für gleiche Leistung, Recht der Arbeit 1950, 121–128.
180 Vgl. etwa Grüneberg (Fn. 31)/ *Weidlich*, § 1937 Rn. 15.
181 So grundlegend *Claus-Wilhelm Canaris*, Grundrechte und Privatrecht, AcP 184 (1984), 201–246; *Johannes Hager*, Grundrechte im Privatrecht, JZ 1994, 373–383.
182 *Claus-Wilhelm Canaris*, Grundrechtswirkungen und Verhältnismäßigkeitsprinzip in der richterlichen Anwendung und Fortbildung des Privatrechts, JuS 1989, 161, 164 ff., hat gezeigt, dass die Anwendung von § 138 Abs. 1 BGB teilweise zu unsachgemäßen Ergebnissen führen kann.
183 So BVerfG 19.4.2005 – 1 BvR 1644/00, NJW 2005, 1561.
184 So zu Recht *Josef Isensee*, DNotZ 2004, 754–766.

dings nicht zum funktionellen Ersatz von § 48 Abs. 2 TestG verkommen lassen. Die „Tyrannei der Werte" (Carl Schmitt) reduziert den Wert der Dogmatik eines Faches zugunsten einer allgemeinen Ethik, die Bedeutung der Jurisprudenz nimmt dadurch ab. Mit der schwindenden Bedeutung der Dogmatik verlöre die Justiz ihre Transparenz und jede Vorhersehbarkeit der Rechtsprechung. Das Bundesverfassungsgericht kann die Dogmatik nicht verteidigen, sondern begeht selbst gelegentlich hierbei Fehler. Für einen zurückhaltenden Gebrauch der Grundrechte sprechen also viele Gründe. Für generelle Regelungen bleibt vordringlich der Bundestag zuständig, und solange Amtsrichter und Instanzgerichte Recht sprechen, sollten diese durch Gesetze und Dogmatik angeleitet werden.

▶ **Antwort:** Das Testament eröffnet die Möglichkeit einer individuellen Gestaltung der Erbfolge, wodurch ein Freiheitsrecht verwirklicht wird. Es ist riskant, weil die gewählte Gestaltung sich durch nachfolgende tatsächliche Änderungen und juristische Fehleinschätzungen sehr leicht als falsch oder fehlerhaft erweisen kann. Die Reparatur solcher Defizite nach dem Tod des Erblassers ist nur noch begrenzt möglich. ◀

II. Funktion der Testierfreiheit

▶ **Frage:** Worin liegt die Funktion der Testierfreiheit? ◀

10 Zentrales Element des Testierrechts, wenn nicht des gesamten Erbrechts, ist also die Testierfreiheit (s. o. § 4 Rn. 11 ff) als letztmögliche Entscheidung über das Eigentum. Jeder hat das Recht, über sein Vermögen letztwillig noch einmal nach dem eigenen Gutdünken zu verfügen. Darin kommt wie ausgeführt zum Ausdruck, dass der Erblasser die Kriterien und Möglichkeiten der Verteilung am besten kennt und allein das Recht erhalten hat, diese zu bestimmen. Gerade deswegen kann sein letzter Willen verlangen, von der Umwelt beachtet und befolgt zu werden; eine Ersetzung des Erblasserwillens durch den Willen eines Richters oder Erben widerspricht dem Sinn der gewillkürten Erbfolge. Dabei sind die Erwartungen der Umwelt soziologisch betrachtet unterschiedlich: In bürgerlichen Familien wird die Bewahrung der Familientradition besonders betont, während in bäuerlichen Familien eher die Bewahrung des Hofs als Wirtschaftsgrundlage im Vordergrund steht. Beiden gemeinsam ist der Wunsch, bestimmte Elemente für eine größere Dauer sicherzustellen.[185]

11 Kommt es auf die sinnvolle Weitergabe des Guts an, hat der Erblasser nicht nur das Recht, sondern auch die **Obliegenheit**, die Vor- und Nachteile einer Verfügung zu prüfen und die geeignete Erbfolge zu bestimmen.[186] Ökonomisch betrachtet dient das Testament vor allem dazu, die Übergabe des Vermögens in die nächste Generation sicherzustellen.[187] Dazu gehört auch, dass er sich kundig machen muss, wie zu testieren ist und was mögliche Inhalte seiner Verfügung sein können. Dadurch verhindert er, dass die Verfügung nichtig oder in der Ausführung unmöglich sein wird.

Dabei kommt es nicht darauf an, ob die Umgebung bzw. der Richter die Entscheidungen des Erblassers verstehen oder die zugrunde liegenden Wertungen teilen. **Grenzen** der Testierfreiheit werden zivilrechtlich zunächst durch § 138 Abs. 1 BGB bestimmt.

---

185 *Ulrike Langbein*, Geerbte Dinge. Soziale Praxis und symbolische Bedeutung des Erbens, 2002, 222.
186 So schon die Motive des BGB, die von einer Rechtspflicht des Erblassers ausgehen, seine Testierfreiheit nicht zu missbrauchen, in: *Benno Mugdan*, Die Gesamten Materialien zum Bürgerlichen Gesetzbuch für das Deutsche Reich, Bd. 5, 1899 Nachdr. 1979, 205.
187 So auch *Langbein* (Fn. 185), 226, 233.

(1.) Sittenwidrig ist sicherlich, was die Erben in ihrer Ehre berührt, in unerträglicher Weise in ihre Freiheitsrechte eingreift oder Pflichten gegenüber der Familie in gröblicher Weise verletzt. Die Enterbung ist wegen § 1938 BGB grundsätzlich unverdächtig, sittenwidrig zu sein. Dies gilt jedoch nicht, wenn sie mit Invektiven verbunden oder diskriminierend begründet wird. Bei einer Verletzung des *ordre public* muss § 138 Abs. 1 BGB greifen. Der Erb- und Pflichtteilsverzicht kann sittenwidrig sein, wenn etwa eine jugendliche Unerfahrenheit des Verzichtenden ausgenutzt wird, z. B. einen Sportwagen als Belohnung für den Verzicht zu versprechen[188].

(2.) Ist eine Abwägung der Grundrechte vorzunehmen, so muss man die Belange der Parteien gegenüberstellen: Welche Rechte sind betroffen, wie schwer ist die Belastung der Parteien? War es ein Ziel des Erblassers, in die Rechte des Erben einzugreifen? Das Vorgehen bei der Abwägung bedient sich also an der praktischen Konkordanz im Verfassungsrecht. Dabei muss man wegen der grundsätzlichen Geltung der Privatautonomie bzw. Testierfreiheit vor allem die Freiheitsrechte berücksichtigen. Nur schwerwiegende, eindeutige und nicht tolerable Elemente dürfen zum Verdikt der Sittenwidrigkeit führen.

Eine weitere Grenze wird durch das Pflichtteilsrecht nach §§ 2303 ff BGB bestimmt, das ein Mindestmaß an Versorgung der nächsten Angehörigen sicherstellt.

Die Testierfreiheit wird von verschiedenen Instituten **geschützt**. Neben der schon besprochenen grundrechtlichen Gewährleistung nach Art. 14 Abs. 1 S. 1 GG werden durch § 2302 BGB alle Rechtsgeschäfte für nichtig erklärt, welche vertragliche Verpflichtungen des Erblassers bezüglich der Nachlassverteilung enthalten.[189] In §§ 2064 und 2274 BGB kommt der Grundsatz der persönlichen Errichtung der Verfügung durch den Erblasser zum Ausdruck. Niemand anderes darf ihm die Entscheidung über die Nachlassverteilung abnehmen. Kommt es allein auf den Willen des Erblassers an, ist eine Meinungsänderung seinerseits unproblematisch möglich. Eine einseitige Verfügung von Todes wegen ist nach § 2253 BGB jederzeit widerrufbar. Ebenso kann man die Verfügung nach §§ 2078 ff BGB aufgrund eines Irrtums anfechten. Während der Erblasser dann jedoch ein neues Testament aufsetzen wird, ist dies eher ein Mittel, das vom Erben genutzt werden kann, um Irrtümer des Erblasser zu reklamieren.

12

Die Erbunwürdigkeit nach § 2339 BGB schützt die Testierfreiheit in umfassender Weise. Das Erbrecht verliert man nicht nur bei einem Angriff auf das Leben des Erblassers, sondern ebenso bei einem vorsätzlichen und widerrechtlichen Einfluss auf den Testierakt, bei einer arglistigen Täuschung zur Beeinflussung des Testaments und bei jeder Straftat gegen das Testament als Urkunde. Gleiches gilt natürlich jeweils für den Versuch. Das Institut der Erbunwürdigkeit soll den Testierakt, den freien Willen des Testierenden sowie das Testament als unversehrte Urkunde sichern. Der Angriff auf die Testierfreiheit in jeder Art zieht damit die Erbunwürdigkeit nach sich.

13

Dabei kommt es nicht darauf an, dass ein Straftatbestand gegeben ist. Das Zivilgericht ist nicht an die strafrechtliche Wertung gebunden[190], selbst eine schuldlos begangene

---

188 OLG Hamm, vom 101.2017, Az.: 10 U 36/15. openJur 2017, 264.
189 § 2302 BGB hält Ann-Marie Cathérine Kaulbach, Gestaltungsfreiheit im Erbrecht. Pflichtteilsrecht und Testiervertrag auf dem Prüfstand (Schriften zum deutschen und ausländischen Familien- und Erbrecht, 8), 2012, 230, aufgrund der Testierfreiheit für nicht geboten; die Praktikabilität von § 2302 BGB ergibt sich jedoch durch den Blick auf die Vorschriften, die entstehen müssten, wenn das generelle Verbot entfiele.
190 BGH 16.3.2005 – IV ZR 140/04, FamRZ 2005, 1070–1071 = ZEV 2005, 307.

Tat kann zur Erbunwürdigkeit führen.[191] Für die gerichtliche Abwägung ist das Ziel maßgeblich, die Testierfreiheit zu schützen. Umgekehrt ist die Beihilfe zur Selbsttötung kein Angriff auf die Testierfreiheit und führt daher nicht zur Erbunwürdigkeit.[192]

Einen besonderen Schutz bewirkt schließlich **§ 14 Abs. 1 HeimG**, wonach es dem Träger oder den Mitarbeitern eines Heimes grundsätzlich nicht gestattet ist, Verfügungen eines Heimbewohners zu ihren Gunsten entgegen zu nehmen. Zwar kann man das Ziel, den Heimbewohner vor der Anstaltsleitung zu schützen, nachvollziehen. Es ist aber problematisch, die Testierfreiheit des Heimbewohners zu schützen, indem man sie ihm partiell nimmt. Dies überzeugt weder logisch noch vor dem Hintergrund der Gewährleistung des Art. 14 Abs. 1 S. 1 GG.[193] Es wird sogar vertreten, dass § 14 Abs. 1 HeimG letztwillige Zuwendungen durch Angehörige des Heimbewohners ausschließt, doch wird dies bestritten.[194] Der Grundsatz gilt i. Ü. auch im Fall des betreuten Wohnens.[195]

▶ **Antwort:** Sie ermöglicht eine verantwortliche Übergabe der Werte. In einer bürgerlichen Gesellschaft eröffnet sie die Chance, die bestmögliche Nachfolge für die Produktionsmittel sicherzustellen. ◀

III. Erbrecht der Angehörigen?

▶ **Frage:** Durch Versprechen eines Erbteils treibt E seinen Sohn S über 10 Jahre dazu, ihm bei vielen Verrichtungen des täglichen Lebens zu helfen. Nach seinem Tod wird ein Testament eröffnet, das die Tochter T als Alleinerbin ausweist. Ist S Erbe geworden? ◀

14 In der letzten Zeit wird versucht, die Testierfreiheit zugunsten der Erwartungen möglicher Erben, insbesondere von Familienangehörigen, einzuschränken. Sicherlich enthält Art. 14 Abs. 1 S. 1 GG eine **Garantie des Erbrechts zugunsten des Erben**, sonst fehlte der grundrechtliche Schutz in dem Zeitpunkt, in dem der Nachlass nach dem Tod des Erblassers auf den oder die Erben übergehen soll. Voraussetzung dieses Schutzes ist jedoch, dass die Stellung als Erbe feststeht. Dies ist nicht der Fall, solange der Erblasser noch frei über sein Vermögen disponieren kann. Niemand hat einen Anspruch darauf, Erbe zu werden. Ein Vertrauen auf die testamentarische Regelung kann es trotz gegenteiliger Versprechungen oder Erwartungen wegen § 2253 BGB nicht geben. Andernfalls würde man die Testierfreiheit erheblich einschränken. Dies wäre auch deswegen nicht hinnehmbar, da der Erblasser seine Entscheidungsfreiheit grundsätzlich behalten muss, um noch möglichst lang die von ihm erwartete verantwortliche Entscheidung über die Weitergabe seines Vermögens treffen zu können.

Zwar spricht das Gesetz in §§ 2346, 2349, 2350 BGB vom Erbrecht in Bezug auf den Nachlass eines Lebenden, doch wird hier das gesetzliche Erbrecht gemeint, auf das gegenüber dem Erblasser verzichtet wird. Hier wird also kein Erbrecht anerkannt, sondern jede Chance darauf ausgeschlossen. Sofern die gewillkürte Erbfolge betroffen ist,

---

[191] So entsprechend BVerfG 19.4.2005 – 1 BvR 1644/00 u. a., NJW 2005, 1561 zur Pflichtteilsentziehung.
[192] *Holger de Leve*, Erbunwürdig durch Sterbehilfe? – § 2339 BGB im Praxistest, ZEV 2015, 682–687.
[193] Vgl. *Bernd Kieser*, Letztwillige Verfügungen zugunsten des Heimträgers, von Heimmitarbeitern oder sonstigen Personen nach § 14 HeimG, ZErb 2002, 33–38.
[194] Dazu *Wolfgang Roth*, Testierverbot des Heimgesetzes auf dem Prüfstand des BGH, NJW-Spezial 2011, 327 f.
[195] Zum Bayerischen Pflege- und Wohnqualitätsgesetz vom 3.7.2008 s. *Hannes Ludyga*, Vererben im betreuten Wohnen – Zur Bedeutung der „Landesheimgesetze" in der testamentarischen Gestaltungspraxis, ZEV 2014, 177–183.

gilt nach § 2352 BGB der Verzicht nicht einem Erbrecht, sondern nur der Stellung als testamentarischer Erbe.

Zugunsten eines Erbrechts der Familienangehörigen wird **Art. 6 Abs. 1 GG** angeführt. Vorwiegend mit historischen Argumenten hat das Bundesverfassungsgericht das Pflichtteilsrecht als vereinbar mit Art. 6 Abs. 1 GG angesehen: Die Beteiligung der Familie am Vermögen reiche als Tradition bis zu den Germanen zurück und sei ebenso in den anderen europäischen Ländern zu finden.[196] Diese Gewöhnung ist sicher kein Schutz gegen neue Regelungen. Die Frage, was konkret als angemessene Beteiligung der Angehörigen am Nachlass anzusehen ist, hat das Gericht dagegen nicht behandelt. Auch in anderen europäischen Ländern wird das Pflichtteilsrecht zunehmend kritisiert.

Die Erwartung eines durch Erbvertrag bestimmten Erben schränkt nach dem Bundesverfassungsgericht die Testierfreiheit ein.[197] Wird der künftige Erbe durch einen Erbvertrag bestimmt, so ist auf seine Rechte zu achten. Allerdings bleibt eine Aufhebung des Erbvertrags in Grenzen möglich. Nach § 1923 Abs. 1 BGB muss der zum Erben Erkorene die Erbschaft erleben, es bleibt ihm jedoch ebenso das Recht der Ausschlagung. Vor dem Tod des Erblassers steht der Erbe damit aus tatsächlichen und rechtlichen Gründen nicht fest. Das verkennt, wer meint, ein Erbvertrag lege den Erben schon zu Lebzeiten des Erblassers fest. Über das Erbvertragsrecht hinaus kann der Erblasser daher auch nicht aufgrund grundrechtlicher Überlegungen beschränkt werden.

Fraglich ist ferner, welche Rechte stärker als die Testierfreiheit des Erblassers sein können. Das Bundesverfassungsgericht hat eine Verletzung der Eheschließungsfreiheit des Nachkommens angenommen, weil die Erbenstellung an die Heirat einer „ebenbürtigen" Frau geknüpft war, also eine Frau aus einer hochadligen Familie geheiratet werden sollte. Voraussetzung ist dafür, dass der Erblasser überhaupt Rechte des Erbprätendenten verletzen kann. Dies könnte dann angenommen werden, wenn das Testament eine Beleidigung enthält (s. o. § 18 Rn. 14). Eine Auswahl allein kann jedoch kaum als sittenwidrige Verletzung des Übergangenen betrachtet werden, da sonst jede Enterbung eine sittenwidrige Diskriminierung darstellte. Der Erblasser hat unfraglich nach § 1938 BGB das Recht, Enterbungen vorzunehmen. Er kann folglich aus dem Kreis der Kinder eines vorziehen. Entscheidend ist dabei, ob über die reine Auswahl hinaus objektive Anhaltspunkte dafür bestehen, die Auswahl als **sittenwidrig** im Sinne von § 138 Abs. 1 BGB zu werten.[198]

Viel wird damit argumentiert, dass der Erblasser durch die Gestaltung des Testaments **Druck auf den Erben** ausübt. Soll der überlebende Ehepartner beispielsweise nur erben, wenn er sich nicht wieder verheiratet, wird er vor die Wahl gestellt, sich entweder für den neuen Ehepartner oder den Nachlass zu entscheiden. Angehörige sähen sich durch derartige Verfügungen vor unerträgliche Entscheidungsnöte gestellt, dass der Erblasser auf ihre Entscheidungsnot Rücksicht nehmen müsse. Die Anordnung einer Alternative von freiem Eheschluss und Vermögen sei damit sittenwidrig (s. § 20 Rn. 30 ff). Dagegen sprechen aber mehrere Gründe. Jede Kaufofferte zwingt den Käufer, sich zwischen dem Erwerb der begehrten Sache und der Bewahrung des eigenen Geldes zu entscheiden. Der Verkäufer agiert dabei grundsätzlich nicht sittenwidrig. Die Abwägungsentscheidung im Erbrecht als Not darzustellen, will nur eine Entscheidungsschwäche schützen, die nichts anderes als Charakterschwäche ist. Die Situation

---

196 BVerfG 19.4.2005 – 1 BvR 1644/00, NJW 2005, 1561.
197 BVerfG 22.3.2004 – 1 BvR 2248/01, NJW 2004, 2008–2011 („Preußen").
198 *Verf.* (Fn. 58), JZ 1999, 517, 519.

des Drucks ist eigentlich ubiquitär. Man findet sie auch im Vorfeld eines Erbfalls in den Überlegungen von Erblasser und Angehörigen, um durch ein Wohlverhalten gegenüber dem Erblasser die Abfassung des Testamentes zu beeinflussen. Käme es auf den Druck an, hätte die Testierfreiheit kaum noch Raum. Solche Entscheidungsnöte von Familienangehörigen für beachtlich zu erklären, ist nicht nur hyperempfindlich, sondern bewegt sich auf dem Niveau von bunten Illustrierten und „Grundrechtskitsch".[199]

Vor allem aber sind solche Erwägungen grundsätzlich unerheblich. Vor dem Erbfall kann sich der Erblasser nur durch gemeinschaftliches Testament oder Erbvertrag binden, außerhalb dieses Bereichs bleibt alles Spekulation. Der Erblasser kann die **Freiheit** des Begünstigten zudem nicht beseitigen.[200] Nie wird der Erbe zu etwas gezwungen. Die Erbenstellung, welche der Erbe noch ausschlagen kann, räumt ihm ab Erbfall allenfalls eine neue Entscheidungsmöglichkeit ein. Die Hoffnung auf das Erbe mag die Entscheidung des Angehörigen beeinflussen. Gibt er dem Wunsch des Erblassers nach, hat er materielle Interessen höher bewertet als die übrigen. Die Abwägung seiner Interessen und mithin seine Entscheidung bleiben dabei jedoch frei. Es kann keinen Schutz vor eigenen, freiwilligen Entscheidungen geben.

Nach dem Bundesverfassungsgericht ist das Druckargument bei der Abwägung allerdings zu berücksichtigen.[201] Dies kann man wohl dann als gerechtfertigt ansehen, wenn die vom Erblasser explizit formulierte Alternative allgemein als Beleidigung oder schlechthin untragbar, also als Verletzung des *ordre public* anzusehen ist.

Wer dem Erben einen Sportwagen zum 25. Geburtstag verspricht für den Fall der Drogenfreiheit oder des erfolgreichen Examens bis zu diesem Datum, räumt durch diesen Anreiz eine zusätzliche Handlungsmöglichkeit ein. Keineswegs jedoch schränkt das die Handlungsfreiheit des Bedachten ein, denn weiter kann sich der Bedachte für jede Option frei entscheiden. Sittenwidrig ist hier nichts.

▶ **Antwort:** Nein. Das Versprechen gegenüber S ist weder Verfügung von Todes wegen noch Erbvertrag, §§ 2247 Abs. 1 S. 1, 2276 Abs. 1 S. 1 BGB. Jeder Vertrag, in dem sich E erbrechtlich bindet, ist nach § 2302 BGB unwirksam. Erbrechtlich kann S nur den Pflichtteil beanspruchen. Das Vertrauen des S, das im Hinblick auf § 2253 BGB ohnehin eher eine Hoffnung war, kann daran nichts ändern. Allenfalls könnte man an einen Dienstvertrag zwischen Vater und Sohn denken. Dann müssten aber erhebliche Momente darauf hindeuten, dass hier mehr geleistet wurde als die familiär geschuldete Hilfe. In Betracht käme dann ein Anspruch nach § 612 Abs. 2 BGB. Lehnt man einen Vertrag ab, kommt ein Kondiktionsanspruch für S nach § 812 Abs. 1 S. 1 Var. 1 BGB in Betracht. Dies ändert jedoch nichts an der Erbfolge. S hätte sich mit einem Erbvertrag absichern sollen. ◀

---

199 So zu Recht *Isensee* (Fn. 184), DNotZ 2004, 754, 762.
200 Dazu eingehend *Thomas Gutmann*, Freiwilligkeit als Rechtsbegriff, 2001.
201 So *Gerhard Otte*, ZEV 2004, 393, 397.

§ 20 Testament – Allgemeine Voraussetzungen

I. Charakteristika des Testaments

▶ **Frage:** Die Ehefrau F regelt viel im Leben ihres Ehemannes M. Sie instruiert ihn, wie er sein Testament auszugestalten habe. M folgt ihr hierin. Liegt ein höchstpersönlich gebildeter Testierwillen vor? ◀

Das Testament ist eine **einseitige Willenserklärung**, die **nicht empfangsbedürftig** ist. Es kann jahrelang im Schrank liegen und erst nach dem Tod des Erblassers bekannt werden. Dennoch ist es gültig und wirkt ab dem Zeitpunkt des Erbfalls, sofern keine anderen Gründe dagegen sprechen. Für die Auslegung bedeutet dies, dass allein auf den Willen des Erblassers abzustellen ist; die allgemeine Verkehrssitte darf nicht herangezogen werden. § 133 BGB, nicht aber § 157 BGB sind also bei der Auslegung von letztwilligen Verfügungen heranzuziehen.

Erst mit dem Tod des Erblassers wird das Testament **wirksam**. Zu seinen Lebzeiten begründet es noch keine Rechte und Pflichten, sofern nicht Elemente eines Geschäfts unter Lebenden enthalten sind wie zum Beispiel bei der Lebensversicherung nach § 331 BGB.

Der Testierwille ist gegeben, wenn der Erblasser selbstständig, frei von fremden Einflüssen oder krankhaften Annahmen, einen eigenen, freien Willen gebildet hat. Der Prozess der Willensbildung muss abgeschlossen sein und die Erklärung ernsthaft gewollt sein (obj. Rechtsbindungswille). Daran kann man bei einer Postkarte zweifeln, bei einem Butterbrotpapier handelt es sich wohl eher bloß um ein Konzept.[202] Der Testierwille muss **höchstpersönlich** erklärt werden: Der Erblasser kann sich bei dieser Entscheidung also weder im Willen noch in der Abgabe der Willenserklärung vertreten lassen: Der Vater kann nicht für das minderjährige Kind testieren, der Mann nicht für die Ehefrau usw. Man kann auch keinen Stellvertreter beauftragen, vor dem Notar zu erscheinen und die Erklärungen abzugeben. Nach dem Grundsatz der Höchstpersönlichkeit, der §§ 2064, 2065 BGB zu entnehmen ist, darf die Entscheidung über den Umfang, den Gegenstand des Erbes und die Person des Erben nicht von einem Dritten getroffen werden.

Ebenso ist es nach § 2302 BGB **unzulässig**, sich vertraglich **zu einem Inhalt des Testaments zu verpflichten**. Der Erblasser kann jedoch mit den Erben Verträge über die Auslegung von Testamenten schließen. Möglich sind ebenso Verträge zwischen den Erben über die Verteilung des Nachlasses, diese können auch schon vor dem Erbfall geschlossen werden. Das Gesetz kennt weiterhin den Erbvertrag nach §§ 2274 ff BGB, also den Vertrag zwischen Erblasser und Erben über die Verteilung des Nachlasses. Eine Mittelstellung nimmt das gemeinschaftliche Testament gemäß §§ 2265 ff BGB ein, das zwei zusammen erklärte Testamente verbindet, Formerleichterungen gewährt und erbvertragsähnliche Bindungen bewirkt.

Juristische Aufgabe im Umgang mit Testamenten ist die Entscheidung, ob das Testament
(1.) **eindeutig**,
(2.) hinsichtlich der Durchführung **möglich** und **durchführbar** und schließlich
(3.) **vollständig** ist.

---
202 Vgl. OLG Hamm 27.11.2015 – 10 W 153/15, NJW-Spezial 2016, 168.

Dies gilt sowohl für den Notar oder andere, die das Testament aufsetzen, als auch für die Juristen, die es nach dem Erbfall anwenden sollen. Vielfach weisen Testamente jedoch Defizite auf, insbesondere wenn sie von juristischen Laien ohne Beratung angefertigt wurden. Sie können in sich widersprüchlich, unklar und unvollständig sein. Besonders jedoch tatsächliche Veränderungen im Laufe des Lebens können inhaltliche Bestimmungen eines Testaments leerlaufen lassen oder zu Interpretationsfragen führen. Gleiches gilt für Änderungen von juristischen Wertungen, etwa wenn Elemente der Verfügung nach Jahrzehnten als sittenwidrig qualifiziert werden und damit der Anschein der Nichtigkeit entsteht. **Aufgabe der Juristen** ist es dann, den Inhalt der Verfügungen zu klären und zu vervollständigen, um soweit als möglich die Gültigkeit und Durchführung des letzten Willens zu erreichen.

Dies wird auch durch § 2084 BGB vorgegeben, der dem alten Grundsatz des „**favor testamenti**" (Begünstigung des Testaments) entspricht: Es soll alles unternommen werden, um den Inhalt des Testaments zu realisieren. Um den Wortlaut zu ergänzen oder zu korrigieren, werden in besonders großem Umfang Interpretationen der Testamente erforderlich. Das Gesetz führt eine Reihe von Interpretationsregeln an, wie im Zweifel bei bestimmten Situationen zu verfahren ist. Entscheidend ist jedoch, dass man eine für den individuellen Fall angemessene Lösung findet.

Diese Grundgedanken prägen die Behandlung der im Folgenden darzustellenden Verfügungsinhalte.

▶ **Antwort:** M wollte testieren, diesen Willen hat er selbst gebildet. Unerheblich ist dabei, ob er dazu angeleitet wurde. Auch inhaltlich kommt es nur darauf an, dass der Inhalt des Testaments von M gewollt wurde. Eheliche Folgsamkeit schließt freien Willen nicht aus. ◀

II. Testierfähigkeit

▶ **Frage:** M, 16 Jahre jung, will seine neue Freundin F als Erbin einsetzen. Die Eltern sind dagegen. Kann M sich durchsetzen? ◀

Eine erste Voraussetzung für eine wirksame Testamentserrichtung bildet die **Testierfähigkeit** des Erblassers, die sachlich der Geschäftsfähigkeit nach §§ 104 ff BGB entspricht und seit 1953 dieser auch stärker nachgebildet ist. Doch gibt es klare inhaltliche Unterschiede. Voraussetzung der Testierfähigkeit ist nach § 2229 Abs. 1 BGB, dass der Erblasser zumindest **16 Jahre alt** ist. Trotz seiner Minderjährigkeit bedarf er dann gemäß § 2229 Abs. 2 BGB nicht der Zustimmung seines gesetzlichen Vertreters. Der Minderjährige kann allerdings gemäß § 2233 Abs. 1 BGB nur durch eine Erklärung gegenüber dem Notar oder Übergabe einer offenen Schrift testieren; ihm steht also allein die Möglichkeit eines öffentlichen Testaments offen. Erst mit 18 Jahren kann er dann von allen Testamentsformen Gebrauch machen.

Die Entscheidung über die Testier- und Geschäftsfähigkeit hat das BGB deutlich als **juristische Entscheidung** ausgestaltet. Nach einem Jahrhundert intensiver Diskussionen über Psychologie u.a.m. wollte der Gesetzgeber, dass nicht Psychiater und andere, sondern Juristen über das Tatbestandsmerkmal „Testierfähigkeit" entscheiden, denn es geht letztlich nicht um die körperliche Erkrankung oder psychische Verfassung, sondern die Testierfähigkeit.[203] Die Richter sollten danach entscheiden, wie sehr das

---

[203] Vgl. *Andreas Thier*, Entmündigung, Betreuung und Handlungsfähigkeit: Rechtshistorische Perspektiven, in: Mathias Schmoeckel (Hrsg.), Demenz und Recht. Bestimmung der Geschäfts- und Testierfähigkeit (Schriften zum Notarrecht, 18), 2009, 75–88, 84 zu § 6 Abs. 1 Nr. 1 BGB-E; *Torsten Schmidt*, Die Entmündigung

Verhalten des Betroffenen erkennen ließ, dem Alltag gewachsen zu sein. Darin lag auch ein Auftrag der Sozialkontrolle. Heute werden Richter Gutachten einfordern von Medizinern und Psychiatern, doch letztlich dürfen nur sie alleine die juristisch gebotene Entscheidung treffen. Dabei wird man im Rahmen der Prüfung von den Patienten kein zweites Abitur verlangen, sondern nur dem Alter und der Person angemessene Fragen stellen dürfen.

Geistes- und Bewusstseinsgestörte, welche die Bedeutung ihrer Willenserklärung nicht einsehen können, sind nach § 2229 Abs. 4 BGB testierunfähig. Für den Testierakt ist erforderlich, dass sie die rechtliche Konsequenz der Willenserklärung für sich selbst und die Erben begreifen. Eine reine Psychopathie schließt die Testierfähigkeit nicht aus. Im Hinblick auf die zunehmenden Fälle von Altersdemenz wächst hier ein Problem der Erbrechtspraxis. Die Gerichte erleben meist jene Fälle, in denen die Demenz weit vorangeschritten ist und die Testierfähigkeit meist nicht mehr gegeben ist. Intelligenztests sind dann allerdings der falsche Weg, insofern sie mehr Wissen und Fähigkeiten verlangen, als allgemein verlangt wird. Die Feststellung der Geschäfts- und Testierfähigkeit fällt medizinischen und juristischen Gutachtern schwer, weil jeweils auch Kenntnisse des anderen Fachbereichs erforderlich sind.

5

Dabei reicht es, dass der Notar einen **lichten Moment** (*lucidum intervallum*) des Testators erlebt. Egal was andere Disziplinen darunter verstehen, für Juristen bedeutet das einen – wenn auch eher kurzen – Zustand, in dem die Geschäfts- oder Testierfähigkeit vorliegt. § 2229 Abs. 4 BGB verlangt nämlich nur, dass der Erblasser im Moment des Testierens die Bedeutung seiner Willenserklärung erkennt. Beruft sich der Notar also trotz allgemeiner Umnachtung auf das Vorliegen eines solchen lichten Moments, kann ein wirksames Testament abgeschlossen werden. Zur Sicherung seiner Diagnose wäre es hilfreich, wenn der Notar Anhaltspunkte für seine Auffassung festhält.

Medizinisch ist die Möglichkeit lichter Momente umstritten.[204] Zu Recht wird eingewandt, dass im Stadium fortgeschrittener Krankheit auch an guten Tagen die Fähigkeit zur selbstbestimmten Entscheidung kaum gegeben sein kann, weil dann jedenfalls noch die Nachwirkungen von den krankhaften Vorstellungen o. ä. anzunehmen sind. Im Rahmen einer allmählich zunehmenden Krankheit sind jedoch im Übergang von überwiegender Geschäftsfähigkeit zur Geschäftsunfähigkeit sehr wohl Fluktuationen abhängig von dem gerade vorliegenden Gesamtzustand möglich. Nichts ist stabil und jeder hat gute und schlechte Tage, was an der Grenze zwischen Testierfähigkeit und -unfähigkeit eine Rolle spielen kann.

Die **Voraussetzungen der Testierfähigkeit** werden dabei unterschiedlich bestimmt. Die h. L. verlangt, dass der Testierende von sich aus den Inhalt des Testaments bestimmen und ausdrücken kann. Er muss sich also über die Tragweite seiner Anordnungen und ihre Auswirkungen auf die persönlichen und wirtschaftlichen Verhältnisse der Betroffenen im Klaren sein.[205] Doch das liefe darauf hinaus, gehobene intellektuelle Fähigkeiten für die Wirksamkeit von Testamenten vorauszusetzen. Das Gegenteil ist richtig, nicht nur weil im Zweifel die Gültigkeit von Testamenten anzunehmen ist (*favor testamenti*, s. o. § 20 Rn. 3; s. u. Rn. 29), sondern v. a. zugunsten der Möglichkeit eines

6

---

von den Anfängen des BGB bis zu ihrer Ablösung durch das Institut der Betreuung (Rechtshistorische Reihe, 181), 1998, 123.
204 Einen lichten Moment bei chronisch-progredienter Demenz lehnt daher ab OLG München 1.7.2013 – 31 Wx 266/12, NJW-Spezial 2013, 455 f.
205 Grüneberg (Fn. 31)/ *Weidlich*, § 2229 Rn. 1.

selbstbestimmten Lebens in einer freiheitlichen Gesellschaft. Schon aus diesem Grund müssen für die Annahme der Testierunfähigkeit durch das Gericht konkrete Tatsachen erkennbar sein, welche die Testierfähigkeit ausschließen; Vermutungen reichen nicht aus.[206]

Wer testiert, muss wissen, (1.) **wer** er ist, (2.) **was** er letztwillig übertragen will, (3.) **wem** er etwas hinterlassen möchte und (4.) dass dies **letztwillig** geschehen soll.[207] Demgegenüber wird teilweise verlangt, dass nicht auf das konkrete Geschäft, sondern abstrakt auf eine allgemeine Geschäftsfähigkeit abgestellt werden muss. Anerkannt ist jedoch die „partielle Geschäftsfähigkeit", wenn der Betroffene in bestimmten Fragen nicht mehr autonom entscheiden kann. So kann krankhafte Eifersucht die objektive Beurteilung des Ehepartners nachhaltig stören, doch bleibt die Geschäftsfähigkeit sonst erhalten. Querulanten sind typischerweise geschäftsunfähig bei Gerichtssachen, können jedoch andere Angelegenheiten durchaus verantwortlich führen; ähnliches gilt für Schockzustände.[208] Das wurde bislang auch in der Rechtsprechung anerkannt.[209]

Strittig ist nur die „relative Geschäftsfähigkeit", ob also zwischen schwierigen und leichten Geschäften zu differenzieren ist, bei denen die Geschäfts- und Testierfreiheit noch angenommen werden kann. Die Rechtsprechung lehnte das bisher mit dem Argument ab, dass eine solche Trennung praktisch kaum vorzunehmen sei und zu Abgrenzungsschwierigkeiten führe.[210] Doch warum muss der ältere Mensch theoretisch einen schwierigen Erbvertrag verstehen können, wenn er einfach dem Kind, von dem er betreut wird, das Geld hinterlassen möchte? Hier muss unsere Gesellschaft noch lernen, den alternden Menschen mehr Selbstbestimmung zukommen zu lassen.

Was für das Verständnis des konkreten Testaments irrelevant ist, dessen Fehlen kann die Testierfähigkeit nicht einschränken. Zwar kann man in der Unfähigkeit, weder das Datum noch den Aufenthaltsort benennen zu können, ein Anzeichen einer beginnenden Demenz erkennen. Doch diese zeitliche und räumliche Desorientierung hat keine Auswirkung auf den Willen, jemanden zum Erben einzusetzen. Man darf hier keine hochgeschraubten Anforderungen stellen: Welche wirtschaftlichen und sozialen Folgen die gewählte erbrechtliche Gestaltung hat, muss man demgegenüber nicht erkennen. Das kann niemand sicher wissen. Wer auf jeden Fall einem Angehörigen alles zuwenden will, egal wie dieser darauf reagiert, muss sich keineswegs der möglichen Folgen bewusst sein und darf diese Frage ignorieren.

Testier- und Geschäftsfähigkeit sind beide der **Selbstbestimmung** der Person in der Gesellschaft zu dienen bestimmt. In beiden Fällen gestaltet die Person ihr Leben durch Willenserklärungen. Der Charakter dieser Willenserklärungen ist aber unterschiedlich, beide brauchen daher nicht ganz gleich behandelt zu werden: Die letztwillige Verfügung ist zum Beispiel grundsätzlich nicht empfangsbedürftig (o. Rn. 1). Solange der letzte Wille gebildet, erklärt und der Umgebung verständlich werden kann, ist die Tes-

---

206 So OLG Düsseldorf 1.6.2012 – I-3 Wx 273/11, FamRZ 2013, 159.
207 So bereits *Rainer Zaczyk*, Kriterien der Selbstbestimmung bei Errichtung eines Testaments – Ein Beitrag aus rechtsphilosophischer Sicht, in: Mathias Schmoeckel (Hrsg.), Demenz und Recht. Bestimmung der Geschäfts- und Testierfähigkeit Demenzerkrankter (Schriften zum Notarrecht, 18), 2010, 89–98.
208 So *Binder*, Das luzide Intervall, Diss. 1999, 19.
209 Ständige Rechtsprechung, vgl. BGH, NJW 1961, 261; BGH NJW 1970, 1620; BGH NJW, 1970, 13; BGHZ 30, 112 zur partiellen Geschäfts- und Prozessunfähigkeit eines Anwalts; Grüneberg (Fn. 31)/ *Ellenberger*, § 104 Rn. 6; Franz Jürgen Säcker Roland Rixecker/Hartmut Oetcker (Hrsg.), Münchener Kommentar zum Bürgerlichen Gesetzbuch, Band 1, 9. Aufl. 2021/ *Spickhoff*, § 104 Rn. 50 ff. mit weiteren Beispielen.
210 Vgl. bei *Gabriele Müller*, Betreuung und Geschäftsfähigkeit, 1998, 17.

§ 20 Testament – Allgemeine Voraussetzungen

tierfähigkeit gegeben. Die Geschäftsfähigkeit kann dann schon verloren sein, etwa weil keine der Umgebung nach §§ 133, 157 BGB verständliche Willenserklärung mehr gebildet werden kann.

Besondere Schwierigkeiten, die Grenze der Geschäfts- und Testierfähigkeit zu bestimmen, liegen im Fall einer **Demenzerkrankung** vor. Es gibt verschiedene solcher Erkrankungen, deren genaue Feststellung medizinische Fachkenntnisse erfordern. Problematisch ist hier, dass es zum Krankheitsbild gehört, die kognitiven Defizite zu verstecken. Werden sie sichtbar, kann also die Fassade nicht länger aufrechterhalten werden, ist die Geschäfts- und Testierfähigkeit meist verloren. Gerichte erleben daher meist fortgeschrittene Krankheitsfälle. In der ersten Zeit dagegen, wenn nur der Orientierungs- und Zeitsinn verloren sind, können durchaus Rechtsgeschäfte abgeschlossen werden. 7

Das Schwinden eigener Fähigkeiten zu verbergen gehört zum Erscheinungsbild der Krankheit. Dazu gehört auch die Unfähigkeit, vorbeugend tätig zu werden. Wird die Krankheit auffällig, ist die Demenz meist zu weit fortgeschritten. Im Vorfeld sollten alle Beteiligten daher zusammenarbeiten, um nach Möglichkeit noch eine späte Verfügung zuzulassen und so zu erlauben, dass die Betroffenen soweit als möglich autonom über ihr Vermögen und Schicksal disponieren.

Die Bestimmung der intellektuellen Fähigkeiten erfolgt durch den Notar, wenn ein Testament oder eine Generalvollmacht aufgesetzt werden soll. Verweigert der Notar die Beurkundung, droht ihm eine Schadensersatzklage derjenigen, die aufgrund des unterbliebenen Testierakts nicht mehr erben können. Diese Kläger müssen allerdings die Testierfähigkeit des Erblassers nachweisen. Der Notar wird daher versuchen, die Beurkundung durchzuführen; dabei hilft es ihm, dass ihm ein lichter Moment des Erklärenden ausreicht. Eine solche Haltung der Notare entspricht letztlich dem allgemeinen Grundsatz des *favor testamenti*. Dazu gehört in diesem Fall, den Testierakt und die Aktualisierung des eigenen Willens zuzulassen.

Faktisch testierunfähig sind jene, die aufgrund einer **Mehrfachbehinderung** ihren Testierwillen nicht hinreichend mitteilen können, so dass er einer der Testamentsformen genügt: Wer nicht lesen und schreiben kann, wird nach § 2233 Abs. 2 BGB darauf verwiesen, eine Erklärung gegenüber dem Notar abzugeben; dem Stummen ist auch dieser Weg verschlossen. Dies verstößt jedoch faktisch gegen Art. 14 Abs. 1 S. 1 GG und das Gebot der Erbrechtsgarantie,[211] so dass der Gesetzgeber, aber auch die Praktiker des Erbrechts Wege suchen müssen, um einen Testierakt zu ermöglichen. Das BeurkG geht auf diese Fälle näher in §§ 22–26 BeurkG ein. 8

Meist wird die Feststellung durch den **Notar** getroffen, indem er den Testierakt beurkundet oder nicht, denn er ist nach § 11 BeurkG zur Feststellung der Geschäftsfähigkeit verpflichtet. Wird ein Testament notariell errichtet, bestätigt der Notar, dass der Erblasser bei klarem Verstand ist. Er steht mit seiner beruflichen Verantwortung für die Richtigkeit seiner Beglaubigung ein. Könnte die Testierfähigkeit künftig bezweifelt werden, ist daher eine notarielle Beurkundung des Testaments zu empfehlen. Im Zweifel ist der Patient geschäfts- und testierfähig, eine Beweislastumkehr ist unzulässig.[212] 9

▶ **Antwort:** M kann nach § 2233 Abs. 1 BGB eine Erklärung gegenüber dem Notar abgeben und so sein Testament formgerecht auch gegen den Willen der Eltern errichten. ◀

---

211 Vgl. BVerfG 19.1.1999 – 1 BvR 2161/94, NJW 1999, 1853.
212 *Verf.*, Die Geschäfts- und Testierfähigkeit von Demenzerkrankten, NJW 2016, 433–439.

III. Testamentsformen

▶ **Frage:** E fühlt sich auf seiner ersten Schiffsreise sterbenskrank und will sein Testament aufsetzen. Vor Schwäche und Übelkeit kann er nicht einmal mehr schreiben. Seiner Frau und den beiden erwachsenen Töchtern, die ihn auf dieser Reise begleiten, diktiert er seinen letzten Willen. Nach Beendigung der Reise eine Woche später geht es ihm wieder gut, doch nach einem halben Jahr stirbt er tatsächlich. Gilt sein diktiertes Testament? ◀

1. Das privatschriftliche Testament

10 „Die Form ist die Zwillingsschwester der Freiheit" (R. v. Jhering). Wer das Recht erhält, sich zu äußern, muss dies so tun, dass sein Wille erkannt werden kann und rechtserheblich ist. Aufgabe der Form ist es also zu bewerkstelligen, dass ein eindeutiger Erblasserwille erkennbar ist. Das deutsche Erbrecht kennt drei Formen für die letztwilligen Verfügungen eines Erblassers: Das privatschriftliche, das öffentliche und das Nottestament.

Das **privatschriftliche Testament** ist am leichtesten zu erfüllen. Es erfordert nur, dass der letzte Wille handschriftlich niedergelegt wird gemäß § 2247 Abs. 1 BGB. Die gewöhnliche Schriftform nach § 126 Abs. 1 BGB wird hier also durch die Anordnung ergänzt, dass das Testament vollständig **eigenhändig** geschrieben wird. Der gesamte Text des Testaments muss folglich mit der eigenen Hand niedergeschrieben werden; Schreibhilfe durch Dritte reicht gerade nicht aus. Wird auf maschinengeschriebene Texte verwiesen, fehlt denen ebenfalls die notwendige Form und das Testament ist insoweit unwirksam. Hinzutritt, dass es nach § 2247 Abs. 1 BGB unterschrieben werden muss. Diese Unterschrift soll nach § 2247 Abs. 3 S. 1 BGB Vor- und Nachname wiedergeben. Allerdings reicht es aus, dass der Erblasser so unterschreibt, dass er eindeutig **identifizierbar** ist. Familien-, Ruf- und Kosenamen sind daher ausreichend. So kann etwa die Unterschrift „Dein Vater", „Dein Andi" und sogar „Dein Mausebär" identifizierend sein, wenn die Zuordnung für den Adressat des Schriftstücks eindeutig ist – und die Unterschrift keinen Zweifel über die Ernsthaftigkeit (§ 118 BGB) der Verfügung weckt. Zur Not muss man einen Sachverständigen mit der Aufgabe betrauen, die Authentizität der Unterschrift festzustellen. Doch schon bei seiner 75-prozentigen Sicherheit der Echtheit fehlt die notwendige Sicherheit.[213]

Was sich nicht sicher der Handschrift des Erblassers zuweisen lässt, riskiert, als unwirksam angesehen zu werden. So wurden etwa einfache Pfeildiagramme als nicht ausreichend angesehen, weil zu wenig charakteristisch erscheinen und damit zu leicht durch Dritte abgeändert werden können.[214]

11 Die Schriftart und der Stil sind unerheblich, solange das Testament **lesbar** bleibt. So könnte das Testament auch in Steno-Schrift verfasst werden. Doch es muss sich um wirkliche Schrift handeln. Was sich nicht sicher der Handschrift des Erblassers zuweisen lässt, riskiert, als unwirksam angesehen zu werden.

Ebenso ist die Sprache der letztwilligen Verfügung beliebig, soweit sie verständlich ist. Die Blindenschrift ist zwar lesbar und verständlich, lässt jedoch im Schriftbild nicht ausreichend individuelle Elemente erkennen, um wie bei handschriftlichen Texten den Aussteller erkennen zu können. Unwichtig ist, mit welcher Hand das Testament geschrieben wurde oder ob Mund oder sogar der Fuß den Stift führten.

---

213 OLG Düsseldorf 17.11.2014 – I-25 Ws 84/14, NJW-Spezial 2015, 584.
214 So OLG Frankfurt a. M. 11.2.2013 – 20 W 542/11, NJW-Spezial 2013, 263.

Gleichfalls ohne Belang ist der Beschreibstoff: Hier können Papier, Stoff u.a.m. genutzt werden. In Frankreich wurde ein Testament anerkannt, das der Erblasser im letzten Moment auf der Tür des Kühlschranks schrieb. In der Tat ist nur die Lesbarkeit wichtig, unerheblich dagegen, ob man die Schrift wieder abwischen kann.

Ergebnis muss jedenfalls ein lesbares Original des Testaments sein. Belanglos ist der Stift oder das, was zur Schriftfarbe herangezogen wird. Ebenso beliebig ist der Beschreibstoff; man kann auch ein Pauspapier nehmen und mit einem Stift so durchdrücken, dass die Schrift auf dem Papier erscheint. Allenfalls fällt es bei der Verwendung von Toilettenpapier schwer, einen endgültigen Testierwillen anzunehmen.

Wichtig ist nur, dass der Vorgang der Beschreibung **eigenhändig** erfolgt. Schreibmaschine, Computer oder Diktaphon sind grundsätzlich unzulässig. Ebenso darf kein Apparat die Hand führen, die den Stift hält. Eine Schreibhilfe ist demnach nur solange zulässig, wie sie nur die Hand hält, nicht aber die Schriftzüge lenkt.

12

Wird ein Testament eigenhändig auf ein Notepad ge- und unterschrieben sowie gespeichert, kann dieses Bild unverändert ausgedruckt werden. Insoweit erscheinen die Voraussetzungen des § 2247 Abs. 1 BGB erfüllt. Problematisch könnten allenfalls die Möglichkeiten der Veränderung sein: Verfügungen könnten nachträglich getilgt oder durch Zusätze verändert werden, welche auf dem Papier eher erkennbar wären. Doch diese Gefahr gibt es letztlich auch bei dem Testament in Papierform. Wird dieses elektronisch gespeicherte Testament nur im Ausdruck unterschrieben, wird nicht das Testament, sondern eine Kopie unterschrieben. Das ganze Testament muss ge- und unterschrieben sein. Sofern das Bild in Text umgewandelt und so gespeichert wird, fehlt es wieder an der Eigenhändigkeit.

Dieser Text könnte allenfalls helfen, ein verschwundenes oder kaum lesbares Testament zu rekonstruieren bzw. zu lesen. Ist das Testament verschwunden, muss das Gericht dessen Inhalt ansonsten durch die Vernehmung von Zeugen erschließen.[215]

Das BGB verlangte ursprünglich, dass ebenso **Zeit und Ort** der Abfassung handschriftlich notiert werden. Für die Änderung wird unbelegt erzählt, dass Adolf Hitler 1937 angeblich das Papier der Reichskanzlei für sein Testament habe, bei dem der Ort vorgedruckt war. Nachdem man ihm erklärt hatte, dass sein Testament aus diesem Grund nach § 125 S. 1 BGB unwirksam sei, wurde § 2247 BGB eilends neu gefasst: Die Nennung von Ort und Zeit wurde in § 2247 Abs. 2 BGB zu einer „Soll-Vorschrift" verändert. Sofern diese Angaben fehlen, ist dies nach § 2247 Abs. 5 BGB solange unerheblich, wie daraus keine Zweifel über die Gültigkeit entstehen könnten. Diese Bestimmung wird verständlich, wenn man bedenkt, dass dem Nachlassgericht mehrere Verfügungen vorliegen können. Dann stellt sich wegen §§ 2254, 2258 BGB die Frage, welches der Testamente gilt, welches also das zuletzt abgefasste ist. Ebenso kann bei einer zeitweise eingetretenen Geisteskrankheit wichtig sein, ob ein Testament in diesem Zeitraum errichtet wurde und daher eventuell unwirksam ist. Gemäß § 2247 Abs. 5 S. 1 BGB ist das undatierte Testament nur dann wirksam, wenn seine Datierung als späteres Testament auf anderem Wege gelingt.

13

Eine „Oberschrift" ist in der Regel keine Unterschrift. Die Anbringung am Schluss der Urkunde stellt sicher, dass das Namenszeichen den gesamten Inhalt des Testamentes bestätigt (**Abschlussfunktion**). Für die Interpretation eines Textes muss man auch die räumliche Aufteilung vom Anfang bis zu Ende kennen. Umfasst das Testament mehre-

14

---

215 OLG Karlsruhe 8.10.2015 – 11 Wx 78/14, ZErb 2016, 18.

re Blätter, genügt eine Unterschrift am Ende, sofern der Zusammenhang der Blätter durch Heftung oder Seitenzahlen erkennbar ist.[216] Reicht der Platz auf dem Blatt nicht mehr aus, kann wie bei einem Brief am Rand oder rückseitig unterschrieben werden. Ob die räumliche Anordnung der Unterschrift die Bestätigung des gesamten Inhalts bedeutet, entscheidet die Verkehrsauffassung. Auch die Unterschrift auf einem versiegelten Umschlag wurde als ausreichend angesehen, wenn dieser zusätzlich eine eindeutige Beschriftung als Testament aufweist.[217] Da diese Schriftform der eines traditionellen Briefs entspricht, können solche handschriftlichen Briefe Testamente enthalten oder darstellen. Auch „Notizzettel" mit klaren Anweisungen für den Todesfall können als Testament interpretiert werden.

Bei einem Text, der über mehrere Seiten geht, kommt es darauf an, den Zusammenhang herstellen zu können, etwa durch Seitenangaben; auch lose Seiten können so miteinander verbunden werden. Hilfreich ist die Sammlung in einem Umschlag, um die Zusammengehörigkeit der Blätter eines Testaments zu garantieren. In der Wohnung verstreut angebrachte Klebezettel, welche einzelne Objekte einer Person zuweisen sollen, sind schon wegen der leichten Manipulierbarkeit eine schlechte Idee; die mangelnde Zusammengehörigkeit, die unklaren Bezüge zwischen den Zetteln untereinander und vor allem der fehlende Abschluss des Testaments lassen kaum die Chance eines klaren Testaments entstehen.

Während und nach der Niederschrift des Testaments kann der Erblasser **Zusätze und Änderungen** vornehmen. Sie müssen allerdings ebenfalls der Form des Testaments genügen, also eigenhändig ge- und unterschrieben sein, sofern ihr Inhalt nicht bereits vom ursprünglichen Testierakt umfasst ist. Die Angabe von Zeit und Ort ist hier ebenfalls nicht nötig, wenn auch durchaus ratsam, um Unklarheiten zu vermeiden. Die neue Unterschrift ist überflüssig, wenn der Zusatz räumlich noch vor der alten Signatur gesetzt ist.

15   Diese leicht zu errichtenden Testamente werden in der Regel **vom Erblasser aufbewahrt**. Zur Sicherung kann nach § 2248 BGB auf besonderen Wunsch die amtliche Verwahrung gewährt werden.

Insgesamt lässt sich diese Form sehr leicht erfüllen, vielleicht jedoch allzu leicht. Das in der spätklassischen Zeit des römischen Rechts begründete „holographische" (eigenhändig geschriebene) Testament war in dieser Zeit unproblematisch, weil bei den testierenden Familienvätern juristische Kenntnisse zur Allgemeinbildung gehörten. Verbreiteter waren jedoch Testamente, die in Gegenwart von Zeugen errichtet wurden, welche für die Rechtmäßigkeit der Verfügungen einstanden.[218] Bei der Schaffung des BGB war die Einführung des eigenhändigen Testaments umstritten[219] und blieb es in der Folgezeit. Durch den Verzicht auf die juristische Beratung sind viele Testamente lückenhaft, unklar und auslegungsbedürftig. Statt der Beratung vor dem Erbfall müssen die Bestimmungen nun meist von Juristen im Nachhinein ausgelegt werden. Dies gefährdet die Durchsetzung des wahren Erblasserwillens. Insoweit wäre es ratsam, ein Minimum an juristischer Beratung vorzuschreiben und Testierakte ohne jeglichen

---

216 Vgl. Damrau (Fn. 113)/*Weber*, § 2247 Rn. 43 f.
217 BeckOK BGB/*Litzenburger*, 70. Aufl. 01.05.2024, BGB § 2247 Rn. 26.
218 Das lateinische Wort *testamentum* bezeichnet, dass der Inhalt durch Zeugen (lat. *testis*) bestätigt wird. Dies war also zunächst die übliche, charakteristische Form und blieb es weitgehend bis in das 19. Jahrhundert.
219 Protokolle der 2. Kommission, Bd. 5, 1899, 7168 ff = *Mugdan* (Fn. 186), 697.

juristischen Rat auf Notzeiten zu beschränken. Die Beratung durch Banken, die hierbei zu stark eigene Interessen vertreten können, ist schon aus diesem Grund problematisch. In der Judikatur wird sie als Verstoß gegen das Rechtsdienstleistungsgesetz qualifiziert.[220]

2. Das öffentliche Testament

Größere Sicherheit verleiht die Form des **öffentlichen Testamentes**. Solche Verfügungen werden gemäß §§ 2231 Nr. 1, 2232 BGB zur Niederschrift eines Notars gebracht. Sie bieten die Gewähr für die Eindeutigkeit des Willens, die Endgültigkeit der Niederlegung sowie die Testierfähigkeit des Verfügenden. Dieser muss **vor dem Notar** eine mündliche Erklärung abgeben. Der Notar liest dann die Verfügungen abschnittsweise vor und der Erblasser muss sie mit einem „Ja" genehmigen, da das Kopfnicken nicht ausreichend ist.[221] Wer nicht schreiben kann oder minderjährig ist, kann nach §§ 2247 Abs. 4, 2233 BGB nur auf diese Weise testieren. Ebenso ist es möglich, dass der Testator eine offene Schrift an den Notar übergibt mit der Erklärung, dass dies sein letzter Wille sei. Dieses Schriftstück kann vom Erblasser oder einem Dritten geschrieben sein und es ist unerheblich, ob der Erblasser es unterschrieben hat. Ebenso kann der Erblasser dem Notar eine verschlossene Schrift mit der Erklärung überreichen mit der Erklärung, dies sei sein „letzter Wille". Gelegentlich können weitere Personen zugezogen werden, etwa um Zeugen des Vorgangs zu gewinnen. Zu ihnen kann der Notar selbst allerdings nicht zählen, da er bereits beteiligt ist.

16

Näheres zur Tätigkeit des Notars ist im **BeurkG** (Habersack Nr. 23) geregelt. Dabei handelt es sich um ein übersichtliches, die einzelnen Fälle genau regelndes Gesetz, so dass hier nur Grundzüge wiederzugeben sind. Der Notar hat eine allgemeine Prüfungs- und Belehrungspflicht, er muss die Identität des Erblassers und seine Testierfähigkeit feststellen und hat ihn bei den Verfügungen inhaltlich zu beraten. Die Niederschrift über die Testamentserrichtung **muss** gemäß § 9 Abs. 1 BeurkG enthalten:

17

- die Bezeichnung des Erblassers,
- des Notars sowie sonstiger Beteiligter und selbstverständlich
- die letztwilligen Verfügungen.

Das Testament **soll** enthalten:

- den Ort und den Tag der Verhandlung nach § 9 Abs. 2 BeurkG sowie
- die Feststellungen über die Identität und die Testierfähigkeit des Erblassers gemäß § 10 BeurkG, § 11 BeurkG, § 28 BeurkG.

Nach dem Vorlesen der Bestimmungen muss der Testator den Inhalt genehmigen und die Niederschrift der Testamentserrichtung nach § 13 Abs. 1 S. 1 BeurkG unterschreiben.[222] Die Niederschrift des Testaments nebst Anlagen soll der Notar in einen Umschlag legen und mit seinem Amtssiegel verschließen.

Dieses öffentliche Testament wird nach § 344 Abs. 1 FamFG bei dem Amtsgericht des Errichtungsorts oder einem Amtsgericht der Wahl des Erblassers **amtlich verwahrt**. Zuständig sind der Rechtspfleger und der Urkundsbeamte der Geschäftsstelle. Seit Anfang 2012 gibt es ein zentrales Testamentsregister, das von der Bundesnotarkammer

---

220 OLG Karlsruhe 9.11.2006 – 4 U 174/05, NJW-RR 2007, 206.
221 OLG Hamm 8.10.1993 – 15 W 74/93, NJW-RR 1994, 593–594, 593.
222 Zu Sondervorschriften für behinderte Personen vgl. §§ 22–25 BeurkG.

geführt wird, in dem alle notariellen und amtlich verwahrten Testamente verzeichnet werden. Das Register gibt kund, dass es ein Testament gibt und wo es verwahrt wird, jedoch nicht seinen Inhalt.

3. Formen des Testaments in Notfällen

18 Das privatschriftliche und das öffentliche Testament werden in § 2231 BGB mit der Bezeichnung „ordentliche Testamente" zusammengefasst. Daneben gibt es noch erleichterte Formen der letztwilligen Verfügung für besondere Notfälle, sogenannte **Nottestamente**. Steht es zu befürchten, dass der Erblasser eine der vorgenannten Formen nicht mehr einhalten kann, darf er vor dem **Bürgermeister** sowie zwei weiteren Zeugen seinen letzten Willen mündlich erklären. Der Bürgermeister schreibt nach § 2249 Abs. 1 BGB die Verfügungen nieder, liest sie vor, lässt sie genehmigen und unterschreiben.

Ist weder ein Bürgermeister noch ein Notar erreichbar, reicht nach § 2250 BGB ebenso die **mündliche Erklärung vor drei Zeugen** ohne jede weitere Qualifikation. Gleiches gilt nach § 2251 BGB auch auf See, sofern die präzis aufgelisteten Voraussetzungen dieser Norm eingehalten sind. Wegen der Genauigkeit der Anforderungen wird man von dieser testamentarischen Sonderform kaum analoge Anwendungen erwägen können.

19 Alle Nottestamente **verlieren** jedoch nach § 2252 Abs. 1 BGB ihre **Gültigkeit**, wenn der Testator die Errichtung des Testaments länger als drei Monate überlebt. Der Fristlauf ist dabei gemäß § 2252 Abs. 2 BGB gehemmt, solange der Erblasser außerstande ist, eine Verfügung zu errichten. Es ist daher unschädlich, wenn der Erblasser nach Errichtung des Nottestaments vier Monate im Koma liegt. Erst wenn er daraus wieder erwacht, beginnt die Frist zu laufen. Nottestamente sind folglich nur für den begrenzten Zeitraum eines Notfalls gültig.

▶ **Antwort:** Das Testament erfüllt nicht die Voraussetzungen von § 2247 BGB. Es kann nur als Nottestament gemäß § 2251 BGB Gültigkeit beanspruchen, da es auf See errichtet wurde und die erforderlichen drei Zeugen versammelt waren. Allerdings gilt dieses Testament nach § 2252 Abs. 1 BGB nur drei Monate lang; dass diese Frist nach § 2252 Abs. 2 BGB gehemmt ist, ist nicht ersichtlich. Daher kommt die gesetzliche Erbfolge zur Anwendung. ◀

IV. Widerruf eines Testaments

▶ **Frage:** E reut die testamentarische Einsetzung seiner Kinder. Nunmehr will er seine neue Freundin einsetzen. Wie widerruft er das alte Testament? ◀

20 Konsequenz der Testierfreiheit ist, dass jederzeit ein neues Testament anderen Inhalts errichtet werden kann. § 2253 BGB gestattet den Widerruf ausdrücklich und erlaubt, dass er **jederzeit** erfolgen kann. Nach § 2302 BGB kann der Widerruf ebenso wenig wie die Errichtung eines Testamentes vertraglich ausgeschlossen werden. Soweit sich die Testamente widersprechen, wird nur das zeitlich letzte Testament nach dem Erbfall wirksam und regelt die Verteilung des Nachlasses. Das nachfolgende Testament kann aber auch nur Bestimmungen enthalten, die das erste ergänzen sollen.

Um ein altes Testament außer Kraft zu setzen, kann man es nach § 2255 BGB entweder konkludent durch Vernichtung oder ausdrücklich widerrufen. Auch die Rückgabe des Testaments aus der amtlichen Verwahrung gilt als Widerruf gemäß § 2256 Abs. 1 S. 1 BGB. Diese Norm führt zu einer Fiktion des Widerrufswillens. Folglich kommt es

§ 20 Testament – Allgemeine Voraussetzungen

hier auf den wahren Willen des Erblassers nicht an.[223] Die Erklärung des Widerrufs kann nach § 2254 BGB ebenso in der **Form eines Testaments** geschehen, es muss also eine gültige Testamentsform erfüllt werden. Nach § 2258 Abs. 1 BGB kann der Widerruf auch **durch Errichtung eines neuen Testamentes** erfolgen, ohne dass der Widerruf eigens formuliert wird. Im neuen Testament muss lediglich deutlich werden, dass es sich nicht nur um eine Ergänzung des alten Testamentes handelt, sondern dass es das ältere Testament inhaltlich ersetzen will. Ebenso kann der Widerruf nach § 2255 BGB durch Vernichtung und Veränderung der alten Verfügung vorgenommen werden. Das alte Testament kann durchgestrichen, zerrissen oder mit einem Entwertungsvermerk versehen werden.

Die Absicht, das Testament aufzuheben, wird dabei gemäß § 2255 S. 2 BGB widerleglich vermutet, sofern der Erblasser selbst die letztwillige Verfügung höchstpersönlich vernichtet hat. Zu Lebzeiten kann sich der Erblasser jedoch auch eines Dritten zur Vernichtung bedienen, dabei muss der entsprechende Vernichtungswille des Erblassers deutlich werden.[224] Vernichtet der Erblasser das Testament selbst, wird sein Aufhebungswille vermutet. Für unauffindbare Testamente gibt es dagegen keine Vermutung des Widerrufs. Ein versehentlich vernichtetes oder **verlorenes Testament** kann danach weiter gelten, sofern

21

(1.) im Verlust nicht entgegen der genannten Vermutungsregel von § 2255 S. 2 BGB ein Widerruf zu sehen ist. Dies wird erst dann angenommen, wenn der Erblasser die Urkunde selbst vernichtet hat. Den Widerruf muss beweisen, wer sich auf die Vernichtung beruft.[225]

(2.) Ferner muss der Inhalt des verlorenen Testaments noch feststellbar sein, wenn etwa die Kopie noch vorhanden ist. Der Nachweis des verlorengegangenen Testaments muss aber strengen Anforderungen genügen.

Bei öffentlichen Testamenten erfolgt der Widerruf nach § 2258 BGB durch die Errichtung eines neuen widersprechenden Testaments oder Erbvertrags. Verlangt der Erblasser die **Rücknahme aus der amtlichen Verwahrung**, gilt dies gemäß § 2256 Abs. 1 S. 1 BGB als Widerruf. Die amtliche Verwaltung sichert das Testament zwar besonders gut. Wer sein Testament noch einmal ändern möchte, sollte anstelle der Rücknahme ein Nachtragstestament o. Ä. verfassen und dieses ebenfalls in die amtliche Verwahrung geben.

Der Widerruf eines Testaments kann sich auch **auf einzelne Bestimmungen** beziehen. Das ältere Testament ist dann „insoweit" aufgehoben, seine übrigen Bestimmungen gelten weiter.

Der Widerruf selbst kann in den genannten Formen widerrufen werden, nur die Vernichtung ist unwiderruflich. Sind die früheren Verfügungen noch vorhanden, lebt nach § 2257 BGB mit dem Widerruf das frühere Testament wieder auf. Dies gilt nach § 2258 Abs. 2 BGB auch dann, wenn das ändernde Testament widerrufen wird.

▶ **Antwort:** E kann das alte Testament nach § 2255 BGB vernichten oder in der Form des Testamentes widerrufen. Will er die Freundin einsetzen, ist es einfacher und nach § 2258 Abs. 1 BGB ausreichend, ein neues Testament aufzusetzen, dessen Inhalt die Aufhebung der früheren Bestimmungen deutlich macht. ◀

---

223 MüKoBGB/*Sticherling*, 9. Aufl. 2022, BGB § 2256 Rn. 14.
224 Othmar von Jauernig, Bürgerliches Gesetzbuch, 19. Aufl. 2023/ *Stürner*, § 2255 Rn. 6.
225 LG Duisburg 29.3.2004 – 7 T 49/05, NJW-RR 2005, 884.

V. Höchstpersönlichkeit

▶ **Frage:** Der entscheidungsschwache E will die Auswahl seinem Freund F überlassen, wer unter seinen Kindern geeignet ist, die Fabrik zu übernehmen und zu erben. Kann er das erreichen? ◀

22 Die letztwilligen Verfügungen müssen vom Erblasser selbst stammen, die gewillkürte Erbfolge muss höchstpersönlich bestimmt werden. BGB und GG schützen nur die Entscheidungsgewalt des Erblassers, nicht die Dritter. Seine persönliche Entscheidung wird in zweifacher Weise geschützt. § 2064 BGB enthält den Grundsatz der Höchstpersönlichkeit, der einen formellen Schutz gewährleistet. Diese **formelle Höchstpersönlichkeit** besagt, dass derjenige, der die Testamentsurkunde verfasst, auch der Erblasser sein muss. Eine Vertretung in der Niederschrift ist unzulässig, mit der Niederschrift in eigener Handschrift des Erblassers kommt zum Ausdruck, dass das Geschriebene dem Willen des Erblassers entspricht.

23 In § 2065 BGB wird die **materielle Höchstpersönlichkeit** geschützt. § 2065 Abs. 1 BGB schließt aus, dass der Erblasser einen anderen ermächtigen darf, über die Geltung des Testaments zu entscheiden. Die Gültigkeit eines Testaments ist und bleibt allein die freie und höchstpersönliche Entscheidung des Erblassers. Nach § 2065 Abs. 2 BGB darf der Dritte auch nicht über die Person des Erben oder den Gegenstand der Zuwendung entscheiden. Solche Entscheidungen dürfen ebenso wenig einem Testamentsvollstrecker überlassen werden. Gerade diese Entscheidungen zu fällen, ist einzig und allein die Aufgabe des Erblassers. Natürlich kann er sich beraten lassen, doch muss die letzte Entscheidung von ihm stammen.

24 § 2065 Abs. 2 BGB schließt Mitwirkungshandlungen Dritter nicht vollständig aus, nur dürfen sie keine freie Entscheidung in der Erbverteilung haben. Der Erbe muss demnach nicht namentlich bezeichnet werden; es reicht, dass die Kriterien zu einer eindeutigen Bestimmung des Erben führen. Sind diese klar und führen sie zu einem eindeutigen Ergebnis, fällt der Dritte also keine eigene Entscheidung über die Verteilung des Nachlasses, dann verstößt die testamentarische Regelung nicht gegen § 2065 Abs. 2 BGB. Die Benennung von Auswahlkriterien ist also zulässig, wenn jeder sachkundige Dritte danach dieselbe Entscheidung treffen wird.[226] Wird etwa der Nachfolger im Unternehmen danach festgelegt, ob er eine wirtschaftliche Ausbildung erfahren hat, ohne dass dem Dritten ein Ermessen zukommt, kann der Nachfolger so nach dem Tod des Dritten ermittelt werden.[227] Ebenso klar lässt sich ermitteln, wer den Erblasser bis zu seinem Tod gepflegt hat.[228]

Strittig ist dabei, ob dem Dritten im Rahmen vorgegebener objektiver Kriterien ein Beurteilungsspielraum eingeräumt werden kann.[229] Soll etwa der „Geeignetste" aus dem Kreis der Abkömmlinge für die Nachfolge im Betrieb benannt werden, kann die Entscheidung verschieden ausgehen je nachdem, ob auf die wirtschaftswissenschaftlichen

---

226 Grüneberg (Fn. 31)/ *Weidlich*, § 2065 Rn. 8.
227 Wie etwa im Fall des BGH 2.12.1998 – IV ZB 19/97, NJW 1999, 566 („Preußen"): Der Nacherbe musste hochadlig sowie evangelisch sein und durfte nur ein Mitglied des Hochadels heiraten. Diese Kriterien sind durch jahrhundertealte Judikatur und Jurisprudenz eindeutig und lassen kein Ermessen zu. Würde dagegen gestattet, dass die Heirat von „geeigneten" Ehepartnern ausreichend wäre, dann läge in diesem Ermessen die Unzulässigkeit nach § 2065 Abs. 2 BGB begründet.
228 Christopher Keim, „Wer sich um mich kümmert, soll mein Erbe werden" – Belohnende letztwillige Zuwendungen und § 2065 BGB, ZEV 2014, 72–75.
229 Der BGH lehnt dies anders als das RG ab. Zum Wandel der Rechtsprechung in dieser Frage s. Damrau (Fn. 113)/ *Seiler-Schopp/Rudolf*, § 2065 Rn. 18.

Kenntnisse des Sohns oder die praktischen ökonomischen Erfahrungen der Tochter abgestellt wird. Hat der Erblasser die Kriterien nicht geklärt, hat der Dritte die Wahl und ein eindeutiger Erblasserwillen ist damit nicht feststellbar. Weil es auf den höchstpersönlichen Willen des Erblassers ankommt, liegt ein **Verstoß** gegen § 2065 Abs. 2 BGB vor, wenn dem Dritten ein **Auswahlermessen** zukommt.

Alle Bestimmungen also, die dem anderen kein Wahlrecht übertragen, können demnach zulässig sein. Dabei ist es unerheblich, ob es sich um den Erben selbst oder um eine weitere Person handelt, die nicht Erbe werden soll. Soll ein Dritter eine Verfügung über den Erben treffen, spricht man von einer „**kaptatorischen Bestimmung**": Die Entscheidung des Dritten „fängt" auch die Entscheidung über den Nachlass. Der Dritte darf somit beispielsweise eine Münze werfen und den Nachlass entsprechend den Bestimmungen des Testaments bei „Zahl" der Tochter, bei „Kopf" dem Sohn zuwenden. Zwar bildet der Erblasser in dieser Konstellation gerade keinen Willen darüber, wer erben soll; er hat nur über ein Verfahren entschieden. Dies ist aber nach der h. M. noch zulässig und ausreichend für die Bildung des Testierwillens.[230]

Potestativbedingungen, also Bedingungen, die eine Willensentscheidung voraussetzen (s. u. § 22 Rn. 45), erscheinen danach prima facie unzulässig: Sie stellen es in den Willen einer anderen Person als die des Erblassers, über Eintritt oder Nichteintritt der Bedingungen und damit über die Erbfolge zu entscheiden. Der Freund darf gerade nicht über die Gültigkeit des Testaments (§ 2065 Abs. 1 BGB) oder die Person des Erben (§ 2065 Abs. 2 BGB) entscheiden. So einfach ist die Sachlage allerdings nicht, da auch der Erbe selbstverständlich nach § 1942 Abs. 1 BGB über die Annahme oder Ausschlagung entscheiden kann und insoweit sein Willen durchaus über die Erbfolge entscheidet. Ebenso ist es unschädlich, wenn der Erblasser Bedingungen in das Testament einfügt und Nach- bzw. Ersatzerben benennt. Soll der Sohn etwa nur dann erben, wenn er den Betrieb im Ganzen erhält und nicht in rentable und unrentable Einheiten zerschlägt, wird zwar nicht nur auf den Willen des Testators, sondern auch eines anderen abgestellt. Dennoch liegt hierin eine plausible und im Ergebnis wirksame Bedingung. In diesen Fällen, so kann man differenzieren, ist die Entscheidung des zum Erbe Berufenen nur mittelbar entscheidend für die Erbfolge: Die Bestimmung des Erben ist sicher; nur ob er die Nachfolge tatsächlich antritt, ist offen. Diese nur **mittelbare Bestimmung des Erben** wird grundsätzlich hingenommen und für **vereinbar** mit § 2065 BGB erachtet, denn darauf, ob der Erbe die Nachfolge antritt, haben ohnehin Erblasser und Erbe gleichermaßen Einfluss.

Die Frage jedoch, wie weit das **eigene Interesse** des Erben sich an die Stelle der Erblasserentscheidung setzen kann, bleibt offen. Nach der Rechtsprechung ist eine Bedingung, deren Eintritt vom Willen des Erben abhängt, grundsätzlich zulässig, denn hier ist kaum ein Unterschied zum Ausschlagungsrecht gegeben. Allerdings wird die Bedingung unzulässig, wenn der Erblasser durch sie nur seine eigene Entscheidungsschwäche kompensieren will. Letzteres ist nach Gerhard Otte schon der Fall, wenn der Erblasser kein Interesse am Eintritt oder Ausfall der Bedingung hat.[231] Doch kommt es wohl eher darauf an, wie der Erbe seine Entscheidung trifft: Wird sie unabhängig von der Erbfolge getroffen, ist die Bestimmung zulässig.

---

230 Julius von Staudinger, Kommentar zum Bürgerlichen Gesetzbuch, Buch 5 §§ 2064–2196, Neubearb. 2019/ Otte, § 2065 Rn. 12; Damrau (Fn. 113)/ *Seiler-Schopp/Rudolf*, § 2065 Rn. 14; im Anschluss an RG SeuffA 91, Nr. 106.
231 Vgl. Staudinger (Fn. 230)/ *Otte*, § 2065 Rn. 14.

So kann dieselbe Klausel in verschiedenen Fällen zulässig oder unzulässig sein: Wird die Erbschaft von der Zugehörigkeit zur römisch-katholischen Kirche abhängig gemacht, so fällt der Sohn, der seit langem Mitglied des Opus Dei ist, diese Entscheidung unabhängig von der Erbschaft. Ist der Erbe jedoch völlig indifferent in Fragen der Religion, wird er nur über die Annahme der Erbschaft entscheiden und im Übrigen die Messe in Kauf nehmen. Nur im letzten Fall verstößt die bedingte Erbeinsetzung gegen § 2065 BGB, weil der Dritte unmittelbar über die Erbfolge disponiert. Auf diese Weise erreicht man, dass allein der Wille des Erblassers über die Verteilung des Nachlasses entscheidet und dieser nicht durch den eines Dritten ersetzt wird.

28   Gleichermaßen kann man auf die Entscheidungen **unbeteiligter Dritter** abstellen, wenn deren Entscheidung nicht zur Bestimmung des Erben, sondern unabhängig davon erfolgt. Soll die Tochter beispielsweise die Sammlung kostbarer Musikinstrumente nur erben, wenn sie einen musikalischen Wettbewerb gewinnt, fällt die Wettbewerbsentscheidung unabhängig vom Erbfall. Dies gilt auch dann, wenn die Wettbewerbsjury Kenntnis von den Modalitäten der Erbfolge hat und sich für die junge Musikerin interessiert. Solange die Entscheidung der Jury bzw. des Dritten unabhängig vom Erbfall, also nur nach den Regeln des anderen Kontextes fällt, steht fest, dass die Entscheidung über den Nachlass allein vom Erblasser unabhängig vom Einfluss Dritter gefällt wurde. Trifft der Dritte seine Entscheidung hingegen im Hinblick auf die Erbfolge, so setzt sich sein Wille an die Stelle des Erblasserwillens und wird damit als Bedingung nach § 2065 BGB unwirksam.

29   Ob dem Dritten die freie Bestimmung des Erben überlassen wurde oder nur die nach festen Kriterien zu treffende Bezeichnung des Erben obliegt, kann dabei durchaus Sache der Interpretation des Testaments sein. Wenn der „Geeignetste" als Erbe eingesetzt war, mag dies im ersten Anschein zunächst Dritten zu viel Ermessen zuerkennen. Kann man jedoch im Hinblick auf die Intentionen des Erblassers nähere Kriterien ausmachen, kann dies im Ergebnis ein Auswahlermessen des Dritten ausschließen. Die Auslegung hat hierbei die Aufgabe, möglichst die Gültigkeit des Testaments zu erhalten und so gemäß § 2084 BGB dem Grundsatz des *favor testamenti* zu entsprechen. Danach sind Testamente so auszulegen, dass sie wirksam sind. Möglich ist auch die testamentarische oder unter den Erben vereinbarte Einsetzung eines Schiedsgerichts gemäß § 1029 ff. ZPO.

Ob ein solches Ermessen vorliegt, hängt allerdings nicht allein vom Testament, sondern auch der Sachlage zum Zeitpunkt des Erbfalls ab. Soll der in Wirtschaftsfragen beschlagenste Erbe werden, so kann das eindeutig sein, wenn eines von beiden Kindern Kunstgeschichte, das andere Wirtschaftswissenschaft o. Ä. studiert hat. Wurde jedoch aus dem Kunsthistoriker noch vor dem Erbfall ein erfolgreicher Kunsthändler, verliert die Lage wieder ihre Eindeutigkeit.

Es ist wichtig zu erkennen, dass die Frage der Höchstpersönlichkeit nicht als Formsache betrachtet werden kann, sondern die Gültigkeit des Erblasserwillens betrifft. Liegt ein Verstoß gegen §§ 2064, 2065 BGB vor, wurde kein hinreichender Testierwille gebildet. Das Testament ist nicht bloß formell mangelhaft. Ohne die Erbeinsetzung durch den Erblasser ist das Testament insoweit nicht unwirksam, sondern es liegt materiell bereits **keine letztwillige Verfügung des Erblassers** vor.

30   Wenn ein Dritter eine Entscheidung treffen muss, muss seine **Erklärung eindeutig** und beständig sein. Der Dritte verliert sein Bestimmungsrecht, sobald er die Entscheidung einmal getroffen hat. Für diese Entscheidung gilt jedoch grundsätzlich das allgemeine

Recht der Willenserklärungen. Man kann daher die Entscheidung auch nachträglich anfechten gemäß §§ 119 Abs. 1, 2 oder 123 BGB und die ursprüngliche Erklärung wird daher unwirksam, § 142 Abs. 1 BGB. Doch gibt es Grenzen dieser Revozierbarkeit. Wenn erst ein prospektiver Erbe über lange Zeit in die Rolle eingeführt wurde, kann man ihm dieses Erbrecht nicht später wieder ohne Weiteres absprechen; dies wäre ein zu großes Risiko für alle Betroffenen. Abgesehen von den Fällen der §§ 119 Abs. 1, 123 Abs. 1 BGB in der Frist der §§ 121, 124 BGB kann der Dritte also seine Entscheidung nicht mehr umstoßen. Einfach nur eine bessere neuere Entscheidung, evtl. auf § 119 Abs. 2 BGB und eine neue Einschätzung der Person des Erben gestützt, reicht hier nicht aus, um neu über die Erbschaft zu entscheiden. Schließlich kann die neue Entscheidung auch zur Unzeit (§ 242 BGB) kommen: Wurde die Zustimmung zur Ehe erteilt, kann sie kaum einen Tag vor der Hochzeit widerrufen werden. Hier werden die persönlichen Belange der Eheleute missachtet.

▶ **Antwort:** Die Bestimmung des Erben einem Dritten zu überlassen, verstößt gegen § 2065 Abs. 1 BGB. Den „Geeignetsten" zu finden ist eine Aufgabe, bei der F ein freies Wahlrecht übertragen wird. Der Erblasser muss den oder die Erben selbst bestimmen. Allenfalls kann er F nach der hier vertretenen Auffassung objektive Entscheidungskriterien an die Hand geben, wonach der Erbe ohne jede Entscheidungsfreiheit lediglich ermittelt wird. Allerdings kann im Rahmen eines Vermächtnisses dem Dritten die Entscheidung über den geeigneten Vermächtnisnehmer nach § 2151 Abs. 1 BGB übertragen werden. Fraglich ist damit allein noch, ob die Fabrik auch als Vermächtnis bezeichnet werden kann; dies ist grundsätzlich nicht ausgeschlossen und es kommt sogar diesbezüglich eine Umdeutung des Testamentes in Betracht. ◀

VI. Sittenwidrigkeit letztwilliger Verfügungen

▶ **Frage:** E will die alte Familienthora nur dem Kind hinterlassen, das mosaischen Glaubens ist und macht dies zur Bedingung. Ist sie gültig? ◀

Testamentsklauseln, insbesondere Bedingungen, bilden seit alters her einen der Bereiche, in denen die Frage der Sittenwidrigkeit besonders diskutiert wird. Als Regelung des Allgemeinen Teils gewährt § 138 Abs. 1 BGB für die Anwendung im Erbrecht keine konkreten Anhaltspunkte. Die reiche alte Fallpraxis wartet hier jedoch mit einer Fülle von Spezialproblemen auf. Allgemein gilt, dass sich hier die wandelnden **gesellschaftlichen Anschauungen** direkt auf die Annahme der Sittenwidrigkeit und Nichtigkeit auswirken können.

Dies gilt nicht nur für die konkreten einzelnen Wertungen, sondern auch für die abstrakte Bestimmung der Sittenwidrigkeit. Anstelle des heutigen „Anstandsgefühl aller billig und gerecht Denkenden" stand ab 1933 das gesunde Volksempfinden. Durch § 48 Abs. 2 TestG vom 31.7.1938[232] wurde der Bestand der Verfügung zusätzlich gebunden an die Rücksichten, „die ein verantwortungsbewußter Erblasser gegen Familie und Volksgemeinschaft zu nehmen" hatte. Die starke Bindung an die Familie wurde auch nach 1945 fortgeführt. So enterbte ein Bauer seine Söhne, da sie sich nicht von den Schwiegertöchtern getrennt hatten, welche während des Krieges nach Auffassung des Bauern ihren Männern untreu geworden waren. Diese Enterbung erachtete der BGH 1956 für sittenkonform.[233] Geradezu klassisch wurde die Rechtsprechung zum

31

---
[232] Aufgehoben durch KontrollratsG Nr. 37 vom 31.10.1946.
[233] BGH 28.1.1956 – IV ZR 216/55, JZ 1956, 279–280 = LM Nr. 5 zu § 138 (CD) BGB.

„Maitressentestament". Jede Zuwendung an eine „Geliebte" wurde als sittenwidrig eingeschätzt, entweder weil man die Entlohnung sexueller Hingabe annahm oder weil man es für die Familie als nicht zumutbar ansah, neben der Geliebten zu erben.

Der Umschwung erfolgte erst 1970, seither ist die Verfügung nur noch sittenwidrig, wenn der Charakter der **Belohnung sexueller Hingabe** nachzuweisen ist („Hergabe für Hingabe").[234] Die Erbeinsetzung des Lebensgefährten macht das Testament demnach noch nicht sittenwidrig, sofern der Belohnungscharakter nicht zu ermitteln ist. Die Zunahme nichtehelicher Lebenspartnerschaften hat insoweit auch Veränderungen im Erbrecht bewirkt. Ohnehin wäre es inkonsequent, einerseits Testierfreiheit zu gewähren, diese aber wieder zu nehmen, wenn nicht nach den familienfreundlichen Grundsätzen der gesetzlichen Erbfolge testiert würde.

In Betracht kommt die Sittenwidrigkeit jedoch noch bei übermäßiger Bevorzugung der Geliebten bzw. der **Benachteiligung der Familie**. So kann sowohl

(1.) die ungebührliche Zurücksetzung der gesetzlichen Erben als auch

(2.) die Verletzung familiärer Pflichten zur Bejahung der Sittenwidrigkeit führen.

Umgekehrt wird die Umgehung des Sozialhilfeträgers zugunsten von einzelnen Familienmitgliedern bis zu einem gewissen Grad nicht als sittenwidrig angesehen. Beim sogenannten **Behindertentestament** werden verschiedene Mittel genutzt, um ein Familienmitglied an der direkten Partizipation der Erbschaft zu hindern. Die „hohe Schule der Testamentsgestaltung" hilft ohne Zweifel, Prinzipien der solidarischen Gesellschaft und der Gleichbehandlung der Erben zu durchbrechen.[235] Dadurch kann auch der Träger der Sozialhilfe, wenn das Vermögen des kranken Kindes nicht mehr ausreicht, nicht auf den Erbteil zugreifen nach § 93 Abs. 1 SGB XII. Stattdessen werden Verwandte eingesetzt, um pfändungsfreie Zusatzleistungen zu gewährleisten. Die Schlechterstellung des behinderten Kindes erfolgt also nur, um ihm im Ergebnis möglichst viel aus dem Nachlass persönlich zukommen zu lassen. Umgangen wird dabei der Anspruch des Staates, für seine Leistungen bezahlt zu werden; die Leistungen der Sozialhilfe sind letztlich vom vorhandenen Vermögen der Familie zu ersetzen. Konsequent wäre es, diesen Weg allen Erblassern unabhängig von ihrem Vermögen zu gewähren. Doch das könnte die Finanzierung der Sozialhilfe gefährden und die Missachtung des § 93 Abs. 1 SGB XII wäre komplett. Gestritten wird daher heute darüber, ob diese Umgehung jedenfalls bei größeren Nachlässen als Schädigung des Sozialstaats und als Diskriminierung des Behinderten sittenwidrig ist.[236] Eine logisch überzeugende Grenze, bis wann die Ungleichbehandlung sittenkonform ist, wird man allerdings kaum finden können. Ein Pflichtteilsanspruch kann hingegen unstreitig gemäß § 93 Abs. 1 SGB XII auf den Sozialhilfeträger übergeleitet werden.[237]

32 Die Gründe der Sittenwidrigkeit kann man typisierend zusammenstellen:

(1.) Die Erbeinsetzung, um vom Bedachten im Gegenzug selbst wieder als Erbe eingesetzt zu werden, ist von einem sittenwidrigen **Motiv** der Wechselseitigkeit (*do ut des*) gekennzeichnet. Auch über den Anwendungsbereich von § 2302 BGB hinaus soll so kein solches Geschäft über die freie Entscheidung des Erblassers versucht werden.

---

[234] BGH 31.3.1970 – III ZB 23/68, BGHZ 53, 369.
[235] *Gerhard Ruby/Andreas Schindler*, Das Behindertentestament, 3. Aufl. 2018.
[236] LG Essen 2.12.2015 – 2 O 321/14, NJW-Spezial 2016, 327.
[237] BeckOK SozR/*Weber*, 73. Aufl. 01.06.2024, SGB XII § 93 Rn. 112.

(2.) Die Verknüpfung von Erbeinsetzung und sexueller Gefälligkeit stellt ein allgemein abgelehntes Junktim her. Weder Erbeinsetzung noch der sexuelle Kontakt für sich, wohl jedoch die „Hergabe für Hingabe" gelten hier als anstößig, also der **Zweck** der letztwilligen Bestimmung. Seit dem Inkrafttreten des ProstG ist aber auch diese Sittenwidrigkeitsbewertung mehr als fraglich.[238]

(3.) Der **objektive Inhalt** einer Verfügung kann sittenwidrig sein. Voraussetzung ist, dass man allgemein anerkannte Pflichten des Erblassers ausmachen kann, gegen die zu verstoßen anstößig erscheint. Dies kommt besonders im Zusammenhang mit Bedingungen vor.

Die Rechtsprechung hat sich im letzten Punkt zwar bislang zurückgehalten, das Kriterium bleibt jedoch virulent. Die Zuwendung des Familienschmucks an Familienfremde kann eventuell das Verdikt der Sittenwidrigkeit begründen.[239] Hier ist allerdings Vorsicht geboten: Die Zuwendung des Schmucks an ein Museum oder seine Verwendung, um Unterhalt für das behinderte Kind zu schaffen, können kaum als sittenwidrig bezeichnet werden. Die Unterstützung von behinderten Kindern kann im Übrigen gerade durch deren Enterbung bewirkt werden: Würde ihnen Vermögen überwiesen, entlastete dies nur die Sozialhilfeträger, ohne für den Behinderten spürbar zu werden. Durch die Enterbung in Verbindung mit einer Auflage an andere, für den Behinderten zu sorgen, könnte man die faktische Ausstattung des Behinderten verbessern. Die Sittenwidrigkeit wird in diesen Fällen nicht angenommen.[240]

Ein Testament kann also wegen objektiver und subjektiver Momente sittenwidrig erscheinen. Bei den subjektiven Elementen sind Motiv und Zweck nicht immer leicht zu trennen: Das Motiv fragt nach dem „warum" der Bestimmung, der Zweck nach dem „wozu". Der prospektive Erbe ist dem Erblasser beispielsweise sympathisch (Motiv), deswegen wendet er ihm Geld für den Ankauf eines Autos zu, denn er will seine Mobilität fördern (Zweck). Ein einzelner Umstand kann für sich genommen unter Umständen für das Sittenwidrigkeitsverdikt ausreichen oder erst zusammen mit weiteren Erwägungen dieses Urteil begründen. Man spricht hier vom „Sandhaufenprinzip" bzw. weniger bildlich von einem „**beweglichen System**".[241] Verschiedene kleine Umstände, die als sittenwidrig bezeichnet werden, können also zusammengenommen die Nichtigkeit nach § 138 Abs. 1 BGB begründen.

Ein besonders schwieriges Problem bereiten jene Bestimmungen, in denen der Erblasser **Druck auf den Erben** ausübt. Der auf das Erbe schielende Angehörige oder Freund kann sich zu Wohlverhalten genötigt sehen, um die Chance auf das Erbe zu erhalten. Ein solcher Wohlverhaltensdruck kann sogar dann wahrgenommen werden, wenn dieser Druck dem Erblasser überhaupt nicht bewusst wird. Ein solcher gefühlter „Druck" ist letztlich der gewillkürten Erbfolge immanent (s. o. § 19 Rn. 17).

33

Das Argument des Drucks suggeriert allerdings, der Betroffene könne letztlich nicht anders entscheiden, als dem Druck nachzugeben. Doch es wurde schon gezeigt, dass die Freiheit des Begünstigten durch erbrechtliche Verfügungen nicht aufgehoben werden kann.[242] Der Begünstigte erhält mit der Wahlmöglichkeit sogar mehr Entschei-

---

238 MüKoBGB/*Armbrüster*, 9. Aufl. 2021, BGB § 138 Rn. 90.
239 Staudinger (Fn. 230)/ *Otte*, Vorbem. zu §§ 2064 ff Rn. 158 ff., 163.
240 Grüneberg (Fn. 31)/ *Ellenberger*, § 138 Rn. 50a.
241 MüKo (Fn. 209)/ *Armbrüster*, § 138 Rn. 44-50; Hans Theodor Soergel/ *Baldringer*, BGB, 14. Aufl. 2022, § 138 Rn. 30 f., es handelt sich um eine von Walter Wilburg begründete Lehre.
242 Dazu eingehend *Thomas Gutmann*, Freiwilligkeit als Rechtsbegriff, 2001.

dungsmöglichkeiten. Einen Zwang, sich für die Erbschaft zu entscheiden, gibt es dabei weder faktisch noch praktisch. Ein Schutz vor der eigenen, freiwilligen Entscheidung wäre unsinnig.

Das Bundesverfassungsgericht hat dem Druckargument allerdings Gewicht geschenkt.[243] Dies kann man wohl immerhin dann als gerechtfertigt ansehen, wenn die vom Erblasser explizit formulierte Alternative allgemein als Beleidigung oder schlechthin untragbar erscheint, also als Verletzung des *ordre public*. Die Entscheidung zwischen Geld oder immateriellem Glück, Liebe oder Luxus ist dabei viel zu alltäglich, um unzumutbar zu sein.

34 Klassische Situationen der Sittenwidrigkeit sind dagegen gegeben, wenn vom Erben ein bestimmtes Verhalten oder eine Entscheidung verlangt wird, also **Potestativbedingungen** gestellt werden (s. u. § 22 Rn. 45). Wer sich wie geboten gemäß den Bedingungen verhält, also z. B. nicht heiratet oder bei der Heirat nicht gegen die Bedingungen verstößt, verhält sich bedingungskonform, selbst wenn er in „wilder Ehe" lebt und auf den Erbfall wartet, um erst dann als etablierter Erbe zu heiraten. Dies ist zwar eine klare Umgehung der letztwilligen Verfügung, doch das Umgehungsverbot nach § 306a BGB gilt hier nicht. Um diese Umgehung zu verhindern, müsste der Erblasser den Erben als Vorerben unter der auflösenden Bedingung der wie auch immer qualifizierten Ehe einsetzen, so dass der Vorerbe den Nachlass im Fall einer bedingungswidrigen Ehe an den Nacherben verliert.

Die Verbindung zwischen Erbeinsetzung und Handlung des Bedachten schafft in besonders vielen Fällen den Verdacht der Sittenwidrigkeit. So gilt es seit langem als sittenwidrig, dem Erben den Konfessionswechsel zu ge- oder verbieten; gleiches gilt für das Ver- und Gebot einer weiteren Heirat. Fraglich ist jedoch, wie man dies begründet, denn es gibt immer auch wieder Fälle, in denen solche Bedingungen sinnvoll erscheinen. Die Einsetzung des überlebenden Ehegatten als Erben bis zur Wiederverheiratung, in deren Fall die gemeinsamen Kinder Nacherben werden sollen, bezweckt die materielle Absicherung der Hinterbliebenen, welche im Fall einer nachfolgenden Hochzeit im Rahmen der neuen Ehe bewirkt wird.

35 Bei der Entscheidung über die Sittenwidrigkeit gerade in diesen Fällen wird seit längerem auf grundrechtlich abgesicherte Werte verwiesen. Fraglich ist jedoch, wie diese Grundrechtswertungen im Erbrecht zu berücksichtigen sind.

Brigitte (Knobbe-)Keuk differenzierte danach, ob sich die Bestimmung auf das Vermögen oder auf die Person des Erben bezog, nur im letzten Fall solle Sittenwidrigkeit angenommen werden.[244] Wird jedoch der für den Betrieb geeignete Erbe nach seinen persönlichen Merkmalen ausgewählt oder zu einer besonderen Ausbildung angespornt, liegt darin zwar eine personenbezogene, jedoch eine auch gegenüber der Gesellschaft verantwortungsvolle Verfügung, die nicht als sittenwidrig bezeichnet werden darf. Wird die Erbschaft entzogen, weil der Abkömmling einer Sekte beigetreten ist und zu erwarten ist, dass der Nachlass sofort der Sekte zugutekommt, ist die Enterbung rechtmäßig.[245]

Georg Thielmann griff auf das Grundgesetz zurück und wollte als sittenwidrig erklären, was in dem Kernbereich eines **Grundrechts des Erben** nach Art. 19 Abs. 2 GG ein-

---

243 So *Otte*, ZEV 2004, 393, 397.
244 *Brigitte Keuk*, Der Erblasserwillen post testamentum, FamRZ 1972, 9–16, 13 f.
245 OLG Düsseldorf 20.6.1997 – 7 U 152/96, FamRZ 1997, 1506, 1507 = ZEV 1998, 28.

greift.²⁴⁶ Dies ist jedoch einerseits zu eng, weil die Sittenwidrigkeit angenommen werden kann, wenn keine solche Verletzung des Kernbereichs vorliegt. Andererseits ist diese Meinung zu weitgehend, da sich letztlich erst nach dem Erbfall herausstellt, wer wirklich Erbe geworden ist. Stärker der grundgesetzlichen Dogmatik folgt Kellenter, der auch eine Grundrechtsabwägung wie generell bei grundrechtsgestützten Entscheidungen verlangt.²⁴⁷ Noch weitergehender will Goebel die Sittenwidrigkeit nach dem Prinzip des schonendsten Ausgleichs ermitteln, wonach die Verfügung nur wirksam ist, wenn die Testierfreiheit stärker wiegt als die grundrechtlich geschützten Interessen der Erben.²⁴⁸ Diese Ideen missachten tendenziell die grundrechtliche Testierfreiheit.²⁴⁹ Die Berücksichtigung verfassungsrechtlicher Dogmatik verleiht allerdings der Prüfung der Generalklauseln etwas Struktur und Transparenz und erleichtert die Prüfung im sonst eigenständigen Zivilrecht (s. o. § 19 Rn. 8).

Zulässig sind danach Erwägungen, die auf die **Verwendung des Nachlasses** abstellen, auch wenn sie auf die Person des Bedachten zielen. Steht hingegen der Einfluss auf die Person des Erben im Vordergrund, kann Art. 14 Abs. 1 S. 1 GG nicht schützen. Soll mit der Bedingung, dass der Erbe jüdisch ist, die Weitergabe des Familien-Talmud in die richtigen Hände bewirkt werden, ist die Entscheidung folglich durch Art. 14 Abs. 1 S. 1 GG gedeckt; anders, wenn damit der Konfessionswechsel des Abkömmlings erreicht werden soll. Sittenwidrig ist schließlich das, was die Gesellschaft schlechthin nicht akzeptieren kann. Wird beispielsweise verlangt, dass der Erbe nationalsozialistisches Gedankengut unterstützen soll, kann dies von der bundesrepublikanischen Gesellschaftsordnung nicht toleriert werden. Hier greift schon der von § 138 Abs. 1 BGB umfasste **ordre public** als äußerste Grenze dessen, was von der Gesellschaft toleriert werden kann. 36

Auch bei der Annahme der Sittenwidrigkeit ist der Grundsatz des *favor testamenti* (§ 2084 BGB) zu berücksichtigen. Bei der Interpretation des Testaments wäre es beispielsweise falsch, ein sittenwidriges Motiv zu entdecken, das nicht explizit verbalisiert wurde, um darauf das Verdikt der Sittenwidrigkeit zu begründen.²⁵⁰ Letztlich schafft der Interpret in diesem Fall die Sittenwidrigkeit selbst. Stattdessen ist der Interpret verpflichtet, durch Interpretation einen Weg zu finden, um die Sittengemäßheit annehmen zu können. Was also nicht verbalisiert wurde, kann kaum die Annahme der Sittenwidrigkeit begründen. 37

Nach ganz herrschender Meinung kommt es zur Bestimmung der Sittenwidrigkeit auf den **Zeitpunkt der Testamentserrichtung** an, denn ebenso ist bei Verträgen der Moment des Vertragsabschlusses maßgeblich.²⁵¹ Der Testator kann nur die Fakten- und Rechtslage seiner Zeit abschätzen und nur vor diesem Hintergrund ergibt sich wie üblich aus subjektiven und objektiven Umständen die Sittenwidrigkeit seines Testaments. Das Vertrauen auf die Gültigkeit des Testaments muss geschützt werden. Bei neuen Gesetzen wird die Rückwirkung auf vergangene Sachverhalte in nur sehr 38

---

246 *Georg Thielmann*, Sittenwidrige Verfügungen von Todes wegen, Berliner Juristische Abhandlungen 26, 1973, 305.
247 *Wolfgang Kellenter*, Bedingte Verfügungen von Todes wegen, insbesondere auch ein Beitrag zur Sittenwidrigkeit letztwilliger Potestativbedingungen, 1989, zusammenfassend 96 ff.
248 Vgl. *Goebel* (Fn. 108), FamRZ 1997, 656, 661.
249 *Verf.* (Fn. 58), JZ 1999, 517.
250 Ein Beispiel hierfür bei *Walter Zimmermann*, Erbrecht. Lehrbuch mit Fällen, 5. Aufl., 2019, 76 sub (2): Hier wird erst durch den Interpreten ein sittenwidriges Motiv erfunden, das sogar tatsächlich nicht vorhanden war.
251 S. dazu *Verf.*, Der maßgebliche Zeitpunkt zur Bestimmung der Sittenwidrigkeit, AcP 197 (1997), 1–79.

eingeschränkter Weise für zulässig erachtet, gleiches muss dann für die Änderung der Sittenvorstellung gelten. Sollte sich dabei eine so gravierende Änderung ergeben, dass die nach alter Auffassung noch sittengemäße Verfügung in der Gegenwart als schlicht unerträglich angesehen werden kann, gilt allerdings die absolute Schranke des *ordre public* auch rückwirkend.

Wird die Sittenwidrigkeit einer Bestimmung angenommen, ist das Testament in der Regel nicht nach § 139 BGB als insgesamt nichtig anzusehen. Vielmehr gilt § 2085 BGB, wonach im Zweifel die Verfügung im Übrigen erhalten bleibt. § 139 BGB passt im Erbrecht nicht, weil der Erblasser nach der Feststellung der **Teilnichtigkeit** meist keinen neuen Willen mehr bilden kann. Der Grundsatz des *favor testamenti* (§ 2084 BGB) gebietet daher alles zu tun, um dem letzten Willen soweit wie möglich zu entsprechen.

39 Auch der im Ergebnis zu grobschlächtige Grundsatz, den sittenwidrigen Inhalt des Testaments als nicht geschrieben anzusehen („pro non scriptum/-a habetur"), kann aus diesem Grund nicht greifen: Oft kann durch das Wegstreichen der inkriminierten Bestimmung die Regelung ihren Sinn verlieren oder ins Gegenteil verkehrt werden. Sollte nur aufgrund der Bedingung ein Freund statt der Familie erben, ist die Aufrechterhaltung der Erbeinsetzung ohne Bedingung unsinnig.[252] Stattdessen ist eine **ergänzende Auslegung** durchzuführen, um dem ursprünglichen Willen nachzuspüren. Soweit wie möglich ist der ursprüngliche Wille zu verwirklichen. Dort, wo er nicht aufrechterhalten werden kann, ist zu ermitteln, was der Erblasser hypothetisch in der vorliegenden Situation gewollt haben würde (dazu s. u. § 23 Rn. 12).

▶ **Antwort:** Nach dem hier vertretenen Lösungsansatz kommt es darauf an, dass E nicht die Religionsfreiheit der Kinder beeinträchtigen, sondern den religiösen Gebrauch der Familienthora in der nächsten Generation sicherstellen will. Sie soll nicht als Sache oder Wert, sondern als Grundlage des Glaubens dienen. Um diese Verwendung zu garantieren, scheint die Bedingung verhältnismäßig und im Ergebnis gerechtfertigt. ◀

Fragen zur Wiederholung und Vertiefung

42. Wozu dient das Testamentsrecht?
43. Warum ist die Entscheidung des Erblassers höchstpersönlicher Natur?
44. Was schützt Art. 14 Abs. 1 S. 1 GG im Hinblick auf das Erbrecht?
45. In welchem Maße gelten die Grundrechte im Zivilrecht?
46. Was sind die Grenzen der Testierfreiheit?
47. Durch welche zivilrechtlichen Instrumente wird die Testierfreiheit geschützt?
48. Wonach wird ein Testament ausgelegt?
49. Im Testament wurden A zu 1/3, B zu 1/4 und C zu 2/5 eingesetzt, weitere Informationen sind nicht zu erhalten. Wie ist der Nachlass aufzuteilen?
50. Wann kommt bei Ausfall eines Erben die Anwachsung der Erbteile der übrigen Erben in Betracht?
51. Warum kann man sagen, die Form sei eine „Zwillingsschwester" der Freiheit (Jhering)?
52. Sind Minderjährige testierfähig?

---

252 Vgl. näher *Hans-Georg Hermann*, Pro non scripta habere und § 2085 BGB: Untersuchung eines geltungserhaltenden Lösungsansatzes bei Binnenteilunwirksamkeit einseitiger letztwilliger Verfügungen (Münchener Universitätsschriften, 157), 2001.

§ 20 Testament – Allgemeine Voraussetzungen

53. Wann muss das Testament Ort und Zeitpunkt der Abfassung erkennen lassen?
54. Warum muss der Erblasser beim Verlesen des Testaments vor dem Notar die einzelnen Verfügungen mit „Ja" ausdrücklich bestätigen?

▶ **Lösen Sie folgenden Fall 1:** E hat in seinem notariell beglaubigten Testament seinen Sohn S als Alleinerben eingesetzt. Kurz vor seinem Tod möchte er doch seine Ehefrau F als Alleinerbin einsetzen. Er nimmt sein Testament, in dem er handschriftlich S eingesetzt hat. Da der Kugelschreiber versagt, nimmt er eine Blaupause und drückt mittels des Kugelschreibers auf das Blatt durch:

„Ich habe mir die Sache noch einmal überlegt. Nicht S, sondern F soll nach meinem Tod alles erhalten." (Unterschrift mit Vornamen)

Dann fällt ihm noch ein, auch seiner Schwester T etwas zu hinterlassen. 3 cm unter dem obigen Text setzt er hinzu:

„P. S. : Meine Schwester T soll 5.000 EUR erhalten."

S verlangt den Nachlass von F heraus. T will wissen, ob sie die 5.000 EUR verlangen kann.

Wie ist die Rechtslage? ◀

55. Der Erblasser vermacht sein Unternehmen der Tochter unter der Bedingung, dass sie nicht mehr der Scientology-Bewegung angehört. Stellt dies einen Verstoß gegen § 2065 Abs. 2 Var. 1 BGB dar?
56. Wie bestimmen Sie, ob der Erblasser im Fall der vorigen Frage gegen das Gebot des § 2065 Abs. 2 BGB verstoßen hat, wenn die Entscheidung über die Zugehörigkeit dem Prokuristen des Unternehmens überlassen wird?
57. An welche Prüfungspunkte muss man denken, wenn man die Wirksamkeit eines Testaments prüfen will?
58. Der Erblasser verbietet dem überlebenden Ehegatten, die Konfession zu wechseln. Dieser möchte nach dem Erbfall zum Islam übertreten, scheut sich jedoch davor, die finanzielle Grundlage des bisherigen Lebens zu verlieren. Welches Problem besteht?
59. Wie sind im Fall der vorangehenden Frage die Interessen zu werten?

§ 21 Weitere Arten letztwilliger Verfügungen

I. Gemeinschaftliches Testament

▶ **Frage:** M und F leben in harmonischer Ehe, M widerspricht nie. F entscheidet über die Verteilung des Vermögens der Eheleute. M schreibt dies in einem „Testament der Eheleute M und F" auf und unterschreibt. Nach dem Rat einer Freundin unterschreibt auch F das Testament. Nach einer Weile reicht F die Scheidung ein, doch nach einem halben Jahr stirbt sie. Wird M Erbe der F? ◀

1. Anwendungsbereich

1 Bislang wurde ausschließlich von einseitigen letztwilligen Verfügungen des Erblassers ausgegangen. Daneben gibt es besondere Arten der letztwilligen Verfügungen, in welchen mehrere Personen gemeinsam testieren bzw. welche die **Teilnahme anderer Personen am Testierakt** ermöglichen. Aufgabe der weiteren Arten letztwilliger Verfügungen ist es, das Testieren Mehrerer zu ermöglichen bzw. zu erleichtern. Das BGB gestattet ferner das gemeinsame Testament und den Erbvertrag. Noch nicht ganz geklärt ist dagegen, inwieweit die EuErbVO hier neue Probleme schafft. Statt des gewöhnlichen Aufenthalts können sich danach die Parteien für ihr nationales Recht entscheiden. Ein deutsch-französisches Ehepaar, das in Deutschland einen Erbvertrag aufsetzt und dann nach Italien zieht, riskiert die Gültigkeit ihrer letztwilligen Verfügung (Art. 3 Abs. 1 lit. b und c EuErbVO; Art. 25 Abs. 2 UAbs. 1 EuErbVO): Durch das Abstellen auf den letzten Wohnort könnte ausländisches Recht anzuwenden sein, welches diese Testierformen u. U. nicht kennt, vorbehaltlich der Übergangsbestimmungen in Art. 83 Abs. 2, 3, 4 EuErbVO. Es wird zeitlich aber gemäß Art. 25 Abs. 2 UAbs. 1 EuErbBVO auf den Zeitpunkt der Vertragsschließung abgestellt, sodass ein später Ortswechsel unschädlich ist. Jedenfalls der französische Ehepartner kann sich selbst nicht ohne Weiteres für das deutsche Erbrecht entscheiden. Warum die europäische Rechtsordnung eine solche Reduktion der Wahlmöglichkeiten bedeuten soll, ist nicht einzusehen. Alle diese Formen inkl. Erb- und Pflichtteilsverzichtsverträge könnten aus der Sicht des fremden Rechts unwirksam sein. Das ist noch nicht abschließend geklärt.

2 Traditionell testieren Ehepaare in einer aufeinander abgestimmten Art und Weise. Für diesen Zweck gibt es das gemeinschaftliche Testament in §§ 2265–2272 BGB. § 2265 BGB präzisiert, dass diese Form **nur Ehepaaren** offen steht. Nach § 10 Abs. 4 LPartG steht diese Möglichkeit ebenso den Partnern einer eingetragenen gleichgeschlechtlichen Lebenspartnerschaft offen; seit 2017 können diese nunmehr eine Ehe abschließen. Der Grund für diese Restriktion auf die Ehe ist, dass dem gemeinsamen Wirtschaften des Paares zu Lebzeiten auch in der letztwilligen Verfügung Rechnung getragen werden soll. Dabei ist es sowohl für die ökonomische Gemeinschaft als auch für das gemeinschaftliche Testament unerheblich, in welchem Güterstand das Ehepaar gelebt hat. Im Hinblick auf diese besondere Gemeinschaft hat der Gesetzgeber ausnahmsweise den Eheleuten und den Partnern der eingetragenen Lebensgemeinschaft die besondere Form des gemeinschaftlichen Testaments eingeräumt.

Inhaltlich kann das gemeinschaftliche Testament alle Verfügungen eines einseitigen Testamentes beinhalten. Es ist gemäß § 349 Abs. 1 FamFG nach dem Tod des Erstversterbenden zu eröffnen, dabei sind die Verfügungen des Überlebenden nicht zu verkünden oder zur Kenntnis zu bringen.

Gäbe es das gemeinschaftliche Testament nicht, müsste jeder Ehe- und Lebenspartner für sich ein Testament aufsetzen und mindestens handschriftlich niederlegen. Zusammen testieren zu können hat daher zunächst den formellen Vorteil, dass **nur eine Urkunde** erstellt werden muss. Folglich ist es unnötig, dass beide Ehepartner gemäß § 2247 Abs. 1 BGB ihren letzten Willen handschriftlich schreiben. Vielmehr gilt der von einem Ehegatten mit der Hand geschriebene Text auch für den anderen (dazu s. u. § 21 Rn. 4 ff).

Darüber hinaus erleichtert die gemeinschaftliche Verfügung auch die Verfolgung eines einheitlichen wirtschaftlichen Ziels, indem Bestimmungen getroffen werden, wie im Vorversterben des einen oder anderen Partners zu verfahren ist. Die Bestimmungen der Partner bilden auch insoweit eine Einheit, als im Vertrauen auf die Gültigkeit der letztwilligen Bestimmung des anderen testiert wird. Dieses **Vertrauensverhältnis** unterscheidet das gemeinschaftliche Testament vollends vom einfachen Testament. Die gesetzlichen Konsequenzen sind noch (s. u. § 21 Rn. 5 ff) darzustellen. So können die Ehepartner eine gemeinsame Strategie für ihre beiden Nachlässe planen.

2. Formerleichterung

In der Regel gelten die Vorschriften zum Testament auch für die anderen Formen letztwilliger Verfügungen. Allerdings erfordert die besondere Testierweise des gemeinschaftlichen Testaments eine eigenständige Regelung. Auch der Nachlass des Mittestierenden muss irgendwie geregelt werden. Insbesondere das durch den gemeinsamen Testierakt entstehende Vertrauen der Gegenseite nimmt dem Erblasser die einfache Widerrufsmöglichkeit. Insoweit liegen hier Sonderregeln vor, die das allgemeine Testamentsrecht ausschließen.

Bei den gemeinsamen Testamenten gilt die Sonderregelung zur Form, die den Eheleuten das Testieren in einer Urkunde ermöglicht. Die **Formerleichterung** des gemeinschaftlichen Testaments ist notwendig und einleuchtend. Ein Ehepartner kann das Testament allein schreiben. Was der eine handschriftlich aufgesetzt hat, muss der andere nur noch unterschreiben. Dies reicht nach § 2267 S. 1 BGB zur Formgültigkeit aus. Dabei „soll" nach § 2267 S. 2 BGB der Zeitpunkt der **Mitunterzeichnung** angegeben werden. Dieses nur durch einen Ehepartner aufgesetzte Testament gilt für den Tod von beiden Eheleuten.

3. Trennungs- oder Einheitsprinzip

Die Verfügungen des Ehepaars werden im Hinblick darauf getroffen, dass die Ehepartner wohl kaum gleichzeitig sterben werden. In dieser Situation wird meist der überlebende Partner besonders neben den gemeinsamen Kindern bedacht. Es gibt also den überlebenden Ehegatten als ersten Erben sowie nach dessen Tod die Kinder als „Schlusserben". Für diese Konstellation gibt es zwei Möglichkeiten, das Testament zu gestalten:

(1.) Nach dem „**Trennungsprinzip**" bleiben die Nachlässe von Mann und Frau getrennt. Das Vermögen des Verstorbenen wird zunächst dem Überlebenden vererbt und fällt erst nach dessen Ableben an einen Dritten, etwa das Kind. Dogmatisch wird dies dadurch erreicht, dass der überlebende Ehegatte nur als Vorerbe, der Dritte hingegen als Nacherbe des Erstversterbenden eingesetzt wird (dazu s. u. § 22, S. 144 ff). Der Eintritt der Nacherbschaft wird dann meist an die Bedingung geknüpft, dass der Vorerbe verstirbt; aber auch die Wiederverheiratung des überlebenden Ehegatten u.a.m. kann zur auflösenden Bedingung bestimmt werden.

Nachteil dieser Regelung ist, dass zwischen Vor- und Nacherbe notwendigerweise eine komplizierte juristische Beziehung begründet wird. Diese führen dazu, dass der Vorerbe die Erbschaft regelmäßig nicht verbrauchen darf, sonst bliebe für den Nacherben nichts übrig. Allerdings kann der Vorerbe von dieser Pflicht befreit werden.

Ein Vorteil ist hingegen, dass der Erbe die Nacherbschaft annehmen und das Erbe des Vorerben ausschlagen kann. Soll beispielsweise nach dem Tod des Vaters erst die Mutter Vorerbin, dann die Tochter Nacherbin werden, kann Letztere die Erbschaft des Vaters im Hinblick auf dessen Firmenschulden ausschlagen, hingegen jene nach der Mutter annehmen. Allerdings wird damit die Mutter rückwirkend zur Alleinerbin, die Schulden des Vaters fallen in den Nachlass der Mutter und damit doch wieder der Tochter zu. Der finanzielle Vorteil der getrennten Ausschlagungsmöglichkeit kann dadurch verloren gehen.

(2.) Nach einer zweiten Möglichkeit werden die Vermögen der Eheleute durch den Tod des ersten verschmolzen und der überlebende Ehegatte wird allein Vollerbe. Hier spricht man vom „**Einheitsprinzip**". Der Erbe ist gegenüber jedem Dritten völlig frei, sogar gegenüber der Person, die nach seinem Tod als „Schlusserbe" den Nachlass beider Eheleute erhalten soll. Der Schlusserbe hat lediglich eine juristisch kaum abgesicherte Anwartschaft (also nicht im rechtstechnischen Sinne eine Anwartschaft) auf das Erbe nach dem Tod des letzten Ehegatten. Da Verträge über den Nachlass eines lebenden Dritten nach § 311 b Abs. 4 S. 1 BGB nichtig sind, ist diese Anwartschaft weder veräußerlich noch vererblich. Der Schlusserbe kann die Erbschaft nach dem überlebenden Ehepartner gemäß § 1946 BGB nur einheitlich annehmen oder ausschlagen, sobald der zweite Ehegatte verstorben ist.

Schon Martin Luther setzte so 1542 seine Ehefrau Katharina von Bora ein, insoweit noch gegen die damaligen Gesetze. Diese Praxis wurde im Berlin des 18. und 19. Jahrhunderts so oft herangezogen, obwohl weder das dortige Stadtrecht noch das preußische Recht dies unbedingt vorsahen, so dass dieses gemeinschaftliche Testament mit dem Einheitsprinzip bis heute als „**Berliner Testament**" bezeichnet wird. Es ist das wohl am meisten gebräuchliche Testament in Deutschland, aber auch das am meisten problemanfällige.[253] Dahinter steht die Vorstellung der Ehe als Wirtschaftseinheit.

6 Im Einzelfall kann es durchaus unklar sein, ob das gemeinschaftliche Testament nach dem Trennungs- oder Einheitsprinzip gestaltet wurde. Eine Klärung kann sich aus dem Wortlaut, aber ebenso direkt aus den Notwendigkeiten des Falles ergeben. Wurde etwa die Nacherbfolge für den Fall der Wiederverheiratung auflösend bedingt, kommt nur die Trennungslösung in Betracht, denn der Nachlass des Erstversterbenden wird hier dem Überlebenden wieder genommen und kann daher noch nicht mit dessen Vermögen ganz verschmolzen sein. Das Vermögen des Erstverstorbenen muss noch vom Vermögen des überlebenden Ehegatten zu dessen Lebzeiten getrennt gehalten werden, damit die Übertragung für den Fall der Wiederverheiratung an den Nacherben möglich bleibt.

---

253 *Rainer Kanzleiter*, Das Berliner Testament: immer aktuell und fast immer ergänzungsbedürftig, ZEV 2014, 225–232.

Bleibt unklar, welche Gestaltung gewählt wurde, ist das gemeinschaftliche Testament auszulegen. Dies geschieht gemäß § 133 BGB nach dem wirklichen Willen des Erblassers. Lässt sich der wirkliche Wille nicht ermitteln, kann nach der Regelung des § 2269 Abs. 1 BGB im Zweifel ein „Berliner Testament" angenommen werden. Im Zweifel ist danach der Zweitgenannte nach dem überlebenden Ehegatten nur Schlusserbe, nicht Nacherbe; die komplizierte Vor- und Nacherbenstellung soll also vermieden werden. Für diese Lösung gemäß dem Einheitsprinzip sprechen sowohl die größere Klarheit als auch die leichtere Abwicklung. Gerade unter Eheleuten war das Berliner Testament daher besonders beliebt.

Gegen das Berliner Testament spricht dagegen die fehlende Flexibilität, auf die veränderten Tatsachen reagieren zu können. Man müsste daher das Berliner Testament ergänzen mit weiteren Bestimmungen für die verschiedenen Fälle. So wird empfohlen, eine ausdrückliche Ersatzerbenbestimmung in das Testament aufzunehmen, damit der Schlusserbe auch dann erben kann, wenn der überlebende Ehegatte die Erbschaft nicht annimmt.[254] Doch außerdem ist das Berliner Testament auch steuerrechtlich ungünstig. Werden die Kinder auch (Nach-)Erben des erstversterbenden Elternteils, können sie zweimal den Kinderfreibetrag des Steuerrechts gelten machen. Vom Zweitversterbenden bekommen sie nur dessen Vermögen, das des bereits Erstverstorbenen wird nicht ein zweites Mal versteuert. Aufgrund dieses Vorteils der Trennungslösung wird vor der Einheitslösung des Berliner Testament allgemein gewarnt.

Darüber hinaus kann Gestaltung als „Berliner Testament" vom Dritten jedoch empfindlich gestört werden, wenn er nach dem Tod des erstversterbenden Ehegatten seinen Pflichtteil verlangt. Eine einfache Verwirkungsklausel (*clausula Sociniana*) hilft hier nicht (s. u. § 22 Rn. 45), da das Pflichtteilsrecht nicht ausgeschlossen werden kann und der Entzug des Erbrechts nach dem zweiten Todesfall meist nicht gewünscht ist. Als Schlusserben kann man jedoch zwei Personen bestimmen und die Erbeinsetzung wie folgt bedingen: Fordert die eine den Pflichtteil nach dem ersten Erbfall, soll nur die andere nach dem Tod des anderen Elternteils Schlusserbe werden. Wer von beiden hier den Pflichtteil fordert, bekommt in beiden Erbfällen auch nicht mehr als den Pflichtteil, verliert also den zugedachten Erbteil. So hat man mit dieser Entzugsmöglichkeit eine wirkungsvolle Drohung. Diese klauselmäßige Gestaltung in Testamenten wird als „Jastrowsche Formel" bezeichnet. Schon die Vereinbarung einer Verzinsung des sonst nicht weiter in Anspruch genommenen Erbteils kann dann den Verlust des Erbteils begründen.[255] Bei der Trennungslösung kann dies insofern umgangen werden, als dass die Einsetzung als Nacherbe zu einer Erbenstellung führt, die einen Pflichtteilsanspruch ausschließt. Aber auch dies ist nicht sicher, da eine Ausschlagung der Nacherbenstellung ohne Verlust des Pflichtteilsrechts gemäß § 2306 Abs. 1 Var. 1 BGB möglich ist.

4. Wechselbezügliche Verfügungen

Das gemeinschaftliche Testament ermöglicht den Ehepartnern eine gemeinsame Strategie für ihre beiden Nachlässe. Ein besonderes Problem bereiten daher die **wechselbezüglichen Verfügungen**, also jene Bestimmungen, die nur im Hinblick auf die letztwilligen Anordnungen des anderen Ehepartners getätigt werden. § 2270 Abs. 1 BGB defi-

---

254 Damrau (Fn. 113)/ *Klessinger*, § 2269 Rn. 8.
255 So OLG München, ZEV 2006, 441.

niert sie als Verfügungen des einen, die nicht ohne die entsprechende Verfügung des anderen getroffen worden wäre. Man kann an die wechselseitige Erbeinsetzung der Ehegatten denken: Wer auch immer den anderen überlebt, soll das Vermögen des Verstorbenen erben. Die Wechselbezüglichkeit kann daher auch dann vorliegen, wenn die Ehepartner in getrennten Urkunden testierten.[256] Wie bei einem Vertrag wird hier **Vertrauensschutz** notwendig; der überlebende und erbende Ehegatte soll nicht in der Lage sein, die Erwartungen des Verstorbenen zu enttäuschen. Insofern eine Verfügung im Hinblick auf den Testierakt des Ehepartners angeordnet wurde, das Gesetz spricht hier von einer wechselbezüglichen Verfügung, soll der Überlebende an die Bestimmungen des gemeinschaftlichen Testamentes gebunden sein. Nach § 2270 Abs. 3 BGB kann dieser Vertrauensschutz nur für Erbeinsetzungen, Vermächtnisse und Auflagen gelten. Man sollte im Zweifel keine Wechselbezüglichkeit annehmen, um den überlebenden Ehepartner nicht zu binden.[257]

9   Wann ist eine Verfügung wechselbezüglich? Gemäß § 2270 Abs. 2 BGB gibt es eine **Vermutung der Wechselbezüglichkeit** nicht nur für gegenseitige Einsetzungen, sondern auch für Zuwendung an einen Verwandten des anderen Ehegatten. Regelungsbedarf besteht wegen der Abhängigkeit der Entscheidung des einen Ehepartners von der Verfügung des anderen. Eine Erbeinsetzung etwa muss daher nach h.M. nicht für beide Ehepartner wechselbezüglicher Natur sein:[258] Auf die als „einseitig wechselbezüglich" bezeichneten wechselbezüglichen Verfügungen findet eine analoge Anwendung von den §§ 2270, 2271 BGB statt. Fraglich ist dann nur, ob die Verfügung aus der Sicht des konkret relevanten Erblassers zur Zeit der Testamentserrichtung wechselbezüglicher Art war. Soll nach dem Tod der Eheleute der Bruder der Ehefrau Schlusserbe werden, so war diese Entscheidung des Ehemanns sowohl in Bezug auf seine Frau als auch ihres Bruders wechselbezüglicher Natur aus Sicht der vorverstorbenen Ehefrau. Bezüglich der Erbeinsetzung des Bruders gilt dies jedoch nicht für die Ehefrau (falls sie den Ehemann überlebt), denn ihre Entscheidung lässt insoweit keine Abhängigkeit aus Sicht des vorverstorbenen Ehegatten erkennen; sie hatte wahrscheinlich allein ein Interesse daran den Bruder als Schlusserben einzusetzen, anders als der in diesem Fall vorverstorbene Ehemann. Sie kann also nach dem Tod ihres Mannes nicht an diese Bestimmung gebunden sein.

Erforderlich ist, dass man den **gemeinsamen Willen** der Erblasser erkennen kann, einen Verwandten als Schlusserben zu bestimmen. Fällt dieser weg, käme nach der Vermutung von § 2069 BGB ein Abkömmling als Ersatz-Schlusserbe in Betracht. Voraussetzung der Anwendung von § 2270 Abs. 2 BGB ist, dass der Begünstigte nicht nur als Erbe vermutet wird, sondern dass auch der entsprechende Wille der Erblasser festgestellt werden kann.[259] Die Vermutung der Wechselbezüglichkeit wird daher restriktiv gehandhabt: Nach überwiegender Meinung ist die Einsetzung selbst von gemeinsamen Kindern ohne weitere Hinweise nicht wechselbezüglicher Natur, denn die Einsetzung erfolgt eher wegen der Verwandtschaft als durch die Verabredung wechselbezüglicher Verfügungen.[260] Der überlebende Ehegatte bleibt dann frei, einen anderen Erben einzusetzen. Gleiches gilt, wenn es sich um Verwandte des überlebenden Ehepartners han-

---

256 LG München 28.1.2008 – 8 T 6325/06, NJW-Spezial 2008, 328.
257 Keine Wechselbezüglichkeit daher bei der Einsetzung der eigenen Verwandten, OLG Saarbrücken 16.9.2014 – 5 W 47/14, FamRZ 2015, 877.
258 MüKoBGB/*Musielak*, 9. Aufl. 2022, BGB § 2270 Rn. 3.
259 BGH 16.1.2002 – IV ZB 20/01, NJW 2002, 1126.
260 Grüneberg (Fn. 31)/*Weidlich*, § 2270 Rn. 5.

delt. Je entfernter der (Schluss-)Erbe – verwandtschaftlich und/ oder emotional – zum Erblasser steht, desto weniger wird man eine Wechselbezüglichkeit annehmen können.[261]

Die Wechselseitigkeit entfaltet eine besondere **Wirkung**. Sie betrifft den **einseitigen Widerruf** einer Bestimmung durch einen Ehepartner; gemeinsam können sie ohne Problem das Testament widerrufen oder einen *actus contrarius* aufsetzen. Wird eine wechselseitige Bestimmung nichtig oder einseitig widerrufen, wird dagegen nach § 2270 Abs. 1 BGB auch die andere Bestimmung unwirksam. Setzen sich beispielsweise Mann und Frau gegenseitig als Erben ein und bestimmen im Übrigen, dass das gemeinsame Kind nur ein Vermächtnis erhalten soll, und widerruft die Ehefrau ihren letzten Willen, verliert sie ihre Erbenstellung und wird nach dem Tod des Ehemannes nicht Erbin. Das vom Mann angeordnete Vermächtnis für das Kind bleibt davon jedoch unberührt.

Die Durchführung des einseitigen Widerrufs **zu Lebzeiten der Ehegatten** wird durch § 2271 Abs. 1 S. 1 BGB mit Verweis auf die Regeln des Erbvertrags geregelt. Nach § 2296 Abs. 1 BGB kann nur höchstpersönlich ein **Rücktritt** erklärt werden. Dafür ist nach §§ 2271 Abs. 1 S. 1, 2296 Abs. 2 S. 2 BGB eine notariell beglaubigte Erklärung des Rücktritts erforderlich.[262] Darüber hinaus kommt ein **Widerruf** gemäß §§ 2254, 2258 i. V. m. §§ 2291 ff BGB durch einen neuen Testierakt in Betracht.[263] Der Ehepartner muss dann allerdings gemäß § 2291 BGB dem einseitigen Testament des anderen zustimmen oder es wird ein neues gemeinschaftliches Testament aufgesetzt. Das gemeinschaftliche Testament wird ebenfalls gemäß §§ 2272, 2256 BGB durch die gemeinschaftliche Rücknahme aus der amtlichen Verwahrung aufgehoben bzw. gemäß § 2255 BGB durch die gemeinschaftliche Vernichtung der Testamentsurkunde.

10

Nach dem Tod des Ehegatten erlischt sogar gemäß § 2271 Abs. 2 S. 1 BGB das Recht zum Widerruf. Es entsteht eine noch stärkere **Bindung** an das gemeinschaftliche Testament, die der im Fall eines Erbvertrags ähnelt. Einseitige Verfügungen entgegen den wechselseitigen Bestimmungen werden unwirksam. Die Bindungswirkung endet nur in wenigen Fällen, etwa nach § 2271 Abs. 2 S. 1 HS. 2 BGB, wenn der Überlebende die Erbschaft ausschlägt. In Betracht kommt noch die Anfechtung der wechselbezüglichen Verfügung durch den überlebenden Ehegatten analog § 2281 Abs. 2 i. V. m. § 2078 f BGB (zur Anfechtung s. u. § 27 Rn. 1 ff).[264]

11

Ebenso wirkt die Anfechtung durch einen Pflichtteilsberechtigten nach § 2079 BGB, sofern nicht die Frist zur Anfechtung bereits abgelaufen ist. In gleicher Weise kann der Überlebende nach §§ 2271 Abs. 2 S. 2, 2294 BGB vom gemeinschaftlichen Testament zurücktreten, wenn er von Verfehlungen des zuerst Verstorbenen erfährt, oder nach §§ 2271 Abs. 2 S. 2, 2336 BGB wenn der Grund zur Entziehung des Pflichtteils vorliegt. Ebenso kann der Widerruf des Überlebenden in dem gemeinschaftlichen Testament vorbehalten werden.

5. Besondere Nichtigkeitsgründe

Das gemeinschaftliche Testament ist nach §§ 2268, 2077 BGB insgesamt nichtig, wenn die Ehe nichtig ist bzw. vor dem Tod eines der Ehegatten aufgelöst werden sollte, die

12

---

261 Z. B. bezüglich gemeinsamer Bekannten OLG München 16.4.2007 – 31 Wx 108/06, NJW-RR 2008, 387.
262 Vgl. BGH 14.12.1961 – V ZB 20/61, BGHZ 36, 201; BGH 19.10.1967 – III ZB 18/67, BGHZ 48, 374.
263 Sofern bestimmte Voraussetzungen (nur Vermächtnisse und Auflagen enthalten) gegeben sind: MüKo-BGB/*Musielak*, 9. Aufl. 2022, BGB § 2271 Rn. 3.
264 *Leipold* (Fn. 117), Rn. 476.

Scheidung beantragt war und die Voraussetzungen für die Scheidung vorlagen. Für die Lebenspartnerschaft wird dies nach den Voraussetzungen des § 15 LPartG entsprechend zu gelten haben.

▶ **Antwort:** Zwar hat F kein Testament geschrieben. Doch die Formerleichterung des § 2267 bewirkt, dass der von M geschriebene Text durch ihre Unterschrift auch als ihr Testament angesehen werden kann. Durch die Scheidung entfällt zwar die Voraussetzung für ein gemeinschaftliches Testament. Dies gilt auch dann, wenn nach §§ 2268 Abs. 1, 2077 Abs. 1 S. 2 BGB die Voraussetzungen zur Scheidung vorlagen. Da das erste Trennungsjahr jedoch nicht abgelaufen ist, liegen diese noch nicht vor. ◀

II. Erbvertrag

▶ **Frage:** E will sein Unternehmen geschlossen an einen seiner Nachkommen übertragen. Er möchte den ältesten Sohn als Erben des Geschäfts einsetzen, die anderen erhalten nur Abfindungen. Welche Möglichkeiten bieten sich hier an? ◀

1. Anwendungsbereich

13   Erbverträge sind Verträge, in denen letztwillige Verfügungen aufgenommen werden. Sie können inhaltlich einseitiger Art sein, wenn nur ein Erblasser Verfügungen in der Form des Erbvertrags festlegt. Sie können jedoch auch zwei- oder mehrseitiger Natur sein, wenn sich mehrere Erblasser gegenseitig durch den Erbvertrag binden wollen. Anders als das gemeinschaftliche Testament stehen sie nicht nur Ehegatten zu, dafür sind sie ihrem Charakter nach stärker bindend. Sie begründen aufgrund ihres Vertragscharakters **bindende, grundsätzlich unwiderrufliche Verfügungen von Todes** wegen. Der durch Erbvertrag zum Erben Berufene wird gemäß §§ 2279 Abs. 1, 1941 Abs. 1, 1923 Abs. 1 BGB Erbe, wenn er den Erbfall erlebt. Er wird zwar vertraglich geschützt. Es gibt aber keinen Grund, ihn vor dem Erbfall als wirklichen Erben anzusehen und ihm den Schutz aus Art. 14 Abs. 1 S. 1 GG zukommen zu lassen (s. o. § 19 Rn. 14). Der Erblasser seinerseits ist an die Einsetzung gebunden. Selbst entgegenstehende frühere Testamente werden nach § 2289 Abs. 1 S. 1 BGB durch den Erbvertrag insoweit aufgehoben. Ebenso sind spätere Verfügungen § 2289 Abs. 1 S. 2 BGB folgend unwirksam, insoweit sie mit dem Erbvertrag inkompatibel sind.

Nach römischem Recht galt diese Beschränkung der Testierfreiheit als sittenwidrig. Trotz § 2302 BGB gilt dies heute nicht mehr. In vielen Ländern der römischen Rechtsfamilie sind die Erbverträge dagegen heute noch unbekannt oder gar sittenwidrig. Gerade im Hinblick auf die EuErbrechtsVO wirft dies das Problem auf, dass dann evtl. ein deutscher Erbvertrag nach italienischem Recht behandelt werden muss und für nichtig erklärt wird. Die Wahl des Erbvertrags als Form der letztwilligen Verfügung sollte also bedenken, dass später möglichst kein anderes Erbrechtsstatut gelten sollte. Noch unsicherer aus ausländischer Sicht ist die Einordnung des gemeinschaftlichen Testaments.[265]

Gegen die Tradition des römischen Rechts ist einzuwenden, dass der Erbvertrag eine sinnvolle Strategie für größere Vermögen und mehrere Beteiligte darstellt, z. B. für eine generationenübergreifende Planung. Bei den Partnern des Erbvertrags kann, muss es sich aber nicht um Familienangehörige handeln, z. B. auch um Geschäftspartner zur

---

265 Vgl. *Dieter Leipold*, Das Europäische Erbrecht (EuErbVO) und das deutsche gemeinschaftliche Testament, ZEV 2014, 139–144.

Sicherung des gemeinsamen Unternehmens. Die Erbvertragspartner verbinden sich, um zusammen größere Ziele zu erreichen und/ oder diese über einen größeren Zeitraum verwirklichen zu können. Der Vertrag schafft Klarheit und kann bis zu einem gewissen Grad Klagen ausschließen, so dass eine größere Gewissheit über die künftige Lage erreicht wird.

Allerdings können hiermit nach § 2278 Abs. 2 BGB nur Erbeinsetzungen, Vermächtnisse, Auflagen und das anzuwendende Erbrecht bestimmt werden. Umstritten ist, ob auch Teilungsanordnungen Teil des Erbvertrages werden können. Die h.M. lehnt dies aufgrund des eindeutigen Wortlauts ab.[266] Andere Verfügungen können im Erbvertrag enthalten sein, werden dadurch aber nicht vertragsmäßige Verfügungen, sondern sog. einseitige Verfügungen.[267] Sie sind **testamentarische Ergänzungen** des Erbvertrags, welche die Entziehung eines Pflichtteils, den Ausschluss eines gesetzlichen Erben oder die Testamentsvollstrecker-Anordnung beinhalten können. Für diese einseitigen Verfügungen wird gemäß § 2299 Abs. 2 S. 1 BGB das reguläre Testamentsrecht für anwendbar erklärt; folglich auch die entsprechenden Aufhebungsregeln. Allein § 2255 BGB wird nach allgemeiner Ansicht als nicht anwendbar erachtet.[268] Auch Rechtsgeschäfte unter Lebenden können ebenso mit in den Erbvertrag aufgenommen werden, ohne Vertragsbestandteil zu werden. Erbverträge können demnach in verschiedenen Situationen flexibel eingesetzt werden. So kann es sogar entgeltliche Erbverträge geben, ohne dass hierdurch § 2302 BGB verletzt wäre.

14

Es gibt zwei Arten des Erbvertrags: Bei **einseitigen** Erbverträgen liegt die Erklärung des Erblassers vor, ein anderer nimmt diese Erklärung lediglich entgegen. Bei **zweiseitigen** Erbverträgen agieren beide Parteien gemäß § 2278 Abs. 1 BGB als Erblasser, etwa wenn Geschwister gemeinsam zugunsten eines Dritten, z. B. einer Stiftung, den Erbvertrag abschließen. Nach § 2298 Abs. 1 BGB ist der gesamte Erbvertrag nichtig, selbst wenn sich nur eine Bestimmung als unwirksam erweist. Ebenso hebt die Ausübung des vorbehaltenen Rücktrittsrechts den ganzen Erbvertrag gemäß § 2298 Abs. 2 S. 1 BGB auf.

15

2. Umgehungsgeschäfte

Durch den Erbvertrag werden alle **entgegenstehenden letztwilligen Verfügungen unwirksam**. Frühere und spätere Testamente, soweit ihr Inhalt dem des Erbvertrags widerspricht, sind unwirksam.

16

Nur durch Rechtsgeschäfte unter Lebenden kann der Erblasser nach § 2286 BGB weiterhin über sein Vermögen verfügen. Also müssen auch hier dem Missbrauch und den **Umgehungsgeschäften** Grenzen gezogen werden. Erfolgen Schenkungen in Beeinträchtigungsabsicht, kann der Erbe diese gemäß § 2287 Abs. 1 BGB nach den Regeln des Bereicherungsrechts herausverlangen. § 2287 Abs. 2 BGB zufolge verjähren diese Ansprüche in drei Jahren nach Anfall der Erbschaft.

§ 2287 BGB wird extensiv ausgelegt: Er gilt ebenso für die unbenannten Zuwendungen unter Ehegatten, also jene unentgeltlichen Zuwendungen unter Eheleuten, die der BGH mangels einer entsprechenden Absprache nicht als Schenkung bezeichnen will. Eine Benachteiligungsabsicht wird häufig vorliegen, insbesondere wenn kein lebzeitiges

---

266 BeckOK BGB/*Litzenburger*, 70. Aufl. 01.05.2024, BGB § 2278 Rn. 1.
267 MüKoBGB/*Musielak*, 9. Aufl. 2022, BGB § 2299 Rn. 1.
268 MüKoBGB/*Musielak*, 9. Aufl. 2022, BGB § 2299 Rn. 5.

Eigeninteresse des Verfügenden erkennbar ist. Unmaßgeblich ist dabei, ob dem Verfügenden die Schenkung oder die Benachteiligung wichtiger war.

Einen weitergehenden Schutz gegen Umgehungsgeschäfte gewährt das Gesetz Vermächtnisnehmern in § 2288 BGB. Nach § 2288 Abs. 1 BGB kann dieser bei Zerstörung und Veräußerung o. Ä. von Nachlassgegenständen in Benachteiligungsabsicht Wertersatz bzw. die Wiederbeschaffung verlangen. Wurde der Gegenstand verschenkt, haftet der Beschenkte wie in § 822 BGB nach § 2288 Abs. 2 S. 2 BGB subsidiär.

17 Weitere Beschränkungen bestehen allerdings nicht. Während früher § 134 BGB großzügig bei jeder vermuteten Umgehung angewandt wurde, gilt seit BGHZ 59, 343,[269] dass die Aushöhlung der erbvertraglichen Regelung allein nicht maßgeblich ist. Auch bei der Bestimmung der Sittenwidrigkeit sollten der Interpretation enge Grenzen gesetzt werden. So kann der Erblasser sein Vermögen in eine Stiftung einbringen oder sein Hab und Gut verkaufen, um den Erlös anschließend zu verprassen. Allerdings kann sich der Erblasser in einem Rechtsgeschäft unter Lebenden, auch im Zusammenhang des Erbvertrags, verpflichten, beeinträchtigende Rechtsgeschäfte in einem bestimmten Umfang zu unterlassen. Dieses rechtsgeschäftliche Verfügungsverbot hat zwar gemäß § 137 BGB keine dingliche Wirkung, kann aber Schadensersatzansprüche generieren. Dies hilft freilich wenig, wenn der Vertragserbe den Anspruch erst nach dem Erbfall geltend machen kann und ihm dann als Alleinerbe selbst dies verwehrt ist. Ebenso gegenüber den Erben sind der Interpretation zur Bestimmung der Sittenwidrigkeit und Umgehung enge Grenzen gesetzt. Wer entsprechend den Bedingungen nicht heiratet, dem kann das Leben in einer „wilden Ehe" nicht vorgeworfen werden, denn die Bedingung zielt nicht auf den Lebensstil, sondern die Sicherung des Vermögens. Wenn auch die Partnerschaft verhindert werden sollte, muss das angegeben werden.

3. Voraussetzungen

18 Für den Abschluss von Erbverträgen ist nach § 2275 Abs. 1 BGB Voraussetzung, dass der Erblasser voll **geschäftsfähig** ist. Bei Erbverträgen mit einem Erblasser und einem Vertragserben braucht der Empfänger der Erklärung nach § 107 BGB hingegen nicht voll geschäftsfähig zu sein. Es handelt sich dabei um ein rechtlich neutrales Geschäft, welches keiner Zustimmung eines gesetzlichen Vertreters bedarf, sofern nur Erklärungen des Erblassers angenommen werden (Vermächtnisse oder Auflagen spielen dabei keine Rolle).[270] Früher wurde noch minderjährigen Ehepartnern eine Ausnahme ermöglicht. Aufgrund der Bekämpfung von Kinderehen, ist diese Möglichkeit gegenstandslos geworden und wurde entsprechend gestrichen.[271]

Erbverträge werden nach § 2276 Abs. 1 BGB nur zur Niederschrift eines Notars bei gleichzeitiger Anwesenheit beider Teile abgeschlossen. Bei Eheleuten kann der Erbvertrag auch mit dem Ehevertrag verbunden werden. Dann gilt nach §§ 1410, 2276 Abs. 2 BGB die Form des Ehevertrags. Aber auch in diesem Fall wird die gleichzeitige Anwesenheit vor dem Notar erfordert. Es gibt also kaum Unterschiede.

19 Der Erblasser muss den Erbvertrag nach § 2274 BGB höchstpersönlich schließen. Im Umkehrschluss ergibt sich daraus, dass die anderen Parteien durch einen Vertreter handeln können. Der Erbvertrag ist nach § 2276 Abs. 1 S. 1 BGB bei gleichzeitiger An-

---

269 BGH 5.7.1972 – IV ZR 125/70, BGHZ 59, 343.
270 MüKoBGB/*Musielak*, 9. Aufl. 2022, BGB § 2275 Rn. 6.
271 MüKoBGB/*Musielak*, 9. Aufl. 2022, BGB § 2275 Rn. 2.

wesenheit beider Teile **zur Niederschrift eines Notars** zu bringen. Bei der Errichtung gelten nach § 2276 Abs. 1 S. 2 BGB die Regeln für öffentliche Testamente entsprechend.

Durch die notarielle Form steht der Erbvertrag auch denen zur Verfügung, die schlecht oder gar nicht schreiben können. Allerdings müssen die einzelnen Bestimmungen ausdrücklich bestätigt werden. **Stumme** können daher nicht als einzelne ein notarielles Testament aufsetzen, wohl aber einen Erbvertrag, da hier der Vertragspartner die Bestätigung vornehmen kann. Nach der Auffassung des Bundesverfassungsgerichts handelt es sich hierbei um eine verfassungswidrige Ungleichbehandlung Behinderter.[272] §§ 2232, 2233 BGB wurden insoweit für verfassungswidrig erklärt und sind vorläufig für Stumme unanwendbar: § 24 BeurkG widmet sich dem Problem, wie hier trotzdem beurkundet werden kann.

4. Grenzen der Bindungswirkung

Der Erbvertrag ist seiner Natur nach bindend. Entsprechend gibt es nur ausnahmsweise Gründe, seine Wirkung zu beenden. Selbstverständlich können die Parteien gemeinsam nach § 2290 Abs. 1 S. 1 BGB zu ihren Lebzeiten einen **Aufhebungsvertrag** abschließen. Dieser muss nach § 2290 Abs. 3 BGB der Form der Erbverträge genügen. Den Aufhebungsvertrag muss der Erblasser persönlich abschließen.

Der Vertragspartner braucht nicht voll geschäftsfähig zu sein. Steht er unter Betreuung, bedarf es gemäß § 1851 Nr. 5 BGB der Zustimmung des Familiengerichts. Ein Vermächtnis oder eine Auflage kann der Erblasser nach § 2291 Abs. 1 S. 1 BGB durch Testament aufheben; dafür ist dann jedoch gemäß § 2291 Abs. 1 S. 2, Abs. 2 BGB noch die öffentlich beurkundete Zustimmung des Vertragsgegners erforderlich.

Ein **Verzicht** des Begünstigten auf die Zuwendung vermag die Testierfreiheit wiederherzustellen, sofern dieser Zuwendungsverzicht vertraglich gemäß § 2347 S. 1 BGB vom Verzichtenden persönlich abgeschlossen und nach § 2348 BGB notariell beurkundet wird.

Der **Rücktritt** kann nach § 2293 BGB vertraglich vorbehalten werden. Für einen Vertrag, der für viele Jahrzehnte hinweg Wirkungen entfalten kann, ist das wohl eine sinnvolle Ergänzung. Ebenso kommt der Rücktritt bei einer Verfehlung des Bedachten §§ 2294, 2333 BGB folgend in Betracht, sofern diese „Verfehlung" zum Entzug des Pflichtteils berechtigt; eheliche Untreue fällt hierunter gerade nicht.[273] Auch hier sind also die Vorschriften, welche die Bindungswirkung einschränken, eng auszulegen. Ferner kann der Erblasser zurücktreten, wenn eine wiederkehrende Leistungspflicht des Bedachten begründet und nach § 2295 BGB vor dem Tod des Erblassers aufgehoben wurde. In jedem Fall muss das Rücktrittsrecht durch notariell beurkundete Erklärungen zu Lebzeiten des Vertragsgegners ausgeübt werden. Nach dem Tod ist eine Aufhebung der vertragsmäßigen Verfügungen in formeller Hinsicht gemäß §§ 2297, 2298 Abs. 2 S. 3 BGB nur noch durch Testament möglich.

Wurde der Erbvertrag von Eheleuten abgeschlossen, ist seine Wirksamkeit wie bei einem gemeinschaftlichen Testament vom Fortbestand der Ehe abhängig. In diesem Fall kann er nach § 2292 BGB auch durch ein gemeinschaftliches Testament wieder aufgehoben werden. Wurde ein Dritter als Schlusserbe nach dem Ehegatten eingesetzt,

---
[272] S. BVerfG 19.1.1999 – 1 BvR 2161/94, NJW 1999, 1853.
[273] OLG Köln 5.7.2017 – 2 Wx 86/17, NJW-Spezial 2017, 744.

gilt ebenso **im Zweifel die Einheitslösung**; der Dritte wird nicht Nacherbe des Erstverstorbenen, sondern erbt nur den vereinten Nachlass beider Eheleute nach dem zweiten Todesfall.

22 Der Erbvertrag wird in seinem Bestand ebenfalls durch Sonderregelungen für die **Anfechtung** (zu ihr bereits s. o. § 11 Rn. 8; eingehender s. u. § 27 Rn. 1 ff) geschützt. Diese kann nach § 2281 Abs. 1 BGB vom Erblasser selbst erklärt werden, solange er lebt. Anfechtungsgegner ist im Falle des Todes des anderen Vertragsschließenden bzgl. der Anfechtung einer Verfügung, die einen Dritten betrifft, gemäß § 2281 Abs. 2 BGB das Nachlassgericht, das den betroffenen Dritten unterrichten muss. Die Anfechtungserklärung erfolgt nach § 2282 Abs. 3 BGB durch öffentliche Beurkundung. Diese muss gemäß § 2283 BGB in Jahresfrist erfolgen. Gemäß § 2285 BGB kann eine Anfechtung in bestimmten Fällen auch durch Dritte erfolgen.

23 Die Bindungswirkung von Bestimmungen, die in einem Erbvertrag enthalten sind, kann sich also unterscheiden. Den besonderen Schutz der §§ 2281 ff BGB genießen vertragsmäßige Bestimmungen des Erbvertrags, also Erbeinsetzungen, Vermächtnisse, Auflagen und nachträgliche Ausgleichungsanordnungen gemäß § 2278 Abs. 2 BGB. Für andere Inhalte, die vertragsmäßig ausgehandelt wurden, gilt hingegen das normale Vertragsrecht. Schließlich können Erbverträge auch einseitige letztwillige Verfügungen enthalten, welche sonst in einem Testament niedergelegt werden. Hierfür gilt grundsätzlich die freie Widerruflichkeit des Testamentsrechts gemäß § 2299 BGB (s. dazu bereits die einleitenden Erläuterungen zum Erbvertrag).

▶ **Antwort:** Durch einen Erbvertrag könnte mit den Nachkommen die Erbeinsetzung des ältesten Sohnes vereinbart werden. In diesem Erbvertrag erkennen die anderen Kinder die Erbeinsetzung an und erhalten zum Ausgleich Vermächtnisse. Ihnen können auch weitere Zuwendungen versprochen werden, was in den Erbvertrag aufgenommen werden kann. Es handelt sich dabei gemäß § 2278 Abs. 2 BGB nicht um Bestandteile des Erbvertrags, obwohl die Bestimmungen in der Urkunde aufgenommen sind. ◀

Fragen zur Wiederholung und Vertiefung

60. Zu welchem Zweck gibt es ein gemeinschaftliches Testament?
61. Was sind wechselbezügliche Verfügungen?
62. Wozu dient ein Erbvertrag?
63. Worin liegt die Bindungswirkung des Erbvertrags?
64. Wie kann ein Erbvertrag seine Bindungswirkung verlieren?

▶ **Lösen Sie folgenden Fall 2:** M und F errichten zusammen ein Testament, das F schreibt und beide unterschreiben. Darin setzen sie sich gegenseitig als Alleinerben ein; nach dem Tod des letzten Ehegatten soll ihr gemeinsames Kind T Erbin werden. Das Vermögen des M besteht im Wesentlichen aus dem Haus im Wert von 800.000 Euro.

5 Jahre später stirbt F. Wenig später lernt M die G kennen, welche immer häufiger im Haus weilt. Daraufhin zieht T aus. Aus Verärgerung schließt M mit G einen notariell beurkundeten Schenkungsvertrag über das Haus, nur ein lebenslanges Wohnrecht behält M sich vor. Die Auflassung wird erklärt, etwas später wird G als Eigentümerin im Grundbuch eingetragen. Einige Monate danach heiratet der nunmehr recht betagte M die G und verstirbt ein Jahr später. Zu diesem Zeitpunkt ist das Hausgrundstück 1 Million Euro wert.

§ 21 Weitere Arten letztwilliger Verfügungen

T ist der Auffassung, dass die Schenkung nichtig ist und verlangt von G die Herausgabe des elterlichen Hausgrundstücks. ◄

§ 22 Testamentarische Anordnungen

I. Erbeinsetzung

▶ **Frage:** Sohn und Tochter des E sind je zu einem Drittel als Erben eingesetzt, weitere Erben gibt es nicht. Wie ist ihre Erbquote zu bestimmen? ◀

1. Einsetzung und Erbquote

1 Die Inhalte der Verfügung von Todes wegen bestimmt der Erbe naturgemäß nach seinem Belieben. Zumeist wird jedoch eine **Erbeinsetzung** vorgenommen. Diese ist allerdings nicht notwendig, denn der Erblasser könnte es auch grundsätzlich bei der gesetzlichen Erbfolge belassen und nur einige Vermächtnisse (näher s. u. § 22 Rn. 26 ff) anordnen, mit denen beispielsweise Freunden ein Anspruch auf ein Objekt eingeräumt wird, oder Regeln zur Verteilung des Nachlasses bestimmt werden. Regelmäßig werden jedoch eine oder mehrere Personen als Erben eingesetzt. Im letzteren Fall ist es erforderlich, dass eine Erbquote für die Erben ermittelt werden kann. In Betracht kommt aber auch noch, dass die Erbschaft zeitlich geteilt wird und zunächst einem Vorerben, später einem Nacherben zukommen soll (näher s. u. § 22 Rn. 8 ff).

Für die Erbeinsetzung ist entscheidend, dass den Bedachten als Mitgliedern der Erbengemeinschaft die Aktiva ebenso zustehen wie sie von den Passiva betroffen werden. Abzugrenzen sind sie also von denen, die nur einen begrenzten Gegenstand oder Wert, ein **Vermächtnis**, erhalten sollen, ohne Erbe zu werden. Das Vermächtnis gewährt nur den schuldrechtlichen Anspruch gegen die Erben, die Sache oder den Geldbetrag herauszugeben. Zur Abgrenzung ist das Testament auszulegen. Eine Spezialsukzession, also eine unmittelbare Rechtsnachfolge in bestimmte Gegenstände, ist wegen des Prinzips der Universalsukzession grundsätzlich nicht möglich (s. o. § 4 Rn. 1 ff).

2 Problematisch kann ein Testament jedoch werden, wenn unklar ist, wie viel den Erben vom Nachlass zukommen soll. Dann ist für den Einzelfall durch Interpretation des Testaments nach einer Lösung zu suchen. Werden keine Bruchteile für die **Erbquote** benannt, kommt die Anwendung der Regeln der gesetzlichen Erbfolge in Betracht. Hat der Erblasser verfügt, dass seine „gesetzlichen Erben" oder seine Kinder Erben sein sollen, kann man etwa die Teilung nach Kopfteilen vornehmen und Enkel den Erbteil des verstorbenen Kindes ihres Großvaters einnehmen lassen. Werden die Bruchteile nur teilweise genannt, so kann man verschieden vorgehen:

- Nach § 2092 Abs. 1 BGB können diejenigen, die auf eine unbenannte Erbquote gesetzt wurden, das erhalten, **was** nach Abzug der benannten Erbquote noch vom Nachlass **übrig** ist. Sollen etwa die Kinder A und B je zu einem Viertel erben, außerdem jedoch noch der Freund C Erbe sein, erhält dieser nach diesem Interpretationsansatz die Hälfte des Nachlasses.

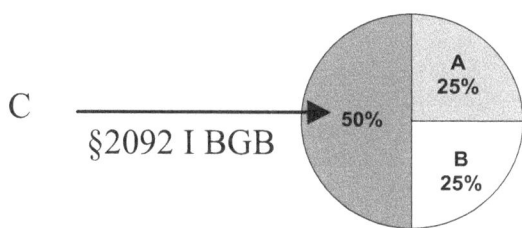

- Bleibt nach Abzug der Quoten von A und B jedoch nichts vom Nachlass übrig, würde C leer ausgehen. § 2092 Abs. 2 BGB bestimmt daher für diesen Fall, dass der Erbe mit der unbenannten Erbfolge so viel erben soll **wie der Erbe mit der geringsten Quote**; die Quoten sind entsprechend zu mindern. Sollen also etwa die Kinder A, B und C je zu einem Drittel erben, außerdem jedoch noch ein Freund F, müssen alle auf ein Viertel der Erbschaft gesetzt werden.

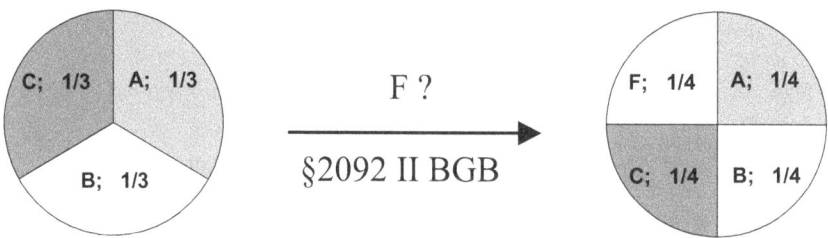

Schließlich kommt in Betracht, dass alle Erben auf benannte Bruchteile eingesetzt sind, der Nachlass allerdings nicht erschöpft wird. Hier muss nach § 2089 BGB eine **anteilsmäßige Erhöhung** der Erbquoten vorgenommen werden, bis der Nachlass aufgebraucht ist. Sollen A 1/5, B 2/7 und C 3/7 erhalten, ist die Erbquote zunächst auf den gleichen Nenner zu bringen, nämlich 1/35. Umgerechnet lautet die Erbquote von A 7/35, B 10/35 und C 15/35. Dann sind die Erbteile zu addieren: 32/35 werden nun gezählt. Die Summe der Bruchteile ist dann als neuer Nenner heranzuziehen, danach erhalten A 7/32, B 10/32 und C 15/32. – Übersteigen die Bruchteile das Ganze, ist nach § 2090 BGB eine verhältnismäßige Minderung vorzunehmen.

In Betracht kommt daneben nach § 2088 Abs. 1 und Abs. 2 BGB, dass die **gesetzliche Erbfolge hinsichtlich des nicht zugewiesenen Teils** in Anwendung kommt. Soll die Ehefrau F die Hälfte erben, kann man annehmen, dass ihr nicht mehr zustehen soll. Der

Rest des Nachlasses ist danach auf die übrigen gesetzlichen Erben zu verteilen. Dabei geht man davon aus, dass die höhere Erbquote lediglich die gesetzliche korrigieren soll. Möglich ist jedoch nach § 2066 BGB auch, die Einsetzung der gesetzlichen Erben ohne Festlegung der Quoten als Verweis auf die gesetzliche Erbfolge zu verstehen, welche dann die **Verteilung des Nachlasses insgesamt** regelt. Wurden beispielsweise die Frau und die Kinder bedacht, bestimmt sich die Erbfolge insoweit nach §§ 1924, 1931 BGB.

Diese Auswahl verschiedener Interpretationsmöglichkeiten erinnert daran, dass sich das Verständnis nach dem erkennbaren Willen des Erblassers zu richten hat.

▶ **Antwort:** Der Nachlass ist durch die testamentarisch bedachten Quoten nicht erschöpft. In Betracht kommt die Anwendung von § 2066 BGB, weil die gesetzlichen Erben bedacht wurden, jedoch fehlt hier nicht die nähere Bestimmung der Erbquote. Gibt es keine Anzeichen für einen anderen Testierwillen, sollen die beiden eingesetzten Erben nach § 2089 BGB die alleinigen Erben sein. Die Quoten von Sohn und Tochter werden daher auf je 1/2 erhöht. ◀

2. Wegfall eines Erben: Ersatzerbe, Nacherbe, Anwachsung

▶ **Frage:** M setzt seine Ehefrau F und seine Kinder S und T als Erben ein. T stirbt und hinterlässt ein Kind E. Wer wird Erbe? ◀

4 Testamentarisch eingesetzte Erben können wegfallen und nicht mehr als Erbe zur Verfügung stehen, etwa weil sie vorverstorben sind oder die Erbschaft ausgeschlagen haben. Für diesen Fall kann ein **Ersatzerbe** gemäß § 2096 BGB benannt sein, der dann an die Stelle des primär Bedachten tritt. In Betracht kommt jedoch ebenso, dass der Nachlass den übrigen Erben anwächst und dass die gesetzliche Erbfolge – auch teilweise – zur Anwendung kommt. Der Erblasser kann nach § 2096 BGB einen Ersatzerben benennen, etwa wenn die Ehefrau als Erbin, für den Fall ihres Vorversterbens aber die gemeinsame Tochter als Ersatzerbin eingesetzt ist. Nötig ist die Bestimmung des Ersatzerben durch Verfügung von Todes wegen. Es können sowohl gewillkürte als auch gesetzliche Erben ersetzt werden. Wurden „die Kinder" des Erblassers eingesetzt, kommt nach der Vermutung von § 2068 BGB in Betracht, dass die Abkömmlinge der Eingesetzten als Ersatzerben eingesetzt sind. Das Vorbild des Eintrittsprinzips der gesetzlichen Erbfolge bewirkt hier, sofern kein anderer Erblasserwille zu ermitteln ist, dass die Enkel als Ersatzerben ermittelt werden können. Ähnliches gilt nach § 2096 BGB im Fall, in dem ein Abkömmling namentlich benannt wird und vor dem Erbfall verstirbt. Hier kommen ebenfalls dessen Abkömmlinge als Ersatzerben in Betracht.

5 Auch der Ersatzerbe muss den Tod des Erblassers erleben, sonst kann er nicht erben. Der „Ersatzerbe" ist daher begrifflich vom „**Nacherben**" abzugrenzen. Gemäß § 2100 BGB tritt bei Anordnung einer Nacherbschaft zunächst ein Vorerbe in die Rechtspositionen des Erblassers ein und dann, zu einem vom Erblasser bestimmten Zeitpunkt, ein Nacherbe. Die Nacherbschaft bedeutet eine **Ausnahme vom Grundsatz der Sofortsukzession:** Der Nacherbe tritt, obwohl er wahrer Erbe des Erblassers wird, nicht sofort in die Rechtspositionen des Erblassers ein, sondern erhält sie erst einige Zeit nach dem Erbfall. Spätestens tritt dieser Nacherbfall nach § 2106 Abs. 1 BGB mit dem Tod des Vorerben ein. Dies ermöglicht eine zeitliche Stufung der Erben: So können etwa die Ehefrau als Vorerbin und die Kinder als Nacherben benannt werden. Die Vor- und Nacherbschaft ermöglicht dem Erblasser also, die Weitergabe seines Vermögens länger

nach seinem Wunsch gestalten zu können. Kritisch spricht man hier von der „Herrschaft aus dem Grabe" (dazu näher s. u. § 22 Rn. 9).

Dadurch unterscheidet sich diese Gestaltungsmöglichkeit deutlich von der Ersatzerbschaft. Dennoch gibt es Berührungspunkte: Ist der benannte Vorerbe im Zeitpunkt des Erbfalls verstorben, kann die Vermutung des § 2102 Abs. 1 BGB greifen, wonach der Nacherbe im Zweifel auch Ersatzerbe sein soll. Ist demnach die als Vorerbin eingesetzte Mutter vor dem Tod des Vaters bereits verstorben, sind die Kinder auch Ersatzerben und erben insgesamt den Nachlass des Vaters sofort.

Wurde bestimmt, dass die Ehefrau und „danach" die Kinder erben sollen, kann es zweifelhaft sein, ob die Kinder Nacherben oder Ersatzerben sein sollen. Die Mutter kann entweder Vollerbin oder nur Vorerbin geworden sein. Nach § 2102 Abs. 2 BGB gilt **im Zweifel** – also wenn der Erblasserwille nicht näher ermittelt werden kann – die Regel, dass **nur die Einsetzung als Ersatzerbe** gemeint ist. Die Kinder erben demnach nur, wenn die Mutter im Zeitpunkt des Erbfalls vom Vater nicht mehr lebt oder die Erbschaft ausschlägt. Die möglichen Konflikte zwischen Vor- und Nacherben werden so vermieden. Darin steckt die Erkenntnis, dass eine Vor- und Nacherbenstellung möglichst vermieden werden soll.

Fallen ein oder mehrere Erben weg, kann sich der Erbteil der übrigen Erben nach § 2094 Abs. 1 BGB entsprechend erhöhen. Dies setzt voraus, dass die Erben erkennbar eingesetzt wurden, um die gesetzliche Erbfolge auszuschließen und der Erblasser den gesamten Nachlass den benannten Erben zukommen lassen wollte. Die **Anwachsung** darf nicht gemäß § 2094 Abs. 3 BGB durch eine letztwillige Verfügung ausgeschlossen sein. Dieses wäre auch durch die Bestimmung eines Ersatzerben nach § 2096 BGB der Fall, da die Ersatzerbschaft nach § 2099 BGB der Anwachsung vorgeht. Bei der Anwachsung werden die Erbteile verhältnismäßig erhöht, sie erfolgt also **bei allen benannten Erben**. Sind mehrere Erben auf einen Erbteil eingesetzt und fällt einer weg, dann findet die Anwachsung nach § 2094 Abs. 1 S. 2 BGB zunächst in dieser kleineren Gruppe statt. Soll etwa an A ein Drittel, an B und C ein weiteres Drittel und das letzte an die gesetzlichen Erben fallen und fällt A aus, dann erhalten die gesetzlichen Erben zwei Drittel des Nachlasses (vgl. § 2094 Abs. 2 BGB). Fällt dagegen B weg, erhält C ein ganzes Drittel. Der ursprüngliche Erbteil bildet mit dem Angewachsenen eine Einheit und kann folglich nur gemeinsam ausgeschlagen werden. Stehen sowohl ein Ersatzerbe zur Verfügung als auch die Annahme einer Anwachsung, hat nach § 2099 BGB der Ersatzerbe Vorrang.

Ist jedoch für einen Erbteil weder ein Ersatzerbe eingesetzt noch die Anwachsung angeordnet, so bleibt, wenn der betreffende Erbe wegfällt, nur die **gesetzliche Erbfolge** als Ausweg, um die Verteilung des Nachlasses vorzunehmen. Hier wird der Erbteil des weggefallenen Erben also auf die gesetzlichen Erben verteilt.

▶ **Antwort:** Da nähere Anhaltspunkte im Fall nicht vorhanden sind, kann sich die Interpretation auf die gesetzlichen Vermutungsregeln stützen. M hat seine Kinder testamentarisch bedacht, daher gilt nach § 2069 BGB im Zweifel die Vermutung, dass der Enkel E Ersatzerbe sein soll. E ist dann Ersatzerbe im Sinne von § 2096 BGB für seine Mutter T. Möglich wäre jedoch auch die Anwachsung der Erbteile unter den verbliebenen Erben F und S. Nach § 2099 BGB hat die Annahme eines Ersatzerben Vorrang vor der Anwachsung. Da nach

§ 2069 BGB nachgerückte Abkömmlinge den eingesetzten Ersatzerben gleichstehen,[274] sind im Ergebnis F, S und E Erbe geworden. ◄

3. Vor- und Nacherbschaft

▶ **Frage:** E will, dass sein Vermögen möglichst lange in seinem Sinne weitergegeben wird. Wie kann er das erreichen? Wie weit in die Zukunft können seine Regeln bei der Vererbung längstens befolgt werden? ◄

a) Funktion

8 Es gibt verschiedene Formen, die Stellung des Erben zu beschränken oder einzuschränken. Neben Vermächtnis und Auflage gibt es auch die zeitliche Begrenzung durch Anordnung von Vor- und Nacherbschaft. Danach tritt zunächst ein **Vorerbe** die Erbschaft an; der Erblasser bestimmt gleichzeitig, dass anschließend nach dem Eintritt einer bestimmten Bedingung ein **Nacherbe** den Nachlass erhalten soll. Zweck der Nacherbschaft ist, durch eine **zeitliche Reihenfolge** von verschiedenen Erben die Verwendung des Nachlasses nach den vom Erblasser bestimmten Kriterien zu sichern. In der Regel soll die Weitergabe des Vermögens möglichst lange nach den Vorstellungen des Erblassers erfolgen. Aus der Sicht der älteren Generation kann es vorteilhaft sein, das unbeschränkte Eigentum ein oder zwei Generationen vorzuenthalten nach dem alten Sprichwort: „Der Großvater erwirbt es, der Sohn erhält es, der Enkel verliert es". Durch die Vor- und Nacherbschaft können nicht nur verschiedene Generationen gebunden werden, sondern auch Bedingungen für Erwerb und Verlust der Erbschaft festgesetzt werden. Besonders für Unternehmen im Nachlass kann diese Voraussicht Stabilität und Vertrauen in der Geschäftswelt bewirken.

9 Negativ gewendet scheint dies die **Herrschaft des Erblassers aus dem Grabe** zu ermöglichen. Soweit die letztwillige Verfügung rechtmäßig ist, gibt es keinen Anspruch des Vorerben, Vollerbe zu werden. So können etwa wie im Fall des gemeinschaftlichen Testaments gemäß dem Trennungsprinzip die Ehefrau Vorerbin und die gemeinsamen Kinder Nacherben werden.

Allerdings scheint es sich um eine regelwidrige Beschränkung zu handeln, wurde doch bislang gesagt, dass der Erblasser letztmalig für den Fall seines Todes über den Transfer seines Vermögens entscheiden dürfe. Im römischen Recht galt „semel heres, semper heres" (einmal Erbe, immer Erbe). Die **zeitliche Staffelung von Erben** war damit verboten. In einigen romanischen Rechtsordnungen ist die Nacherbfolge daher in großem Umfange ausgeschlossen wie etwa durch das Verbot der „substitution" des Code civil in Frankreich, Belgien und den Niederlanden. In Großbritannien wird das Problem über die Errichtung von Trusts erledigt; die selbstständig gewordene Vermögensmasse kann nacheinander mehreren Generationen von Erben dienen. Allerdings könnte man den Erben auch durch die Anordnung eines Vermächtnisses oder durch Rechtsgeschäft unter Lebenden dazu bringen, für die Lebzeit eines anderen diesem den Nießbrauch am Vermögen zukommen zu lassen. Insofern ist die dogmatische Ausformung der Vor- und Nacherbfolge im deutschen Recht nur besonders klar und konsequent durchgeführt. Nicht die Macht des Erblassers selbst, sondern allenfalls dessen zeitliche Reichweite ist damit problematisch.

---

[274] Palandt (Fn. 31)/ *Weidlich*, § 2069 Rn. 1.

Vor- und Nacherbe sind echte Erben des Erblassers.[275] Auch der Vorerbe ist Herr des Nachlasses, allerdings obliegen ihm Rücksichtspflichten gegenüber dem Nacherben. Der Nacherbe ist ebenfalls unmittelbarer Gesamtnachfolger des Erblassers und nicht Rechtsnachfolger des Vorerben. Er erwirbt den Nachlass *ipso iure* mit Eintritt der Bedingung aufgrund der letztwilligen Verfügung des Erben. Soweit der Vorerbe allerdings ordnungsgemäß den Nachlass verwaltet hat, übernimmt der Nacherbe den Nachlass auch hinsichtlich der vom Vorerben abgeschlossenen Miet- und Pachtverträge und ebenso die vom Vorerben eingegangen Verbindlichkeiten, soweit sie den Nachlass betreffen.

10

b) Gestaltungsmöglichkeiten

Die Fälle der Nacherbfolge können danach unterschieden werden, ob diese Gestaltung ausdrücklich angeordnet bzw. intendiert war oder ob sie sich nur aus den Anordnungen des Erblassers konstruktiv notwendig ergeben. Bei der **gewollten Nacherbfolge** enthält die Verfügung von Todes wegen ausdrücklich die Anordnung der Nacherbfolge oder eine solche wird jedenfalls durch Auslegung ermittelt. Wegen der erheblichen Einschränkung für die Beteiligten könnte man annehmen, dass die Nacherbfolge ausdrücklich angeordnet sein sollte.

11

Die Zuwendung des Rechts zur Verwaltung oder des Nießbrauchs am Nachlass bis zu einem bestimmten Zeitpunkt kann jedoch möglicherweise eine **konkludente Anordnung** der Vorerbschaft bedeuten. Ferner darf gemäß § 2103 BGB ein bestimmtes Ereignis oder ein bestimmter Zeitpunkt benannt werden, um die Erbschaft herauszugeben. Hier vermutet das Gesetz die Anordnung von Nacherbschaft. Hat der Erblasser nur einen Vorerben eingesetzt, müssen die gesetzlichen Erben gemäß § 2104 BGB als Nacherben angesehen werden. Sie sind umgekehrt Vorerbe nach § 2105 BGB, wenn nur der Nacherbe benannt wurde. Von diesen Fällen abgesehen, versucht das Gesetz wie in § 2102 Abs. 2 oder § 2269 Abs. 1 BGB, die Vor- und Nacherbfolge im Zweifel auszuschließen. Dieser Tendenz schließt sich die Rechtsprechung an.[276]

Auch ohne besondere Anordnung kann man der letztwilligen Verfügung **konstruktiv** die Anordnung der **Nacherbfolge** entnehmen. Wurde eine noch nicht gezeugte Person als Erbe eingesetzt und stirbt der Erblasser vor ihrer Geburt, kann der *nondum conceptus* die Erbschaft nur als Nacherbe erhalten (vgl. § 2101 Abs. 1 S. 1 BGB). Gemäß § 2105 Abs. 2 Var. 2 BGB fungieren dann die gesetzlichen Erben bis zur Geburt als Vorerben. Wurden Erben nur unter einer auflösenden Bedingung oder einer Zeitbestimmung eingesetzt und ist offen, wer Nacherbe sein soll, treten auch hier nach § 2104 BGB die gesetzlichen Erben als Nacherben ein; der eingesetzte Erbe war demnach nur Vorerbe. Manchmal bleibt es offen, ob die Bedingung auch tatsächlich eintritt. Sofern dies nicht der Fall ist, erweist sich im Nachhinein, dass der Vorerbe in Wahrheit schon immer Vollerbe war. Hier käme auch in Betracht, die Fortführung des Unternehmens als Auflage (s. u. § 22 Rn. 43), die Nennung weiterer Personen als Einsetzung von Ersatzerben zu behandeln.

12

---

275 Dies gilt auch in steuerrechtlicher Hinsicht; die Vor- und Nacherbfolge ist daher grundsätzlich kein Steuersparmodell. War jedoch beispielsweise der Vater Erblasser und die Schwester Vorerbin, kommt man als Nacherbe in eine günstigere Steuerklasse, wenn man als Erbe des Vaters (Steuerklasse I) statt als Erbe der Schwester (Steuerklasse II) registriert wird.
276 Vgl. OLG Jena 23.2.2015 – 6 W 516/14, NJW-Spezial 2015, 520.

13 Eine Vor- und Nacherbschaft nimmt Otte bei Verwirkungsklauseln sogar ohne eine ausdrückliche Anordnung an.[277] Ist die Erbenstellung bedingt, könne mit dem Eintritt der Bedingung ein anderer Erbe werden. Sollen z. B. die Kinder das Familienunternehmen mindestens 12 Jahre halten, könnte man darin eine Bedingung sehen; wird das Unternehmen dann schon nach 10 Jahren veräußert, verlieren die Vorerben ihre Erbschaft und es fällt denen zu, die danach berufen sind, zur Not den gesetzlichen Erben. Es fragt sich jedoch zum einen bereits, ob diese Konstruktion dem Willen des Erblassers entspricht: Handelt es sich wirklich um eine Bedingung, für deren Verletzung der Entzug des Erbteils gewollt ist?

Zweifel daran ergeben sich nicht nur aus der harten Rechtsfolge, sondern auch im Hinblick auf die zahlreichen Probleme und Aufgaben, die sich aus der Vor- und Nacherbschaft ergeben: Neben der schwierigen Abgrenzung der Befugnisse des Vor- und Nacherben wird es schwerfallen, aus dieser offenbar lückenhaften letztwilligen Verfügung herauszulesen, inwieweit der Vorerbe von Verfügungsbeschränkungen befreit sein soll. Auch das Gesetz verzichtet im Zweifel auf die Vor- und Nacherbschaft.

Zum anderen muss man sich fragen, wie lange die Beschränkungen des (Vor-)Erben gelten sollen: Solange die Bedingung wirksam ist, müssen sie im Zweifel auch für dessen Erben gelten. Die mit der Vor- und Nacherbfolge eintretende Rechtsunsicherheit wird damit auf die Nacherben weitergegeben. Daher stellt sich schließlich die Frage, ob man den Erben nicht doch besser als Vollerben behandelt. Der Erblasser hätte nämlich die Möglichkeit gehabt, die Berechtigung des bedingten Erben zu reduzieren – und sei es nur durch die ausdrückliche Anordnung der Vorerbschaft. Hat er dies nicht getan, muss man eher **im Zweifel** davon ausgehen, dass er diese Beschränkung – und die damit verbundenen Durchführungsprobleme – **nicht** wollte.

14 §§ 2104 f. BGB machen deutlich, dass der Erblasser auch nur den Vor- oder Nacherben bestimmen kann. Ferner ist es möglich, noch mehrere weitere Nacherben zeitlich gestaffelt anzuordnen (**gestufte Nacherbenfolge**). Der erste Nacherbe ist dann im Verhältnis zum zweiten Nacherben Vorerbe. So kann das Vermögen etwa in der Familie gehalten werden, solange das Testament seine Gültigkeit und Wirkungskraft behält. Ebenso können mehrere Mitvorerben und Mitnacherben gleichzeitig eingesetzt werden. Die Vor- und Nacherbschaft kann auch nur hinsichtlich eines Teils des Nachlasses angeordnet werden: Beispielsweise soll nur das Haus oder das Familienarchiv über Generationen in der Familie gehalten werden.

15 Wird jemand als weiterer Erbe benannt, kommt die Anordnung eines **Ersatzerben** in Betracht (s. o. § 22 Rn. 4). Nach der Legaldefinition des § 2096 BGB handelt es sich dabei um Personen, die dann erben sollen, wenn ein primär Bedachter tatsächlich nicht Erbe wird. Für den Fall, dass der primär Benannte als Erbe wegfällt, tritt der Ersatzerbe an seine Stelle. Beispielsweise wird der Erstgenannte nicht Erbe, wenn er bereits verstorben ist oder wenn er die Erbschaft ausschlägt. Im Zweifel gilt nach § 2102 Abs. 2 BGB die gesetzliche Vermutung, dass in solchen Fällen Ersatzerbschaft vorliegt. Lässt sich der wirkliche Wille des Erblassers also nicht ermitteln, wird der als zweite Benannte nur dann Erbe, wenn der Erstgenannte vorverstorben ist; die etwas kompliziertere Regelung von Vor- und Nacherbschaft wird so vermieden.

---

[277] *Gerhard Otte*, Das Elend der Verwirkungsklauseln, in: Stefan Chr. Saar/Andreas Roth/Christian Hattenhauer (Hrsg.), Recht als Erbe und Aufgabe, FS Heinz Holzhauer, 2004, 527–537.

c) Vor- und Nacherbfall

Für den Anfall der Nacherbschaft gibt es zwei wichtige Zeitpunkte, nämlich den Vor- und Nacherbfall. Mit dem Tod des Erblassers erwirbt der Vorerbe die Erbschaft („**Vorerbfall**"). Schlägt der Vorerbe die Erbschaft aus, wird der Nacherbe im Zweifel unmittelbar vom Tod des Erblassers an Vollerbe. Mit dem Antritt der Vorerbschaft erhält der Nacherbe ein **vererbliches, übertragbares Anwartschaftsrecht auf die Erbschaft**.[278]

Eine Übertragung dieses Anwartschaftsrechts ist jedoch nicht in allen Fällen möglich:
- Ist der Nacherbe beim Tod des Erblassers bereits vorverstorben, fällt die Nacherbschaft weg. Es gibt insoweit kein Erbrecht für die Nachkommen des vorgesehenen Nacherben, da dieser nie Erbe geworden ist.
- Wird der Nacherbe erst nach dem Vorerbfall geboren, erwirbt er nach §§ 2108 Abs. 1, 1923 Abs. 2 BGB das Anwartschaftsrecht mit Geburt.
- Stirbt der Nacherbe vor dem Nacherbfall, entscheidet grundsätzlich der Erblasserwille, ob die Erben des Nacherben Ersatznacherben werden. Gesetzlich wird dies aber gemäß § 2108 Abs. 2 S. 1 BGB vermutet.
- Eine abweichende Vermutung gilt nach §§ 2108 Abs. 2 S. 2, 2074 BGB. Danach ist das Anwartschaftserbrecht eines aufschiebend bedingt eingesetzten Nacherben im Zweifel nicht vererbbar: Entfällt der Nacherbe, soll danach die Nacherbfolge insgesamt nicht stattfinden. Soll beispielsweise jemand mit dem Erreichen der Volljährigkeit Nacherbe sein und tritt dieser Fall nicht ein, entfällt auch die Nacherbfolge.

Der zweite Erbfall, der **Nacherbfall**, tritt zu dem vom Erblasser bestimmten Zeitpunkt bzw. dem bestimmten Ereignis ein. Dies kann eigens bestimmt werden oder, wenn nichts angeordnet ist, nach § 2106 Abs. 1 BGB mit Tod des Vorerben eintreten. Das Recht des Vorerben erlischt mit dem Nacherbfall ipso iure, die Erbschaft fällt dem Nacherben von selbst zu. Gemäß § 2140 BGB bleibt der Vorerbe allerdings zur Verfügung über den Nachlass berechtigt, bis er vom Eintritt des Nacherbfalls Kenntnis erlangt hat. Schlägt der Nacherbe nach dem Erbfall die Nacherbfolge aus, wozu er gemäß § 2142 Abs. 1 BGB erst mit dem Nacherbfall berechtigt ist, wird der Vorerbe gemäß § 2142 Abs. 2 BGB zum Vollerben.

Der Nacherbe muss zum Zeitpunkt des Nacherbfalls nach den §§ 2108 Abs. 1, 1923 BGB zufolge freilich schon geboren oder wenigstens gezeugt sein. Wird er erst nach dem Nacherbfall geboren, wird er mit der Geburt Nacherbe. Ist der Nacherbe schon verstorben, fällt die Erbschaft im Zweifel an dessen Erben, sofern das Anwartschaftsrecht vererblich war; dies wird nach § 2108 Abs. 2 S. 1 BGB im Zweifel angenommen.

d) Zeitliche Beschränkung der Nacherbfolge

Ein wichtiger Punkt der Nacherbfolge ist die Frage nach der zeitlichen Beschränkung der Nacherbfolge. Der Erblasser darf keine Anordnungen treffen, die bis in alle Ewigkeit zu beachten sein müssten, sonst wäre de facto wieder das Fideikommiss (s. o. § 2 Rn. 2 und 3) eingeführt. Daher bestimmt § 2109 Abs. 1 S. 1 BGB, dass der letzte Nacherbfall binnen **30 Jahren** eingetreten sein muss. Ansonsten wird die Nacherbenbestimmung unwirksam und der Nachlass wird freies Vermögen des Vorerben. Nur ausnahmsweise wird die im Erbrecht häufige 30-Jahres-Frist verlängert:

---

278 Vgl. BGH 4.7.1962 – V ZR 14/61, BGHZ 37, 319, 325 f.; BGH 9.6.1983 – IX ZR 41/82, BGHZ 87, 367, 369.

19 Dies gilt zum einen, wenn nach § 2109 Abs. 1 S. 2 Nr. 1 BGB Nacherbfolge für den Fall angeordnet wurde, dass **in der Person des Vorerben oder Nacherben ein bestimmtes Ereignis** eintritt und derjenige, in dessen Person das Ereignis eintreten soll, zur Zeit des Erbfalls lebt. Illustrativ ist ein Fall, der viele Gerichte beschäftigt hat: Der Erblasser, der 5. Fürst zu N, hatte 1925 durch Erbvertrag Nacherbfolge angeordnet.[279] Das Vermögen sollte in der nächsten Generation immer an den ältesten Sohn weitergegeben werden („Primogenitur"); sollte dieser kinderlos sterben, sei der nächst geborene Bruder erbberechtigt. Der Erblasser starb 1939 und wurde durch seinen Sohn beerbt, den 6. Fürsten. Zum Zeitpunkt des Erbfalls 1939 lebte jedoch bereits der Enkel, der bald als 7. Fürst die Nachfolge antrat. Als dieser 1991 starb, waren seit dem Erbvertrag 52 Jahre vergangen. Doch war die Erbfolge allgemein für den Tod des jeweiligen Nacherben angeordnet, so auch für den Tod des 7. Fürsten. Dies ist das bestimmte Ereignis, das in der Person des Nacherben nach § 2109 Abs. 1 S. 2 Nr. 1 BGB eintreten musste. Da der 7. Fürst zum Zeitpunkt des Erbfalls 1939 bereits lebte, war der Erbvertrag von 1925 noch einmal für die Ermittlung des letzten Nacherben anzuwenden.

20 Zum anderen besteht die weitere Möglichkeit der Verlängerung, wenn gemäß § 2109 Abs. 1 S. 2 Nr. 2 BGB einem Vor- oder Nacherben

(a.) ein **Bruder** oder eine **Schwester** geboren wird und

(b.) diese für den Fall ihrer Geburt dem versterbenden Vor- bzw. Nacherben **als Nacherben bestimmt** sind.

Wäre im eben geschilderten Fall nach dem 7. Fürsten dessen ältester Sohn Nacherbe geworden und fiele dieser dann ohne eigene erbberechtigte Nachkommen weg, so könnte sogar noch sein nächstgeborener Bruder als ebenfalls durch den Erbvertrag von 1925 bestimmter Nacherbe Nacherbe werden. Der jüngere Bruder wäre dann gemäß § 2109 Abs. 1 S. 2 Nr. 2 BGB als Bruder des vorangegangenen Erben erbberechtigt. So könnte der Erbvertrag von 1925 sogar noch einmal in dieser Generation zur Anwendung kommen. Eine solche Anwendung über drei Generationen hinaus bzw. für ein Jahrhundert kann freilich kritisiert werden.

e) Rechte des Vorerben

21 Daraus ergibt sich, dass der Vorerbe lange in den Genuss des Nachlasses kommen kann. Dies wirft die Frage nach seiner Rechtslage bis zum Eintritt der Nacherbfolge im Verhältnis zum Nacherben auf. An sich hat der Vorerbe alle Rechte und Pflichten eines richtigen Erben. Dennoch müssen Beschränkungen vorliegen, um den Nacherben zu schützen. Das Gesetz misst dem **Vorerben** dabei gemäß § 2112 BGB grundsätzlich die **freie Verfügungsgewalt** zu. Umgekehrt haftet der Vorerbe bis zum Nacherbfall für die Nachlassverbindlichkeiten. Dies wird in den §§ 2113 ff BGB allerdings eingeschränkt. Im Ergebnis ähnelt das Recht des Vorerben eher dem Nießbrauch oder einer **Treuhänderschaft** zugunsten des Nacherben. Grundsätzlich beziehen sich die Schutzvorschriften auch auf die Dinge, die als Surrogate des Nachlasses anzusehen sind. Auch hier findet nach § 2111 Abs. 1 BGB eine dingliche Surrogation zugunsten des Nachlasses statt, so dass mit Nachlassmitteln Erworbenes auch in den Nachlass fällt. In gefährlichen Situationen hat der Nacherbe nach § 2127 BGB ein Auskunftsrecht gegen den Vorerben. Eventuell muss der Vorerbe sogar eine Sicherheitsleistung erbringen. Äußersten Falls kommt eine gerichtliche Verwaltung nach §§ 2129 i.V.m. 1052 BGB in Betracht.

---

[279] Vgl. BayObLG 3.9.1996 – 1 Z BR 41/95, BayObLGZ 1996, 204–233, s. o. Fn. 108, 110.

§ 22 Testamentarische Anordnungen

(1.) Zunächst gibt es **Verfügungsbeschränkungen** des Vorerben.
 - Nach § 2113 Abs. 1 BGB sind Verfügungen des Vorerben über **Grundstücke und Grundstücksrechte** wie Hypothek oder Grundschuld unwirksam, soweit sie das Recht des Nacherben vereiteln oder beeinträchtigen würden. Die Unwirksamkeit wirkt gegenüber jedermann, es handelt sich also um ein absolutes Verfügungsverbot. Die Unwirksamkeit tritt allerdings erst dann ein, wenn die Nacherbfolge angetreten wird, denn erst dann wird der Nacherbe beeinträchtigt. Die erlangten Rechtspositionen müssen dann nach Eintritt des Nacherbfalls an den Nacherben herausgegeben werden.
 Dennoch wirkt das absolute Veräußerungsverbot nach § 2113 Abs. 1 BGB dann nicht, wenn ein **gutgläubiger Erwerber** nach § 2113 Abs. 3 BGB durch die entsprechende Anwendung von §§ 892 I 2, 893 BGB geschützt wird. Wenn der Erwerber die Zugehörigkeit zur Vorerbschaft nicht kannte und diese nicht im Grundbuch eingetragen war, kommt ein gutgläubiger Erwerb in Betracht. Dies ist jedoch ein seltener Fall, denn das Grundbuchamt hat die Zugehörigkeit zur Vorerbschaft bei Eintragung des Vorerben von Amts wegen vorzunehmen.
 Allerdings können solche Verfügungen im Rahmen einer **ordnungsgemäßen Verwaltung** des Nachlasses **notwendig** werden. Dann schreibt § 2120 S. 1 BGB vor, dass der Nacherbe um Einwilligung ersucht wird und diese Einwilligung erteilen muss. Daraus ergibt sich ferner, dass Verfügungen mit Einwilligung des Nacherben auch außerhalb der Grenzen der ordnungsmäßigen Verwaltung wirksam sind. Die Erfüllung von Verpflichtungen, die bereits der Erblasser begründete, ist auch ohne Zustimmung des Nacherben möglich.
 - Ebenso sind gemäß § 2113 Abs. 2 BGB **Schenkungen** aus dem Nachlass unwirksam, soweit sie nicht einer sittlichen Pflicht entsprechen. Auch in eine solche Schenkung kann der Nacherbe allerdings einwilligen, wodurch sie wirksam wird. Von der herrschenden Meinung wird das Verfügungsverbot extensiv ausgelegt: Sobald aus dem Nachlass eine Leistung ohne Gegenleistung gewährt wird oder die Gegenleistung objektiv nicht als gleichwertig anzusehen ist, ist § 2113 Abs. 2 BGB anzuwenden. Dies gilt ebenso, wenn die Verfügung mangels wirksamen Grundgeschäfts rechtsgrundlos erfolgt, ebenso wenn die Gegenleistung nicht an den Nachlass, sondern an einen Dritten fließen soll. War das Geschäft teilweise unentgeltlich, ist die Verfügung insgesamt unwirksam. Rückgabe des Nachlassgegenstandes kann nur Zug um Zug gegen Rückgewähr der von Dritten erbrachten Gegenleistung gewährt werden.
 In diesem Fall wird der gutgläubige Erwerber ebenfalls geschützt: Soweit es sich um bewegliche Gegenstände handelt, verweist § 2113 Abs. 3 BGB selbstverständlich auf §§ 932 ff BGB, aber ebenso auf die Vorschriften zum gutgläubigen Erwerb nach §§ 892, 893, 932, 1032, 1207, 1208 BGB usw. Der Veräußerer muss dann für diese den Nacherben gegenüber wirksame Verfügung Wertersatz nach § 816 Abs. 1 S. 1 BGB leisten. Soweit es sich jedoch um eine Schenkung handelt, trifft diese Verpflichtung nach § 816 Abs. 1 S. 2 BGB den Erwerber.[280]
 - Gehört zum Nachlass eine **Grundschuld** oder eine **Hypothek**, kann der Vorerbe diese nach § 2114 S. 1 BGB kündigen. Nur mit Einwilligung des Nacherben

---

[280] Staudinger (Fn. 230)/ *Avenarius*, § 2113 Rn. 103.

jedoch kann der Geldbetrag an ihn ausbezahlt werden, sonst muss das Geld für beide hinterlegt werden gemäß § 2114 S. 2 BGB.
- Verfügungen durch eine **Zwangsvollstreckung** wegen Forderungen gegen Vorerben in den Nachlass sind nach § 2115 BGB insoweit unwirksam, als sie das Recht des Nacherben vereiteln oder beeinträchtigen. Der Nacherbe könnte hier auch nach § 773 S. 2 i. V. m. § 771 ZPO eine Drittwiderspruchsklage erheben, um die Verwertung zu verhindern.[281]
- Auf Wunsch des Nacherben muss der Vorerbe **Wertpapiere** bei Banken hinterlegen. Durch eine Sperrung wird die Verfügung darüber gemäß §§ 2116, 2118 BGB verhindert.

23 (2.) Beschränkt wird der Vorerbe neben den genannten Verfügungsbeschränkungen auch hinsichtlich der **Verwaltung** des Nachlasses. Nach § 2130 Abs. 1 S. 1 BGB ist er gehalten, den Nachlass ordnungsgemäß zu verwalten. Zur Berichtigung der Nachlassverbindlichkeiten kann der Vorerbe wie gesehen gemäß § 2120 BGB die Einwilligung des Nacherben verlangen.

(3.) Schließlich kommt eine **Haftung** des Vorerben gegenüber dem Nacherben bis zum Nachfolgefall in Betracht. Umgekehrt kann der Vorerbe nach §§ 2125, 2126 BGB gegen den Nacherben Ansprüche hinsichtlich von ihm getragenen besonderen Kosten und Lasten der Nachlassverwaltung geltend machen.

(4.) Gegenüber Dritten haftet der Vorerbe wie ein normaler Vollerbe (dazu s. u. § 40 S. 227 ff.). Bezüglich des Nacherben gilt nach Eintritt des Nacherbfalls eine besondere Haftung, wenn der Vorerbe seiner Herausgabepflicht nicht nachkommen kann. Nach § 2131 BGB gilt als **Haftungsmaßstab** die *„diligentia quam in suis"*, die Haftung für die **eigenübliche Sorgfalt** gemäß § 277 BGB. Je nach der Praxis des Vorerben kommt also gegebenenfalls die Haftung hinsichtlich einfacher Fahrlässigkeit nicht in Betracht. Auch haftet der Vorerbe nach § 2132 BGB nicht für nicht zu vertretende oder normale Veränderungen bzw. Verschlechterungen, etwa für gewöhnlichen Verschleiß. Was der Vorerbe aus dem Nachlass für sich verwendet hat, muss er gemäß § 2134 BGB im Nacherbfall im Wege des Wertersatzes dem Nacherben zukommen lassen.

Mit dem Nacherbfall erlischt nach § 2145 Abs. 1 S. 1 BGB grundsätzlich die Haftung des Vorerben für die Nachlassverbindlichkeiten, soweit der Nacherbe haftet. Ausnahmsweise haftet nach diesem Zeitpunkt nicht der Nacherbe, sondern der Vorerbe,

(a.) wenn der Erblasser ihm allein die Erfüllung der Vermächtnisse und Auflagen übertragen hat, oder

(b.) wenn es sich um Zahlungsverpflichtungen handelt, für die eine rückständige Zahlungspflicht des Vorerben besteht, etwa für Hypothekenzins für die Zeit der Vorerbschaft.

Der Vorerbe haftet nur mit den Nutzungen aus dem Nachlass. Ist dieser erschöpft, kann er nach dem Nacherbfall die Zahlung gemäß § 2145 Abs. 2 BGB verweigern.

24 Die umfangreichen Beschränkungen des Vorerben können dem Willen des Erblassers widersprechen. Besonders dann, wenn der überlebende Ehegatte eingesetzt wird, kann

---

[281] Der Nacherbe hat auch die Wahl, ob er stattdessen die Erinnerung nach § 766 ZPO einlegen will.

§ 22 Testamentarische Anordnungen

diesem auch der Verbrauch des Nachlasses gestattet sein. Nach dem Willen des Erblassers ist hier eine **befreite Vorerbschaft** möglich. Durch deren Anordnung hat der Erbe die Möglichkeit, den Vorerben von den zahlreichen Beschränkungen des § 2113 Abs. 1 BGB sowie der §§ 2114, 2116 bis 2119, 2123 BGB zu entheben, die Rechenschaftspflicht (§ 2127 BGB) wegfallen zu lassen und dem Vorerben sogar zu gestatten, wie ein Eigentümer über die Sache verfügen zu können (§§ 2128–2131, 2133, 2134 BGB).

Die Befreiung kann auf **dreierlei** Weisen geschehen: 25

(1.) Der Erblasser kann den Vorerben gemäß § 2136 BGB durch Verfügung von Todes wegen im größeren oder kleineren Umfang von den Beschränkungen **befreien**, insbesondere von den Verfügungsbeschränkungen. Soll das Anwartschaftsrecht des Nacherben offensichtlich nicht durch Verfügungsbeschränkungen geschützt werden, ergibt sich die Vermutung der Gesamtbefreiung.[282] § 2136 BGB ist allerdings abschließend formuliert; weitergehende Befreiungen als die von der Norm genannten darf der Erblasser nicht erteilen.[283] So ist danach insbesondere die Befreiung von § 2113 Abs. 2 BGB hinsichtlich der unentgeltlichen Verfügungen ausgenommen. Ebenso ist eine Befreiung von der dinglichen Surrogation nach § 2111 BGB sowie der Schadensersatzpflicht gemäß § 2138 Abs. 2 BGB unwirksam. Von diesen Beschränkungen darf der Erblasser den Vorerben nicht befreien.

(2.) Ferner kann der Nacherbe vom Erblasser auf den **Überrest der Erbschaft** eingesetzt werden. Nach der Auslegungsregel des § 2137 Abs. 1 BGB bedeutet dies, dass der Vorerbe wie in § 2136 BGB von den Beschränkungen und Verpflichtungen befreit sein soll. Der Vorerbe muss dann nur noch das herausgeben, was im Zeitpunkt des Nacherbfalls noch im Nachlass vorhanden ist. Er kann also insbesondere den Nachlass für sich verbrauchen. Nur das, was nach der Nutznießung durch den Vorerben noch übrig ist, fällt danach noch an den Nacherben. Gemäß § 2138 Abs. 2 BGB ist der Vorerbe jedoch ersatzpflichtig, wenn er über einen Gegenstand entgegen § 2113 Abs. 2 BGB unentgeltlich verfügt. Gleiches gilt, wenn die Verminderung des Nachlasses in der Absicht erfolgte, den Nacherben zu benachteiligen.

(3.) Schließlich kann der Vorerbe den Nachlass nach der Bestimmung des Erblassers **zur freien Verfügung** erhalten. Gemäß der Auslegungsregel des § 2137 Abs. 2 BGB kann der Vorerbe dann nach seinem Belieben über die Erbschaft verfügen. Auch hier gelten allerdings die Grenzen des § 2136 BGB.

Der Nacherbe haftet **vom Eintritt des Nacherbfalls an** als Erbe und übernimmt damit nach § 1967 Abs. 1 BGB die Haftung für die Nachlassverbindlichkeiten. Er haftet gemäß § 2144 Abs. 1 BGB beschränkbar auf das, was er als Nacherbe aus der Erbschaft erlangt. Dies schließt die Ansprüche gegen den Vorerben ein.

▶ **Antwort:** Durch Anordnung von Vor- und Nacherbschaft kann E die Weitergabe seines Vermögens grundsätzlich für eine Frist von 30 Jahren anordnen. Allerdings kommt nach den Ausnahmevorschriften von § 2109 Abs. 1 S. 2 Nr. 1 und 2 BGB eine Verlängerung der Frist in Betracht. Soll das Vermögen in gerader Linie immer an den ältesten Sohn, in Ermangelung eines Sohnes an den nächstältesten Bruder weitergegeben werden, und waren zum Zeitpunkt von E's Tod die Enkel bereits geboren, so ist der Erbvertrag nach dem Tod des ältesten

---
282 Staudinger (Fn. 230)/ *Avenarius*, § 2136 Rn. 26.
283 Damrau (Fn. 113)/ *Hennicke*, § 2136 Rn. 1 mit einer vollständigen Aufzählung aller unaufhebbaren Beschränkungen; Palandt (Fn. 31)/ *Weidlich*, § 2136 Rn. 2.

Enkels, sofern dieser keinen Sohn hat, noch einmal anzuwenden. Egal, ob der Enkel 90 Jahre oder älter wird: Dann kann sein nächstältester Bruder noch einmal gemäß dem Erbvertrag Erbe werden. ◂

II. Vermächtnis

▶ **Fall:** E will seiner Tochter nicht nur einen Anteil des Nachlasses, sondern auch außerhalb aller Nachlassteilung jedenfalls ein besonderes Familienschmuckstück zukommen lassen. Wie lässt sich dies erreichen? ◂

1. Funktion

26 Verteilt man den Nachlass, kann man einem Empfänger einen Anteil oder nur einen speziellen Gegenstand des Nachlasses zuwenden wollen. Auch kann man entscheiden, ob der Empfänger bereits mit Todesfall als Berechtigter am Nachlass anzusehen sein soll oder nur einen schuldrechtlichen Anspruch auf das Zugewendete gegen den Erben haben soll. Im Allgemeinen deutschen Sprachgebrauch wird selten bewusst unterschieden, ob nun eine Sache „vererbt" oder „vermacht" wird, beide Bezeichnungen werden synonym verwendet. Das **BGB** hingegen **trennt klar zwischen Vermächtnis und Erbe**: Gemäß der Definition des § 1939 BGB wendet der Erblasser beim Vermächtnis dem Empfänger einen Vermögensvorteil zu, ohne ihn als Erben einzusetzen. Einer Person kann also ein Teil des Nachlasses im Ergebnis zugewandt werden, ohne dass sie Erbe wird. Vielmehr wird in diesem Fall ein anderer, nämlich der Erbe, mit der Pflicht beschwert, ihr einen Gegenstand oder einen begrenzten Teil des Nachlasses herauszugeben. Die begünstigte Person nennt man Vermächtnisnehmer.

27 Erbe und Vermächtnis unterscheiden sich inhaltlich und in der Rechtsfolge:
- Inhaltlich:
  Erbe ist, wer einen **Anteil am Nachlass** hat; **Vermächtnisnehmer**, wer nur einen oder mehrere **spezielle Gegenstände** zugewiesen erhält. Dabei kann eigentlich jeder Vermögensvorteil im Wege des Vermächtnisses übertragen werden. Daher trennen Lehre und Rechtsprechung zwischen dem Erben, der am Nachlass im Ganzen berechtigt ist, etwa durch eine Quote (s. o. § 22 Rn. 2), während der Vermächtnisnehmer nur die Einzelnachfolge bezüglich eines bestimmten Gegenstandes antritt, auch wenn dieser einen großen Wert haben und damit einen wichtigen Teil des Vermögens darstellen kann.
- Nach der Rechtsfolge:
  Der **Erbe** ist mit dem Erbfall **Eigentümer und Besitzer**; der **Vermächtnisnehmer** hingegen hat nach § 2174 BGB nur einen **schuldrechtlichen Anspruch** gegen die Erben.

Zugunsten dieser klaren dogmatischen Trennung gab das BGB auch Mischformen auf, die das römische Recht noch kannte: Dort gab es „Damnations-" und „Vindikationslegate": Man konnte Vermächtnisse also schuldrechtlich oder unmittelbar als Eigentümer zugewiesen bekommen. Das Vindikationslegat findet sich heute etwa in Art. 649 Code civil, während das BGB nur noch das Damnationslegat kennt. Der Vermächtnisnehmer erhält daher nach deutschem Erbrecht nur einen schuldrechtlichen Anspruch gegen den Erben auf Herausgabe des Vermächtnisses, während der Erbe nach § 1922 Abs. 1 BGB unmittelbar mit dem Tod des Erblassers Eigentümer des Nachlasses wird. Das BGB trennt dagegen Erbe und Vermächtnis scharf ebenfalls in ihrer rechtlichen Konsequenz. Nur in Fällen mit Auslandsbezug wird der deutsche Jurist noch mit Vindikationslegaten konfrontiert.[284]. Dennoch bilden sich zahlreiche Abgrenzungsfragen und Anwendungsprobleme, die in §§ 2147 bis 2191 BGB behandelt sind.

2. Abgrenzungen

Abzugrenzen ist das Vermächtnis von der **Auflage** nach §§ 1940 und 2193 BGB, bei der dem Erben nur eine Pflicht auferlegt wird, etwas zu tun. Der Begünstigte erhält jedoch nicht einmal einen schuldrechtlichen Anspruch gegen den Beschwerten auf Erfüllung seiner Pflicht.

28

Im Unterschied zu einem nach dem Tod zu erfüllenden **Vertrag zugunsten Dritter** beruht das Vermächtnis nicht auf einem Rechtsgeschäft unter Lebenden, vielmehr beruht das Vermächtnis auf einer Verfügung von Todes wegen.

Eine **Teilungsanordnung** im Sinne von § 2048 S. 1 BGB bewirkt die Zuweisung eines bestimmten Gegenstandes an eine Person. Diese **Zuweisung** kann sowohl für einen Erben als auch für einen Vermächtnisnehmer gelten. Die Teilungsanordnung setzt in der Regel voraus, dass jemand Erbe bzw. Vermächtnisnehmer ist, und will nur die konkreten Fragen der Verteilung der Nachlassgegenstände klären. Ist die Rechtsstellung nicht ausdrücklich letztwillig bestimmt worden, muss man nach dem Willen des Erblassers abgrenzen, ob der zugewendete Vermögensvorteil eher für eine Erbenstellung oder ein Vermächtnis spricht. Dabei stellt sich die weitere Frage, wenn dem Erben ein konkreter Gegenstand zugewendet werden soll, ob der Nachlass damit bloß zwischen den Erben aufgeteilt werden soll oder ob der Erbe neben der Erbquote den Gegenstand zusätzlich als Vermächtnis erhalten soll („Vorausvermächtnis", s. sogleich).

3. Vorausvermächtnis

Vermächtnis und Erbe schließen sich konstruktiv aus, doch der Erbe kann zusätzlich zum Erbe auch noch ein Vermächtnis erhalten. Dies ist beispielsweise dann anzunehmen, wenn den Kindern zwar grundsätzlich der gleiche Anteil an der Erbschaft zukommt, doch der einzigen Tochter daneben 5.000 EUR zur Ausstattung ihrer Kinder zugewendet werden sollen. Hierbei kann es sich um ein **Vorausvermächtnis** (Prälegat) handeln. Dieses wird durch § 2150 BGB als Vermächtnis des Erben definiert; es wird kein Erbteil. Die Tochter als Erbin erhält dann den Geldbetrag als Vermächtnis vorweg, bevor es zur Verteilung des Nachlasses kommt. Der Nachlass wird dadurch um diesen Geldbetrag reduziert. Die Erben teilen sich nur den Wert dessen, was nach der Übergabe übrig ist.

29

Allerdings kann es sich hierbei auch nur um eine Teilungsanordnung handeln: Die Kinder sollen dann in jedem Fall rechnerisch gleichmäßig behandelt werden und die 5.000 EUR sind auf den Erbteil der Tochter anzurechnen. Die Abgrenzung erfolgt in jedem Fall nach dem Willen des Erblassers. Es ist also zu fragen, ob der Erbe bei der Verteilung durch ein Vorausvermächtnis einen zusätzlichen Vermögenswert erhalten sollte.

Es ergeben sich keine Besonderheiten, wenn mehrere Miterben insgesamt mit dem Vorausvermächtnis beschwert werden (Prälegat im weiteren Sinne). Ist hingegen nur der eine Erbe selbst mit dem Vorausvermächtnis beschwert (Prälegat im engeren Sinne),

---

[284] *Jan Peter Schmidt*, Ausländische Vindikationslegate über im Inland belegene Immobilien -zur Bedeutung des Art. 1 Abs. 2 lit.1 EuErbVO, ZEV 2014, 133–139.

fallen der Berechtigte und der Verpflichtete aus dem Vermächtnis-Anspruch zusammen. Dennoch tritt keine „Konfusion" ein: § 2150 BGB bestimmt vielmehr, dass auch in diesem Fall das Vermächtnis gültig bestehen bleibt.

4. Voraussetzungen

30 Voraussetzung für ein **wirksames Vermächtnis** ist die Wirksamkeit der letztwilligen Verfügung. Das Vermächtnis wird vom BGB nur als Teil der Gesamtverfügung verstanden und die konkrete Einsetzung muss zunächst allen materiellen und formellen Voraussetzungen entsprechen. Ebenso kann das Vermächtnis wie die Erbeinsetzung nach materiellrechtlichen Gesichtspunkten nichtig und insbesondere sittenwidrig sein.

Im Übrigen gilt für die Behandlung des Anspruchs das allgemeine Schuldrecht. Nach den allgemeinen Regeln sind Leistungsstörungen und Fristprobleme zu behandeln.

31 Das **Vermächtnis** ist jedoch **unwirksam**, wenn der Vermächtnisnehmer vorverstorben ist; das Vermächtnisrecht entsteht erst gar nicht. Die Rechtsfähigkeit ist nach § 1923 Abs. 1 BGB für die Erbfähigkeit ebenso Voraussetzung wie nach § 2160 BGB für den Empfang des Vermächtnisses. Bei einem aufschiebend bedingten oder befristeten Vermächtnis hat der Vermächtnisnehmer eine Anwartschaft. Erst mit dem Ereignis selbst erwirbt er das Recht eines Vermächtnisnehmers. Dieses Ereignis muss grundsätzlich binnen 30 Jahren eintreten, sonst ist die Vermächtnisbestimmung nach § 2162 Abs. 1 BGB unwirksam. Ebenso muss der Vermächtnisnehmer nach § 2162 Abs. 2 BGB binnen dieser Frist geboren oder gezeugt werden. § 2163 BGB bestimmt dazu Ausnahmen, die der Verlängerung der Zeitgrenzen für die Nacherbfolge entsprechen (s. o. § 22 Rn. 10).

32 Der Anspruch aus dem Vermächtnis entsteht regelmäßig mit dem Erbfall nach § 2176 BGB. Das Gesetz spricht hier vom „**Anfall** des Vermächtnisses". Der Anfall des Vermächtnisses tritt wie die Erbschaft von selbst kraft Gesetzes ein, der Vermächtnisnehmer kann es allerdings ausschlagen. Das Vermächtnis kann also formlos angenommen werden. Allerdings ist der Vermächtnisnehmer gemäß § 2180 BGB ausnahmsweise an keine Frist gebunden.

Die Wirksamkeit oder Unwirksamkeit von Erbschaft und Vermächtnis bestehen unabhängig voneinander und beeinflussen sich nicht gegenseitig, § 2085 BGB. Die Unwirksamkeit der Erbenstellung oder die Ausschlagung wirkt sich nicht auf das Vermächtnis aus. Der Vermächtnisnehmer behält seinen Anspruch auch gegen den Nacherben. Wird der Nachlass insgesamt verkauft („Erbschaftskauf"), ist das Vorausvermächtnis im Zweifel nach § 2373 S. 1 BGB nicht mitverkauft.

5. Forderungsrecht

33 Das Vermächtnis differenziert zwischen dem Beschwerten, der das Vermächtnis leisten muss, und dem Bedachten, der das Vermächtnis erhalten soll. Der **Beschwerte** kann dabei Erbe, aber auch Vermächtnisnehmer sein. Wenn der Vermächtnisnehmer beschwert wird, ist dieses Vermächtnis als zweites sog. Untervermächtnis zu verstehen (Schluss aus § 2186 BGB).[285] Folglich kann Niemand beschwert werden, der selber nichts erhält.[286] Nach der Zweifelsregelung des § 2147 S. 2 BGB ist der Beschwerte

---

[285] MüKoBGB/*Rudy*, 9. Aufl. 2022, BGB § 2186 Rn. 2.
[286] MüKoBGB/*Rudy*, 9. Aufl. 2022, BGB § 2147 Rn. 1.

eher Erbe. Möglich ist auch, dass mehrere Erben mit der Erfüllung des Vermächtnisses beschwert werden. Dann sind sie im Zweifel nach dem Verhältnis ihrer Erbteile beschwert. Trotz Wegfall des Beschwerten, sei es durch Tod oder Ausschlagung, bleibt das Vermächtnis selbst im Zweifel nach § 2161 S. 1 BGB bestehen. Es muss dann nach § 2161 S. 2 BGB von dem erfüllt werden, dem der Wegfall des Erben zugutekommt.

Der **Bedachte** wird durch den Erblasser bestimmt, wobei auch hier der wirkliche Wille nach § 133 BGB durch Auslegung ermittelt werden muss. Allenfalls könnte der Erblasser bestimmen, dass dem testamentarisch benannten Erben ein bestimmter Teil des Nachlasses nicht zufallen soll. Dann kann der ausgenommene Teil gemäß § 2149 BGB nur den gesetzlichen Erben zufallen, die insoweit als Vermächtnisnehmer anzusehen sind. 34

Selbst ein Vermächtnisnehmer kann mit einem weiteren Vermächtnis beschwert werden. Der Hauptvermächtnisnehmer wird dann Beschwerter gegenüber einem Untervermächtnisnehmer, etwa ein Teil oder ein Stück aus seinem Vermächtnis jemand anderem abzugeben.

Anders als bei der Erbeinsetzung (vgl. § 1923 Abs. 2 BGB) kann auch ein noch nicht Gezeugter (*nondum conceptus*) nach § 2178 BGB Vermächtnisnehmer werden. Daher braucht das Ereignis, durch das der Vermächtnisnehmer ermittelbar wird, noch nicht eingetreten zu sein. Der Erbe muss dann **warten**, bis er seiner Pflicht nachkommen kann. 35

Als weitere Besonderheit des Vermächtnisrechts braucht die Bestimmung des Vermächtnisnehmers **nicht höchstpersönlich** vorgenommen zu werden, diese Entscheidung kann auch durch einen Dritten getroffen werden. Hierin weicht das Vermächtnisrecht von der Erbeinsetzung nach § 2065 Abs. 2 BGB entscheidend ab. Nach § 2151 Abs. 1 BGB können der Beschwerte oder ein Dritter entscheiden, wer das Vermächtnis erhalten soll. Hat der Erblasser außer mehreren möglichen Empfängern des Vermächtnisses nichts weiter bestimmt, darf der Beschwerte nach § 2152 BGB über die Zuwendung entscheiden. Wird die Entscheidung nicht getroffen, werden alle Kandidaten des Vermächtnisses zu Gesamtgläubigern nach § 2151 Abs. 3 S. 1 BGB. Wer das Vermächtnis dann erhält, braucht es jedoch nach § 2151 Abs. 3 S. 3 BGB nicht zu teilen. Die Leistung an einen befreit den Erben von der Schuld gegen die anderen.

Das Vermächtnis kann auch **mehreren Personen** gleichzeitig zugewendet werden. Bei diesem gemeinschaftlichen Vermächtnis bzw. Mitvermächtnis ist dann das Verhältnis der Mitvermächtnisnehmer (Kollegatare) zu klären. Diese Abgrenzungsprobleme entsprechen denen der Erbschaft Mehrerer, daher verweist das Gesetz meist dorthin: 36

- § 2157 BGB verweist bei der Zuwendung eines Gegenstandes an mehrere Personen auf §§ 2089–2093 BGB und damit auf die Einsetzung von Erben auf Bruchteile. Ebenso geht auch § 2158 BGB für den Fall, dass einer der Empfänger wegfällt, von der Anwachsung seines Teils auf die Bruchteile der anderen aus.
- Es ist ebenso möglich, dass nur einer das Vermächtnis erhalten soll, die anderen jedoch nur als „Ersatzvermächtnisnehmer" anzusehen sind. § 2190 BGB verweist für diesen Fall auf die Ersatzerbschaftsregeln nach §§ 2097 ff BGB.
- Schließlich könnte vom Erblasser auch eine zeitliche Staffelung als „Vor-„ und „Nachvermächtnisnehmer" intendiert sein. Nach § 2191 Abs. 2 BGB sind dann für dieses Vor- und Nachvermächtnis-Verhältnis die Regeln der Nacherbfolge anwendbar.

Unter Berücksichtigung dieser Möglichkeiten und ihrer Vor- sowie Nachteile muss man die letztwillige Verfügung auslegen, um die vom Erblasser gewünschte Konstruktion zu ermitteln.

6. Haftungsfragen

37 Nur der Erbe **haftet** für die Nachlassverbindlichkeiten (s. u. § 41). Dies ist der große Nachteil seiner Position gegenüber dem Vermächtnisnehmer. Allerdings haftet der Erbe dem Vermächtnisnehmer gegenüber grundsätzlich nur mit dem Nachlass. Gemäß § 1992 BGB kann er gegen Nachlassgläubiger die Erschöpfungseinrede erheben, wenn der Nachlass zur Begleichung der Schuld nicht ausreicht. Der Vermächtnisnehmer ist dabei nach den eigentlichen Nachlassgläubigern zu befriedigen. Reicht der Nachlass nicht aus, ist dann unter den verschiedenen Vermächtnisnehmern anteilig zu kürzen.

Im Fall der Belastung eines Vermächtnisses mit einem anderen Vermächtnis wird der Hauptvermächtnisnehmer gemäß § 2186 BGB erst verpflichtet, wenn er die Erfüllung des Hauptvermächtnisses verlangen kann. Gegenüber dem Untervermächtnis kann er sich nach § 2187 BGB auf die Erschöpfung berufen, soweit das Hauptvermächtnis nicht zur Auskehrung des Untervermächtnisses ausreicht.

7. Verschiedene Arten des Vermächtnisses

38 Wird ein bestimmter Gegenstand aus dem Nachlass als Vermächtnis bezeichnet (**Stückvermächtnis**), ist dieses nach § 2169 Abs. 1 BGB nur gültig, wenn der vermachte Gegenstand zum Erbfallzeitpunkt noch zum Nachlass gehört; eine dingliche Surrogation findet hier nicht statt. Allerdings kann in der Bestimmung des Vermächtnisses auch ein **Beschaffungsvermächtnis** nach § 2170 BGB liegen; der Erblasser weist damit den Erben an, den Gegenstand mit Mitteln der Erbschaft evtl. wiederzubeschaffen. Steht der Gegenstand nicht im Eigentum des Erblassers, befindet sich jedoch der Besitz im Nachlass, so gilt nur der Besitz nach § 2169 Abs. 2 BGB als vermacht und das Vermächtnis ist insoweit wirksam. Hat der Erblasser den Anspruch auf die Leistung des Gegenstandes gehabt, gilt nach § 2169 Abs. 3 BGB der Anspruch als vermacht. Hat erst ein Dritter den Vermächtnisgegenstand aus dem Nachlass entfernt, kann der Vermächtnisnehmer seine Rechte aus der Forderung gegen diesen nach dem allgemeinen Schuldrecht geltend machen.

39 Bei einem **Forderungsvermächtnis** hat der Vermächtnisnehmer den Anspruch auf Übertragung einer Forderung. Ebenso kann der Vermächtnisnehmer bei einem **Befreiungsvermächtnis** von der Schuld gegenüber dem Erblasser bzw. dem Nachlass befreit werden. Diese Befreiung geschieht nicht von selbst, sondern begründet nur den Anspruch auf einen Schuldenerlass.

40 Der Erblasser kann den Inhalt des Vermächtnisses sogar teilweise unbestimmt lassen. Im Falle eines **Wahlvermächtnisses** nach § 2154 BGB darf sich der Bedachte selbst aussuchen, was er haben will: ein Buch seiner Wahl aus der Bibliothek bzw. die Briefmarkensammlung oder den Weinkeller. Das **Gattungsvermächtnis** gemäß § 2155 BGB bestimmt, dass dem Vermächtnisnehmer ein der Gattung nach bestimmter Gegenstand übertragen wird. Hierbei soll es sich nicht gemäß der allgemeinen Regel von § 243 Abs. 1 BGB um einen Gegenstand mittlerer Art und Güte handeln, vielmehr ist speziell gemäß § 2155 Abs. 1 BGB eine den Verhältnissen des Bedachten angemessene Sache auszusuchen. Vermachte der Erblasser seinem Zechkumpan „100 Flaschen Wein" und

tranken beide stets nur Ahrwein mittlerer Qualität, so beinhaltet das Vermächtnis 100 Flaschen von Wein aus diesem kleinen Anbaugebiet von zumindest durchschnittlicher Güte. Wird die Anschaffung eines „Wagens" vermacht und benötigt der Empfänger als Landwirt einen Geländewagen, so ist ein geländegängiges Modell zu wählen. Allerdings sind auch die Verhältnisse des Erblassers bei der Qualität und dem Wert zu berücksichtigen. Soll eine gute Flasche Ahrwein geleistet werden, kann dies den herkömmlichen Landwein betreffen oder die nach neuer Produktionsweise hergestellten, oft prämierten Produkte; bei einem wirklich wohlhabenden Erblasser wird wohl nur Letzteres in Betracht kommen entsprechend dem üblichen Lebenszuschnitt des Erblassers. Der Beschwerte haftet in diesem Fall wie der Verkäufer einer Gattungssache nach §§ 2182, 2183 BGB.

Beim **Bestimmungs-** oder **Zweckvermächtnis** vermacht der Erbe einen Teil seines Vermögens, damit eine spezifizierte Aufgabe erfüllt wird. Dabei kann offen sein, wie viel zur Erreichung eines bestimmten Zwecks aufgewandt werden muss. Die Bestimmung der erforderlichen Mittel kann hier nach § 2156 BGB dem Ermessen des Beschwerten oder eines Dritten überlassen werden. Soll der Erbe S etwa für die behinderte T sorgen, wird er berechtigt, das erforderliche Maß der Aufwendungen zu bestimmen.

8. Abgrenzung von Vermächtnis und Erbeinsetzung

Bei der Abgrenzung von Vermächtnis und Erbeinsetzung kann die **Auslegung** besonders wichtig werden. Die Bezeichnung im Testament ist dabei völlig unerheblich, zumal der allgemeine Sprachgebrauch nicht zwischen ‚erben' und ‚vermachen', ‚Erbschaft' und ‚Vermächtnis' trennt. Ob nun die Einsetzung in einen bestimmten Teil bzw. Gegenstand oder in einen Anteil am Erbe gemeint ist, muss **nach dem wirklichen Willen des Erblassers** bestimmt werden. Vorrangig ist stets die Ermittlung des wirklichen Willens. Erst wenn dies nicht gelingt, können die gesetzlichen Auslegungsregeln zur Anwendung kommen.

41

§ 2087 Abs. 1 BGB bestimmt, dass **im Zweifel** eine **Erbeinsetzung** anzunehmen ist, wenn das Vermögen als **Ganzes oder ein Bruchteil** davon zugewendet wird. Nach § 2087 Abs. 2 BGB bedeutet im Gegenzug die Zuweisung einzelner Gegenstände im Zweifel die Errichtung eines Vermächtnisses. Allerdings kann ein Gegenstand tatsächlich das ganze Vermögen oder zumindest dessen Großteil ausmachen. Wer etwa das „Haus" erben soll, erhält in der Regel in Deutschland den größten Teil des Vermögens. Hier fragt es sich, ob nicht trotz der Vermutungsregel des § 2087 Abs. 2 BGB eine Erbeinsetzung anzunehmen ist (zu weiteren Auslegungsregeln s. u. § 23 Rn. 8 ff). Die Abgrenzung zwischen Vermächtnis und Erbstellung ist praktisch von großer Bedeutung und wird auch im Studium häufig thematisiert. Es ist wichtig, den Vorrang des Erblasserwillens zu berücksichtigen, soweit dieser ermittelbar ist, bevor die Vermutungsregeln des § 2087 BGB herangezogen werden.

Allerdings muss man die Einhaltung der für letztwillige Verfügungen vorgeschriebenen Form auch für die auszulegende **Willenserklärung** verlangen. Die Auslegung benötigt also mindestens eine schriftlich niedergelegte Willenserklärung (s. u. § 23 Rn. 5). Unter Anwendung der „**falsa demonstratio non nocet**" – Regel kann man dann argumentieren, der Erblasser habe schon das Richtige gemeint.[287] Der wirkliche Erblasserwille muss jedoch auch beweisbar sein. Soweit also ein Wille feststellbar und mit dem im

42

---

[287] Zuletzt OLG Stuttgart 9.3.2012 – 8 W 85/12, NJOZ 2012, 1250 f.

Testament Erklärten in Einklang zu bringen ist, ist dieser auch qua Testament erklärt und gültig. Soll etwa A das bewegliche, B das unbewegliche Vermögen erben, liegt keine Einsetzung auf bestimmte Gegenstände mit der dann anwendbaren Vermutung des § 2087 Abs. 2 BGB, sondern auf Vermögensteile vor, und damit letztlich eine Erbeinsetzung.

▶ **Antwort:** E sollte zugunsten der T ein Vorausvermächtnis gemäß § 2150 BGB anordnen, das ihr ermöglicht, von der Erbengemeinschaft, zu der sie selbst gehört, vorab dieses Schmuckstück ohne Anrechnung auf ihren Erbteil herauszufordern. ◀

III. Auflage

▶ **Frage:** E hat in den letzten Jahren einen weitgehend einkommenslosen Maler M unterstützt. Ohne diesen direkt testamentarisch begünstigen zu wollen, möchte er seinen Sohn S bitten, M gelegentlich mit den Mitteln des Nachlasses unter die Arme zu greifen. Welche Gestaltungsmöglichkeiten bestehen? ◀

43 Der Erbe kann durch Testament oder Erbvertrag (§ 1941 BGB) mit einer Auflage (lat. *modus*) belastet werden. Mit der Auflage wird nach § 1940 BGB der Erbe oder ein Dritter durch die Anordnung von Todes wegen zu einer Leistung verpflichtet, ohne dass der Begünstigte ein Recht darauf erhält. Die Auflage kann sich z. B. auf die Grabpflege richten, den Umgang mit den noch einkommenden Briefen vorschreiben, Zuwendungen an gemeinnützige Institutionen wie Museen oder zugunsten von privaten Personen oder Personenkreisen beinhalten oder die Pflege des hinterbliebenen Haustiers bezwecken.

Die Auflage bewirkt eine **echte Verpflichtung des Erben**, der Begünstigte selbst hat jedoch **keinen Leistungsanspruch**. Anstelle dessen gibt es ein fiduziarisches Klagerecht Dritter nach § 2194 S. 1 BGB: Nur der Erbe, die Miterben und diejenigen, die vom Wegfall des zunächst durch die Auflage Beschwerten profitieren würden, dürfen klagen. Soweit die Auflage im öffentlichen Interesse liegt, darf die sachlich zuständige Behörde nach § 2194 S. 2 BGB die Klage erheben, um die Umsetzung der Auflagenbestimmung zu erreichen. Damit kann die Vollziehung der Auflage durchgesetzt werden.

Einige Vorschriften des Vermächtnisrechts sind nach § 2192 BGB entsprechend anwendbar. Die Darstellung der Auflage braucht daher nicht weiter thematisiert zu werden. Hinzuweisen ist nur noch auf das Zusammenspiel zwischen Erbeinsetzung, Vermächtnis und Auflage. Was als Verletzung objektiver Pflichten bei Erbeinsetzung und Vermächtnis gewertet werden könnte, könnte als Auflage gedeutet noch rechtmäßig sein. Will man etwa – anders als hier vertreten – in der Erbeinsetzung eines Familienfremden einen Verstoß gegen die Familienpflicht mit der Konsequenz eines Verstoßes gegen § 138 Abs. 1 BGB annehmen, wäre die der Familie obliegende Auflage, sich um die Belange dieses Dritten zu kümmern, wirksam.

▶ **Antwort:** Da S nur gelegentlich und damit nach seinem Ermessen aktiv werden soll, erscheint eine (auflösende) Bedingung der Erbschaft gemäß § 158 Abs. 2 BGB nicht sinnvoll. Durch eine Auflage erhält S die Pflicht, M zu unterstützen, ohne dass M klageberechtigt würde. Sofern man diese Aufgabe nicht als im öffentlichen Interesse stehend betrachtet, darf auch keine öffentliche Behörde klagen. Durch die Auflage bleiben lediglich der Appell und die Mahnung gegenüber S, nach seinem Ermessen M Hilfe zukommen zu lassen. ◀

IV. Weitere mögliche Inhalte eines Testaments

▶ **Frage:** Erblasser E will eine möglichst harmonische Verteilung seines Nachlasses unter seinen Kindern erreichen. Er befürchtet, wie in solchen Situationen häufig, dass sich die Erben wegen der Verteilung zerstreiten könnten. Was kann E tun? ◀

Anstelle der Erbeinsetzung kommt der Ausschluss eines gesetzlichen Erben, also die **Enterbung** nach § 1938 BGB in Betracht. Dies kann ausdrücklich oder stillschweigend erfolgen. Allerdings sollte der Erblasser sich bei der Begründung der Enterbung vor Beleidigungen hüten, welche den Verdacht der Sittenwidrigkeit entstehen lassen (s. o. § 19 Rn. 11 und 16). Darüber hinaus kann in bestimmten Fällen auch das Pflichtteilsrecht beschränkt oder entzogen werden. Dies kann der Erblasser nach § 2333 BGB bei bestimmtem Fehlverhalten des Erbberechtigten anordnen (s. u. § 18 Rn. 14).

44

Ebenso ist eine **Verwirkungsklausel** möglich. Der Erblasser nimmt entweder eine „kassatorische" oder „privatorische" Klausel in seine Verfügung auf, wonach der Erbteil entsprechend in eigens bestimmten Fällen entweder ungültig oder entzogen wird. So kann beispielsweise ein Erbe, der das Testament angreift, enterbt und auf seinen Pflichtteil gesetzt werden. Es handelt sich damit um Strafklauseln, die den gesetzlichen oder gewillkürten Erben von einem bestimmten Handeln abhalten sollen. Möglich sind hier etwa Belastungen und Beschränkungen wie Vermächtnisse, die Ernennung eines Testamentsvollstreckers, Nacherbschaft oder die Anordnung, das Erbe vorerst nicht zu teilen und im Besitz eines Dritten zu lassen.

45

Eine solche testamentarische Verwirkungsklausel zum Schutz des überlebenden Ehegatten bezeichnet man als „**cautela Socini**" (nach dem italienischen Juristen Marianus Socini d. J., 1482–1556). Der Gesetzgeber geht in § 2306 Abs. 1 BGB von derartigen Belastungen des Pflichtteilsberechtigten aus und hat damit solche Strafklauseln akzeptiert. Auf diese Weise kann der Erblasser den überlebenden Ehegatten und die Kinder zu Erben einsetzen. Durch die „cautela Socini" wird jedoch den Kindern aufgegeben, ihren Erbteil nach dem Tod des Erblassers nicht einzufordern, sondern dem überlebenden Ehegatten zur Versorgung zu überlassen. Sie werden damit als nach dem überlebenden Ehepartner als Schlusserben eingesetzt und dies sollte dann mit möglichster Klarheit auch im Testament formuliert werden, um Auslegungsprobleme zu verhindern. Für den Fall der Zuwiderhandlung legt diese Verwirkungsklausel beispielsweise fest, dass die Kinder nur ihr Pflichtteilsrecht erhalten sollen. Wie gezeigt (s. o. § 7 Rn. 7) hat die Einsetzung mehrerer Erben den Vorteil, dass mehr vom Freibetrag der Erbschaftsteuer ausgenutzt werden kann. Dem Nachteil, dass der überlebende Ehegatte zu große Einbußen erleidet, wird durch die Strafbestimmung der „cautela Socini" begegnet, etwa durch die auflösende Bedingung der Erbeinsetzung.

Ebenso kann eine Erbeinsetzung wie jede Willenserklärung gemäß §§ 158 ff BGB **bedingt** oder **befristet** werden. Die Anordnung von Vor- und Nacherbfolge ist eine solche bedingte Erbeinsetzung. Aber es gibt zahllose weitere Spezifikationen, um die Erbfolge näher zu regeln oder den Erben zu beeinflussen. So kann dem überlebenden Ehegatten im Fall der Wiederverheiratung das Erbe genommen werden. Die Erbeinsetzung des Ehegatten ist bis zum Zeitpunkt des Nacherbfalls **auflösend** bedingt. Die Erbschaft ist dagegen **aufschiebend** bedingt, wenn etwa das Erreichen der Volljährigkeit als Zeitpunkt bestimmt wird, ab dem ein Kind das Erbe antreten darf.

Die „**Potestativbedingung**", also eine Bedingung, die an ein Verhalten des Bedachten anknüpft, wurde schon behandelt (s. o. § 20 Rn. 26). Der Eintritt der Bedingung ist

46 Einen anderen wichtigen Bereich der Regelung bilden die **Teilungsanordnungen** nach § 2048 BGB (s. o. § 22 Rn. 28). Der Erblasser verteilt damit seinen Nachlass konkret unter den Erben, z. B. um eine bestimmte Zuordnung von Gütern sicherzustellen oder um Streit zwischen den Erben zu vermeiden. So kann etwa bestimmt werden, dass Tochter und Sohn je zur Hälfte erben sollen, dass die Tochter dabei die Wertpapiere, der Sohn dafür die Immobilien erhalten soll. Diese Teilungsanordnung soll die Erbquote wie gesehen nicht berühren, sie stellt also die gleichmäßige Verteilung des Nachlasses nicht in Frage. Sie soll nur eine Anleitung geben, wie die einzelnen Positionen des Nachlasses konkret zwischen den Erben aufzuteilen sind. Dabei ist zu betonen, dass eine Teilungsanordnung nur eine schuldrechtliche Wirkung unter den Erben entfaltet und insoweit den Auseinandersetzungsregeln insb. von §§ 2042 Abs. 2 i. V. m. 752 ff. BGB vorgeht (vgl. § 2042 Abs. 1 BGB). Diese Wirkung begründet also nur einen Anspruch auf Übertragung der konkreten Gegenstände gegenüber den anderen Miterben. Umstritten ist dabei, ob dieser Anspruch im Sinne eines Gestaltungsrechts erst mit Geltendmachung durch den entsprechenden Erben entsteht[288] oder unmittelbar mit dem Erbfall begründet wird[289]. Letzteres führt dann zu einer Übernahmepflicht des Erbens.

Solche Anordnungen können mit einem **Vorausvermächtnis** verwechselt werden, da einem Erben neben seinem Erbteil auch noch ein Gegenstand als Vermächtnis zugewandt werden kann. Sollen Sohn und Tochter zu gleichen Teilen erben, die Tochter aber den Schmuck erhalten, kann dies auf die Erbquoten anzurechnen sein oder nicht. Dann erhält die Tochter zunächst den Schmuck vorab, vom verbleibenden Nachlass zusätzlich noch die Hälfte. Diese zusätzliche Leistung neben dem Erbteil wird Vorausvermächtnis genannt (dazu s. o. § 22 Rn. 29). Was der Erblasser gewollt hat, muss in solchen Fällen durch Auslegung nach § 133 BGB ermittelt werden.

47 Weitere mögliche Inhalte des Testaments sind die Einsetzung eines Testamentsvollstreckers nach § 2197 BGB (s. u. § 39 Rn. 1 ff) oder die Einsetzung eines Schiedsgerichts für den Fall von Auseinandersetzungen unter den Erben (wird in § 1066 ZPO als möglich vorausgesetzt)[290]. Im Testament können schließlich auch noch familienrechtliche Anordnungen getroffen werden, etwa die Anordnung der Vormundschaft für ein Kind. Der Widerruf einer letztwilligen Verfügung ist nach §§ 2253 ff BGB in der Form des Testamentes möglich. Er erfolgt jedoch bereits gemäß § 2258 Abs. 1 BGB durch ein neues Testament, so dass es eines eigenen Widerrufs nicht bedarf.

▶ **Antwort:** Möglich sind zunächst Teilungsanordnungen, § 2048 BGB, in denen der Erblasser selbst so detailliert wie möglich die Verteilung vornimmt. Eine vollständige Verteilung wird damit jedoch kaum erreicht; ebenso wenig wird sichergestellt, dass die Sachen immer an denjenigen gelangen, der sie braucht. Beides kann Anlass zu Streit bieten. Eine weitere Möglichkeit bieten Verwirkungsklauseln, also bedingte Erbeinsetzungen, die jene Erben betreffen, die Klage gegen Miterben erheben wollen. Meist sollen jedoch auch die Streitlustigen nicht ihren Erbteil verlieren. Ratsam wäre wohl eher die Teilung durch Teilungsanord-

---

288 BeckOK BGB/*Lohmann*, 70. Aufl. 01.05.2024, BGB § 2048 Rn. 3.
289 *Lange/Horn*, Die Teilungsanordnung – Annäherung an ein Mysterium, ErbR 2020, 678 (684).
290 Bzgl. der Probleme der konkreten Voraussetzungen s.: Haas, Letztwillige Schiedsverfügungen i. S. des § 1066 ZPO, ZEV 2007, 49 (50 ff).

§ 22 Testamentarische Anordnungen

nungen oder möglichst genaue Anweisungen des Erblassers vornehmen zu lassen. Die Sicherheit, Streitigkeiten zu vermeiden, gibt es in keinem Fall. ◄

Fragen zur Wiederholung und Vertiefung

65. Welchem Zweck dient die Anordnung von Vor- und Nacherbschaft?
66. Welche relevanten Zeitpunkte gibt es bei der Vor- und Nacherbfolge?
67. Wie lange behält die Anordnung der Nacherbfolge grundsätzlich ihre Wirksamkeit? Warum konnte im Fall der Fürsten zu N. (vgl. BayObLGZ 1996, 204–233 vom 3.9.1996, = FamRZ 1997, 705–710) noch nach dem Tod des 7. Fürsten der Erbvertrag von 1925 angewandt werden?
68. Welche Pflichten treffen den Vorerben gegenüber dem Nacherben?
69. Wofür haftet der Vorerbe dem Nacherben trotz Verschlechterung bzw. Verlust nicht?

► **Fall 3:** M und F haben sich ggs. zu Erben eingesetzt und ihre beiden Kinder T und S zu Nacherben. M stirbt. Zum Nachlass gehört ein Mietshaus, das F und T modernisieren wollen. Dazu wollen sie ein Darlehen bei der B-Bank aufnehmen. Sie verlangt dafür die Bestellung einer Hypothek, wofür F und T einen besonders günstigen Kredit erhalten würden. S weigert sich, der Belastung des Grundstücks zuzustimmen.

Kann F die Belastung des Hausgrundstücks erreichen? ◄

70. Wozu dient die Befreiung des Vorerben, wie wird sie erreicht?
71. Wozu dient ein Vermächtnis?
72. Worin unterscheiden sich Vermächtnis und Erbenstellung?
73. Worin liegt der Unterschied zwischen Vorausvermächtnis und Teilungsanordnung?
74. A vermacht B sein Haus, das den Großteil seines Vermögens ausmacht. Liegt eine Erbeinsetzung oder die Anordnung eines Vermächtnisses vor?

► **Fall 4:** O hat keine eigenen Nachkommen, jedoch eine Nichte N, die bei ihm wohnt, sowie einen entfernten jüngeren Verwandten V, der den gleichen Nachnamen trägt. Dem V will er einen Gobelin hinterlassen, der den Ort zeigt, nach dem die Familie heißt. Um dies sicherzustellen, schreibt er dem V eigens handschriftlich einen Brief, den O mit seiner Unterschrift abschickt. Davon macht er sich eine Kopie. Eine weitere letztwillige Anordnung hinterlässt er nicht.

Nach seinem Tod betrachtet sich N als Erbin des gesamten Nachlasses und verkauft alles, auch den Gobelin. Der Wert des Gobelins beträgt 200.000 EUR. Durch geschickten Verkauf an die Stadtverwaltung des dargestellten Ortes erzielt N für den Gobelin einen Preis von 250.000 EUR.

V erfährt erst nach dem Verkauf vom Tod des O. Kann er von N Schadensersatz oder die Herausgabe der 250.000 EUR verlangen? Die Stadt ist nicht bereit, den Gobelin wieder zu verkaufen. ◄

75. Was ist eine Auflage?
76. Wer sichert die Einhaltung der Auflage?
77. Was bewirkt die testamentarische Verwirkungsklausel der *cautela Socini*?

§ 23 Auslegung letztwilliger Verfügungen

I. Einleitung

▶ **Frage:** Was ist das Ziel aller Auslegung von Verfügungen von Todes wegen? ◀

1 Die Anfertigung einer letztwilligen Verfügung birgt eine Vielzahl juristischer Schwierigkeiten, die Laien oft nicht erkennen. Ohne Rechtsbeistand angefertigte Testamente sind besonders leicht mehrdeutig, lückenhaft oder sogar teilweise unwirksam. Doch auch Testamente, die von Juristen konstruiert wurden, können in ihrer Anwendung problematisch werden, wenn Situationen eintreten, die ursprünglich nicht bedacht wurden. Die Aufgabe von Juristen ist es nun, den Willen des Verstorbenen, der die Durchsetzung seines Willens nicht mehr selbst erreichen kann, zu verwirklichen.

Die Mittel der Auslegung sind dabei grundsätzlich dieselben wie in anderen Büchern des BGB, sie werden hier jedoch auf besondere Weise herangezogen. Durch die Entwicklung neuer Auslegungsmethoden im 20. Jahrhundert und die Ausweitung der Interpretationsmöglichkeiten eröffnen sich neue Chancen im Umgang mit letztwilligen Verfügungen.

2 Dabei besteht jedoch ein **Dilemma**: Einerseits drücken sich juristische Laien gerade in rechtlicher Hinsicht leicht missverständlich aus. Daher bedürfen sie der Hilfe des Interpreten, der nach ihrem wahren Willen forscht. Haftet die Auslegung jedoch zu sehr am Wortlaut, entstünde bei einem Nichtjuristen leicht der Eindruck, es sei eine Frage des Zufalls, inwieweit es ihm gelingt mitzuteilen, was er verfügen will. Löst sich der Auslegende andererseits zu sehr vom Wortlaut, setzt er sich leicht dem Vorwurf aus, seine Auslegung sei willkürlich. Das eine wie das andere würde die Attraktivität des handschriftlichen Testamentes mindern. Die Auslegung gibt dem Juristen also viele Möglichkeiten in die Hand, er ist jedoch gezwungen, selbst in der Intensität seiner Hilfe einen Mittelweg zu finden.

3 Es gibt drei Auslegungsgrundsätze, welche die erbrechtliche Interpretation leiten:

(1.) Nach § 133 BGB ist der **wirkliche Wille des Erblassers** zu ermitteln. Hierbei handelt es sich um den alten, zentralen Grundsatz des Erbrechts.[291] Als innere Tatsache ist der wirkliche Wille der Beweisaufnahme zugänglich. Er geht jeder anderen Interpretation vor.[292] Dabei darf man nicht am Wortlaut kleben, vielmehr ist wie gesehen auf den speziellen Wortgebrauch durch den Erblasser abzustellen. Wenn auf das „zeitgleiche" Sterben der Erblasser abgestellt wird, kann dies auch den Fall meinen, in denen beide kurz nacheinander versterben.

Die Auslegung **nach Treu und Glauben** bzw. dem objektiven Empfängerhorizont gemäß § 157 BGB ist hier grds. nicht anwendbar, da ein Testament zwar auf einen Empfänger hin geschrieben wird, aber keine empfangsbedürftige Willenserklärung ist. Der Begünstigte genießt keinen Vertrauensschutz, da das Testament jederzeit widerrufen und geändert werden kann. Ein Testament wird also allein nach der Auffassung des Testators, nicht nach der Erwartung der prospektiven Erben interpretiert. Die Verkehrssitte kann allenfalls indizieren, was der Erblasser bei der Abfassung des Testaments meinte; sofern keine anderen Anhaltspunkte erkennbar sind, ist diesem gebräuchlichen Verständnis zu folgen.

---

291 *Paulus* D. 50,17,12: in testamentis plenius voluntates testantium interpretamur. (Bei Testamenten legen wir besser nach dem Willen der Testierenden aus).
292 OLG Hamm 22.7.2014 – I-15 W 98/14, FG Prax 2014, 264.

§ 23 Auslegung letztwilliger Verfügungen

Daraus geht zugleich hervor, dass bei gemeinschaftlichen Testamenten und Erbverträgen § 157 BGB immerhin anwendbar ist und hier sehr wohl auf die Sicht der Vertragspartner bzw. Mitverfügenden Rücksicht zu nehmen ist.

(2.) Im Erbrecht gilt der Grundsatz des „**favor testamenti**": Letztwillige Verfügungen sind soweit wie möglich aufrecht zu erhalten. Schon im allgemeinen Vertragsrecht gibt es einen „favor negotii", also das Prinzip, die Wirksamkeit von Geschäften zu erhalten. Im Erbrecht wird der Grundsatz jedoch besonders relevant, da der Erblasser seinen letzten Willen nach seinem Tod naturgemäß nicht mehr selbst verteidigen kann.

Eine Ausprägung dieses Grundsatzes findet sich in § 2084 BGB. Danach soll unter verschiedenen Auslegungsmöglichkeiten jene Auslegung gewählt werden, bei der das Testament Bestand hat. Führen verschiedene Auslegungen zur Unwirksamkeit des Testaments, jedoch nur eine zum Erhalt des letzten Willens, ist diese Auslegungsvariante zu wählen. § 2084 BGB normiert allerdings keine Vermutung für das Vorliegen eines Testamentes, also das „ob" einer letztwilligen Verfügung. Sobald man von der Existenz eines Testaments jedoch ausgehen kann, begründet § 2084 BGB die Vermutung, dass es wirksam bleiben soll. Selbst im Fall der Vernichtung eines Testaments kann es trotz der körperlichen Zerstörung nach § 2255 S. 2 BGB inhaltlich wirksam bleiben, wenn der Testamentserbe den Willen des Erblassers zur Fortgeltung der Verfügungen nachweisen kann (s. o. § 20 Rn. 21).

(3.) Damit eng verbunden ist der Grundsatz der „**benigna interpretatio**", also der wohlwollenden Auslegung; dies ergibt sich ebenso aus § 2084 BGB. Nicht nur der Erhalt der Wirksamkeit ist damit als Auslegungsergebnis vorgegeben, sondern auch die Pflicht des Interpreten, den letzten Willen soweit als möglich zu erreichen. Er muss also in allem versuchen, den Willen des Testators zu erreichen. Auch diese Auslegungsmaxime entstammt bereits dem römischen Recht.[293] Wird beispielsweise ein Krankenhaus als Erbe eingesetzt, ist diese Bestimmung mangels Rechtspersönlichkeit an sich unwirksam; im Wege der Interpretation wird man jedoch unschwer den Träger des Krankenhauses als Bedachten bestimmen können.

In einigen Fällen kann man darüber streiten, ob das Gesetz Auslegungsregeln oder gesetzliche Vermutungen normiert. Da jedoch in allen Fällen der wirkliche Wille des Erblassers Vorrang haben soll, wird man selbst bei der Annahme einer gesetzlichen Vermutung zu ähnlichen Auslegungsergebnissen kommen müssen.

▶ **Antwort:** Mittels der Auslegung soll der wirkliche Testierwille ermittelt werden. Es dreht sich also nicht um die Vorstellungen der Umwelt oder der Gerichte, sondern um die Realisierung der Pläne desjenigen, der nach Art. 14 Abs. 1 S. 1 GG allein zur Gestaltung der Erbfolge berechtigt ist. ◀

II. Ermittlung des wirklichen Willens

▶ **Frage:** Bei einer Aufräumaktion vermengt E aus Versehen sein Testament mit Schmierpapier, zerreißt es und verstirbt. Tritt nun die gesetzliche Erbfolge ein? ◀

Damit stellt sich zunächst die Frage, wie man den wirklichen Willen des Erblassers ermittelt. Was ist etwa mit dem im Testament erwähnten „Barvermögen" gemeint? Das

---

293 *Marcellus* D. 34,5,24: Wenn im Testament undeutlich oder sogar rechtswidrig testiert wurde, muss man wohlwollend interpretieren und man ist gezwungen, das, was wahrscheinlich ist, herauszulesen.

muss nicht mit „Bargeld" identisch sein. Man kann also den allgemeinen Sprachgebrauch ermitteln und zum Ergebnis kommen, dass Barvermögen das bezeichnet, was nicht angelegt wurde. Doch im Gegensatz zum Grundsatz des römischen Rechts muss man bei der Auslegung nicht an dem buchstäblichen Sinn der verwandten Wörter kleben („sens clair – Doktrin"). Daher ist selbst der eindeutige und **klare Wortgebrauch** des Erblassers **keine absolute Grenze** der Interpretation:[294] Meinte der Erblasser mit „Bibliothek" stets seinen Weinkeller[295], in welchem er so gerne „las", fallen weder das Verständnis des Testaments noch dessen Interpretation schwer. Obwohl der Weinkeller objektiv keine Bibliothek ist, wird er im Testament so bezeichnet. Nach § 133 BGB kommt es nur darauf an, den Willen des Erblassers zu bestimmen. Angesichts des privaten Sprachgebrauchs liegt in diesem Fall auch weder ein Irrtum noch eine *falsa demonstratio* vor. Erst wenn kein individuelles Verständnis bekannt ist, kann auf den allgemeinen Sprachgebrauch zurückgegriffen werden.

5   Doch muss sich der Inhalt des letztwillig Angeordneten zweifelsfrei ergeben. Einfache Pfeildiagramme sind daher nicht ausreichend eindeutig, um als Einsetzungen von Testamentserben angesehen zu werden.[296] Sie wirken in der Tat eher wie Vorarbeiten eines noch zu erstellenden Testaments, so dass man sogar den Testierwillen in Abrede stellen könnte.

Allerdings gibt es ein Formproblem. Wäre der wahre Wille nur mündlich erklärt, wäre dieser nach § 2247 BGB unbeachtlich. Entfernt sich die Interpretation zu weit vom Text, wird die Form missachtet. Es muss also eine Grenze der Auslegung geben. Sonst wird der schriftlich festgelegte Wille des Erblassers letztlich missachtet, an dessen Stelle die Phantasie des Interpreten tritt. Es ist jedoch schwierig, die Grenze zu bestimmen. Auf den subjektiven Verständnishorizont wird man nicht wieder verzichten können.

Rechtsprechung und die herrschende Literaturmeinung versuchen, zunächst den Willen des Erblassers zu ermitteln. Sie fragen danach, ob die Form der Erklärung auch der erbrechtlich gebotenen Form und ob der durch Auslegung ermittelte Wille etwa auch der Schriftform des handschriftlichen Testaments entspricht. Nach ganz herrschender Ansicht reicht dabei bereits eine Andeutung äußerer Umstände im Testament, um das Auslegungsergebnis als formgerecht erklärt anzusehen. Hier spricht man von der **„Andeutungstheorie"**, die von der Rechtsprechung[297] und der ganz herrschenden Literatur[298] herangezogen wird. Mündliche Äußerungen, Briefe und andere Schriftstücke können danach zur Auslegung ergänzend herangezogen werden. Im Testament muss sich nur ein Anklang des wirklich Gewollten und der äußeren Umstände finden.[299] Selbst bei der Übertragung in Reinschrift vergessene Bestimmungen können auf diesem Weg dann noch aufgenommen werden, wenn die tatsächlich niedergeschriebenen Bestimmungen die vergessene Regelung nahe legen.[300]

Eine klare Grenze wird der Auslegung damit nicht gezogen: Wer etwas aus dem Testament herauslesen will, findet dazu im Text auch die erforderliche Andeutung. Mitunter kann dies der einzige Weg sein, um dem Testament zu Wirksamkeit verhelfen. Doch dann wird letztlich der Wille des Interpreten, nicht mehr der Erblasserwille umgesetzt.

---

294 Vgl. BGH 8.12.1982 – IVa ZR 94/81, BGHZ 86, 41, 45 f.; 28.1.1987 – IVa ZR 191/85, FamRZ 1987, 475 f.
295 Klassisches Schulbeispiel von *Brox/Walker* (Fn. 127) § 16 Rn. 4a.
296 So OLG Frankfurt a. M. 11.2.2013 – 20 W 542/11, NJW-Spezial 2013, 263.
297 BGH 8.12.1982 – IVa ZR 94/81, BGHZ 86, 41, 47.
298 MüKo (Fn. 113)/ *Leipold*, § 2084 Rn. 14.
299 Dies gilt sogar auch für Erbverträge, vgl. OLG Düsseldorf 6.12.2011 – 3 Wx 261/11, ZErb 2012, 46.
300 *Brox/Walker*, (Fn. 127) § 16 Rn. 4.

§ 23 Auslegung letztwilliger Verfügungen

So wird die Grenze ignoriert, welche die Formvorschriften für die Wirksamkeit der letztwilligen Verfügung setzen. Die Andeutungstheorie erinnert den Interpreten allenfalls an die notwendige Beachtung des Testamentwortlauts und warnt vor zu gewagten Konstruktionen. Zudem begünstigt sie die gesetzlichen Erben, insoweit sie eine Grenze für das Heranziehen des Erblasserwillens markiert, für den sich nicht einmal ein Anklang im Testament findet.[301] Allerdings setzt sie nur die Formgebote um, obgleich nur in einer eher minimierenden Weise. Gerade durch den im 20. Jahrhundert größer gewordenen Interpretationsfreiraum stellt die Andeutungstheorie den Versuch dar, den Erblasserwillen soweit als möglich zu realisieren.

Als Außenstehender kann man bei einer Willenserklärung schlecht zwischen Willen und Erklärung trennen: Die letztwillige Willenserklärung beinhaltet von vornherein nur den erklärten Willen. Wille und Erklärung fallen insoweit nicht auseinander. Demnach muss man ermitteln, 6

(1.) worauf der geäußerte Wille zielte,

(2.) ob dies gemäß § 133 BGB dem wirklichen Willen des Erblassers entsprach, ob also dem Erklärungsgehalt subjektiv eine andere Bedeutung zugemessen wurde als sich nach objektiver Interpretation ergibt.

(3.) Schließlich kommt die Anwendung der Regel „falsa demonstratio non nocet" in Betracht. Hat der Erblasser etwas erklärt, was er tatsächlich nicht wollte, und lässt sich jedoch sein wahrer Wille ermitteln, kann der Fehler durch Auslegung korrigiert werden. Will der Erblasser seinen PKW vermachen und erwähnt seinen „BMW", hat er jedoch nur einen Mercedes, so wird beispielsweise dieser Mercedes gemeint sein.

Allerdings stellen sich Bedenken gegen eine zu ausufernde Auslegung. Wenn der Jurist letztlich durch seine Phantasie im Wege der Auslegung den Inhalt des Testaments bestimmt, inwiefern kann dieses dann noch den letzten Willen des Erblassers repräsentieren? Die bloße Existenz des Testaments wäre der Grund, durch immer weiter reichende Konstruktionen den ursprünglichen Willen des Erblassers immer weniger zu respektieren. Die notwendige Form des Testaments, mindestens die Schriftform also nach § 2247 BGB, hat damit auch die Funktion, den Erblasser vor der Willkür der Interpretation zu schützen. Daher setzt der **klare Wortlaut** auch **Grenzen**: Wurde die Ehefrau eingesetzt, kann dies nicht zur Erbenstellung der Lebensgefährtin führen. Ebenso wenig können Schreibversehen des Erblassers durch Auslegung geheilt werden, für die keine Andeutung im Text vorhanden ist: Hat der Erblasser etwa einen Vermächtnisnehmer des Entwurfs versehentlich nicht in die Reinschrift übertragen oder hat sich der Notar verhört, kommt nur eine Anfechtung in Betracht. Die Auslegung scheidet in diesen Fällen aus, da für die ausgelassene Bestimmung keine Andeutung im Text zu finden ist und die Verfügung somit der notwendigen Form entbehrt.[302] Zudem dürfen die Formerfordernisse nicht übergangen werden: Verweist das Testament auf ein früheres, formunwirksames Testament, ohne dessen Inhalt zu wiederholen, liegen keine wirksamen testamentarischen Anordnungen vor.[303] 7

---

301 So *Jakob F. Stagl*, Der Wortlaut als Grenze der Auslegung von Testamenten. Die Andeutungstheorie im Testamentsrecht Deutschlands, Österreichs und der Schweiz, 2. Aufl. 2005, 163.
302 So BGH 9.4.1981 – IVa ZB 4/80, BGHZ 80, 242, a. A. *Brox/Walker* (Fn. 127), Rn. 200.
303 So im Ergebnis OLG München 25.9.2008 – 31 Wx 42/08, NJW-Spezial 2008, 744.

Wurde durch Auslegung der wirkliche Wille des Erblassers ermittelt, der zur Unwirksamkeit des Testaments führt, scheidet ebenfalls eine weitere, divergierende Auslegung aus. In diesen Fällen kommt nur noch Umdeutung der entsprechenden Verfügung nach § 140 BGB in Betracht.

▶ **Antwort:** Welcher Erklärungsgehalt liegt im Zerreißen des Testamentes? Wollte sich E von altem Ballast und alten Bindungen befreien und damit auch das Testament widerrufen oder hatte er das Papier verwechselt und ein Widerrufswille ist keineswegs zu vermuten? Sicherlich handelt es sich um ein Beweisproblem, insofern müssen beide Deutungsvarianten begründet werden. Eine Lösung muss jedoch gewählt werden, und schon hierin zeigt sich die Macht des Interpreten. Erst wenn ein Erblasserwille nicht festzustellen ist, greift die Vermutung nach § 2255 S. 2 BGB. ◀

III. Auslegungsregeln und gesetzliche Vermutungen

▶ **Frage:** Wodurch unterscheiden sich gesetzliche Vermutungen von Fiktionen? ◀

8   Konnte der wirkliche Wille des Erblassers nicht ermittelt werden, müssen Vermutungen angestellt werden, um die Wirksamkeit des Testaments zu erreichen. **Gesetzliche Vermutungen** geben dem Richter auf, einen bestimmten Willen des Erblassers zu unterstellen. Zur Ergänzung letztwilliger Verfügungen greifen sie nur, wenn die wirkliche Sachlage bzw. der tatsächliche Wille unbekannt bleiben. In Ermangelung sonstiger Anhaltspunkte entscheidet sich das Gesetz für eine Gestaltung, die besonders häufig gewählt wird, um das Rechtsgeschäft nicht an dieser Lücke scheitern zu lassen. Gesetzliche Vermutungen gibt es für Sachverhalte bzw. Anordnungen (praesumptio facti), etwa in Fällen der Präzisierung von ungenauen Anordnungen, aber auch für eine Rechtslage (praesumptio iuris). Diese Vermutungen sind jederzeit widerlegbar, sofern sich der wirkliche Wille oder der wirkliche Sachverhalt ermitteln lassen.

9   Im Fall **ungenauer Personenangaben** hilft das Gesetz in §§ 2066 ff BGB. Wurden die „gesetzlichen Erben" bedacht, sind nach § 2066 BGB jene Personen als eingesetzt zu betrachten, die zum Zeitpunkt des Erbfalls lebten und nach §§ 1923 ff BGB ein Erbrecht hatten. Als Verwandte sind gemäß § 2067 S. 1 BGB jene Personen zu verstehen, die ein gesetzliches Erbrecht haben. Wurden die Kinder bedacht und ist ein Kind vor Errichtung des Testaments verstorben, dann treten nach § 2068 BGB dessen Abkömmlinge an seine Stelle. Bedachte der Erblasser die Abkömmlinge und verstarben diese nach der Errichtung des Testaments, dann sind gemäß § 2069 BGB deren Abkömmlinge ebenfalls als bedacht anzusehen. Ist eine Bezeichnung mehrdeutig, sind die Konkurrenten nach § 2073 BGB zu gleichen Teilen eingesetzt: Wurde „mein Sohn" als Erbe eingesetzt und hat der Erblasser zwei Söhne, so teilen sich diese den Nachlass. Bedenkt das Testament „die Armen", so ist gemäß § 2072 BGB der örtliche Träger der Sozialhilfe Empfänger der Zuwendung.

10 Insoweit diese Vermutungen von Bestimmungen der letztwilligen Verfügungen ausgehen, berühren sie sich mit **gesetzlichen Auslegungsregeln**, in denen der Gesetzgeber dem Richter vorschreibt, wie in Ermangelung eines greifbaren Erblasserwillens eine Verfügung zu verstehen ist. Für die Trennung von **Vermächtnis und Erbeinsetzung** ordnen §§ 2087 f BGB solche Auslegungsregeln an (s. o. § 22 Rn. 41): Die Einsetzung auf eine Erbquote ist nach § 2087 Abs. 1 BGB als Erbeinsetzung zu deuten. Sofern jemand nur einen einzelnen Gegenstand erhält, ist dies gemäß § 2087 Abs. 2 BGB als Vermächtnis zu verstehen.

Besondere Relevanz bekommt die Auslegungskunst im Fall **bedingter Verfügungen**, wenn sich die Verhältnisse ändern oder die Verfügung sich als unwirksam erweist. Hier muss die unwirksame Verfügung so ersetzt werden, dass das Auslegungsresultat möglichst genau dem Willen des Erblassers entspricht. Handelt es sich um eine aufschiebend bedingte Verfügung und ist der Bedachte verstorben, gilt die Zuwendung nach § 2074 BGB nur dann, wenn der Bedachte den Eintritt der Bedingung noch erlebt hat; dies entspricht § 1923 Abs. 1 BGB. Wurde der Bedachte unter der Bedingung eingesetzt, fortwährend eine Handlung zu begehen oder zu unterlassen (Potestativbedingung), handelt es sich nach § 2075 BGB für den Fall der Zuwiderhandlung im Zweifel um eine auflösende Bedingung. Soll der „von der Alkoholsucht befreite Sohn" Erbe werden, erhält der dauerhaft nüchterne Sohn seinen Anteil sofort. Wird er jedoch wieder süchtig, muss er das Erlangte wieder herausgeben. Dahinter steht also eine auflösende Bedingung. Schon im römischen Recht und in dessen Tradition konnte man diese Rückgabe mit einer Klausel sichern: Mit dieser „cautio Mutiana" wurde für das, was der Vater lebzeitig leistete, eine Sicherheitsleistung des bedingt eingesetzten Erben verbunden. Dadurch konnte das Geleistete in näher bestimmten Fällen zurückgefordert werden. Allerdings ist diese nachträgliche Rückabwicklung für die Sicherung der Vermögenswerte fatal; bei wirklich großen Vermögen wird daher häufig darauf verzichtet. Liegt eine Bedingung zum Vorteil eines Dritten vor und verweigert dieser die Annahme, gilt nach § 2076 BGB die Bedingung als eingetreten. Soll die Tochter das Vermögen erhalten, sofern sie die Mutter unterstützt, lehnt die Mutter aber die Unterstützung wegen ausreichender Eigenmittel ab, so kann die Tochter den Nachlass uneingeschränkt erhalten.

▶ **Antwort:** Vermutungen gehen davon aus, dass die wahre Sachlage anders sein könnte. Allerdings gibt es auch unwiderlegbare Vermutungen (*praesumptio iuris et de iure*), so etwa die Vermutung nach § 10 VerschG, wonach ein Verschollener solange als lebend angesehen wird, bis er für tot erklärt wurde. Dem ähnelt die unwiderlegbare Vermutung der gesetzlichen Fiktion. Mit dieser ordnet das Gesetz die Annahme einer Rechts- oder Sachlage verbindlich an. Während mit der Vermutung eine Sachlage angenommen wird, aus der sich die Rechtsfolge ergibt, wird bei der Fiktion das Ergebnis unabhängig von der wirklichen Sachlage statuiert. Sofern die Vermutung widerleglich ist, unterscheiden sich beide Formen in der Rechtsfolge. ◀

IV. Ergänzende Auslegung

▶ **Frage:** E hat seine Kinder A und B, aber nicht C, als Erben eingesetzt. Handelt es sich um eine Lücke? ◀

Wenn eine testamentarische Bestimmung unwirksam ist, behält der Rest der letztwilligen Verfügung nach § 2085 BGB im Zweifel seine Wirksamkeit. Es fragt sich allerdings, ob der verbleibende Rest noch dem Willen des Erblassers entspricht. Unter Umständen ist ein zentraler Teil der erbrechtlichen Bestimmungen weggefallen, so dass der Rest für sich genommen nicht dem Willen des Erblassers entspricht. Soll beispielsweise der Erbe nur unter Einhaltung einer unwirksamen Bedingung den Nachlass erhalten, so entspricht die unbedingte Erbeinsetzung dem letzten Willen meist nicht mehr. Stattdessen muss man sich fragen, ob es nicht Lösungen gibt, die den Erblasserwillen so weit als möglich realisieren können. Soll der Erbe mit dem Erbe beispielsweise eine bestimmte Partei unterstützen und wurde diese Partei inzwischen aufgelöst, kommt die Unterstützung einer politisch ähnlichen Partei in Betracht.

13 Grundsätzlich würde man die Bedingung einfach nur wegfallen lassen und den Rest unverändert aufrechterhalten. Man bezeichnet dies als **„pro non scripta habetur"**-Regel; der anstößige Inhalt gilt schlicht als nicht geschrieben. Es handelt sich dabei um einen traditionellen Topos der Auslegung. Diese Vorgehensweise ist aber doch zu grob, um zu durchgängig überzeugenden Lösungen zu gelangen. Die historische Untersuchung zeigt, dass es sich um ein politisch ausgerichtetes Instrument handelt, das nur die Aufrechterhaltung des Grundgeschäfts in egal welcher Modalität bezweckt.[304] Dies passt für das Erbrecht nicht mehr.

14 Ziel der Auslegung muss vielmehr auch hier die Verwirklichung des Erblasserwillens sein. Haben sich nur Umstände verändert, muss man neue Wege suchen, den wirklichen Willen des Erblassers zu realisieren. Sind jedoch Teile der letztwilligen Verfügung weggefallen, liegt kein geäußerter Wille für die betreffenden Fälle mehr vor. Für die ergänzende Auslegung muss dann der **mutmaßliche Wille** des Erblassers ermittelt werden, um die Lücken des Testaments zu schließen. Der wirkliche Wille dient dabei als Maßstab.

Die ergänzende Auslegung findet **nicht mehr** statt, wenn der Erblasser die umfassende Anwendung wollte und daher **keine Lücke** vorliegt oder es sich um eine **bewusste Mehrdeutigkeit** handelt. Es bleibt in diesen Fällen allenfalls nach § 2084 BGB möglich, eine Auslegungsvariante zu wählen, welche die Wirksamkeit des Testaments erhält. Schließlich muss die ergänzende Interpretation eine Stütze jedenfalls in **Andeutungen** des Testamentwortlauts (s. o. § 23 Rn. 5) finden.

15 Die ergänzende Auslegung erfordert oft Einfallsreichtum. Der Interpret versetzt sich in die Position des Erblassers und überlegt, mit welchen Mitteln das aus dem Testament ermittelte Ziel am besten zu erreichen ist. Dabei können ganz andere Wege gefunden werden, als im Testament genannt werden. Übertrug beispielsweise der Erblasser sein Haus einer Stiftung unter der Bedingung der Unveräußerlichkeit, um so die Erinnerung an seine Person zu erhalten, und reicht das Geld später nicht mehr zum Erhalt der Bausubstanz, kann die Stiftung das Haus durchaus verkaufen. Die Erinnerung an den Stifter kann allerdings z. B. durch eine Plakette am Haus erhalten bleiben. Zu ihrer Anbringung sollte der Käufer daher verpflichtet werden. Der Kaufpreis ermöglicht es der Stiftung, ihrem Zweck auf andere Weise zu dienen.

▶ **Antwort:** Es handelt sich nur dann um eine Lücke, wenn die Enterbung des C nicht gewollt war. Ob dies der Fall war, ist durch Auslegung zu erkunden. ◀

V. Spätere Willensänderung

▶ **Frage:** E hat zum Zeitpunkt der Testamentserrichtung zwei Kinder, A und B, die im Testament namentlich zu gleichen Anteilen bedacht werden. Jahre danach wird C geboren, doch E vergisst, das Testament zu ändern. Wird C Erbe? ◀

16 Eine besondere Herausforderung der Interpretation stellen die Fälle dar, in denen sich die Verhältnisse und damit auch die Willensrichtung des Erblassers nach Errichtung des Testaments ändern, ohne dass dieses widerrufen wird. Folgende Fälle sind typisch: Es wurden die zwei Kinder als Erben eingesetzt, doch kam nach Testamentserrichtung ein drittes Kind zur Welt – dabei ging der Erblasser stets davon aus, alle Kinder gleichmäßig bedacht zu haben. Oder das Testament begünstigt die Ehefrau, doch wurde der

---

304 So *Hermann* (Fn. 252), 62 f.

Erblasser nach Testamentserrichtung geschieden und heiratete später erneut – er meint bis zu seinem Tod, die neue Ehefrau sei durch das Testament als Erbin eingesetzt.

Nach der Rechtsprechung und der herrschenden Literaturmeinung ist die **Berücksichtigung des späteren Willens nicht möglich**.[305] Dem liegt das Prinzip zugrunde, dass zur Interpretation einer Willenserklärung immer nur die Umstände bei ihrer Abgabe maßgeblich sein können. Um zu verstehen, was der Erblasser wollte, muss man die persönlichen Motive und objektiven Hintergründe wie etwa die Gesetzeslage zum Zeitpunkt der Abfassung des Testaments ermitteln. Dagegen wird eingewandt, die Aufrechterhaltung des Testaments sei jeweils nichts anderes als eine neue Willenserklärung, das Testament als gültig anzuerkennen. Damit wird jedoch eine neue Rechtsfigur geschaffen, nämlich die permanente Willenserklärung der Aufrechterhaltung eines Testaments bis zum Erbfall und dies sogar dann, wenn der Erblasser das Testament schlicht vergessen hat. Dagegen ist einzuwenden, dass mit der Chance, den letzten Willen zu äußern, auch die Verantwortung des Einzelnen begründet wird, das Testament à jour zu halten und dafür gegebenenfalls zu widerrufen.

17

Allerdings kann man **im Rahmen der Auslegung** späteren Äußerungen oder Einschätzungen des Erblassers eine **Indizwirkung** zumessen. So kann die gleichmäßige Einsetzung der zwei Kinder „A und B" als Erben bedeuten, dass einfach „alle Kinder gleichmäßig" bedacht werden sollen. Das gilt umso klarer, wenn der Erblasser nach der Geburt des Kindes C diesem den gleichen Teil wie den älteren Geschwistern zukommen lassen will. Ebenso kann selbst die namentliche Einsetzung „meiner Ehefrau" bedeuten, dass nicht die konkrete Person, sondern die jeweilige Ehefrau bedacht sein soll. Dann erbt nicht die mittlerweile geschiedene Frau, vielmehr wird die im Zeitpunkt des Erbfalls angetraute Frau Erbin. Im Rahmen der Auslegung und der weiten Gestaltungsbefugnisse, die ein Jurist dadurch erhält, kann der nachträgliche Wille des Erblassers also durchaus als Anhaltspunkt berücksichtigt werden, um den maßgeblichen Willen bei Abfassung des Testaments zu ermitteln. Eine Schranke findet sich nur in den allgemeinen Grenzen für Auslegungen, also insbesondere der Berücksichtigung der Form (Andeutungstheorie, s. o. § 23 Rn. 5).

18

▶ **Antwort:** Kann man davon ausgehen, dass die Erbeinsetzung des C nur vergessen wurde, also nicht gewollt ist, kommt eine ergänzende Auslegung in Betracht. Entnimmt man der Erbeinsetzung der Geschwister A und B, dass alle Kinder zu gleichen Teilen bedacht werden sollten, kann man durch Auslegung herauslesen, dass auch C einen gleichen Anteil erhalten soll. Im Fall eines vergessenen Erben kommt hilfsweise noch die Anfechtung in Betracht. ◀

VI. Auslegungsvertrag

▶ **Frage:** Die Familie lebt seit Jahrzehnten mit einem Erbvertrag, der zunehmend als unvollständig empfunden wird und dessen Auslegung als problematisch gilt. Was kann die Familie, die einstweilen noch an den Erbvertrag gebunden ist, zur Reduzierung des Konfliktpotentials unternehmen? ◀

Zur Vermeidung von Streit unter den Erben schließen diese gelegentlich Auslegungsverträge, insbesondere wenn der Nachlass beträchtlich ist. Die **Erben einigen sich** dabei darüber, wie die letztwillige Verfügung auszulegen ist. Diese Auslegungsverträge

19

---

305 Nachweise in *Verf.* (Fn. 251), 1–79; BGH 2.12.1998 – IV ZB 19/97, NJW 1999, 566, 568.

sind zwar nach ganz h. M. zulässig, doch sie binden nur die Beteiligten und erst recht nicht den Richter. Sind nicht alle möglichen späteren Erben beteiligt, werden die ausgeschlossenen nicht von diesem Vertrag zu Lasten Dritter gebunden. Ferner steht das Erbrecht nicht zur Disposition der Erben. Es ist die Aufgabe des Richters, das Testament auszulegen und den letzten Willen des Erblassers zu befolgen. Er ist daher nicht an die Auffassung der Erben gebunden. Dem Auslegungsvertrag kann daher nur **indirekte Wirkung** auf die Verteilung des Nachlasses zukommen, wenn sich der Richter bei der Interpretation an der gemeinsamen Auffassung der Erben orientiert. Der Auslegungsvertrag kann also insbesondere bei einem besonderen Sprachgebrauch der Familie oder einer eigenwilligen Gestaltung helfen, den Willen des Erblassers zu ermitteln. Einigen sich alle Erben über den Sinn der interpretierbaren Bestimmung des Erblassers, wird das Gericht kaum einen Weg finden, einen anderen Erblasserwillen nachzuweisen.

20 Immerhin hat der Auslegungsvertrag eine erhebliche praktische Bedeutung. So braucht es im Fall einer **außergerichtlichen** Einigung, also eines Vergleichs nach § 779 BGB, gar nicht zu einem Prozess zu kommen und die Frage muss nicht weiter durch die Gerichte geklärt werden. Selbst die entgegenstehende Entscheidung des Nachlassgerichts bei der Erteilung des Erbscheins kann bei einer einvernehmlichen Regelung durch die Parteien überspielt werden. Wird die Einigung vor Gericht getroffen, handelt es sich um einen **Prozessvergleich**. Dieser wird vom Gericht als materielle Lösung des Falls festgehalten. Evt. kann man im Prozessvergleich sogar einen Vollstreckungstitel im Sinne von § 794 Abs. 1 Nr. 1 ZPO sehen.[306]

▶ **Antwort:** In Betracht kommt zunächst ein Auslegungsvertrag, der zwischen den Familienangehörigen und möglichen künftigen Erben die Auslegung des Erbvertrages verbindlich klärt. Ist jedoch schon die Übereinkunft oder bereits das Zusammenkommen ein Problem, dann kommt die Hilfe eines Mediators in Betracht. Nur für besonders wohlhabende Familien ist zusätzlich die Möglichkeit eines „Family office" zu erwägen. ◀

Fragen zur Wiederholung und Vertiefung

78. Was versteht man unter dem Grundsatz des „favor testamenti"?
79. Was ist die Andeutungstheorie?
80. Wie kann man nach der Errichtung des Testaments veränderte Umstände und Willensrichtungen des Erblassers berücksichtigen?
81. Warum kann man, wenn eine letztwillige Verfügung unwirksam ist, nicht einfach die übrigen Anordnungen ausführen, wie der Erblasser es bestimmt hatte?
82. Wozu dient ein Auslegungsvertrag?

---

[306] Das BayObLG hat dies im Fall der Fürsten zu N. allerdings abgelehnt, vgl. BayObLG 3.9.1996 – 1 Z BR 41/95, BayObLGZ 1996, 204–233 = FamRZ 1997, 705.

E. Ausschluss von der Erbfolge

§ 24 Einleitung

▶ **Frage:** S hat versucht, seinen Vater V zu ermorden, um endlich dessen Geld zu erlangen. Wer kann den Ausschluss des S von der Erbfolge bewirken? ◀

Verschiedene Gründe können zum Ausschluss von der Erbenstellung führen. Dabei kann die Entscheidung von verschiedenen Personen vorgenommen werden:

(1.) Der Erblasser entscheidet über die **Enterbung** (§ 1938 BGB). Dafür muss er dann das Pflichtteilsrecht des übergangenen Erben akzeptieren (s. o. § 18 Rn. 4 ff), sofern dieser nicht nach § 2333 BGB entzogen werden kann (s. o. § 18 Rn. 14);

(2.) die Erben können die Erbschaft **ausschlagen** (s. o. § 11 Rn. 3) oder

(3.) darauf **verzichten** (dazu s. u. § 25 Rn. 1 ff);

(4.) interessierte Parteien können die Erbschaft **anfechten** (dazu s. u. § 27 Rn. 1 ff) oder

(5.) die Erbunwürdigkeit behaupten (dazu s. u. § 26 Rn. 1 ff).

Annahme und Ausschlagung der Erbschaft wurden bereits besprochen. Die Enterbung nach § 1938 BGB wird bewirkt, indem der gesetzliche Erbe im Testament nicht benannt wird oder sogar ausdrücklich von der Beteiligung am Nachlass ausgeschlossen wird. Die übergangenen gesetzlichen Erben können grundsätzlich ein Pflichtteilsrecht nach §§ 2303 ff BGB für sich reklamieren (s. o. § 18 Rn. 4). In einigen Fällen wird jedoch auch dieses ausgeschlossen. Zu behandeln bleiben der Erbverzicht, die Erbunwürdigkeit und die Anfechtung.

▶ **Antwort:** V kann S enterben, dadurch entfällt jedoch nicht dessen Pflichtteilsrecht. Der geläuterte S kann auch auf das Erbe verzichten, dies schließt nach § 2346 Abs. 1 S. 2 Hs. 2 BGB den Pflichtteil mit aus. Wer vom Wegfall des S als Erbe profitiert, kann aufgrund der Erbunwürdigkeit die Erbeinsetzung des S anfechten nach §§ 2341, 2340 Abs. 2, 2339 Abs. 1 Nr. 1 BGB. Die Erbunwürdigkeit erfasst auch das Pflichtteilsrecht nach §§ 2344 Abs. 2, 2345 BGB. Ein Ausschlussrecht des Staatsanwaltes besteht hingegen nicht. ◀

§ 25 Erbverzicht

▶ **Frage:** Die Eltern haben den Sohn zu Lebzeiten mit einer bedeutenden Summe bei der Existenzgründung unterstützt. Zum Ausgleich unter den Geschwistern soll der Sohn nichts mehr nach dem Tod der Eltern erhalten. Wie kann man das sicherstellen? ◀

1   Der Erbverzichtsvertrag, in dem gemäß § 2346 BGB ein Verwandter oder der Ehepartner **gegenüber dem Erblasser auf sein Erbrecht verzichtet**, ist inhaltlich das Gegenstück zum Erbvertrag, in dem durch Vertrag ein Erbe eingesetzt wird. Allerdings stellt der Erbverzicht keine Verfügung von Todes wegen dar, vielmehr handelt es sich um ein abstraktes erbrechtliches Verfügungsgeschäft. Er ist daher kondizierbar, wenn ihm kein gültiges Kausalgeschäft zugrunde liegt.[307]

Der Erbverzicht kann vielfältig eingesetzt werden. Selten dient er dazu, dem Verzichtenden nichts mehr zukommen zu lassen. Meist geht es um die Freistellung vom Pflichtteil, damit die Parteien mehr Flexibilität erhalten. Bei einer vorzeitigen Auszahlung des Erbteils kann etwa sichergestellt werden, dass der Begünstigte nicht noch etwas im Erbfall erhält. Dem Erbverzicht liegt daher meist ein schuldrechtlicher Abfindungsvertrag zugrunde. Ob und wann ein Erbverzicht unentgeltlich sein kann, ist in der Literatur umstritten. In der Rechtsprechung wird wie bei gemischten Schenkungen eine Beweiserleichterung angenommen: Danach ist eine Schenkung zu vermuten, soweit zwischen Leistung und Gegenleistung ein objektives, nicht geringes Missverhältnis besteht.[308] Nach ganz h.M. wird aber mit Verweis auf § 517 BGB der unentgeltliche Erbverzicht als Rechtsgeschäft sui generis qualifiziert.[309] Folglich ist die causa rechtssicherer als wenn diese eine Schenkung darstellen würde.

Typischerweise wird der Erbverzichtsvertrag kurz nach dem 18. Geburtstag des Verzichtenden abgeschlossen, um so Gefahren für den Fortbestand des Familienunternehmens auszuschließen, welche zur Zahlung des Pflichtteils aufgelöst werden müssten. Diese vom Gesetz vorgesehene Erklärung ist Ausdruck der Autonomie und nicht sittenwidrig, zumal meist alle Parteien davon profitieren. Zwar könnte der Verzichtende wegen Unerfahrenheit das Geschäft kaum verstanden haben. Doch dann liegt das problematische Element nicht im Missverhältnis der Leistungen, das der Verzicht gerade ermöglichen soll, sondern allenfalls in dem zugrundeliegenden Irrtum des Erklärenden (§§ 119, 123 Abs. 1 BGB).

2   Der Erbverzicht ist zu trennen von dem Fall, in dem gesetzliche Miterben untereinander auf den künftigen gesetzlichen Erbteil verzichten. Bei diesem Vertrag unter Miterben handelt es sich um einen **Erbschaftsvertrag**, der nach § 311 b Abs. 5 S. 1 BGB zulässig ist und der notariellen Form gemäß § 311 b Abs. 5 S. 2 BGB bedarf. Seiner Rechtsnatur nach ist er ein Verpflichtungsgeschäft. Die aus ihm erwachsenen Pflichten sind nach h.M. nicht vererbbar.[310]

3   Der Erbverzicht kann gemäß § 2347 S. 1 BGB **nur persönlich** abgeschlossen werden. Er bedarf der notariellen Beurkundung nach § 2348 BGB, entsprechendes gilt für die schuldrechtliche Verpflichtung zum Abschluss des Erbverzichtsvertrags. Das Kausalgeschäft muss analog § 2348 BGB auch notariell Beurkundet werden; andernfalls würde

---

307 *Karl H. Gursky/Saskia Lettmaier*, Erbrecht, 7. Aufl. 2018, Rn. 280; so die ganz h.M.: BeckOK BGB/*Litzenburger*, 70. Aufl. 01.05.2024, BGB § 2346 Rn. 33.
308 vgl. BGH vom 3.12.2008 – IV ZR 58/07, NJW 2009, 1143
309 BeckOK BGB/*Litzenburger*, 70. Aufl. 01.05.2024, BGB § 2346 Rn. 34.
310 *Frhr. v. Proff*, Erbschaftsverträge in der Praxis, ZEV 2013, 183 (185 f.)

§ 25 Erbverzicht

eine etwaige Verpflichtung zum Erbverzicht das Formerfordernis des § 2348 BGB zu einer reinen Formsache verkommen lassen.[311] Ein formlos abgeschlossenes Verpflichtungsgeschäft wird durch formgerechten Abschluss des Verzichts analog §§ 311b Abs. 1 S. 2, 518 Abs. 2, 766 S. 2 BGB geheilt.

Der Erbverzicht bewirkt, dass der **Verzichtende als Erbe wegfällt**. Er wird dadurch von der gesetzlichen Erbfolge ausgeschlossen und erhält gemäß § 2346 BGB nicht einmal den Pflichtteil. Auch seine Abkömmlinge treten in der Regel nach § 2349 BGB nicht an seine Stelle. Der ganze Stamm scheidet damit aus der Erbfolge aus. Dabei unterstellt § 2350 BGB bei einem Verzicht zugunsten eines anderen, dass der Erbverzicht unwirksam wird, wenn der Begünstigte nicht Erbe wird. Dogmatisch wird dies durch die Annahme einer entsprechenden aufschiebenden Bedingung erreicht.[312]

Möglich ist nach § 2346 Abs. 2 BGB auch der **Pflichtteilsverzicht**, indem der Verzicht auf das Pflichtteilsrecht beschränkt wird. Voraussetzung dafür ist ein Vertrag zwischen dem Erblasser und dem Pflichtteilsberechtigten.[313] Der Verzichtende bleibt dann gesetzlicher Erbe. Der Pflichtteilsverzicht erweitert die Gestaltungsmöglichkeiten des Erblassers. So kann der Erbteil vollständig zu Lebzeiten übertragen werden, ohne dass der Empfänger aufgrund des Pflichtteilsanspruchs beim Erbfall weitere Ansprüche geltend machen kann. Der Erblasser kann auf diese Weise auch erreichen, dass dem Erben die Auszahlung des Pflichtteils gestundet wird.

Ferner kann man nach § 2352 BGB **auf Zuwendungen verzichten**, die aufgrund der Stellung als Erbe oder Vermächtnisnehmer bewirkt werden müssen. Der Betreffende gibt dann ein aus dem Testament erworbenes Recht auf. Insbesondere auf die Form des Erbverzichtsvertrags wird in § 2352 S. 3 BGB verwiesen.

Der Erbverzicht kann nach § 2351 BGB aufgehoben werden; dies gilt entgegen des ausdrücklichen Verweises in § 2352 S. 3 BGB auch für den Zuwendungsverzicht nach § 2352 BGB. Die Aufhebung muss durch einen notariell beurkundeten Vertrag erfolgen. Dadurch erlangt der Erbprätendent wieder die rechtliche Stellung, die er bis zum Verzicht hatte.

▶ **Antwort:** Es kommt eine Anordnung in Betracht, nach der die schon geleistete Summe auf das Erbrecht angerechnel werden muss. Ist jedoch nicht sicher, ob bereits durch erfolgte Leistung mehr als der Erbteil gezahlt wurde, liegt eher ein vollständiger Ausschluss aller weiteren Erbrechte nahe. Dies kann durch einen Erbverzicht zwischen Erblasser und Sohn bewirkt werden. ◀

---

311 BeckOK BGB/*Litzenburger*, 70. Aufl. 01.05.2024, BGB § 2348 Rn. 7.
312 MüKoBGB/*Wegerhoff*, 9. Aufl. 2022, BGB § 2350 Rn. 5.
313 Wird auf den Pflichtteil nach dem Erbfall mündlich verzichtet, kann es sich um einen Erlassvertrag handeln, der gemäß § 397 BGB formlos abgeschlossen werden kann.

§ 26 Erbunwürdigkeit

▶ **Frage:** S hat den Vater schon dreimal zu vergiften versucht. Jedes Mal hat ihm sein Vater verziehen und ihm sein Erbteil belassen. Erst beim vierten Mordanschlag hat S endlich Erfolg. Ist er erbberechtigt? ◀

1 Besondere Verfehlungen bewirken nach allgemeiner Anschauung, dass gesetzliche oder testamentarische Erben ihre Erbenstellung verlieren müssen. Dies wird in §§ 2339–2345 BGB angeordnet. Vornehmlich handelt es sich um **schwere Verfehlungen** gegenüber dem Erblasser, insbesondere sofern sie **Einfluss auf die Erbfolge** nehmen. Die zulässigen Gründe werden in § 2339 BGB aufgelistet:

- Tötung oder versuchte Tötung des Erblassers,
- das Versetzen des Erblassers in den Zustand der Testierunfähigkeit oder
- die Einwirkung auf den Testierakt selbst durch Täuschung bzw. Drohung oder
- Verhinderung des Erblassers, eine Verfügung von Todes wegen zu errichten bzw. aufzuheben, und schließlich
- Urkundenfälschung.

Man kann diese Verfehlungen auch wie folgt systematisieren: Es handelt sich um Angriffe

- gegen die physische Möglichkeit zu testieren,
- gegen den Testierakt selbst oder
- gegen das Testament.

§ 2339 BGB ist vor allem ein weiteres Instrument zum **Schutz der Testierfreiheit**, das dem kriminell gesinnten Erbprätendenten mit dem Entzug des Erbrechts droht. Maßgeblich ist allein die objektive Gefährdung des Testieraktes, auf die Beweggründe des Fälschers kommt es nicht an. So wird er selbst dann erbunwürdig, wenn er die Wahrheit in das Testament hineinfälscht.[314]

Entscheidend ist hierbei die abschließende Aufzählung des Gesetzes, die wenig Interpretationsraum zulässt. In Frankreich kann das Gericht dagegen nach Art. 727 Abs. 1 Cc die Erbunwürdigkeit anordnen, wenn der Erbe wegen des Vergehens am Erblasser zu einer Strafe (*peine correctionelle*) verurteilt wurde. Diese Freiheit gesteht das BGB dem Richter nicht zu.

2 Die Erbunwürdigkeit muss gemäß § 2340 BGB **durch Anfechtung** des Erbschaftserwerbs **im Klageweg** geltend gemacht werden. Dazu ist nach § 2341 BGB jeder berechtigt, der dadurch mehr vom Nachlass erhält. Klageziel ist es, den Erben für erbunwürdig zu erklären. Es handelt sich mithin um ein Gestaltungsurteil, das nach § 2342 Abs. 2 BGB erst mit Rechtskraft wirksam wird. Die Anfechtung muss binnen eines Jahres seit Erlangung der Kenntnis vom Grund der Erbunwürdigkeit nach § 2340 Abs. 3 BGB durchgeführt werden. Die rechtskräftige Erbunwürdigerklärung wirkt gemäß § 2344 BGB wie die Ausschlagung der Erbschaft, der Erbe verliert sein persönliches Recht auf die Beteiligung am Nachlass. Nach § 2345 Abs. 2, Abs. 1 S. 1 BGB bewirken die Verfehlungen gemäß § 2339 Abs. 1 BGB ebenso den Verlust des Pflichtteilsanspruchs. § 2345 Abs. 1 S. 1 BGB zufolge verliert auch der Vermächtnisnehmer aus denselben Gründen sein Recht.

---

314 So OLG Stuttgart 26.3.1998 – 19 U 239/97, ZEV 1999, 317.

§ 26 Erbunwürdigkeit

Dem kriminellen Erben kann der Erblasser jedoch **verzeihen**. Dadurch entfällt die Erbunwürdigkeit, soweit der Erblasser die Straftat kennt. Die Feststellung der Erbunwürdigkeit durch Anfechtung des Erbes ist nach § 2343 BGB in diesen Fällen ausgeschlossen. Die Verzeihung selbst entspricht den Tatbeständen in §§ 532, 2337 BGB. Sie ist an keine Formvorschrift gebunden und kann daher auch konkludent erklärt werden, etwa durch die Gewährung eines substanziellen Kredits oder durch die Normalisierung des persönlichen Kontakts. Sie bedeutet einen einseitigen Entschluss des Erblassers die Integritätsverletzung auf sich beruhen zu lassen und keine negativen Konsequenzen mehr aus dieser ableiten zu wollen.[315]

▶ **Antwort:** S hat nach § 2339 Abs. 1 Nr. 1 BGB sein Erbrecht verwirkt und ist als erbunwürdig anzusehen. Allerdings könnte der Tatbestand der Verzeihung nach § 2343 BGB vorliegen. Zwar ist S bisher immer verziehen worden, für den erfolgreichen Mord konnte ihm der Vater jedoch nicht mehr verzeihen. Konnte ein wirklicher Wille nicht mehr gebildet werden, kommt hier, wie allgemein in der gewillkürten Erbfolge, in Betracht, dass der mutmaßliche Willen des Vaters zu beachten ist. Dafür ist erforderlich, dass der Vater mit seinem Tod rechnen musste,[316] und man muss auf die Andeutungen des Erblassers für diesen Fall eingehen. Sicherlich wird man keine familiäre Übung etablieren können, aus der man einen Anspruch des S auf Verzeihung ableiten könnte. Die Verzeihung erfolgte wohl jeweils in der Annahme, der Sohn habe von seinen kriminellen Neigungen Abstand genommen. ◀

---

315 MüKoBGB/*Lange*, 9. Aufl. 2022, BGB § 2337 Rn. 1.
316 So auch Damrau (Fn. 113)/ *Mittenzwei*, § 2343 Rn. 1, 2.

§ 27 Anfechtung letztwilliger Verfügungen

▶ **Frage:** E hat zum Zeitpunkt der Testamentserrichtung zwei Kinder, A und B, die im Testament namentlich zu gleichen Anteilen bedacht werden. Jahre danach wird C geboren, doch E vergisst, das Testament zu ändern. Wird C Erbe? ◀

1 Ebenso wie alle anderen Willenserklärungen können auch Verfügungen von Todes wegen angefochten werden. Allerdings beziehen sich §§ 119 ff BGB nur auf den Erklärenden. Der Erblasser könnte diese Normen zu seinen Lebzeiten auch für eine letztwillige Verfügung anwenden, jedoch wird er eher den einfacheren Weg des Widerrufs wählen. Nach dem Erbfall kann ein Irrtum dagegen nach diesen Vorschriften nicht mehr angefochten werden. Daher wird das Anfechtungsrecht in §§ 2078 ff BGB auf die Erben übertragen. Im Erbrecht gibt es für die erheblichen Irrtumsgründe abschließende Sonderbestimmungen, die im Wesentlichen der Systematik der allgemeinen Anfechtung entsprechen. Obwohl diese Regeln den Grundzügen nach auf das römische Recht zurückgehen, führte das Bemühen des BGB um gesetzliche Präzision zu einer **eigenständigen Ausgestaltung** der erbrechtlichen Anfechtung, während in Frankreich und Italien die Vorschriften anwendbar sind, die allgemein die Auslegung regeln.

Die Anfechtung ist erst dann zulässig, wenn das Mittel der Auslegung versagt. Der **Vorrang der Auslegung vor der Anfechtung** soll den Erhalt des Testaments sichern: Während das Testament durch Auslegung erhalten werden kann, führt die Anfechtung zur Vernichtung der entsprechenden Bestimmung in der Verfügung von Todes wegen. Erst wenn das Testament nicht so interpretiert werden kann, dass der entdeckte Defekt behoben wird, ist die Anfechtung statthaft.

2 Bei der Prüfung, ob eine Anfechtung in Betracht kommt, muss man zunächst einen **Anfechtungsberechtigten** ermitteln. Anfechtungsberechtigt ist nach § 2080 Abs. 1 BGB jeder, dem die Aufhebung der letztwilligen Verfügung unmittelbar zugutekommt. Der Erblasser braucht, wie ausgeführt, dieses Anfechtungsrecht nicht. Für die Anfechtung muss zumindest ein valider **Anfechtungsgrund** vorhanden sein, es können natürlich auch mehrere Gründe kumulativ vorliegen. Nach § 2078 Abs. 1 BGB gibt es, entsprechend den Regelungen von § 119 Abs. 1 BGB, den Irrtum über den Inhalt einer Erklärung (Inhaltsirrtum) sowie den Irrtum bei der Erklärungshandlung, wenn der Erklärende eine Willenserklärung dieses Inhalts nicht abgeben wollte (Erklärungsirrtum). Weiter als § 119 Abs. 2 BGB ist die entsprechende Regelung von § 2078 Abs. 2 Var. 1 BGB: Danach berechtigt jede irrige Annahme oder Erwartung zur Anfechtung. Die Anfechtung ist danach nicht nur bei einem Irrtum über eine verkehrswesentliche Eigenschaft zulässig, sondern auch bei jedem Motivirrtum. Da es sich bei der letztwilligen Verfügung um eine nicht empfangsbedürftige Willenserklärung handelt, braucht keine Rücksicht gegenüber dem Geschäftsverkehr genommen zu werden. Auch die enttäuschte Erwartung, der Ehepartner würde zugunsten der gemeinsamen Kinder verfügen, oder ein unvorhergesehenes Missverhalten des Erben bzw. der Irrtum über die Größe des Nachlasses berechtigen daher zur Anfechtung. Wie in § 123 Abs. 1 Var. 2 BGB kann nach § 2078 Abs. 2 Var. 2 BGB die durch Drohung erpresste sowie die durch widerrechtliche Täuschung erzielte Willenserklärung angefochten werden.

Schließlich berechtigt das **Übergehen eines Pflichtteilsberechtigten** zur Anfechtung gemäß § 2079 BGB. Der Pflichtteilsberechtigte wurde übergangen, wenn er nach dem Testament nichts oder weniger als seinen Pflichtteil erhält bzw. überhaupt nicht erwähnt wird. Das Übergehen liegt auch dann vor, wenn das Pflichtteilsrecht erst später entstand. In der Literatur wird anders als in der Rechtsprechung teilweise verlangt, das Übergehen schon dann anzunehmen, wenn weniger als der Pflichtteil zugewendet wird.³¹⁷ Die Vermutung der Unwirksamkeit gilt jedoch erst, wenn der Anfechtungsberechtigte die Verfügung tatsächlich angefochten hat und daher zu fragen ist, ob die Verfügung ex tunc als nichtig angesehen werden muss.³¹⁸

Allerdings muss der **Anfechtungsgrund erheblich** sein. Gemeint ist damit **in subjektiver Hinsicht** eine Kausalität von Irrtum und Erklärung. Gerade der Irrtum muss die Erklärung bewirkt haben, der Mangel im Willen muss conditio sine qua non für die Erklärung gewesen sein: Bei Kenntnis der wahren Sachlage hätte der Erblasser eine solche Verfügung nicht getroffen.

3

An der Kausalität fehlt es möglicherweise, wenn der Erblasser von seinem Irrtum erfuhr und die Verfügung nicht änderte. Änderte der Erblasser die letztwillige Verfügung auch nach Kenntnis vom Irrtum nicht, kann dies als **Bestätigung** nach § 144 Abs. 1 BGB gesehen werden. Dies gilt umso mehr, als die Bestätigung nach § 144 Abs. 2 BGB nicht der Form des Grundgeschäfts bedarf. Die Untätigkeit allein kann einen solchen Aussagewert jedoch nicht beanspruchen. Vielmehr wird man auf äußere Umstände oder Hinweise abstellen müssen, aus denen sich eine solche Bestätigung ablesen lässt.

In § 119 Abs. 1 BGB wird darauf abgestellt, dass der Erklärende bei „verständiger Würdigung des Falls" die Erklärung nicht abgegeben hätte; entsprechendes formuliert § 2079 S. 2 BGB. Hierbei wird im Erbrecht aber allein auf den subjektiven hypothetischen Willen abgestellt. Objektive Umstände werden mithin nicht in die Beurteilung miteinbezogen.

Die Anfechtung muss gemäß § 2081 BGB erklärt werden. Die formlose **Anfechtungserklärung** muss gegenüber dem Nachlassgericht erfolgen, sofern es die Erbeinsetzung, die Ausschließung eines gesetzlichen Erben, die Testamentsvollstrecker-Ernennung oder dessen Widerruf betrifft, denn in diesen Fällen muss das Nachlassgericht selbst tätig werden. In allen anderen Fällen muss die Erklärung gegenüber dem Bedachten als Anfechtungsgegner vorgenommen werden. Für die Erklärung gibt es eine **Anfechtungsfrist**, die nach § 2082 Abs. 1, Abs. 2 S. 2 BGB ein Jahr ab Kenntnis des Anfechtungsgrundes beträgt. Gemäß § 2082 Abs. 3 BGB ist die Anfechtung 30 Jahre nach dem Erbfall ausgeschlossen.

4

Gemäß § 142 Abs. 1 BGB wirkt die Anfechtung auch im Erbrecht **ex tunc**: Die erbrechtliche Verfügung, die angefochten wurde, wird rückwirkend nichtig. Nach § 2085 BGB bleiben die übrigen Verfügungen im Zweifel wirksam. Fraglich ist, inwieweit die angefochtene Erbeinsetzung etwa durch einen übergangenen Pflichtteilsberechtigten zur gänzlichen Vernichtung der Erbeinsetzung führt oder ob diese nur insoweit unwirksam ist, als das gesetzliche Erbrecht des übergangenen Pflichtteilsberechtigten reicht. Heiratete der kinderlose Erblasser beispielsweise erst nach der Testamentserrichtung, könnte der testamentarisch eingesetzte Bruder infolge der Anfechtung sein Erbrecht ganz verlieren. In Betracht kommt aber auch, dass die Ehefrau nach § 1931 Abs. 1 BGB nur drei Viertel des Nachlasses erhält und der Bruder immerhin noch den Rest. Nach der herrschenden Meinung wird die Erbeinsetzung insgesamt obsolet, weil sie ohnehin so außer Kraft gesetzt ist, dass ihr der Wille des Erblasser nicht mehr entnommen werden kann; nur die übrigen Bestimmungen wie etwa die Vermächtnisse

5

---

317 MüKo (Fn. 113)/ *Leipold*, § 2079 Rn. 6.
318 BGH 27.3.2014 – III ZR 382/ 13, ZEV 2014, 660.

bleiben gültig und binden dann die Ehefrau als gesetzliche Erbin.[319] Dies widerspricht jedoch dem in der gewillkürten Erbfolge geltenden Grundsatz des *favor testamenti*, die **angefochtene Erbeinsetzung soweit als eben möglich bestehen zu lassen.** Sofern sich also ermitteln lässt, dass die Erbenstellung des Bruders in jedem Fall gewollt war, kommen der übergangenen Ehefrau nur drei Viertel des Nachlasses zu. Gibt es weiterhin noch ein erbberechtigtes Geschwisterteil, müsste sich der ursprünglich eingesetzte Bruder nach der herrschenden Meinung den Rest der Erbschaft mit den Geschwistern als gesetzliche Erben gleichmäßig teilen. Doch sollte die ursprünglich gewollte Bevorzugung des Bruders insoweit beibehalten werden und ihm der Rest der Erbschaft als testamentarischen Erben gegeben werden.

Der Vertrauensschaden wird im Gegensatz zum Allgemeinen Teil nicht berücksichtigt. § 2078 Abs. 3 BGB schließt § 122 BGB ausdrücklich aus, denn es kann kein Vertrauen auf ein jederzeit widerrufbares Testament geben.

▶ **Antwort:** In Betracht kommt eine Auslegung, nach der der Erblasser alle Kinder gleichmäßig bedenken wollte, ebenso eine Anfechtung nach § 2079 BGB. Im Anfechtungsrecht herrscht der Grundsatz „Auslegung vor Anfechtung". Dies gilt auch im Erbrecht, um durch die Aufrechterhaltung der Verfügung von Todes wegen den Erblasserwillen zu realisieren, wohingegen die Anfechtung zu einer Zerstörung des Testamentes führt und die gesetzliche Erbfolge eintritt. Vorrangig ist also die Möglichkeit der Auslegung zu prüfen. ◀

Fragen zur Wiederholung und Vertiefung

83. Was bewirkt der Erbverzicht?
84. Wodurch entsteht Erbunwürdigkeit?
85. Wozu bedarf es der Anfechtungsregeln §§ 2078 ff BGB?

---

319 Vgl. Damrau (Fn. 113)/ *Seiler/ Rudolf*, § 2079 Rn. 30.

F. Lebzeitige Geschäfte auf den Erbfall hin

§ 28 Einleitung und Folgeprobleme

▶ **Frage:** Warum und inwieweit gibt es die Möglichkeit, durch lebzeitige Geschäfte erbrechtliche Gestaltungen zu unterlaufen? ◀

I. Einleitung

Verfügungen von Todes wegen werden zu Lebzeiten vorgenommen und sollen mit dem Todesfall wirksam werden. Ebenso kann man aber auch unter Lebenden Rechtsgeschäfte auf den Todesfall hin tätigen. Nicht gemeint ist hier der „vorzeitige Erbausgleich", der nach der Abschaffung eines besonderen Erbrechts für Kinder nichtehelicher Eltern gesetzlich nicht mehr geregelt ist und allenfalls vertraglich durchgeführt werden könnte (s. o. § 15 Rn. 2). Vielmehr stellt sich die Frage der Abgrenzung zu erbrechtlichen Geschäften, wenn bei Geschäften unter Lebenden die Wirkungen etwa durch eine Bedingung erst mit dem Todesfall eintreten sollen oder sie im Hinblick darauf getätigt werden. Der Erbonkel könnte der Nichte lebzeitig Geld schenken, dessen Auszahlung aber aufschiebend bis zum Tod des Onkels bedingt wird. So behält der Onkel die Verfügungsgewalt über das Geld. Damit fragt sich, ob nicht das Erbrecht gelten und zwingend zur Anwendung kommen sollte.

Grundsätzlich kann durch einen schuldrechtlichen Vertrag eine Verpflichtung begründet werden, die erst nach dem Tod einer Partei oder vom Erben als Nachlassverbindlichkeit erfüllt werden muss. Selbst wenn der Vertrag noch nicht wirksam zustande gekommen ist, kann er nach den Regeln des Allgemeinen Teils noch zustande kommen: Gemäß **§ 130 Abs. 2 BGB** ist der Tod des Erklärenden ohne Einfluss auf die Willenserklärung, sie bleibt wirksam. Ferner kann der Vertrag gemäß **§ 153 BGB** auch nach dem Tod des Antragenden noch angenommen werden. Nach diesen Regeln können daher noch im letzten Moment Verträge gemäß den Regeln für Rechtsgeschäfte unter Lebenden zur Anwendung kommen.

So kann der Erblasser die Schenkung gemäß **§ 518 Abs. 1 BGB** notariell erklären, die Wirksamkeit der Erklärung jedoch von der aufschiebenden Bedingung seines Todes abhängen lassen. Auch ohne Annahme bliebe die Erklärung des Erblassers gültig und könnte nach seinem Tod angenommen werden, obwohl längst die Erben am Nachlass berechtigt sind. Wurde die Schenkung dagegen formlos vorgenommen, kann der Formfehler nach § 518 Abs. 1 BGB erst durch die Erfüllung nach § 518 Abs. 2 BGB geheilt werden; solange es daran fehlt, bleibt die Schenkung unwirksam.

Die Möglichkeit der Geschäfte unter Lebenden mit Wirkung für den Todesfall wird erweitert, wenn die Parteien **Vertreter** zu Hilfe nehmen. Die Vollmachtserklärung bleibt nach § 130 Abs. 2 BGB selbst nach dem Tod des Vertretenen wirksam. Sie erlischt gemäß **§ 168 S. 1 BGB** nach den Regeln des Grundgeschäfts, ist also akzessorisch zu dem der Stellvertretung zugrunde liegenden Vertrag. Handelt es sich um einen Auftrag, wird sie durch den Tod des Vertretenen gemäß **§ 672 S. 1 BGB** im Zweifel nicht beendet. Der Vertreter darf also weiterhin agieren und Verpflichtungen begründen. Gibt E dem Freund F ein Buch, um es dem G als Geschenk zu überreichen, kann F die Schenkung daher im Zweifel auch noch nach dem Tod des E vornehmen; die Rechtsfolgen der Schenkung treffen dann nur die Erben des E.

Diese Vollmachtsfälle werden noch problematischer, wenn die Vollmacht über den Tod hinaus wirken soll oder sogar gerade für den Todesfall erklärt wird, etwa wenn im eben geschilderten Fall F erst im Fall des Todes etwas vornehmen soll. Gleiches gilt, wenn dem Geschäft die Erwartung des baldigen Ablebens des Vertretenen zugrunde liegt, also E einen Vertreter ernennt, weil er mit seinem baldigen Tod rechnet. Eine solche Vollmacht, erst nach dem Tod etwas zu unternehmen, wird in der Literatur „**postmortale Vollmacht**" genannt. Der Erblasser nimmt dabei eine Verfügungsmacht auch über seinen Tod hinaus in Anspruch, die weit über die Gestaltungsmöglichkeiten des Erbrechts hinausreicht.

4   Schließlich kann man bei einer Bank ein Sparkonto einrichten, dessen Begünstigter nach der Vereinbarung mit der Bank ein Dritter sein soll. Gemäß **§ 331 BGB** ist es möglich, die Auszahlung auf den Todesfall des Kontoinhabers aufschiebend zu bedingen, ohne dass hierbei auf die Regeln des Erbrechts verwiesen wird. Gleiches gilt für Lebensversicherungen, die zugunsten eines Dritten abgeschlossen werden. Wichtig ist hierbei, dass in § 331 BGB offenbar bewusst nicht auf das Erbrecht verwiesen wird. Nach § 331 BGB kann also ein unter Lebenden geschlossenes Geschäft, mit dem einem Dritten für den Fall des Todes des Zuwendenden eine Leistung versprochen wird, diesem Dritten gegenüber erst nach dem Tod des Versprechungsempfängers wirksam werden. Es handelt sich dabei um einen echten Vertrag zugunsten Dritter.

5   Diese Geschäfte treten in Bezug auf die Verteilung des Vermögens in Konkurrenz zum Testament. Der aus dem Rechtsgeschäft unter Lebenden Begünstigte ist nicht notwendigerweise auch Erbe. Damit bestehen weite **Möglichkeiten, das Erbrecht zu umgehen**. Umgangen werden nicht nur die Formvorschriften des Erbrechts, die der Rechtsklarheit wegen bestehen; vor allem wird der Nachlass gemindert, so dass die Erb- und v. a. Pflichtteilsansprüche gemindert und die Nachlassgläubiger enttäuscht werden. Im klassischen römischen Recht wurden die Schenkungen in Hinblick auf den nahenden Tod des Schenkers (*donatio mortis causa*) wegen der Rechtsmacht des Lebenden grundsätzlich zugelassen: Man erachtete diese Schenkung jedoch als durch das Überleben des Bedachten bedingt, Schenkungs- und Bedingungsrecht waren folglich anwendbar. Erst Kaiser Justinian verlangte die Wahrung erbrechtlicher Formen. Dem folgend wandte das gemeine Recht das Vermächtnisrecht weitgehend auf solche bedingten Schenkungen an. Oft wurden Schenkungen und Erwerb von Todes wegen zusammen behandelt.

6   Das BGB bestimmt dagegen grundsätzlich in **§ 2301 BGB** für bedingte Schenkungen, wann das Erbrecht und wann das Recht der Rechtsgeschäfte unter Lebenden Anwendung finden soll: Nach § 2301 Abs. 1 BGB soll ein Geschäft, das unter der Bedingung steht, dass der Beschenkte den Schenker überlebt, dem Erbrecht unterliegen. Vollzieht der Schenker jedoch die Schenkung noch selbst, soll gemäß § 2301 Abs. 2 BGB nicht das Erbrecht, sondern das Schenkungsrecht anwendbar sein. Erst die **Überlebensbedingung führt also zur Anwendung des Erbrechts**. Ob das Rechtsgeschäft als unter Lebenden oder von Todes wegen gewollt ist, muss daher durch Auslegung ermittelt werden.

§ 2301 BGB ist allerdings problematisch, wenn der Schenkende nicht an die Möglichkeit der Erbfolge dachte. Will er vor seinem erwarteten Tod eine Schenkung erklären, ohne erbrechtliche Formen zu wahren, kommt es nach § 2301 Abs. 2 BGB darauf an, dass die Schenkung noch zu seinen Lebzeiten vollzogen wird. Die Wirksamkeit von

Schenkungen eines Moribunden hängen also davon ab, ob sie noch nach seinen Erklärungshandlungen zu seinen Lebzeiten vollzogen wurden. Der Vollzug erfordert jedoch die Mitwirkung des Beschenkten und liegt somit nicht allein in der Hand des Schenkers.

Die **Grenze** zwischen Rechtsgeschäften unter Lebenden und von Todes wegen ist dogmatisch gesehen **fließend**. Aber auch in historischer Hinsicht verschwimmt die Trennung, da die Frage der Grenzziehung in den letzten 100 Jahren unter der Herrschaft des BGB unterschiedlich beantwortet wurde. Berühmte alte Fälle wie der noch darzustellende „Bonifatius-Fall" (s. u. § 30 Rn. 4), die heute anders gelöst würden, erschweren den Zugang eher.

▶ **Antwort:** Wählt der Erblasser die gewillkürte Erbfolge, kann er zwischen der Abfassung des Testaments und seinem Tod wie sonst auch über sein Vermögen disponieren. In dieser Zeit kann er sein Vermögen verschenken usw. Er kann aber auch Dritte bevollmächtigen, für den Fall seines Todes in bestimmter Weise mit seinem Vermögen umzugehen. ◀

II. Zusammenhang zu Pflichtteilsergänzungsansprüchen

▶ **Frage:** Durch die Einrichtung eines Sparkontos zugunsten T sowie den entsprechenden Schenkungsvertrag hat E sein Vermögen deutlich reduziert. S findet, dass er durch seine Erbquote insgesamt zu wenig erhält. Was kann er zu seinen Gunsten unternehmen? ◀

Durch die Anwendung des Schenkungsrechts wird zwar der **Pflichtteilsberechtigte** nicht benachteiligt, sofern er einen Pflichtteilergänzungsanspruch nach § 2325 BGB geltend machen kann. Allerdings entziehen die wirksam unter Lebenden vorgenommenen Geschäfte dem Nachlass Vermögensbestandteile, auf deren Vorhandensein Gläubiger eventuell vertraut haben.[320] Insbesondere wenn dadurch nachrangige Gläubiger bevorzugt würden, würde das Schenkungsrecht die Rangfolge unter den Nachlassgläubigern gefährden.

Allen Fällen, in denen am Erbrecht vorbei Vermögenswerte hinterlassen werden, ist daher das Problem gemeinsam, dass den Pflichtteilsberechtigten ein wesentlicher Teil des Vermögens und damit ein guter Teil der Pflichtteilsansprüche entzogen werden kann. In allen Konstellationen kommt daher nach § 2325 BGB ein Pflichtteilsergänzungsanspruch in Betracht (dazu bereits s. o. § 18 Rn. 11 f). Die Zuwendungen können als **Schenkungen** zu qualifizieren sein, die gemäß § 2325 Abs. 3 S. 2 BGB nur dann unberücksichtigt bleiben können, wenn der Erbfall erst nach 10 Jahren oder später erfolgt. Der Erbe ist zur Ergänzung verpflichtet, der Beschenkte haftet nach § 2329 BGB nur subsidiär.

Fraglich ist, wie hoch der **Betrag** anzusetzen ist, um den der Nachlass zu ergänzen ist. Gerade im Fall der Lebensversicherung ist dies auch in der Rechtsprechung strittig: Es könnte die gesamte auszuzahlende Summe anzusetzen sein[321] oder die deutlich geringere Summe der vom Erblasser gezahlten Beträge. Bislang setzte man nur das vom Erblasser tatsächlich Geleistete an.[322] Für einen Nachlassinsolvenzfall hat der BGH entschieden, dass die gesamte Versicherungssumme von der Insolvenz erfasst werden

---

320 Vgl. *Dieter Medicus/Jens Petersen*, Bürgerliches Recht, 29. Aufl. 2023, Rn. 394.
321 So LG Göttingen 23.3.2007 – 4 S 6/06, NJW-RR 2008, 19; OLG Düsseldorf 22.2. 2008 – I-7 U 140/07, ZEV 2008, 292.
322 Etwa OLG Stuttgart, NJW-RR 2007, 389; für den Vertragserben auch OLG Köln, NJW-Spezial 2009, 103.

soll.³²³ Dies gilt wohl unabhängig davon, ob dem Dritten ein widerrufliches oder unwiderrufbares Bezugsrecht eingeräumt wurde.³²⁴

▶ **Antwort:** Ist S gesetzlicher Erbe, kommt eine Ausgleichung nach § 2050 Abs. 2 Var. 1 BGB wegen eines Übermaßes an Zuschüssen zugunsten von T in Betracht. Beide sind Abkömmlinge und gesetzliche Erben. Ist ein solches Übermaß zu konstatieren, ohne dass der Wille des E manifest wird, die Ausgleichung auszuschließen, wird der Wert der Leistung nach § 2055 Abs. 1 BGB dem Nachlass hinzugerechnet und vom Erbteil der T abgezogen. Im Ergebnis wird der Erbteil des S größer. ◀

Liegt nur eine gewillkürte Erbfolge vor, kann S diesen Weg nicht nehmen, da die Anwendung von § 2050 Abs. 1 BGB das Vorliegen der gesetzlichen Erbfolge voraussetzt. Sollte er dann die Erbschaft ausschlagen, könnte er als Sohn den Pflichtteil nach § 2303 Abs. 1 S. 1 BGB fordern. In Betracht kommt dann eine Ausgleichungspflicht der T gemäß § 2316 BGB, insofern Abkömmlinge und gesetzliche Erben betroffen sind und im Fall der gesetzlichen Erbfolge eine Ausgleichungspflicht nach § 2050 Abs. 2 Var. 1 BGB in Betracht käme. Es bleibt die Frage, ob der erhöhte Pflichtteil ihn finanziell besser stellt als die ihm zugewiesene Erbquote.

Fragen zur Wiederholung und Vertiefung

86. Warum kann die Willenserklärung eines Verstorbenen noch zum Vertragsabschluss führen?
87. Wie kann man das Erbrecht durch Stellvertretung aushöhlen?
88. Wann ist eine Überlebensbedingung nach § 2301 Abs. 1 S. 1 BGB anzunehmen?
89. Wann ist die Schenkung gemäß § 2301 Abs. 2 BGB vollzogen?
90. Sind im Verhältnis von Schenker und Beschenktem in den Fällen des § 331 Abs. 1 BGB erbrechtliche Formen zu wahren, wenn der Beschenkte erst nach dem Ableben des Schenkers von der Schenkung erfahren soll?

---

323 BGH 23.10.2003 – IX ZR 252/01, BGHZ 156, 350 = NJW 2004, 214.
324 So *Bernhard Klinger/Thomas Maulbetsch*, Die Lebensversicherung im Pflichtteilsrecht, NJW-Spezial 2005, 13.

§ 29 Die Trennung nach § 2301 BGB

▶ **Frage:** E bevollmächtigt seinen Freund, Wertpapiere an einen Dritten zu übereignen. Macht es für die Beurteilung dieser Situation einen Unterschied, wenn der Tod des E kurz bevorsteht? ◀

Soweit vorausgesetzt wird, dass der Bedachte den Schenkenden überlebt, sind nach § 2301 Abs. 1 BGB die Vorschriften über Verfügungen von Todes wegen anwendbar. § 518 BGB wird dadurch ausgeschlossen, denn es handelt sich dann nicht mehr um eine Schenkung, die der notariellen Form bedarf. Die Überlebensbedingung kann aufschiebender oder auflösender Art sein. Maßgebend ist, dass das Schenkungsversprechen bedingt ist; auf die Erfüllung kommt es dagegen nicht an. Die unbedingte Schenkung, bei der nur die Fälligkeit zeitgleich mit dem Tod eintritt, unterfällt daher nicht § 2301 BGB. Wird die Überlebensbedingung nicht ausdrücklich formuliert, kann sie durch Interpretation ermittelt werden. Maßgeblich ist dabei immer der individuelle Wille. Ausreichend ist, dass sich die Überlebensbedingung aus Sinn und Zweck ergibt.[325] **Im Zweifel** soll nach dem BGH allerdings **keine Überlebensbedingung** angenommen werden.

Indem der BGH die Annahme eines Rechtsgeschäfts **unter Lebenden** begünstigt, eröffnet er dem Geschäft den Vorteil des Schenkungsrechts. Dieser besteht vor allem in der **Heilung** nach § 518 Abs. 2 BGB: Wurde die Schenkung schon vollzogen, ist Schenkungsrecht anwendbar. Nach § 518 Abs. 2 BGB gilt, dass die Erfüllung der Schenkung die fehlende Form heilt. Die ohne jede Form vorgenommene, aber vollzogene Schenkung ist damit wirksam. Alles, was tatsächlich bewirkt wurde, erwirbt dadurch Rechtsgeltung. Im Gegensatz zum Testament kann der Schenkungsvertrag allerdings nur in den engeren Grenzen der §§ 528 ff BGB widerrufen werden.

Der Vorteil der Geltung des **Erbrechts** nach § 2301 Abs. 1 S. 1 BGB liegt dagegen vor allem in der **Formerleichterung**: Die Übertragung bedarf eben nicht der notariellen Form des § 518 Abs. 1 S. 1 BGB, sondern kann handschriftlich nach § 2247 BGB vorgenommen werden. Ebenso kann sie, soweit kein Erbvertrag abgeschlossen wurde, jederzeit frei widerrufen werden. Nach §§ 530 ff BGB kann die Schenkung dagegen nur in begrenzten Ausnahmefällen widerrufen werden. Wird das Vermögen im Ganzen oder ein Bruchteil zugewendet, erwirbt der Bedachte den Status eines Erben.

Im Ergebnis folgen beide Regeln dem Sinn des *favor testamenti* bzw. *negotii*, wonach diejenige Auslegung zu wählen ist, nach der dem Willen des Verstorbenen Erfolg beschieden ist. Dieser Grundsatz soll auch dann gelten, wenn zwischen Erb- und Schenkungsrecht zu wählen ist. Das Erbrecht wurde gerade nicht als Weg genutzt, um das Geschäft durch die Heilungswirkung wirksam werden zu lassen. Anders würde die Annahme einer erbrechtlichen Lösung gerade zur Unwirksamkeit des Rechtsgeschäfts führen.[326]

Weil der Vollzug für die Annahme der Heilung der Schenkung nach § 518 Abs. 2 BGB maßgeblich ist, fragt es sich, **wann** die Schenkung im Sinne von § 2301 Abs. 2 BGB **vollzogen** ist. Sicherlich ist dies der Fall, wenn die Sache wirksam auf den Beschenkten übertragen wurde und der Vertrag wirksam ist. Grundsätzlich ist also die Vornahme

---

325 BGH 12.11.1986 – IVa ZR 77/85, BGHZ 99, 100 f.
326 BGH 18.5.1988 – IVa ZR 36/87, NJW 1988, 2731, a. A. *Reinhard Bork*, Schenkungsvollzug mithilfe einer Vollmacht, JZ 1988, 1059, wonach § 2084 BGB gerade durch § 2301 BGB ausgeschlossen sei.

des Verfügungsgeschäfts erforderlich, wobei auch dessen bedingte Vornahme ausreicht. Auch wenn der Erwerber bereits eine durch ein Anwartschaftsrecht gesicherte Rechtsposition erlangt hat, kann man vom Vollzug ausgehen.[327] Umgekehrt kann die Vollmacht zur Verfügung über das Konto nach dem Tod nicht ausreichen, da so das Vermögen des Schenkers zu seinen Lebzeiten nicht gemindert wird. In diesem Fall liegt kein gegenwärtiges Vermögensopfer für ihn vor. Dieses Kriterium des **Vermögensopfers zu Lebzeiten** kann man für die Differenzierung nutzen.

Nach dem Willen des Gesetzgebers soll eine sofortige und unmittelbare Minderung des Vermögens vorliegen.[328] Nach einer Auffassung muss der Schenker daher zu seinen Lebzeiten ein Vermögensopfer erbracht haben, zumindest muss der Dritte ein Anwartschaftsrecht erworben haben.[329] Daran fehlt es, wenn der Schenker beispielsweise die Sache zur Post gegeben hat, diese jedoch erst nach dem Tod zugestellt und damit übereignet wird. In diesem Fall konnte der Empfänger mangels Vertrag bis zu diesem Zeitpunkt kein Anwartschaftsrecht erwerben.

Die Rechtsprechung und mit ihr die h. M. sind noch großzügiger. Hat der Erblasser wie im eben genannten Beispiel mit der Übergabe des Pakets an die Post alles zum Erwerb Erforderliche veranlasst, hängt der Erwerb grundsätzlich nur noch vom Verhalten des Erwerbers ab. Insofern ist der Erwerbsvorgang für den Empfänger gesichert und kann einer „Vollziehung" gleichstehen.[330] Der **BGH** verlangt daher, dass der Schenkende objektiv **alles zur Übertragung Erforderliche getan** habe,[331] denn nur dann hat der Erwerber eine gesicherte Position wie bei einem Anwartschaftsrecht. Kommt das dingliche Erfüllungsgeschäft erst nach der Erklärung des Schenkenden und seinem Ableben zustande, wird man dann das Geschäft trotzdem für wirksam erklären müssen. Ebenso bleibt nach §§ 130 Abs. 2, 153 BGB die Willenserklärung des Verstorbenen und sein Antrag wirksam. Auf die Bekanntgabe der Annahme kann sogar nach § 151 BGB verzichtet werden.

Allerdings gibt es hinsichtlich des gesicherten Erwerbsvorgangs eine Einschränkung. Die Willenserklärung des Erblassers kann durch ihn oder seinen Rechtsnachfolger bis zum Zugang gemäß § 130 Abs. 1 S. 2 BGB widerrufen werden. Der Erbe hat daher die Möglichkeit, solange sowohl das Verpflichtungs- als auch das Erfüllungsgeschäft durch **Widerruf** zu verhindern. Um das vom Erblasser eingeleitete Geschäft soweit wie möglich zu begünstigen, wird diese Unsicherheit jedoch allgemein hingenommen.

Für den Fall, dass der Zugang bewusst bis zum Tod herausgezögert wurde, wird außerdem § 130 Abs. 2 BGB teilweise für unanwendbar gehalten,[332] so dass die Willenserklärung ihre Wirksamkeit schon mit dem Tod einbüßt.

6 Fraglich ist, ob der Erblasser alles zur Übertragung Erforderliche getan hat, wenn er einen bevollmächtigten **Stellvertreter** eingesetzt hat, um die Schenkung zu vollziehen. Dies ist strittig. Sofern es sich um eine unwiderrufliche Bevollmächtigung handelt, reicht dies nach dem BGH[333] aus. Zwar gibt es zu all diesen Fragen eine umfangreiche

---

327 MüKoBGB/*Musielak*, 9. Aufl. 2022, BGB § 2301 Rn. 19.
328 Protokolle der 2. Kommission, Bd. 5, 1899, 252 = *Mugdan* (Fn. 186), 133.
329 *Brox/Walker*, (Fn. 127) § 43 Rn. 5.
330 MüKo (Fn. 113)/ *Musielak*, § 2301 Rn. 19.
331 BGH 23.2.1983 – IVa ZR 186/81, BGHZ 87, 19, 26.
332 *Soergel* (Fn. 241)/ *Wolf*, § 2301 Rn. 18; MüKo (Fn. 113)/ *Musielak*, § 2301 Rn. 23.
333 BGH 23.2.1983 – IVa ZR 186/81, BGHZ 87, 25.

§ 29 Die Trennung nach § 2301 BGB

Rechtsprechung.[334] Als Regel kann man sich jedoch an die Maxime der Rechtsprechung halten und Vollziehung annehmen, wenn der Zuwendende alles zur Übertragung Notwendige vorgenommen hat. Dies ergibt dann jedenfalls eine annähernd klare Grenzziehung zwischen Geschäften unter Lebenden und solchen von Todes wegen.

▶ **Antwort:** Wie jeder Lebende kann E über sein Vermögen disponieren und Übereignungen auch durch einen Stellvertreter vornehmen. Grundsätzlich ist dabei nach §§ 130 Abs. 2, 153 BGB unerheblich, ob E nach der Bevollmächtigung stirbt. Etwas anderes gilt bei Schenkungsversprechen von Todes wegen nach § 2301 Abs. 1 BGB, die um die erbrechtlichen Regelungen nicht zu unterlaufen die Form von Verfügungen von Todes wegen wahren müssen. Allerdings kann ein Formmangel durch Vollzug der Schenkung geheilt werden. Ob hier auch der Vollzug durch den Stellvertreter reicht, ist äußerst strittig. Nach der Rechtsprechung des BGH ist gemäß § 2301 Abs. 2 BGB zu verlangen, dass der Erblasser alles Nötige getan hat, um das Geschäft zu vollziehen. Ist tatsächlich keine weitere Handlung von E mehr erforderlich, kann das Geschäft auch nach dessen Tod ohne Berücksichtigung des Erbrechts zustande kommen. ◀

---

334 MüKo (Fn. 113)/ *Musielak*, § 2301 Rn. 24.

§ 30 Die postmortale Vollmacht

▶ **Frage:** X will einen Anteil vom Vermögen des E erhalten, die Kinder des E verhindern jedoch jede Änderung des Testamentes. X bewegt E dazu, ihm ein teures Ölbild zu schenken, das im städtischen Museum hängt. Das Museum wird angewiesen, das Bild nach dem Tod des E an X auszuhändigen. Kann X' Plan Erfolg haben? ◀

1 Wie gezeigt erlischt die Vollmacht im Zweifel nicht mit dem Tod des Vollmachtgebers, das ergibt sich aus § 168 S. 1 i. V. m. § 672 S. 1 BGB. Sie kann nach der h. M. sogar gerade für den Todesfall als „postmortale Vollmacht" erteilt werden.[335] Vollzieht der Vertreter die Schenkung, agiert er nicht mehr als Vertreter des Verstorbenen, sondern seiner Erben. Daher könnte man zwar den **Vollzug** im Sinn von § 2301 Abs. 2 BGB ablehnen. Nach §§ 130 Abs. 2, 153 BGB bleibt aber die Willenserklärung des Schenkers trotz seines Todes wirksam. Es ist jedoch grundsätzlich unerheblich, ob der Geschäftsherr das Angebot selbst erklärt oder sich dazu eines Vertreters bedient. Diese Wertung muss auch dann gelten, wenn sich der Geschäftsherr eines Stellvertreters bedient und zwischenzeitlich stirbt. Im Fall der postmortalen Vollmacht muss der Vollzug ebenso für möglich angesehen werden.

2 Der **Widerruf** der Vollmacht durch die Erben ist dabei jedoch nach §§ 168 S. 2, 671 Abs. 1 BGB jederzeit möglich, **solange das Geschäft noch nicht ausgeführt** wurde. Der Widerruf muss von allen Erben erklärt werden, soweit es sich nicht um einen Fall der Notgeschäftsführung nach § 2038 Abs. 1 S. 2 Hs. 2 BGB handelt (s. u. § 34 Rn. 6).[336] Mit der Ausführung des Grundgeschäfts endet dann jedenfalls nach § 168 S. 1 BGB auch die postmortale Vollmacht. Das setzt jedoch voraus, dass die Erben den Bestand der Vollmacht kennen und sich in die Verhältnisse des Nachlasses einarbeiten. Nach dem BGH reicht es für einen Widerruf der Vollmacht nicht aus, wenn der Erbe lediglich den Bevollmächtigten hinsichtlich des Rechtsgeschäfts befragt. Zum Schutz des redlichen Rechtsverkehrs muss der Widerruf nach dem Grundsatz des § 157 BGB erkennbar sein.[337] Insoweit gelten für die postmortale Vollmacht die allgemeinen Regeln.

Die **Vollmacht** kann allerdings auch **unwiderruflich**, entweder ausdrücklich oder konkludent, erklärt sein. Hat der Bevollmächtigte daran ein Eigeninteresse, wird man von einer stillschweigend erklärten Unwiderruflichkeit ausgehen können. Gerade bei Eigeninteresse des Stellvertreters wird man sogar davon ausgehen können, dass die ausdrückliche Erklärung einer unwiderruflichen Vollmacht wirksam ist.

3 Ähnlich kann die Schenkung unter Lebenden durch die Einschaltung eines **Boten** bewirkt werden. Auch hier gilt, dass die Willenserklärung nach dem Versterben des Erklärenden und vor der Ausführung des Geschäfts gemäß § 130 Abs. 2 BGB wirksam bleibt und gemäß § 153 BGB angenommen werden kann. Auf den Zugang der Annahme kann sogar nach § 151 BGB verzichtet worden sein.

4 Diese Rechtsfrage wurde mit dem „**Bonifatiusfall**" berühmt.[338] Ein katholischer Pfarrer rechnete mit seinem Ableben und gab einem Besucher Wertpapiere für den Bonifatius-Verein mit. Danach errichtete er ein Testament allein zugunsten seiner Schwester, die seinen Haushalt führte. Wie es der Pfarrer erwartet hatte, wurden die Papiere erst

---

335 *Leipold* (Fn. 117), Rn. 573.
336 S. *Stephan Madaus*, Der Widerruf trans- oder postmortaler Vollmachten durch einzelne Miterben, ZEV 2004, 448 f.
337 BGH 29.11.1994 – XI ZR 175/93, NJW, 1995, 953.
338 RG 28.10.1913 – VII 271/13, RGZ 83, 223, 227.

nach seinem Tod an einen Vertreter des Vereins ausgehändigt; ein Weihbischof nahm als Vertreter des Vereins die Schenkung an. Das Reichsgericht hielt diese Zuwendung für unwirksam. Das Rechtsgeschäft sei wie geplant nicht unter Lebenden vorgenommen worden und habe daher die nach § 2301 Abs. 1 BGB erforderliche erbrechtliche Form nicht eingehalten, ebenso wenig sei es lebzeitig gemäß § 2301 Abs. 2 BGB vollzogen worden.

Gemäß der **heutigen Interpretation** wäre § 2301 BGB ohnehin nur anwendbar, wenn der Bevollmächtigte das Rechtsgeschäft erst nach Tod ausführen sollte. Erst dann bestünde eine Überlebensbedingung. Im Zweifelsfall wird dies nach dem BGH nicht angenommen. Ferner hatte der Erblasser alles getan, um die Übergabe der Papiere zu bewirken. Zwar hätte die Schwester in dieser Fallgestaltung noch die Übergabe der Papiere verhindern können, doch war dies nicht geschehen. Die Schenkung war daher auch im Sinne von § 2301 Abs. 2 BGB vollzogen. Nach heutigen Maßstäben wäre die Übertragung der Papiere daher wirksam.

▶ **Antwort:** Die Strategie des X kann Erfolg haben. Zwar wurde die Schenkung nicht in notarieller Form abgeschlossen, durch Vollzug kann sie jedoch geheilt werden. Das Museum fungiert nicht mehr als Vertreter des E, sondern der Erben, und darf nach §§ 168 S. 1, 672 S. 1 BGB das Bild solange aushändigen, bis die Erben des E diese Vollmacht widerrufen. ◀

§ 31 Die Fälle von § 331 BGB

▶ **Frage:** Großmutter G legt ein Sparkonto bei der B Bank an, für das der Enkel E als Berechtigter benannt wird. Er erfährt jedoch nichts davon, vielmehr soll B nach dem Tod der G dem E den Betrag auszahlen. Erbe der G wird ihr Sohn S. Kann S die Auszahlung des Sparkontos verlangen? ◀

1   Großzügige Verwandte legen manchmal Sparbücher an, deren Guthaben erst nach dem eigenen Tod an den Begünstigten ausgezahlt werden sollen. Vertragspartner sind dabei der Einzahlende und die Bank. Der **Begünstigte** ist lediglich der **Dritte**, zu dessen Gunsten der Vertrag geschlossen wird.[339] Ähnliches kann bei Lebensversicherungen zwischen dem Versicherten, der Versicherungsgesellschaft und dem Begünstigten gelten.

Weder § 331 Abs. 1 BGB noch §§ 159 f. VVG erwähnen für solche Verträge, dass sie als Rechtsgeschäfte von Todes wegen zu behandeln sind. § 331 Abs. 1 BGB kann damit als Auslegungsregel verstanden werden, wonach das Erbrecht grundsätzlich nicht heranzuziehen ist. Die Grenze zum Vermächtnis ist dadurch allerdings noch nicht gezogen.

2   Dabei ist zu differenzieren: Das **Deckungsverhältnis**, also das Geschäft zwischen der Bank bzw. der Versicherung einerseits und dem Zahlenden andererseits, erfolgt nicht von Todes wegen, sondern ist eindeutig ein Rechtsgeschäft unter Lebenden. § 2301 BGB ist für die Leistungen der Bank wie Depotverwaltung und Zinszahlung sowie für die Einzahlung des Zuwendenden von vornherein nicht anwendbar. Im **Valutaverhältnis**, also das die Auszahlung regelnde Verhältnis, liegt eine unentgeltliche Zuwendung des Zahlenden an den Begünstigten vor, die erst nach dem Tod des Zahlenden erfolgen soll. Hierbei könnte es sich entweder um eine Schenkung oder um eine Zuwendung von Todes wegen handeln.

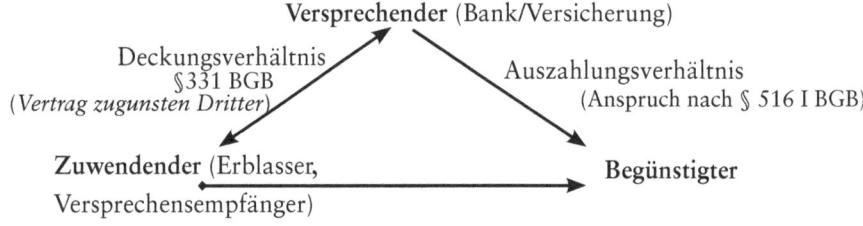

3   Oft wurde in solchen Fällen die geplante Zuwendung nicht einmal angekündigt. Diese Ankündigung kann man sogar erst nach dem Tod des Zuwendenden im Brief der Bank an den Begünstigten sehen, in dem die Bank mitteilt, zahlen bzw. das Sparbuch aushändigen zu wollen. Man kann sie als den durch einen Vertreter geäußerten Antrag auf Abschluss eines Schenkungsvertrags qualifizieren. In der Anordnung des Zuwendenden, erst nach dem Todesfall auszuzahlen, könnte eine Überlebensbedingung er-

---

339 Man kann zwar auch den Begünstigten als Inhaber des Kontos nennen. Dann ist er jedoch sofort Gläubiger des Geldinstituts und Eigentümer des Sparbuchs unabhängig davon, ob der Einzahlende dieses noch für sich behält, vgl. BGH 25.4.2005 – II ZR 103/03, NJW 2005, 2222 f. Die hier vorzustellenden Probleme ergeben sich nicht.

blickt werden, so dass das Erbrecht nach § 2301 Abs. 1 BGB anwendbar wäre. Im Hinblick auf diese Bedingung hat der Zuwendende die Überlebensbedingung dann sogar ausdrücklich angeordnet.

Die Anwendung von § 2301 BGB auf die Schenkung im Valutaverhältnis ist strittig. Für die Anwendung erbrechtlicher Formvorschriften spricht die größere Beweissicherheit der Verfügung von Todes wegen, zumal immer erst nach dem Tod des Zuwendenden gestritten wird. Wiederum gilt, dass der Vermögensabfluss durch ein Rechtsgeschäft unter Lebenden den Nachlassgläubigern Haftungsmasse entzieht und deren Rangfolge missachtet.[340] Nach Manfred Harder handelt es sich daher im Valutaverhältnis zwar um eine erbrechtliche Frage; zu ihrer Lösung soll seiner Auffassung nach jedoch das Vermächtnisrecht analog angewendet werden.[341]

Aus § 331 BGB lässt sich dagegen entnehmen, dass § 2301 Abs. 1 BGB in diesen Fällen nicht gelten soll. Rechtsprechung[342] und herrschende Lehre[343] folgen dieser Auffassung und sehen **§ 331 BGB als Spezialvorschrift gegenüber § 2301 BGB**: Das Geld soll dem Zugriff des Erben und auch dem Erbrecht selbst entzogen sein. Dafür spricht ein erhebliches Bedürfnis nach der erleichterten Zulassung solcher Geschäfte. Für § 331 BGB bliebe ferner sonst kaum ein Anwendungsbereich.

Das Erbrecht ist weiterhin nicht anwendbar, wenn die Schenkung gemäß § 2301 Abs. 2 BGB **vollzogen** wurde. Wurde allerdings zwischen Zuwendendem und Begünstigtem, wie dies meist der Fall ist, kein notarieller Schenkungsvertrag abgeschlossen, könnte die Schenkung nach §§ 518 Abs. 1, 125 S. 1 BGB formunwirksam sein. Die nach dem Tod erfolgte **Auszahlung durch die Bank** ist dann als Vollzug anzusehen und heilt den Formmangel nach § 518 Abs. 2 BGB. Wie schon dargestellt kann der Erbe in dieser Konstruktion die Auszahlung allerdings verhindern, indem er die Schenkungsofferte nach §§ 671 Abs. 1, 675 Abs. 1 bzw. §§ 620 Abs. 2, 621 oder § 648 S. 1 BGB widerruft bzw. das Grundgeschäft kündigt.

Im Ergebnis gilt: Teilt der Erblasser dem Bedachten die Schenkung mündlich mit, wird der Formmangel des Schenkungsvertrags durch die Auszahlung der Bank nach dem Tod gemäß §§ 518 Abs. 2, 328 Abs. 1, 331 BGB geheilt. Verheimlicht er die Schenkung, kann der Vertrag noch durch die Bank als Vertreterin geschlossen werden. Benachrichtigt sie den Begünstigten wie angeordnet erst nach dem Tod des Zuwendenden von der Schenkung, muss und kann der Vertrag noch gemäß §§ 130 Abs. 2, 153, 151 BGB geschlossen werden.[344] Voraussetzung ist, dass die Bank insoweit als Stellvertreterin des Schenkers eingesetzt war. Da dem Schenkungsempfänger die wirksame Willenserklärung eines Angebots zugehen muss, reicht es nicht, wenn er bloß zufällig über irgendwelche Dritte von der Begünstigung erfährt. Der **Erbe kann** allerdings vor der Mitteilung durch die Bank die Auszahlungsanordnung oder Schenkung **widerrufen**,[345] soweit das Widerrufsrecht nicht ausdrücklich ausgeschlossen wurde.[346]

---

340 Vgl. *Medicus* (Fn. 320), Rn. 396, 397.
341 *Manfred Harder/Inge Kroppenberg*, Grundzüge des Erbrechts, 5. Aufl. 2002, Rn. 541.
342 BGH 29.1.1964 – V ZR 209/61, BGHZ 41, 95; BGH 24.11.1975 – II ZR 53/74, BGHZ 66, 1, 12.
343 Staudinger, Kommentar zum Bürgerlichen Gesetzbuch, Buch 5, §§ 2229–2302 Neubearb. 2022/ *Raff*, § 2301 Rn. 98 ff.
344 Vgl. BGH 24.11.1975 – II ZR 53/74, BGHZ 66, 1, 13.
345 BGH 30.10.1974 – IV ZR 172/73, NJW 1975, 382.
346 OLG Celle 20.12.1995 – 3 U 275/94, WM 1996, 851.

Bei der Berechnung der Pflichtteilsergänzungsansprüche hinsichtlich der aus dem Nachlass fallenden Versicherung soll regelmäßig der Rückkaufswert der Lebensversicherung zugrunde gelegt werden. Damit wird sichergestellt, dass nicht der komplette Wert der Versicherung, sondern nur die Kapitalisierung bis zum Tod des Erblassers berücksichtigt wird.[347]

▶ **Antwort:** G und E haben zu Lebzeiten der G keinen Schenkungsvertrag abgeschlossen. Zwischen G und B wurde ein echter Vertrag zugunsten Dritter abschlossen nach §§ 328, 331 BGB. Dieser wirksame Vertrag verpflichtet B dazu, als Stellvertreterin der G einen entsprechenden Schenkungsvertrag mit E abzuschließen. Der Abschluss dieses Schenkungsvertrags war offensichtlich aufschiebend auf den Tod der G bedingt. Ob wegen dieser Überlebensbedingung die Formen des Erbrechts nach § 2301 Abs. 1 BGB beachtet werden müssen, ist strittig. Die h. M. lehnt dies ab, so dass Schenkungsrecht Anwendung findet. Da die nach § 518 Abs. 1 S. 1 BGB gebotene notarielle Form nicht eingehalten ist, kommt daher die Heilung gemäß § 518 Abs. 2 BGB in Betracht. Auch wenn man mit der Mindermeinung die Wahrung erbrechtlicher Formen verlangt, kann die Heilung nach § 2301 Abs. 2 BGB dadurch eintreten, dass die B die Schenkung vollzieht. Für diesen Vollzug ist nicht die Auszahlung erforderlich, vielmehr reicht die Abtretung der Forderung an E aus. Die Übergabe des Sparbuchs (vgl. § 808 BGB) ist nicht notwendig, genügt jedoch in der Regel. Zu bedenken ist allerdings die Möglichkeit der Erben, auch in diesem Fall die Vollmacht der B zu widerrufen, §§ 168 S. 2 bzw. 168 S. 1, 671 Abs. 2 BGB. ◀

---

347 BGH 23.10.2003 – IX ZR 252/01, NJW 2004, 214.

§ 32 Kollision von Erb- und Handelsrecht, Nachfolgeklauseln

▶ **Frage:** Die Geschäftsführer der E-OHG, E sowie F und G, einigten sich darauf, dass nach dem Tod des E seine Tochter T seine Geschäftsanteile übernehmen soll. Erben des E sind zu gleichen Teilen der Sohn S und T. S beansprucht, ebenso wie T Gesellschafter der OHG zu sein. ◀

Die Vererbung von Gesellschaftsanteilen kann zu Problemen führen, wenn die Nachfolgeregelungen von Erb- und Gesellschaftsrecht divergieren. Unproblematisch sind dabei die Anteile an juristischen Personen: Bei einer **Aktiengesellschaft** fallen die Aktien in den Nachlass und werden entsprechend ihres Vermögenswertes behandelt und dem oder den Erben zugewiesen. Gleiches gilt nach § 278 AktG für die Kommanditgesellschaft auf Aktien. Bei der **GmbH** liegt zwar zwischen den Gesellschaftern in der Regel ein engerer Kontakt vor, dennoch bestimmt § 15 Abs. 1 GmbHG ohne jede Einschränkung, dass die GmbH-Anteile vererblich sind. Allerdings kann die Abtretung von Anteilen durch die Gesellschafter nach § 15 Abs. 5 GmbHG ausgeschlossen werden. Daher können die Gesellschafter den Einzug der Anteile nach dem Tod mit oder ohne Abfindung beschließen.[348] Mit einer sog. Abtretungsklausel kann darüber hinaus im Gesellschaftsvertrag geregelt werden, dass der eintretende Erbe den Gesellschaftsanteil auf eine andere Person übertragen muss.[349] Der größte Eingriff ist mittels einer Ermächtigung der GmbH aufgrund von § 185 BGB analog möglich: Die GmbH wird im Todesfall ermächtigt, den Gesellschaftsanteil an jemanden anderen zu übertragen.[350] Hierbei werden sich aber ähnliche Probleme wie bei der postmortalen Vollmacht stellen.

1

Eine **Gesellschaft bürgerlichen Rechts** löst sich seit dem 01.01.2024 mit dem Tod eines Gesellschafters nicht mehr automatisch auf, sofern es sich um eine rechtsfähige GbR handelt.[351] Stattdessen scheidet der Gesellschafter gemäß § 723 Abs. 1 Nr. 1 BGB aus der Gesellschaft aus. Der Erbe erhält somit im Grundsatz nur noch einen Abfindungsanspruch gemäß § 728 Abs. S. 1 a.E. BGB. Eine abweichende Vereinbarung ist davon weiterhin möglich.

2

Eine nicht rechtsfähige GbR wandelt sich hingegen gemäß § 740a Abs. 1 Nr. 3 BGB grundsätzlich weiterhin in eine Auflösungs-GbR. Die Gesellschaft wandelt sich dann in eine Auflösungsgesellschaft um mit dem Zweck, den Gesellschaftern ihren Anteil am Vermögen nach Abschluss der Geschäfte zukommen zu lassen. In dieser Auflösungsgesellschaft tritt die Erbengemeinschaft als Nachfolger des Verstorbenen als Gesellschafter in dessen Stellung ein. Insofern fungiert die Erbengemeinschaft als Gesellschafterin. Dies hat aber nur den Zweck, den Vermögenswert, den die Gesellschaft bürgerlichen Rechts darstellt, zu realisieren.

Zwischen Kapital- und BGB-Gesellschaft stehen die **Personengesellschaften** des Handelsrechts wie Offene Handelsgesellschaft (OHG) und Kommanditgesellschaft (KG). Grundlegend ist für die OHG und die KG, jedenfalls hinsichtlich der Komplementäre, dass auch sie auf den persönlichen Beziehungen der Gesellschafter beruhen. Früher bestimmte das Gesetz für den Tod eines Gesellschafters die Auflösung als im Zweifel gewollte Folge. Nunmehr regelt § 131 Abs. 3 Nr. 1 HGB nur noch, dass der versterbende

3

---

348 Genauer MüKo (Fn. 113)/*Leipold*, § 1922 Rn. 44.
349 BeckOK GmbHG/*Wilhelmi*, 60. Aufl. 01.03.2022, GmbHG § 15 Rn. 59.
350 BeckOK GmbHG/*Wilhelmi*, 60. Aufl. 01.03.2022, GmbHG § 15 Rn. 64.
351 Bzgl. der Übergangsregelung s. Art. 229 § 61 EGBGB.

Gesellschafter aus der Gesellschaft ausscheidet. Gemäß § 131 Abs. 1 HGB kann die Gesellschaft mit dem oder den Erben fortgesetzt werden, sofern dies im Gesellschaftsvertrag vorgesehen ist. Diese Nachfolge kann also nur im Konsens mit den übrigen Gesellschaftern geschehen.

4 Aus der **Sicht des Erbrechts** fällt der Anteil der Personengemeinschaft wie alle anderen Vermögenswerte des Erblassers in den Nachlass, sofern abweichend von der gesetzlichen Grundlösung kein Ausscheiden im Gesellschaftsvertrag vorgesehen ist. Gerade der Gesellschaftsteil kann im Hinblick auf die Nachlassschulden den entscheidenden Teil der Haftungsmasse bilden. Die Miterbengemeinschaft ist notwendigerweise am Gesellschaftsanteil berechtigt und ebenso gemeinsam mitverpflichtet. Alle Erben werden danach als Mitglieder der Gesamthand Gesellschafter.

Aus der **Sicht des Gesellschaftsrechts** entscheidet dagegen nur die Nachfolgebestimmung des Gesellschaftsvertrags über die Nachfolge – ganz unabhängig von der erbrechtlichen Lage. Der Nachfolger kann dabei Erbe sein; doch dies ist nicht notwendig, denn auch eine Vermächtnislösung kommt in Betracht. Die Miterbengemeinschaft soll jedenfalls nicht zur Geschäftsführung berechtigt sein. Schließlich sollte der Gesellschaftsanteil nicht noch mit gesellschaftsfremden Schulden belastet werden. Zwischen den Sichtweisen und Erwartungen von Gesellschafts- und Erbrecht ergeben sich daher gewichtige, nicht einfach auflösbare Differenzen.

5 Letztlich stellt sich die Frage, ob sich der Erwerb durch Erb- oder Gesellschaftsrecht vollzieht. Legt man die **rein gesellschaftsrechtliche Nachfolgeklausel** zugrunde, vollzieht sich der Erwerb kraft Gesellschaftsvertrags. Ein Rechtsgeschäft unter Lebenden würde dann die Nachfolge bestimmen und das Erbrecht von vornherein ausschließen. Eine solche Konzeption wird dennoch von der h. M. abgelehnt,[352] da der Nachlass dadurch als Haftungsmasse an Bedeutung verliert. Aus der Nachfolge in die Vermögenswerte des Verstorbenen sollen jedoch nicht nur Rechte, sondern auch Pflichten im Hinblick auf die Verbindlichkeiten des Nachlasses folgen. Der Vertrag zwischen den Gesellschaftern wäre daher auch ein Vertrag zulasten Dritter, nämlich desjenigen, der den Gesellschaftsanteil erhalten soll. Ferner würde dieser seinen Anteil erst mit der tatsächlichen Ausübung seiner Gesellschafterrechte erhalten, nicht jedoch schon mit dem Tod. Dadurch ergäbe sich eine temporäre Vakanz, die mit dem erbrechtlichen Grundsatz der Sofortsukzession ausgeschlossen werden solle.

6 Es gibt drei mögliche Lösungen:

(1.) Die Gesellschaft könnte **aufgelöst** werden. Dies muss im Gesellschaftsvertrag so vereinbart werden, was nur noch selten geschieht. Die weitere Behandlung wäre jedoch unproblematisch: Gemäß § 141 Abs. 1 HGB wird die Handelsgesellschaft dann entsprechend zur Auflösung durch die Gesellschafter angemeldet. Auf eine Mitwirkung der Erben kann dabei gemäß § 141 Abs. 2 HGB verzichtet werden. § 733 BGB regelt entsprechendes für die GbR.

(2.) Ferner kann die **Gesellschaft ohne Erben weiter** bestehen. Sofern nichts anderes vereinbart wurde, besteht die OHG dann nach § 130 Abs. 1 Nr. 1 HGB bzw. § 723 Abs. 1 Nr. 1 BGB mit den alten Gesellschaftern ohne den bzw. die Erben des Verstorbenen fort. Der Abfindungsanspruch des Verstorbenen gegen die ehemaligen Mitgesellschafter nach § 135 Abs. 1 S. 1 a.E. HGB bzw. § 728 Abs. 1 S. 1

---

352 Vgl. MüKo (Fn. 113)/ *Leipold*, § 1922 Rn. 56.

a.E. BGB fällt in diesem Fall in den Nachlass, der als Forderung unproblematisch zu teilen ist.

(3.) Schließlich kann der **Gesellschaftsanteil in den Nachlass fallen**. In der Praxis geschieht dies häufig oder ist sogar die Regel. Dann wird die Nachfolge erbrechtlich bestimmt. Wenn im Interesse der Gesellschaft meist nicht alle, sondern nur ein bestimmter Erbe Gesellschafter werden soll, ist eine entsprechende testamentarische Bestimmung erforderlich. Diese **erbrechtliche Nachfolgeregelung** ermöglicht den Erwerb kraft Verfügung von Todes wegen. Der Anfall erfolgt dann mit dem Tod des Erblassers, nicht erst mit der Betätigung des Gesellschafters.

Im Rahmen dieser letztgenannten erbrechtlichen Nachfolgeregelung ergaben sich früher aber **Widersprüche zum Gesellschaftsrecht**: Bei einer einfachen Nachfolgeklausel, also der Bestimmung, dass die eingesetzten Erben Gesellschafter werden sollen, bestimmt § 711 Abs. 2 BGB nun eindeutig eine Sonderrechtsnachfolge: Dies bedeutet, dass der vererbte Gesellschaftsteil automatisch auf die Erben aufgeteilt wird, ohne dass dieser in die Gesamthand der Erbengemeinschaft zu fallen.[353] Damit stellen sich auch keine Probleme der Erbauseinandersetzung mehr; bzw. haftungsrechtliche Probleme.

Die qualifizierter Nachfolgeklausel, die nur eine ganz bestimmte Person als Nachfolger bestimmt, ist hingegen nicht ausdrücklich benannt, aber soll laut Gesetzesbegründung nicht verunmöglicht werden.[354] Bei dieser Konstellation bleiben die alten Fragestellungen bestehen. Wie kann der Erbe die Geschäfte der Gesellschaft als Gesellschafter sofort weiterführen, was zu ihrer Aufrechterhaltung notwendig ist, ohne die Auflösung der Miterbengemeinschaft abwarten zu müssen? Ferner soll der Gesellschafter für die Gesellschaft individuell haften, während die ungeteilte Miterbengemeinschaft nur eine gemeinschaftliche Haftung kennt. Wenn die Gesellschaft wie üblich den größten Vermögensgegenstand im Nachlass darstellt, fragt sich, wie der Ausgleich des bevorzugten Erben mit den anderen Miterben zu bewerkstelligen ist. Damit bleibt in dieser Gestaltung die Aufgabe, die unterschiedlichen Erwartungen von Gesellschafts- und Erbrecht miteinander zu vereinen.

Das Beispiel der Haftung zeigt, dass der **Gegensatz** zwischen Erb- und Handelsrecht **unüberwindlich** ist:

(1.) Dem Erbrecht folgend entsteht nach dem Tod des Erblassers eine ungeteilte Gemeinschaft der Erben am Nachlass. Gesellschaftsrechtlich muss der Gesellschafter werdende Erbe dagegen sofort, ohne die **Teilung des Nachlasses** abzuwarten, allein über seinen Anteil an der Gesellschaft disponieren können, damit er bei den Entscheidungen der Gesellschaft mitwirken kann.

(2.) Die Haftung der Miterben ist gemeinschaftlich, Gesellschafter haften hingegen nur individuell. Die Miterbengemeinschaft ist wegen ihrer strukturell bedingten **Trägheit** bei Beschlussfassungen ein denkbar schlecht geeigneter Gesellschafter und daher in der Regel als solcher unerwünscht.

(3.) Erben haften grundsätzlich nur in der Höhe des Nachlasses. Diese **Haftungsprivilegierung** nach dem Grundsatz von § 1973 Abs. 1 S. 1 BGB kann dem neuen Gesellschafter nicht zustehen.

Das Erbrecht kann also nicht vollständig auf die Nachfolge in den Gesellschaftsanteil angewandt werden. Gäbe es ein Vindikationslegat, also ein nach § 985 BGB herauszu-

---

[353] BeckOK BGB/*Schöne*, 70. Aufl. 01.05.2024, BGB § 711 Rn. 5, 6.
[354] BT-Drucks. 19/27635 S. 145.

forderndes Vermächtnis, würde die erbrechtliche Stellung des gesellschaftsrechtlich berufenen Nachfolgers erklärt werden können; doch diese Form ist nach deutschem Recht nicht gestattet.

9   Zur Lösung dieses Dilemmas begründete Wolfgang Siebert (1905–1959) 1954 die **Theorie der Sondernachfolge**, die seither weit verbreitet ist.[355] Die Übertragung erfolgt erbrechtlich, allerdings wird das Erbrecht modifiziert: Unabhängig von der Erbfolge im Übrigen soll der Gesellschaftsanteil danach speziell nur dem vom Erblasser benannten Erben zugewiesen werden. Damit wird die Einzelrechtsnachfolge in den Gesellschaftsanteil zugelassen. Der als Gesellschafter berufene Erbe kann daher über seinen Gesellschaftsanteil sofort und unmittelbar ohne Beteiligung der Miterben verfügen. Insoweit verstößt diese Auffassung klar gegen das Prinzip der Universalsukzession bzw. der Gesamtrechtsnachfolge. Die Sondernachfolge in das Unternehmen wird weithin anerkannt. Schon bei der Einführung des BGB gab es immerhin z. B. im Sonderrecht für Adlige und Bauern Fälle, in denen die Spezialsukzession galt, gerade dort also, wo große Vermögensmassen trotz Erbfolge ungeteilt erhalten bleiben sollten. Ebenso könnte man im Gesellschaftsrecht eine spezielle Regelung der Materie sehen. Vorteil dieser Lösung ist, dass sie den automatischen Erwerb nach dem Erbfall ebenso zu erklären vermag wie die Tatsache, dass die Miterbengemeinschaft nie Gesellschafter der Personengesellschaft wird. Die Gesellschaft braucht sich stattdessen lediglich mit dem einzelnen, kraft Gesellschaftsvertrag berufenen, auch als Erben anzusehenden neuen Gesellschafter zu beschäftigen, mit dem allein die Gesellschaft fortgesetzt wird. Testament und Gesellschaftsvertrag sollten aufeinander abgestimmt sein.[356] Diese Ansicht kann nun auch durch den Gesetzeswortlaut des § 711 Abs. 2 BGB gestützt werden, welcher diese Sonderrechtsnachfolge wie oben bereits beschrieben für die einfache Nachfolgeklausel anerkennt. Möglicherweise kann deshalb auch eine analoge Anwendung des § 711 Abs. 2 BGB bei qualifizierten Nachfolgeklauseln in Betracht gezogen werden. Vorzugswürdiger scheint aber eine enge Wortlautauslegung, die den Begriff „Erben" immer nur auf den Erben begrenzt, der auch in der Nachfolgeklausel genannt wird. Damit können sowohl die einfache, als auch die qualifizierte Nachfolgeklausel unproblematisch unter § 711 Abs. 2 BGB subsumiert werden.

10 Durch Interpretation des Gesellschaftsvertrages ist zu klären, ob der Erbe den gesamten Gesellschaftsanteil des Verstorbenen erlangen soll oder nur einen Teil, der seinem Erbanteil entspricht. Im letzten Fall wächst der Rest den übrigen Gesellschaftern an und die übrigen nicht mit eingetretenen Miterben erhalten Abfindungsansprüche nach § 728 BGB. **Im Zweifel** ist jedoch anzunehmen, dass der **gesamte Gesellschaftsanteil übertragen** werden soll.

11 Der Gesellschaftsanteil gehört dann allerdings immer noch zum Nachlass, so dass dieser nicht als ein dem Nachlass fremder Gegenstand nach § 2169 Abs. 1 BGB angesehen werden kann. Andernfalls könnte ein solches Vermächtnis als unwirksam angesehen werden. Der Bevorzugte wird daher als Erbe gegenüber den anderen Erben **ausgleichungspflichtig**, soweit er durch den Gesellschaftsanteil wertmäßig mehr erhält, als ihm nach der Quote zusteht. Der Gesellschaftsanteil ist folglich ebenso zur Ermittlung von Pflichtteilsansprüchen mit einzuberechnen. Qualifiziert man das Unternehmen als

---

[355] Siebert (Fn. 47), 19 f., 23 f.; ders., NJW 1955, 809, 810. Es handelt sich um ein bemerkenswertes Beispiel für die „Wiederkehr der Rechtsfiguren".
[356] Wolfgang Reimann, Unternehmertestament und Gesellschaftsvertrag: Neue Risiken, neuer Gestaltungsbedarf, ZEV 2014, 521–526.

§ 32 Kollision von Erb- und Handelsrecht, Nachfolgeklauseln

Teil des Nachlasses, kann die Verteilung des Nachlasses problematisch werden, insbesondere wenn man einen Ausgleich zwischen den Erben anstrebt. Hier muss man kreativ werden und viele Möglichkeiten des Erbrechts ausnutzen.[357]

Zu erwähnen ist noch, dass der Erbe als eintretenden Gesellschafter beim Vorliegen einer OHG gemäß § 724 Abs. 1 BGB bzw. § 131 Abs. 1 HGB die Umwandlung seines Gesellschafteranteils in die Stellung als Kommanditist verlangen kann. Wenn dem Verlangen nicht nachgekommen wird, kann die Mitgliedschaft sofort gekündigt werden.

Diese Lösung für die Nachfolge eines Gesellschafters der OHG kann auf den Fall des Tods eines **Komplementärs** gemäß § 161 Abs. 2 HGB übertragen werden.

Für die Nachfolge in den Anteil eines **Kommanditisten** gilt hingegen § 177 HGB. Nach seinem Tod wird die Gesellschaft fortgeführt, sofern der Gesellschaftsvertrag nichts anderes vorsieht. Der Anteil des Kommanditisten ist daher vererblich und fällt in den Nachlass. Jeder Miterbe erhält entsprechend seiner Quote am Nachlass einen Anteil an der Einlage des Kommanditisten. Auch hier findet unstreitig eine Sondernachfolge, wie bei den anderen Personengesellschaftsanteilen, statt.[358]

▶ **Antwort:** Nach der Theorie der Sondernachfolge ist allein T aufgrund der qualifizierten Nachfolgeklausel zur Nachfolge in der OHG berufen (möglicherweise unter Anwendung von § 711 BGB). Intern müssen sich T und S einigen, wie das Vermögen des Nachlasses gleichmäßig aufgeteilt wird. Ist der Gesellschaftsanteil größer als die Hälfte des Nachlasses, wird T ausgleichspflichtig. Dies könnte sie dazu bewegen, insofern die anderen Gesellschafter zustimmen, auch S einen Anteil der OHG zu überschreiben. ◀

Fragen zur Wiederholung und Vertiefung

▶ **Fall 5:** E hinterlässt ein Testament zugunsten seiner Tochter T. Dem Schachpartner F verspricht er sein kostbares Schachspiel, das schon bei F aufgestellt ist. Dem Neffen N richtet er mit dessen Wissen ein Guthaben bei der B-Bank ein und zahlt noch kurz vor seinem Tod darauf ein. Seiner früheren Kollegin K schickt er einen Bildband, der erst nach seinem Tod bei K eintrifft. Kann T dies alles herausfordern, evtl. dann, wenn sie kurz nach dem Tod die Schenkungen widerruft? ◀

91. Welche Nachfolgelösungen kommen in Betracht, wenn ein Gesellschafter einer OHG durch Tod ausscheidet?
92. Warum widersprechen sich die gesellschaftsrechtliche und die erbrechtliche Sicht, wenn ein Erbe den Gesellschaftsanteil übernehmen soll?
93. Warum stellt die Theorie der Sondernachfolge eine Ausnahme vom deutschen Erbrecht dar und warum ist sie so überzeugend?

---

357 Vgl. *Rolf Petzold*, Das Unternehmertestament, NWB Steuer- und Wirtschaftsrecht Nr. 23 (1976), 1145–1156.
358 BeckOK HGB/*Beyer*, 42. Aufl. 01.04.2024, HGB § 177 Rn. 3.

§ 33 Der Familienvertrag

▶ **Frage:** Wie kann man in der Familie eine sichere, generationenübergreifende Erbfolgeregelung bilden? ◀

1   In § 311b Abs. 4 und 5 BGB werden Verträge unter Lebenden auf den Erbfall hin geregelt. Es handelt sich um schuldrechtliche Geschäfte, die jedoch Wirkungen im Erbfall erzielen sollen. Nichtig ist hier wiederum alles, was die Testierfreiheit des Erblassers einschränken könnte. Allerdings geht es hier nicht um die Entscheidung des Erblassers wie in § 2302 BGB, sondern um einen Vertrag zugunsten Dritter: § 311b Abs. 4 S. 1 BGB bestimmt daher die **Nichtigkeit** der Verträge, die den Nachlass von Dritten regeln. Gleiches bestimmt § 311b Abs. 4 S. 2 BGB für Vereinbarungen hinsichtlich eines Pflichtteilsrechts oder Vermächtnisses aus dem künftigen Nachlass eines noch lebenden Dritten. Dies gilt jedenfalls solange, wie der Dritte noch lebt, über dessen Erbfolge entschieden wird. Die Rechtsprechung wendet § 311b Abs. 4 BGB ganz weit an: Selbst die Ausschlagung oder Nichtgeltendmachung eines Pflichtteilsrechts werden danach von dieser Nichtigkeit erfasst, ebenso auch Verfügungen.

Im Umkehrschluss gilt, dass nach dem Tod des Dritten solche Verträge durchaus zulässig sind. Die Erbengemeinschaft kann also Regelungen über den Nachlass des verstorbenen Erblassers treffen und dabei Bestimmungen vereinbaren, die vom Testament abweichen.

2   Möchte jemand lebzeitig sein Vermögen übertragen, ist dazu nach § 311b Abs. 3 BGB die notarielle Form erforderlich. Diese Form soll vor dem gefährlichen Geschäft warnen. Für Verfügungen gilt § 311b Abs. 3 BGB daher nicht. Soll dies eine Erbfolgeregelung darstellen, handelt es sich um einen **Erbvertrag** nach § 2274 BGB. Eine Umgehung wirkt sich daher hier nicht aus.

3   § 311b Abs. 5 BGB gestattet den **gesetzlichen Erben**, über Erbteile und Pflichtteilsrechte einen Vertrag zu schließen. Es muss sich dabei nicht um alle gesetzlichen Erben handeln, der vertragschließende Kreis muss jedoch ausschließlich aus Personen bestehen, die zum Zeitpunkt des Vertrags ein gesetzliches Erbrecht haben. Der Vertrag muss sich inhaltlich auf das Erbrecht oder Pflichtteilsrechte beziehen. Er hat natürlich nur eine schuldrechtliche Wirkung; der Vollzug erfolgt nach dem Erbfall. Auch dieser Vertrag bedarf der notariellen Form.

Er kann daher zusammen bzw. zeitgleich mit einem Erbvertrag vor einem Notar abgeschlossen werden. Wichtig ist dabei, klar zwischen den Bestimmungen des Erblassers – im **Erbvertrag** – von denjenigen unter den übrigen Personen nach § 311b Abs. 5 BGB zu unterscheiden, den man **Familienvertrag** nennen kann. Den Nachlass fordert man nach § 2274 BGB, die Leistungen von den Miterben nach § 311b Abs. 5 BGB. In einem solchen Erb- und Familienvertrag kann man also umfassende Regelungen weit über den Erbfall hinaus aufnehmen und es kann eine weitergehende Verpflichtung der gesetzlichen Erben erreicht werden. Im Ergebnis ließe sich so leichter die Konzentration des Nachlasses auf einen Erben sowie die Erbverzichte mit den zusammenhängenden Entschädigungsregeln zeitgleich realisieren. So ließe sich ein großes System zur generationenübergreifenden Nachfolgeregelung schaffen, dass letztlich mit Zustimmung aller Beteiligten erfolgt und daher besonders belastbar ist. Hier bildet die notarielle Gestaltung den entscheidenden Weg zur Lösung der familiären Probleme bei Berücksichtigung aller Interessen der Beteiligten mit dem Ziel des Ausgleichs und der Transparenz nach dem Motto „so früh wie möglich, so klar wie möglich".

§ 33 Der Familienvertrag

Mit einem **Familienvertrag** kann man viele weitergehende Ziele zu erreichen versuchen. In **politischer Hinsicht** wird der Familienvertrag vor allem von der Partei „Bündnis 90/Die Grünen" diskutiert, um die Wirkungen der Ehe konsensual auf ganz andere Gemeinschaften zu übertragen. So soll den zunehmend heterogenen familiengleichen Gruppen in der Gesellschaft beliebiger geschlechtlicher Zusammensetzung und unabhängig von den verwandtschaftlichen Verhältnissen Rechnung getragen werden. Es ist kein Argument ersichtlich, diesen Gruppen die konsensuale Gestaltung ihrer Rechte zu untersagen, soweit damit nicht in die Rechte unbeteiligter Dritter eingegriffen wird.

4

Der Familienvertrag zwischen den gesetzlichen Erben kann auch nur ein **Auslegungsvertrag** sein (s. o. § 23 IV, Rn. 19 f). Hier wie dort ergeben sich daher dieselben Abgrenzungsfragen etwa zum prozessualen Vergleich (Rn. 20).

5

Ein solcher Vertrag wird in der Praxis zunehmend durch eine **Mediation** erreicht. Die Parteien lassen sich durch einen Dritten, den Mediator beraten. Für solche Mediationen gibt es inzwischen eigene Studiengänge. Ziel ist eine einvernehmliche Lösung der Konflikte. Da es sich empfiehlt, dass der Dritte die erbrechtliche Lage einschätzen kann, kommen Rechtsanwälte und Notare, aber auch Richter als Mediatoren in Betracht. Das einvernehmlich erzielte Ergebnis ist ein Vergleich im Sinne von § 779 BGB.

Aus den Vereinigten Staaten kommend gibt es inzwischen auch „Family offices", in denen Familien dauerhaft bei dem Erhalt des Vermögens gerade auch in erbrechtlicher Hinsicht beraten werden.[359] Die umfassende, über viele Jahre reichende wirtschaftliche und juristische Betreuung geht über die Mediation bei einzelnen Differenzen und Prozessführungen weit hinaus.

6

▶ **Antwort:** Mithilfe eines Familienvertrags in Verbindung mit einem Erbvertrag ließe sich eine umfassende Vertragskonstruktion schaffen, die alle Betroffenen in ein System von Rechten und Pflichten dauerhaft einbindet. ◀

---

[359] *Catherine Hoffmann*, Reich bleiben ist gar nicht einfach, Frankfurter Allgemeine Sonntagszeitung 19.12.2004, 49.

G. Stellung der Erben in der Erbengemeinschaft

§ 34 Erbengemeinschaft

▶ **Frage:** E ist gestorben und hinterlässt ein an mehrere Parteien vermietetes Wohnhaus, seine Erben sind die Kinder A, B und C. Eines Abends sieht A, dass die Eingangstür beschädigt ist und gibt sofort den Reparaturauftrag. Als eine Partei nach einem Monat auszieht, schließen A und B einen Mietvertrag mit einem neuen Mieter ab. C verlangt, dass A die Reparaturkosten selbst übernimmt, da er nicht für den Nachlass habe agieren können. Den neuen Mietvertrag sieht er aus demselben Grund als fehlerhaft an. Zu Recht? ◀

1 Zumeist fällt der Nachlass nicht an einen, sondern an mehrere Erben. Sie bilden gemäß den Vorschriften der §§ 2032 bis 2057a BGB eine **Erbengemeinschaft**. Zu regeln ist zum einen das Verhältnis der Miterben untereinander, zum anderen die Aufteilung des Nachlasses. Ziel der Erbengemeinschaft ist nämlich in der Regel nicht die dauernde gemeinschaftliche Nutzung, sondern die Teilung des Nachlasses.

Die Erbengemeinschaft bildet nach § 2032 Abs. 1 BGB eine **Gesamthandsgemeinschaft**, keine Bruchteilsgemeinschaft. Alle Erben sind also am gesamten Nachlass berechtigt und durch ihn verpflichtet, nicht nur in Bezug auf einen Anteil. Als Folge des Universalitätsprinzips ergibt sich, dass alle Erben an dem gesamten Nachlass gleichermaßen berechtigt werden. Ihre Quote macht sich nur bei der Verteilung des Nachlasses bemerkbar. Die Gesamthandsgemeinschaft bedeutet, dass jeder Miterbe nach § 2033 BGB über seinen Anteil am Nachlass (Erbteil) verfügen kann, nicht hingegen über den einzelnen Gegenstand. Umgekehrt können Nachlassschuldner nach § 2039 S. 1 BGB nur an alle Miterben gemeinschaftlich leisten.

Anders als das BGB bestimmte noch das gemeine Recht, dass die Erbengemeinschaft in Bruchteilen entsprechend ihren Quoten am Nachlass berechtigt war. Das BGB folgte dagegen in dieser Frage nach der Kritik am ersten Entwurf dem preußischen Recht. Es versuchte dabei, die Folgen der Gesamthandsgemeinschaft für die Miterben so unkompliziert wie möglich zu gestalten. Doch meinte es, auf diese Weise den legitimen Forderungen der Nachlassgläubiger am besten entsprechen zu können: Diese können in der Gesamthandsgemeinschaft sich leichter an alle Erben wenden.

2 Der Nachlass bildet aus diesem Grund ein **Sondervermögen**, das sich erst nach der Teilung unter den Miterben mit ihrem Privatvermögen vermischt. Forderungen der Miterben an den Nachlass fallen daher nicht aufgrund von Konfusion weg. Werden Gegenstände veräußert oder ersetzt, fallen die Surrogate ohne Weiteres in den Nachlass; diese **dingliche Surrogation** wird von § 2041 BGB angeordnet. Sie bezweckt den Schutz der Miterben.

Verfügungen über den Anteil am Nachlass bedürfen der öffentlichen Beurkundung nach § 2033 Abs. 1 S. 2 BGB. Dies gilt genauso für das Grundgeschäft, etwa Kauf oder Schenkung. Im Fall des Kaufs handelt es sich um einen Erbschaftskauf nach §§ 2371 ff BGB. Der Erwerber tritt durch die **Übertragung des Erbteils** mit dinglicher Wirkung in die Stellung des Erben ein (näher dazu s. u. § 40 Rn. 2).

Ist der Erwerber ein Miterbe, erfolgt durch die Übertragung des Erbteils eine entsprechende Erhöhung des eigenen Erbteils. Bei einem Verkauf an Dritte, die nicht Erben sind, haben alle Miterben nach § 2034 Abs. 1 BGB ein **Vorkaufsrecht**. Dieses steht

§ 34 Erbengemeinschaft

zwar nach § 472 S. 1 BGB allen gemeinschaftlich zu, kann jedoch nach § 472 S. 2 BGB auch einzeln ausgeübt werden. Das Vorkaufsrecht hat nur schuldrechtliche Wirkung. Dadurch entsteht ein gesetzliches Schuldverhältnis zwischen dem Erwerber und den vorkaufsberechtigten Miterben.

Hinsichtlich der Verwaltung, der Auseinandersetzung und der Ausgleichung ist der Erwerber wie ein Miterbe zu behandeln. Eine Besonderheit ergibt sich jedoch im Hinblick auf die **Haftung** für die Nachlassschulden (zu diesen s. u. § 41 Rn. 1 ff). Der Erwerber ist nach § 2382 Abs. 1 S. 1 BGB den Nachlassgläubigern gegenüber zur Haftung verpflichtet. Der Veräußerer hingegen bleibt Erbe und steht als solcher weiterhin für Nachlassverbindlichkeiten gemäß § 2382 Abs. 1 S. 1 a. E. BGB ein, denn dieser ist nach wie vor Erbe und damit als solcher u. U. haftpflichtig für die Schulden des Nachlasses. Hinsichtlich der Nachlassschulden tritt der Erwerber nur neben den Erben und übernimmt nicht seine Position. Auch der Mitbesitz des Veräußerers geht nicht analog § 857 BGB auf den Erwerber über.

Möglich ist ferner, dass ein Pfand- oder Nießbrauchrecht am Erbteil eingeräumt wird, denn solche Gesamthandsanteile können nach § 859 S. 1 ZPO auch gepfändet werden. Die Vorschriften des Erbschaftskaufs gelten nach § 2385 Abs. 1 BGB auch für andere Geschäfte, in denen die Erbschaft veräußert wird.

Die **Verwaltung** des Nachlasses umfasst alle tatsächlichen Maßnahmen und Rechtsgeschäfte

- zur **Erhaltung**, Sicherung, Nutzung und Vermehrung des Nachlassvermögens,
- zur **Verwertung** von Nachlassgegenständen, also dem Ausnutzen der Vermögensposition im Nachlass, oder
- zur **Erfüllung** von Nachlassverbindlichkeiten.

Die Verwaltung steht gemäß § 2038 Abs. 1 S. 1 BGB allen Miterben gemeinschaftlich zu. Nach § 2038 Abs. 2 S. 1 BGB finden einige Vorschriften des Bruchteilseigentums auch hier Anwendung, soweit der Erblasser dies nicht ausdrücklich ausgeschlossen hat.

Im Innenverhältnis ist nach § 2038 Abs. 1 S. 1 BGB für die Willensbildung **grundsätzlich Einstimmigkeit** erforderlich. Zur Erhaltung des Nachlasses notwendige Maßnahmen darf jeder Miterbe gemäß § 2038 Abs. 1 S. 2 Hs. 2 BGB alleine durchführen. Für das, was sich im Moment als ordnungsgemäße Verwaltung und Benutzung des Nachlasses oder einzelner Nachlassgegenstände darstellt, ist hingegen Stimmenmehrheit nach der Höhe des Erbteils ausreichend, wie sich aus §§ 2038 Abs. 1 S. 1, 745 Abs. 1 BGB ergibt. Wurde ein **Verpflichtungsgeschäft** mit einer solchen Stimmenmehrheit nach §§ 2038 Abs. 2 S. 1, 745 Abs. 1 BGB beschlossen, dann ist die Mehrheit nach der herrschenden Meinung konsequent zur **Vertretung** der Miterbengemeinschaft im Außenverhältnis ohne Mitwirkung der übrigen Miterben berechtigt.[360]

§ 2038 BGB bezieht sich auf Verpflichtungsgeschäfte, also nicht auf Verfügungen. **Verfügungen** über Nachlassgegenstände dürfen gemäß § 2040 Abs. 1 BGB grundsätzlich nur gemeinsam vorgenommen werden. Die Verfügungen einzelner sind folglich unwirksam, können aber nachträglich nach §§ 185 Abs. 2 S. 1, 184 Abs. 1 BGB genehmigt werden. Dies gilt auch, wenn ein mehrheitlich beschlossenes Verpflichtungsge-

---

360 BGH 29.3.1971 – III ZR 255/68, BGHZ 56, 47.

schäft zugrunde liegt. § 2040 Abs. 1 BGB ist insoweit nach bisheriger verbreiteter Meinung *lex specialis* gegenüber §§ 2038 Abs. 2 S. 1, 745 Abs. 1 BGB.[361]

6 Die einzelnen Miterben haben also verschiedene Rechte und Pflichten:

- Nach § 2038 Abs. 1 S. 2 Hs. 1 BGB ist **jeder** Miterbe zur **Mitwirkung an der ordentlichen Verwaltung** verpflichtet, eine Mitwirkungspflicht bei wesentlichen Veränderungen besteht aber gemäß §§ 2038 Abs. 2 S. 1, 745 Abs. 3 BGB nicht. Hier muss also für Konsens gesorgt werden.
- Zum Erhalt erforderliche Maßnahmen kann ein Erbe gemäß § 2038 Abs. 1 S. 2 Hs. 2 BGB **allein** vornehmen; es handelt sich um eine **Notgeschäftsführung** durch den einzelnen Miterben.
- **Zum Nachlass gehörende Forderungen** darf jeder Miterbe nach § 2039 BGB **allein** geltend machen, aber es kann nur die Leistung an alle Miterben verlangt werden.
- Gemäß § 2038 Abs. 2 S. 3 BGB ist **jeder** Miterbe berechtigt, jährlich die **Teilung des Reinertrags zu verlangen**, sofern die Teilung für eine längere Dauer als ein Jahr ausgeschlossen wurde.

Dies zeigt, dass die Erbengemeinschaft als Gesamthandsgemeinschaft schwierig zu führen ist, wenn die Beteiligten nicht weitgehend einer Meinung sind. Ist der Gleichklang der Interessen und Wünsche nicht zu erreichen, sollte die Erbengemeinschaft aufgelöst werden.

▶ **Antwort:** Die Vermietung sowie die Reparatur eines Wohnhauses gehören zur Verwaltung des Nachlasses, zu der die Miterben nach § 2038 Abs. 1 BGB grundsätzlich gemeinschaftlich berechtigt und verpflichtet sind. Bei einem Mietshaus gehört die neuerliche Vermietung zur ordnungsgemäßen Verwaltung, wozu nach §§ 2038 Abs. 2 S. 1, 745 Abs. 1 BGB die Stimmenmehrheit von A und B ausreichte. Sie durften dann auch wirksam die Miterbengemeinschaft vertreten und den Mietvertrag abschließen. Die Reparatur war notwendig um weiteren Schaden abzuwehren. Nach § 2038 Abs. 1 S. 2 Hs. 2 BGB war A hierzu auch allein berechtigt. ◀

---

361 Vorrang wird immer mehr aufgeweicht: BeckOK BGB/*Lohmann*, 70. Aufl. 01.05.2024, BGB § 2040 Rn. 2.

§ 35 Auseinandersetzung

I. Inhalt und Zeitpunkt

▶ **Frage:** Nach dem Tod des E sind die Ehefrau F sowie die Kinder S und T zu gleichen Teilen Erben. Der Nachlass umfasst das Wohnhaus von E und F (200.000 EUR), ein KFZ (50.000 EUR) sowie ein Bankkonto mit 50.000 EUR. Teilungsanordnungen des E finden sich nicht. Wie ist zu verteilen? ◀

Bisher wurde betont, dass die Erben nach dem Tod des Erblassers eine Erbengemeinschaft bilden, § 1922 Abs. 1 BGB. Diese Erbengemeinschaft wird erst durch die „**Auseinandersetzung**" aufgelöst, also durch die tatsächliche Teilung des Nachlasses. Dabei müssen drei Fragenkomplexe voneinander getrennt werden:

1) Wann ist die Teilung möglich,
2) wer bekommt was und
3) welches Verfahren muss bei der tatsächlichen Aufteilung eingehalten werden?

Zuerst ist damit zu klären, wann die Erbengemeinschaft durch Auseinandersetzung aufgelöst werden kann. Grundsätzlich kann jeder Erbe die Teilung nach § 2042 BGB **jederzeit** verlangen. Gemeint ist die vollständige Auflösung der Erbengemeinschaft. Eine Teilauseinandersetzung unter den Miterben ist möglich, kann aber nur bei Vorliegen besonderer Gründe verlangt werden und sofern dadurch nicht Belange der Erbengemeinschaft oder der übrigen Miterben beeinträchtigt werden.[362]

Die Teilung ist **jedoch ausgeschlossen**, wenn

(1.) gemäß § 2043 BGB die **Erbteile** der Miterben noch **nicht feststehen**, z. B. weil die Geburt eines weiteren Miterben bevorsteht oder die Entscheidung über die Anerkennung der als Erbin eingesetzten Stiftung noch nicht getroffen wurde.

(2.) der **Erblasser die Auseinandersetzung** durch letztwillige Verfügung **ausgeschlossen** hat oder eine Kündigungsfrist bestimmt hat. Die Auseinandersetzung über den Nachlass bzw. einzelne Nachlassgegenstände ist dann nach § 2044 Abs. 1 BGB ausgeschlossen. Dies gilt nicht mehr, wenn nach § 2044 Abs. 2 S. 1 BGB seit dem Erbfall 30 Jahre vergangen sind. Länger als 30 Jahre kann ein solcher Ausschluss jedoch gemäß § 2044 Abs. 2 S. 2 BGB nur gelten, wenn die Verfügung erst nach dem Eintritt eines Ereignisses in der Person eines Miterben wirksam werden soll. Dies ist etwa der Fall nach dem Tod der Witwe, bei der Volljährigkeit des Erben, beim Eintritt der Nacherbfolge oder bei Anfall eines angeordneten Vermächtnisses.

(3.) alle **Miterben** nach §§ 2044 Abs. 1 S. 2, 751 BGB die **Auseinandersetzung durch Vertrag ausgeschlossen** oder den ungeteilten Erhalt etwa des Unternehmens beschlossen haben.

(4.) § 2045 BGB zufolge ein gerichtliches oder privates **Gläubigeraufgebot** gegen den Nachlass besteht und der Miterbe daher den Aufschub der Auseinandersetzung verlangt hat.

Neben der Auseinandersetzung kann auch ein Abschichtungsvertrag beschlossen werden, in dem ein Miterbe aus der Erbengemeinschaft ausscheidet, diese jedoch unter den übrigen Miterben bestehen bleibt.[363]

---

[362] OLG Koblenz 9.1.2013 – 3 W 672/12, NJW-Spezial 2013, 135.
[363] BGH 21.1.1998 – IV ZR 346/96, NJW 1998, 1557 f.

II. Teilungsverfahren

1. Teilungsanordnung

Durch die gesetzliche oder gewillkürte Erbfolge werden für die Miterben Erbteile und damit Quoten am Nachlass bestimmt. Bei der Teilung muss dagegen ermittelt werden, wie der Nachlass so verteilt werden kann, dass den Quoten Rechnung getragen wird. Durch die Zuweisung der einzelnen Gegenstände und Forderungen des Nachlasses an die Erben sollen diese wertmäßig das erhalten, was ihnen zusteht. Es handelt sich dabei nur um die Konkretisierung des gesetzlichen Erwerbs vom Erblasser, nicht um ein Verkehrsgeschäft zwischen den Erben, das einen gutgläubigen Erwerb ermöglichen könnte.

Die **Bewertung** ist eine schwierige und konflikträchtige Aufgabe, die durch teure Experten nur teilweise erledigt werden kann, und man kann nur auf eine gütliche Einigung unter den Miterben hoffen. Das Gesetz hilft nur mit wenigen Vermutungsregeln, wie etwa in § 2049 BGB. Danach ist ein landwirtschaftliches Gut im Zweifel nach dem Ertragswert anzusetzen. Es sind allerdings auch Vorkehrungen durch den Erblasser und Alternativen zur Einigung durch die Erben möglich.

Bei der Zuweisung der konkreten Vermögensobjekte ist wie bei der gewillkürten Erbfolge allgemein vor allem der Erblasserwille zu verwirklichen. Immerhin ist es möglich, dass er Vorstellungen hatte, wem welche Gegenstände zufallen sollen. Diese sind nach § 2048 S. 1 BGB als „**Teilungsanordnungen**" zu berücksichtigen. Gemäß § 2048 S. 2 BGB kann der Erblasser die Teilung auch in das Ermessen eines Erben oder eines Dritten stellen. Erst wenn dessen Entscheidung „offenbar unbillig" ist, ist sie für die Erben nach § 2048 S. 3 BGB nicht mehr verbindlich. Dies müssen sie allerdings durch Urteil feststellen lassen. Die Teilungsanordnungen regeln dabei meist nur die Zuweisung der wichtigsten Vermögensobjekte. Sie wirken nicht dinglich, sondern verpflichten nur bei der tatsächlichen Aufteilung des Nachlasses. Sie können jedoch kaum die vollständige Verteilung diktieren. Ferner bleiben für die Praxis zahlreiche Probleme.

Durch Teilungsanordnungen kann es dazu kommen, dass das Zugewiesene dem Wert nach nicht der Erbquote entspricht bzw. sie übersteigt. Teilungsanordungen können jedoch nicht die Erbquote verändern. Daher kommt eine Ausgleichungspflicht des betroffenen Erben den Miterben gegenüber nach § 2055 BGB in Betracht. Möglich ist jedoch, dass das über die Erbquote hinaus Geleistete beim Bedachten auch wertmäßig verbleiben soll, er also nicht ausgleichungspflichtig sein soll. Die Rechtsprechung erkennt eine Ungleichbehandlung bei Teilungsanordnungen allerdings nicht an. Dann liegt in der Bestimmung nicht nur eine Teilungsanordnung, sondern auch die Anordnung eines **Vorausvermächtnisses** (dazu s. o. § 22 Rn. 21). Danach darf die Auseinandersetzung erst nach Auskehrung dieses Vermächtnisses durch gleichmäßige Aufteilung des Nachlasses im Übrigen beginnen, dem Bedachten soll also der überschießende Vermögensvorteil gegenüber den anderen Miterben erhalten bleiben. Dies ist durch Auslegung gemäß dem Erblasserwillen zu ermitteln.[364]

Sonst kann in der letztwilligen Verfügung angeordnet werden, dass die Aufteilung des Nachlasses durch einen Testamentsvollstrecker vorgenommen werden soll. Hat die letztwillige Verfügung keine Regelung diesbezüglich getroffen, kann jeder Miterbe ge-

---

[364] So auch *Thomas Gergen*, Begünstigung und Begünstigungswille als Abgrenzung, JURA 2005, 185–193, dort auch zur wechselvollen Bestimmung des Vorausvermächtnisses durch den BGH.

§ 35 Auseinandersetzung § 35

mäß § 363 Abs. 1 Hs. 1 FamFG die **Vermittlung durch einen Notar** bei der Auseinandersetzung verlangen. Es handelt sich also um ein besonderes Verfahren der Freiwilligen Gerichtsbarkeit mit dem Ziel der Einigung der Erben.

Ist keine Einigung möglich, steht die **Erbteilungsklage** offen. In dieser klagt eine Partei gegen die anderen auf Zustimmung zu einem vorgelegten Teilungsplan. Bei Klageerhebung, jedenfalls aber bis zum Urteil, muss der Nachlass teilungsreif sein. Nachlassgrundstücke, deren Wert verteilt werden soll, müssen etwa im Wege der Teilungsversteigerung nach § 180 ZVG veräußert werden, so dass dann der Erlös geteilt werden kann. Der Klageantrag muss dann so bestimmt gestellt werden, dass ein vollständiger, detaillierter Teilungsplan vorliegt. Das schließt die Begleichung von Nachlassschulden natürlich ein. Doch schon wenn nachlassbedingte Schulden nur eines Erben allein einbezogen werden, ist der Teilungsplan nicht mehr korrekt, die Klage damit unzulässig und abzuweisen. Diese Klage ist daher durchaus schwierig in der praktischen Durchführung. Das Urteil wirkt deklaratorisch.

2. Ausgleichung
a) Zuwendungen

Sind einzelne Vermögensobjekte des Nachlasses so groß, dass der bedachte Erbe durch ihre Zuweisung mehr als seine Erbquote erhält, ohne dass ein Vorausvermächtnis anzunehmen ist, muss der Begünstigte eine Ausgleichszahlung leisten. Die **Ausgleichung** will also die **gleichmäßige Aufteilung unter den Miterben** erreichen. Ebenso kann der Erbe gegenüber dem Erblasser Leistungen erbracht haben, die ihm bei der Auseinandersetzung auszugleichen sind, so dass ihm mehr aus dem Nachlass zu leisten ist (dazu sogleich).   6

Die Ausgleichung von Zuwendungen kommt **vorrangig im Fall der gesetzlichen Erbfolge** zur Anwendung. Nach § 2051 BGB ist sie aber auch gegenüber gewillkürten Erben anzuwenden, wenn deren Erbteile der gesetzlichen Erbfolge entsprechen, denn man geht dann davon aus, dass der Erblasser insofern alle gleich behandeln wollte. **Wer** von den Erben mehr als die anderen erhalten hat, ist ausgleichspflichtig. Zum Ausgleich von Zuwendungen unter Lebenden sind also verpflichtet: 7

- nach § 2050 BGB die **Abkömmlinge** als gesetzliche Erben,
- die Abkömmlinge bei der testamentarischen Erbfolge, soweit dies nicht vom Erblasser ausgeschlossen wurde, was nach § 2052 BGB allerdings im Zweifel anzunehmen ist.

Weiter ist zu klären, zu wessen Gunsten ausgeglichen wird: Nach § 2050 Abs. 1 BGB wird die Ausgleichung **nur unter den miterbenden Abkömmlingen durchgeführt**. Der Anteil anderer Miterben bleibt hier unberücksichtigt. Jeder Miterbe kann hierbei nach § 2057 BGB verlangen, dass ihm alle auch nur potenziell ausgleichungspflichtigen Zuwendungen des Erblassers bis zur Grenze der Unzumutbarkeit mitgeteilt werden.

Die nächste Frage ist, **was** ausgleichungspflichtig ist. Es gibt typische Zuwendungen, die eine **Ausgleichungspflicht** auslösen: 8

- gemäß § 2050 Abs. 1 BGB die **Ausstattung**, die ein Abkömmling zur Hochzeit vom Erblasser zu Lebzeiten erhalten hat. Dieser eher altertümlich anmutende Tatbestand wird bereits in § 1624 BGB verallgemeinert in Bezug auf alle Zahlungen aus dem

Elternvermögen, welche vorgenommen wurden, um dem Kind eine Lebensstellung oder Wirtschaft zu ermöglichen oder zu erhalten.
- **Zuschüsse**, die das dem Erblasser entsprechende Maß übersteigen, sind grundsätzlich ausgleichungspflichtig nach § 2050 Abs. 2 BGB ebenso wie
- **Aufwendungen für Berufsausbildung** gemäß § 2050 Abs. 2 Var. 2 BGB, soweit sie im Verhältnis zum Vermögen des Erblassers als übermäßig anzusehen sind.
- Andere Zuwendungen sind nach § 2050 Abs. 3 BGB nur dann ausgleichungspflichtig, wenn die **Ausgleichung angeordnet** wurde.

Die Zuwendenden können im Testament oder in Verträgen anordnen, ob die Ausstattung ausgleichungspflichtig sein soll. Diese Bestimmung kann vorher oder gleichzeitig getroffen werden. Die Anrechnungspflicht muss dem Empfänger jedenfalls bei der Annahme der Leistung bekannt geworden sein;[365] die Anrechnungsbestimmung kann insoweit auch konkludent vereinbart werden.

Die nachträgliche Anordnung oder der Ausschluss der Ausgleichungs- und Anrechnungspflicht kann im Rahmen der Testierfreiheit natürlich noch in **Form** einer Verfügung von Todes wegen erfolgen. Immerhin hat der Erblasser es damit bis zu seinem Tod in der Hand, auch Leistungen der Vergangenheit ausgleichungspflichtig zu gestalten.[366]

9 Schließlich fragt sich, **wie** die Ausgleichung vorgenommen wird. Dabei muss die Zuwendung nicht tatsächlich zurückgegeben werden (Realkollation), sondern soll **nur rechnerisch** bei der Berechnung der Teilungsquote einbezogen werden (Idealkollation). Dabei ist nach § 2055 Abs. 2 BGB von ihrem Wert zur Zeit der Zuwendung auszugehen:

(1.) Zunächst wird der **Wert** der Zuwendung dem Nachlass nach § 2055 Abs. 1 S. 2 BGB **hinzugerechnet** und
(2.) von der **Summe** werden die Erbteile berechnet.
(3.) Vom Erbteil des bevorzugten Erben werden dann die **Zuwendungen** nach § 2055 Abs. 1 S. 1 BGB **abgezogen**.

Soweit dieser schon allein aufgrund von Zuwendungen mehr erhalten hat, als er nach der Erbfolge erhalten sollte, ist er nach § 2056 S. 1 BGB nicht zur Rückzahlung verpflichtet. Dann bleiben sowohl die Zuwendung an ihn als auch sein Erbrecht nach § 2056 S. 2 BGB bei der Berechnung unberücksichtigt. Der Nachlass wird dann nur noch zwischen den übrigen Erben geteilt.

b) Leistungen

10 Erben können nicht nur für erhaltene Zahlungen, sondern auch für **Leistungen** ausgleichungsverpflichtet bzw. -berechtigt sein, die sie dem Erblasser oder dem Nachlass zugutekommen ließen. Auszugleichen ist aber nur unter den **Abkömmlingen**. Zu berücksichtigen sind jene Leistungen eines Abkömmlings,
- die nach § 2057a Abs. 1 BGB durch Mitarbeit im Haushalt, Beruf oder Geschäft des Erblassers zur **Erhaltung oder Vermehrung des Vermögens** in erheblichem Maße

---

[365] OLG Köln 28.11.2007 – 2 W 88/07, NJW-Spezial 2008, 359.
[366] Nachdrücklich kritisiert: MüKoBGB/*Fest*, 9. Aufl. 2022, BGB § 2050 Rn. 35; *Dieter Leipold*, Keine nachträgliche Anrechnung von Zuwendungen auf den Pflichtteil durch lebzeitige Anordnung, ZEV 2010, 33 (35f).

beigetragen haben, egal ob es sich um Geldzahlungen oder Mitarbeit handelt. Der Leistende kann nach § 2057a Abs. 3 BGB verlangen, was der Billigkeit entspricht.
- Nach § 2057a Abs. 1 S. 2 BGB gilt die **Pflege des Erblassers** durch einen gesetzlichen Erben als ausgleichungspflichtig. Der Wert der Pflegeleistungen soll sich nach den Sätzen des § 36 Abs. 3 SGB XI zum Zeitpunkt des Erbfalls berechnen.[367]

Der Anspruch aus Ausgleichung besteht in beiden Fällen gemäß § 2057a Abs. 2 BGB nicht, sofern die Leistung bereits angemessen vergütet wurde oder ein Leistungsanspruch aus anderem Rechtsgrund besteht.

Bei der **Berechnung** ist nach § 2057a Abs. 4 BGB folgendermaßen zu verfahren: 11
- Zunächst ist der Wert des Nachlasses zu ermitteln, wobei der Anteil der nichtausgleichungspflichtigen Miterben abgezogen wird.
- Von dem so ermittelten Nachlasswert wird der Ausgleichungsbetrag abgezogen und
- schließlich dem Erbteil des ausgleichungsberechtigten Miterben hinzugerechnet.

Beträgt der Nachlass beispielsweise 120.000 EUR, erhält der überlebende Ehepartner neben den Abkömmlingen 60.000 EUR nach §§ 1931 Abs. 1, 1371 Abs. 1 BGB; insoweit findet keine Ausgleichung statt. Hat von den Abkömmlingen A, B und C allein A besondere Leistungen erbracht, sind diese zwischen den Kindern ausgleichungspflichtig. Deren Erbquote beträgt 1/6; sie teilen sich 60.000 EUR. Davon müssen die Leistungen des A vorweg abgezogen werden, der Rest wird gedrittelt. Ist der Wert der Leistungen des A mit 30.000 EUR zu veranschlagen, erhalten B und C demnach nur noch je 10.000 EUR. A dagegen erhält zusätzlich zu seiner Erbquote in Höhe von 10.000 EUR noch die 30.000 EUR für seine Leistungen.

III. Vollzug der Teilung

Die Erben dürfen sich nicht einfach am Nachlass bedienen. Zweck der Teilung ist es, 12 die bestehenden Ansprüche am Nachlass zu ermitteln und der Reihe nach zu befriedigen. Bei der Durchführung der Teilung sind
- zunächst die **Nachlassverbindlichkeiten** nach § 2046 Abs. 1 S. 1 BGB zu begleichen,
- dann erst erfolgt die Teilung des Nachlasses im Verhältnis der Erbteile nach § 2047 Abs. 1 BGB. Dafür gelten nach § 2042 Abs. 2 BGB die Regeln der Bruchteilsgemeinschaft.

Der verbliebene Überschuss wird im Verhältnis der Erbteile *in natura* geteilt. Soweit eine Naturalteilung nicht möglich ist, etwa weil sich nur ein großer Vermögenswert wie ein Hausgrundstück im Nachlass befindet, sind die Nachlassgegenstände zu verkaufen und der Erlös zu teilen; das regeln §§ 2042 Abs. 2, 752–758, 2046, 2047 Abs. 1 BGB.

Allerdings nimmt die Rechtsprechung Rücksicht auf **Familienbindungen**: Die Veräuße- 13 rung von Familienbesitz beispielsweise kann aus diesem Grund gegen § 242 BGB verstoßen. Jeder Miterbe kann dann das Unterlassen des Verkaufs verlangen. Stattdessen muss das Erbstück dann unter den Miterben versteigert werden. Persönliche Schriftstücke bleiben gemeinschaftliches Eigentum nach § 2047 Abs. 2 BGB, bis sich die Erben über deren Verbleib geeinigt haben (s. o. § 4 Rn. 7 f).

---

[367] Wurde nichts vereinbart, kommt auch kein Arbeitsvertrag zustande, dessen Lohn vom Erben eingefordert werden könnte, vgl. LAG Rheinland-Pfalz (5 Sa 123/15 v. 6.8.2015), NJW-Spezial 2015, 744.

Der Erblasser kann durch letztwillige Verfügung Teilungsanordnungen treffen und gemäß § 2048 S. 1 BGB bestimmen, wer das Haus übernehmen soll, oder diese Entscheidung nach § 2048 S. 2 BGB einem Dritten überlassen. Die Teilungsvorschriften gewähren jedem Miterben einen **schuldrechtlichen Anspruch** auf Verteilung des Nachlasses im Sinne des Erblassers, sie wirken also nicht dinglich. Die Erbengemeinschaft wird nur verpflichtet, dem Erben die zugewiesene Sache zu überlassen.

▶ **Antwort:** Die Durchführung der Teilung obliegt den Erben, sie müssen sich einigen. In vielen Fällen will F weiterhin im Haus wohnen bleiben, dann muss für S und T ein Ausgleich geschaffen werden, der mit Auto und Bankkonto nicht erreicht wird. Wahrscheinlich ist daher, dass F durch die Belastung des Hauses Geld aufnehmen muss, um S und T wertmäßig gleichmäßigen Anteil zukommen zu lassen, so dass jeder im Ergebnis einen Wert von 100.000 EUR erhält. ◀

Fragen zur Wiederholung und Vertiefung

94. Was bedeutet es, dass die Erbengemeinschaft eine Gesamthandsgemeinschaft darstellt?
95. Was bedeutet die dingliche Surrogation nach § 2041 BGB?

▶ **Fall 6:** E wird von seinen Kinder A, B und C zu gleichen Teilen beerbt. Zum Nachlass gehört ein Haus, das an einer kleinen Stelle renoviert werden soll. A und B beauftragen U mit den nötigen Arbeiten, C stimmt dem nicht zu. Für die Rechnung des U i. H.v. 5.000 EUR sollen nach seiner Auffassung nur A und B aufkommen müssen. Kann U die Erbengemeinschaft in Anspruch nehmen?

Abwandlung: C kauft von D mit Geld aus dem Nachlass ein Bild. A und B verlangen von C die Einräumung von Mitbesitz. ◀

96. Kann der Erblasser die Auseinandersetzung verhindern?
97. Was versteht man Erben betreffend unter einem Abschichtungsvertrag?
98. Was ist eine Teilungsanordnung?
99. Was ist eine erbrechtliche Ausgleichung?
100. Wie wird der Nachlass geteilt?

H. Fürsorge für den Nachlass und Erbschaftskauf

§ 36 Nachlasspflegschaft

▶ **Frage:** E hinterlässt ein großes Vermögen aus Grund- und Kapitalbesitz. Die Erbin ist eine Stiftung, die noch nicht errichtet ist. Inwieweit kann das Nachlassgericht einen Rechtsanwalt zur Pflege des Nachlasses einsetzen? ◀

Nicht immer ist ein Erbe nach dem Erbfall gleich zur Stelle, mitunter ist sein Erbrecht nicht gewiss. Dann wird eine Fürsorge für den Nachlass erforderlich, die durch einen Nachlasspfleger ausgeübt wird. (vgl. bereits § 9 Rn. 3) Das Nachlassgericht hat nach § 1960 Abs. 1 BGB die Pflicht (s. o. § 9 Rn. 3), eine solche Nachlasspflegschaft einzurichten,

- wenn die Annahme durch den **Erben noch nicht feststeht** und
- wenn ein **Bedarf** nach einer Sicherung des Nachlasses besteht.

Der Sicherungsbedarf bestimmt sich aus der Sicht des gültigen Erben, nicht der Nachlassgläubiger. § 1960 Abs. 2 BGB nennt die wichtigsten Sicherungsmittel, insbesondere Anbringung von Siegeln, Hinterlegung und Anordnung der Nachlasspflegschaft. Die Entscheidung über die Anordnung fällt in das **Ermessen des Nachlassgerichts**.

Ebenso frei kann es bei der Anordnung der Nachlasspflegschaft aussuchen, wer die Pflegschaft übernehmen soll. Das Gericht muss dies nicht selbst vornehmen und wird auch selten dazu in der Lage sein. Es kann auch einen Rechtsanwalt dazu berufen, der dann einen Stundensatz zwischen 65 und 115 EUR verlangen kann.[368] Die Nachlasspflegschaft ist eine wirkliche Pflegschaft im Sinne von §§ 1882 ff BGB mit der Ausnahme, dass gemäß § 1885 Var. 2 BGB anstelle des Betreuungsgericht das Nachlassgericht agiert.

Die **Aufgabe** des Nachlasspflegers ist es, den oder die Erben zu ermitteln und den Nachlass unter Aufsicht des Nachlassgerichts zu verwalten. Dafür ist er aktiv und passiv zur Prozessführung legitimiert. Gibt es eine Anwartschaft auf eine Erbenstellung eines noch ungeborenen Kindes, hat der Pfleger ebenfalls die Fürsorge für den Erbteil des *nasciturus*. Die Mutter hat einen Unterhaltsanspruch gegen den Nachlass, den der Pfleger erfüllen muss.

Die Pflegschaft und gemäß §§ 1960 Abs. 2, 1961 BGB auch die Nachlasspflegschaft werden nach dem Grundsatz des Betreuungsrechts gemäß §§ 1888 Abs. 1, 1876 S. 1 BGB unentgeltlich geführt. Gemäß § 1835 Abs. 1 S. 3 BGB kann der Pfleger binnen 15 Monaten eine **Aufwandsentschädigung** verlangen. Nach § 1877 Abs. 3 BGB sind Aufwendungen jedoch auch jene Dienste, die der Pfleger im Rahmen seines Berufs oder Gewerbes erbringt. Bestellt das Gericht eine Person als Pfleger, die Tätigkeiten dieser Art berufsmäßig durchführt, etwa einen Anwalt, und stellt das Gericht dies eigens fest, so hat der gewählte Pfleger nach §§ 1888 Abs. 2 BGB auch einen Anspruch auf Vergütung.

▶ **Antwort:** Da ein Sicherungsbedürfnis für den Nachlass besteht, hat das Nachlassgericht nach § 1960 Abs. 1 BGB einen Nachlasspfleger einzusetzen. Für die Auswahl ist allein die

---

368   OLG Schleswig 7.5.2012 – 3 Wx 113/11.

Eignung der Person maßgeblich. Sicherlich ist ein Rechtsanwalt geeignet, auch wenn er nach §§ 1888 Abs. 2, 1888 Abs. 1, 1877 Abs. 1 BGB entgeltlich arbeitet und seine Aufwendungen ersetzt bekommt. Wird ein Anwalt erst nach dem Tod des Erblassers mit der Gründung der Stiftung betraut (§ 80 Abs. 2 S. 2 BGB), liegt es nahe, ihm auch die Nachlasssorge zu übertragen. Ist die Stiftung gegründet, so wird die Nachlasspflegschaft durch das Gericht nach § 1886 Abs. 2 BGB aufgehoben. ◄

§ 37 Nachlassinsolvenzverfahren

▶ **Frage:** Nach dem Verstreichen der Ausschlagungsfrist entdeckt der Erbe mehr Forderungen, als der Nachlass leisten kann. Welche Möglichkeiten stehen ihm nun zur Verfügung, um seine Haftung zu begrenzen? ◀

Das Nachlassinsolvenzverfahren nach §§ 315 ff InsO dient wie die übrigen Insolvenzverfahren nach der InsO der gerechten Verteilung der unzureichenden Haftungsmasse, hier des Nachlasses, auf die verschiedenen Gläubiger. Das Nachlassinsolvenzverfahren ist als eine Form der Nachlasspflege gemäß § 320 InsO zulässig, wenn der **Nachlass überschuldet oder zahlungsunfähig** ist. Beantragt der Erbe oder ein anderer zur Sorge um den Nachlass Berufener das Nachlassinsolvenzverfahren, reicht auch die drohende Zahlungsunfähigkeit aus. Das Nachlassinsolvenzverfahren darf nach § 316 Abs. 3 InsO nur über den gesamten Nachlass, nicht lediglich für einen Erbteil durchgeführt werden.

Das Verfahren wird **auf Antrag** durch das Insolvenzgericht eröffnet. Zuständig ist also gemäß § 315 InsO das Amtsgericht, in dessen Bezirk der Erblasser seinen allgemeinen Gerichtsstand hatte. Antragsberechtigt sind der Erbe, der Nachlasspfleger sowie jeder Nachlassgläubiger binnen zwei Jahren nach Annahme. Nach § 1980 Abs. 1 S. 1 BGB hat der **Erbe die Pflicht** zur sofortigen Eröffnung des Insolvenzverfahrens, wenn er die Überschuldung des Nachlasses kennt. Der Kenntnis steht nach § 1980 Abs. 2 BGB die fahrlässige Unkenntnis von der Überschuldung gleich. Eröffnet er trotz seiner Kenntnis oder seiner fahrlässigen Unkenntnis das Insolvenzverfahren nicht, trifft ihn gemäß § 1980 Abs. 1 S. 2 BGB eine umfassende **Schadensersatzpflicht** gegenüber den Gläubigern.

Das Nachlassinsolvenzverfahren wird wie die anderen Insolvenzverfahren gemäß den Regeln der InsO (in der Sammlung von „Habersack" Gesetz Nr. 110) durchgeführt. Es wird ein Nachlassinsolvenzverwalter eingesetzt, der ausschließlich für die Rechtsgeschäfte hinsichtlich des Nachlasses zuständig ist. Dem Verwalter stehen insbesondere zwei Einreden zur Verfügung:

(1.) Nach der Durchführung und der Verteilung der Masse besteht gegenüber sich neu meldenden Gläubigern die **Einrede der Erschöpfung des Nachlasses** nach §§ 1989, 1973 BGB.

(2.) Wurde das Verfahren mangels Masse eingestellt, war also kein Vermögen vorhanden, welches ein Insolvenzverfahren rechtfertigen könnte, ist die **Dürftigkeitseinrede** nach § 1990 BGB möglich. Sind die Mittel des Nachlassinsolvenzverfahrens und der Nachlassverwaltung erschöpft, insbesondere weil kein Vermögen mehr vorhanden ist, kann der Erbe jede Haftung mit seinem Privatvermögen ablehnen.

In dieser Möglichkeit besteht aus der Sicht des Erben der wesentliche Grund für das Nachlassinsolvenzverfahren. Nur wenn er trotz Kenntnis der Zahlungsunfähigkeit oder aufgrund fahrlässiger Unkenntnis das Verfahren nicht gemäß § 1980 BGB beantragt, können die Nachlassgläubiger im Wege des Schadensersatzes auf sein übriges Vermögen zugreifen.

▶ **Antwort:** Sofern der Erbe die Annahme der Erbschaft nicht anfechten kann oder will, kommt ein Aufgebotsverfahren nach § 1970 BGB in Betracht. Dies verschafft dem Erben einen verlässlichen Überblick über die Verschuldung des Nachlasses. Besteht tatsächlich die Gefahr der Überschuldung, empfiehlt sich eine nähere Erforschung der Option, das Nachlassinsolvenzverfahren zu eröffnen. Andernfalls droht die Schadensersatzpflicht nach § 1980 Abs. 1 BGB, für die der Erbe nicht nur mit dem Nachlass, sondern seinem gesamten Vermögen einstehen muss. Eine Alternative stellt der Antrag auf Anordnung der Nachlassverwaltung dar. ◂

§ 38 Nachlassverwaltung

▶ **Frage:** Der Nachlassverwalter entdeckt, dass der Nachlass nicht zur Begleichung der Schulden des Erblassers ausreicht. Was muss er tun? ◀

Die Nachlassverwaltung kann als Nachlasspflegschaft zum Zweck der Befriedigung der Nachlassgläubiger verstanden werden. Sie ist eine Mischung aus Pflegschaft nach § 1960 bzw. §§ 1882 ff BGB einerseits und Insolvenzverfahren andererseits. Sie soll zunächst die **Interessen der Nachlassgläubiger wahren**. Sie steht aber auch im Interesse des Erben, der durch sie nicht nur der Sorge um die Verwaltung enthoben ist, sondern auch in den Genuss einer Haftungsbeschränkung nach § 1975 BGB kommt.

Der Nachlassverwalter ist wie der Insolvenzverwalter kein gesetzlicher Vertreter des Erben noch des Nachlassers oder der Nachlassgläubiger, sondern ein **amtliches Organ** mit eigener Parteistellung. Zur Übernahme der Nachlassverwaltung ist gemäß § 1885 BGB niemand verpflichtet, obgleich die Übernahme der Vormundschaft nach § 1785 BGB a.F. früher eine Pflicht darstellte. Dieser kann gemäß § 1982 BGB die Übernahme ablehnen, wenn nicht genügend Masse vorhanden ist. Für seine Tätigkeit erhält der Verwalter eine angemessene Vergütung nach § 1987 BGB.

Die Nachlassverwaltung wird angeordnet auf **Antrag** des Erben nach § 1981 Abs. 1 BGB bzw. bei einer Mehrzahl von Erben gemäß § 2062 BGB von diesen gemeinschaftlich.[369] Das Gericht wird durch den Antrag zur Anordnung der Nachlassverwaltung gemäß § 1981 Abs. 1 BGB verpflichtet. Ebenso kann jeder Nachlassgläubiger nach § 1981 Abs. 2 BGB binnen zwei Jahren nach Annahme den Antrag stellen, soweit die Befriedigung seiner Forderung aus dem Nachlass gefährdet ist. Mit der Anordnung der Nachlassverwaltung durch das Nachlassgericht wird gleichzeitig ein Nachlassverwalter eingesetzt. Der Antrag ist § 2062 Hs. 2 BGB folgend unzulässig, wenn der Nachlass bereits geteilt wurde.

Mit der Anordnung geht nach §§ 1984 Abs. 1 S. 1 und 2, 1985 Abs. 1 BGB die Befugnis zur Verwaltung des Nachlasses vom Erben auf den **Verwalter** über. Spätere Verfügungen des Erben sind nach der Maßgabe von § 81 Abs. 1 S. 1 InsO unwirksam und selbst der gutgläubige Erwerb ist ausgeschlossen. Die Nachlassverwaltung ist, sofern Immobilien betroffen sind, daher möglichst rasch in das Grundbuch einzutragen. Hinsichtlich der Prozesse geht die Sachlegitimation ebenso auf den Nachlassverwalter über. Die Zwangsvollstreckung von Gläubigern des Erben, also nicht des Nachlasses, ist ausgeschlossen. Der Verwalter hat nach § 1985 BGB die Aufgabe, die Nachlassverbindlichkeiten aus dem Nachlass zu begleichen. Zu diesem Zweck hat er den Nachlass zu verwalten und kann alle nötigen Maßnahmen anordnen.

Die Nachlassverwaltung wird durch einen Beschluss des Nachlassgerichts aufgehoben und **endet** nach Berichtigung der Nachlassverbindlichkeiten (also die Erfüllung der Verbindlichkeiten) gemäß § 1886 Abs. 2 BGB oder aufgrund § 1988 Abs. 1 BGB mit der Eröffnung eines Nachlassinsolvenzverfahrens.

▶ **Antwort:** Da nicht alle Nachlassverbindlichkeiten beglichen werden können, muss der Nachlassverwalter das Nachlassinsolvenzverfahren beantragen. Möglicherweise lohnt sich kein weiteres Verfahren mehr, weil jegliches Vermögen fehlt oder das noch vorhandene die Kosten des Verfahrens nicht decken würde. Daraus ergibt sich die Dürftigkeitseinrede nach

---

[369] Möglich ist auch der Antrag eines Erbeserben, s. OLG Jena 10.9.2008 – 9 W 395/08, NJW-Spezial 2009, 39 f.

§ 1990 BGB. In diesem Fall kann die Nachlassverwaltung nach § 1988 Abs. 2 BGB aufgehoben werden. ◄

§ 39 Testamentsvollstreckung

I. Einführung

▶ **Frage:** Der Testamentsvollstrecker soll den Nachlass unter den Erben aufteilen. Letztere einigen sich darauf, dass Onkel O, der kein Erbe ist, die Briefmarkensammlung erhalten soll. Ist der Testamentsvollstrecker berechtigt, die Briefmarkensammlung zu übergeben? ◀

Die in §§ 2197 bis 2228 BGB geregelte Testamentsvollstreckung ist eine Möglichkeit, jemanden zur Verwaltung des Nachlasses einzusetzen, der nicht Erbe sein muss. Der Testamentsvollstrecker übernimmt hinsichtlich des Nachlasses die **Stellung des Verstorbenen** und führt die Geschäfte so weiter, wie es der Erblasser angeordnet hat.[370] Nur wenn es eine Kollision der angeordneten Ziele gibt, muss der Testamentsvollstrecker entscheiden, wie der letzte Wille am besten durchgesetzt werden kann und welche Anordnung des Erblassers u. U. missachtet werden kann.

Der Testamentsvollstrecker darf die Verwaltung des Nachlasses in eigenem Namen durchführen, wird aber nicht Inhaber der Rechte. Vielmehr ist er **Partei kraft Amtes**, wie in § 116 Nr. 1 ZPO anerkannt. Damit ist er nicht der gesetzliche Vertreter des Erblassers oder des Erben, sondern vom Willen des Erben vollständig unabhängig gestellt. Er kann das ihm Gebotene auch gegen den Willen sämtlicher Erben durchsetzen. Was ihm verboten ist, kann auch nicht durch den Willen aller Erben ermöglicht werden. Die Testamentsvollstreckung ist kein öffentliches, sondern ein **privates Amt**, das daher auch nicht der Aufsicht des Nachlassgerichts unterliegt. Das Gericht darf nur in begrenztem Maße in die Geschäfte des Testamentsvollstreckers eingreifen.

Zwischen Erben und Testamentsvollstrecker entsteht ein **gesetzliches Schuldverhältnis**, das in §§ 2197–2221 BGB geregelt ist. Nach § 2218 Abs. 1 BGB findet auch teilweise Auftragsrecht Anwendung, so dass der Testamentsvollstrecker Aufwendungsersatz verlangen kann.

Aufgrund der Testamentsvollstreckung kann der Nachlass nicht im Vermögen des Erben aufgehen, sondern bleibt als **Sondervermögen** getrennt. Auch die Eigengläubiger des Erben können daher gemäß § 2214 BGB nicht auf den Nachlass zugreifen.[371]

II. Ernennung und Dauer des Amts

Die **Ernennung** steht im freien Belieben des Erblassers und erfolgt durch Testament oder durch einseitige Verfügung im Erbvertrag. Sie ist damit stets widerruflich gemäß § 2197 Abs. 2 BGB. Nach § 2197 Abs. 1 BGB können auch mehrere Testamentsvollstrecker benannt werden, ebenso kann ein Ersatzmann benannt werden. Die Auswahl des Testamentsvollstreckers kann durch Anordnung des Erblassers nach § 2200 Abs. 1 BGB dem Nachlassgericht oder gemäß § 2198 Abs. 1 BGB einem Dritten übertragen werden.

Grundsätzlich kann **jede natürliche Person** Testamentsvollstrecker werden, sofern sie nicht nach § 2201 BGB geschäftsunfähig bzw. beschränkt geschäftsfähig ist oder unter Betreuung steht. Auch ein Miterbe[372] oder nach § 2224 Abs. 1 BGB sogar alle Miterben können daher Testamentsvollstrecker werden. Der Alleinerbe kann dagegen nur

---

370 Für eine kurze Einführung s. auch *Martina Deckert*, Testamentsvollstreckung, JA 1995, 111–117.
371 OLG Köln 2.2.2005 – 2 U 72/04, ZEV 2005, 307.
372 So schon RG 20.10.1930 – VI 763/29, RGZ 130, 131, 134.

als Mittestamentsvollstrecker eingesetzt werden, weil er sich nicht selbst beschränken kann. Aus § 2210 S. 3 BGB wird abgeleitet, dass auch juristische Personen zu Testamentsvollstreckern ernannt werden können, dies gilt auch für Personengesellschaften in Form der OHG oder KG.[373]

4 Das **Amt beginnt** nach § 2202 Abs. 1 BGB mit seiner Annahme durch den Testamentsvollstrecker. Dies kann erst geschehen, wenn die Wirksamkeit des Testaments feststeht.[374] Als unzulässige rechtliche Beeinträchtigung und daher unwirksam anzusehen ist etwa die einseitige Anordnung der Testamentsvollstreckung gegenüber einem Vertragserben.[375] Diese Annahme steht in seinem freien Belieben. Für sie reicht eine formlose Erklärung gegenüber dem Nachlassgericht. Es gibt aber eine Vorwirkung der Anordnung der Testamentsvollstreckung, nämlich die Verfügungsbeschränkung für Erben nach § 2211 BGB. Der Testamentsvollstrecker erhält gemäß § 2368 BGB ein Zeugnis über seine Ernennung, die wie ein Erbschein wirkt und ihn im Rechtsgeschäftsverkehr legitimiert. Darauf kann sich nach §§ 2368 S. 2, 2366 BGB auch ein gutgläubiger Erwerb stützen.

5 Das Amt endet
- gemäß § 2225 BGB mit dem **Tod** oder der Geschäftsunfähigkeit o. Ä. des Testamentsvollstreckers,
- nach § 2226 BGB durch die **Kündigung** des Testamentsvollstreckers, die jederzeit gegenüber dem Nachlassgericht zulässig ist,
- mit der **Entlassung** des Testamentsvollstreckers gemäß § 2227 BGB durch das Nachlassgericht, z. B. weil der Testamentsvollstrecker sich ohne Grund am Nachlass bereichert; doch muss hierzu das Gericht in jedem Fall nach seinem Ermessen entscheiden, ob die Entlassung im Interesse des Nachlasses ist;[376]
- ohne Weiteres mit **Erledigung** der Aufgaben,
- im Fall der Dauertestamentsvollstreckung gemäß § 2210 BGB durch **Ablauf** der vom Erblasser angeordneten Zeitspanne.

6 Man kann dem Testamentsvollstrecker nach § 2209 auch die Verwaltung des Nachlasses übertragen („**Dauertestamentsvollstreckung**"). Dann wird fraglich, **wie lange** die Anordnung der Testamentsvollstreckung **maximal** gelten kann. Dies wurde beim Nachlass des 1951 verstorbenen Kronprinzen Wilhelm von Preußen besonders diskutiert und 2007 höchstrichterlich entschieden. Im Erbvertrag wurde angeordnet, dass mehrere Testamentsvollstrecker nebeneinander so lange wie möglich fungieren sollten. Sie wurden nach dem Tod des Erblassers auf Vorschlag der noch vorhandenen Testamentsvollstrecker durch den Präsidenten des Reichsgerichts bzw. Bundesgerichtshofs ernannt. Als ein 1975 ernannter Testamentsvollstrecker die Herausgabe eines Erbschaftsgegenstandes von einem Nachkommen verlangte, bestritt dieser die Wirksamkeit der Ernennung, denn mit dem Tod des letzten Vertragserben 1994 sei auch die Testamentsvollstreckung insgesamt hinfällig geworden.

Über die 30-Jahresfrist des § 2210 S. 1 hinaus eröffnet § 2210 S. 2 BGB wenigstens drei Möglichkeiten, um die Testamentsvollstreckung weiter zu verlängern, also bis zum Tod des Erben, des Testamentsvollstreckers oder eines anderen Ereignisses in einer der

---

373 BeckOK BGB/*Lange*, 70. Aufl. 01.05.2024, BGB § 2197 Rn. 32.
374 OLG München 29.3.2007 – 31 Wx 006/07, JurisPR-FamR 12/2077.
375 OLG München 3.6.2008 – 34 Wx 29/08, ZEV 2008, 340.
376 OLG Düsseldorf 18.12.2013 – I-3 Wx 260/11, NJW-Spezial 2013, 136.

beiden Personen. Mit dem Tod des Erben ist im Rahmen der Vor- und Nacherbschaft auch der Nacherbe gemeint. Gerade die letzte Variante gibt viele Gestaltungsmöglichkeiten. Kann man sich nun den längsten Zeitraum aussuchen oder gibt es eine allgemeine Beschränkung? Dazu gibt es mindestens vier Theorien:

(1.) Nach der „Generationentheorie" muss der Testamentsvollstrecker zum Zeitpunkt des Erbfalls ähnlich §§ 2109 Abs. 1 S. 2 Nr. 1, 2163 Abs. 1 Nr. 1 BGB bereits gelebt haben. Wenn er wie hier im Fall bereits 1951 gelebt hat, dann kann dieser Testamentsvollstrecker sein Amt Zeit seines Lebens ausüben.

(2.) Die „Amtstheorie" stellt darauf ab, ob der Testamentsvollstrecker innerhalb von 30 Jahren nach dem Erbfall ernannt wurde. Testamentsvollstrecker konnten danach nur bis 1981 ernannt werden.

(3.) Gemäß der „Kombinationstheorie" ist die Testamentsvollstreckung wirksam, wenn der Amtsinhaber zum Zeitpunkt des Erbfalls bereits gelebt hat oder binnen 30 Jahren nach dem Erbfall ernannt wurde.

(4.) Die enge „Primattheorie" erkennt die Testamentsvollstreckung nur für die Dauer des zuerst ernannten Testamentsvollstreckers an.

Bereits der Gesetzgeber gab eine deutliche Begrenzung der Testamentsvollstreckung vor.[377] Der BGH entschied sich nun für die Amtstheorie:[378] Nach dem BGB missachtet die Primattheorie, dass das Gesetz selbst in den §§ 2198 ff BGB die Entpersonalisierung der Testamentsvollstreckung ermögliche. Die Generationen- und die Kombinationstheorie argumentiere mit der Anwendbarkeit der Verlängerungsmöglichkeiten bei Nacherbschaft (§ 2109 Abs. 1 S. 2 Nr. 1 BGB) und Vermächtnis (§ 2163 Abs. 1 Nr. 1 BGB); diese Vorschriften seien jedoch nicht einheitlich, so dass mangels eines einheitlichen Regelungsprinzips aus diesen Vorschriften nichts für die Testamentsvollstreckung abgeleitet werden könne. Für die Amtstheorie spreche dagegen der Wortlaut, denn das Amt könne nur dann im Sinne von § 2210 S. 2 a. E. BGB „fortdauern", wenn es vorher schon begonnen habe. Das Amt müsse daher in der Frist des § 2210 S. 1 BGB begonnen haben.

Im Ergebnis mussten die Testamentsvollstrecker also bis 1981 ernannt worden sein. Eine über 30-jährige Amtsdauer ist zwar eher ungewöhnlich, im Fall war der handelnde Testamentsvollstrecker jedoch bereits 1975 durch den Präsidenten des BGH ernannt worden und konnte folglich gemäß der Amtstheorie weiter wirksam für den Nachlass handeln bis zum Ende seiner Geschäftstätigkeit. Nur bei der Ernennung von juristischen Personen zum Testamentsvollstrecker bleibt es jetzt bei der Frist von 30 Jahren.

III. Aufgaben

Die Aufgaben des Testamentsvollstreckers können ganz unterschiedlich gefasst werden. Sie werden allein nach dem Willen des Erblassers bestimmt. Ohne eine besondere Regelung gilt, dass der Testamentsvollstrecker umfassend zur Abwicklung und Auseinandersetzung des Nachlasses berufen ist. Er muss insbesondere

7

---

377 Protokolle der 2. Kommission, Bd. 5, 1899, 7134 = *Mugdan* (Fn. 186), 668 f.
378 BGH 5.12.2007 – IV ZR 275/06, BGHZ 174, 346 = NJW 2008, 1157 = JuS 2008, 281; hierzu *Maximilian Zimmer*, NJW 2008, 1125.

(1.) den Nachlass **sichten** und
(2.) gemäß § 2203 BGB die Verfügungen des Erblassers ausführen („**Abwicklungsvollstreckung**").

In diesem Fall ist der Testamentsvollstrecker lediglich dazu da, die technische Abwicklung des Erbfalls zu übernehmen. Gerade wenn der Erblasser dies den Erben nicht zutraut oder eben nur einem Miterben, wird diese Form der Testamentsvollstreckung gewählt. Es gibt jedoch noch verschiedene weitere Fälle und Anwendungsbereiche dieses Instruments.

(3.) Dem Testamentsvollstrecker kann man weiterhin die Aufgabe übertragen, die **Auseinandersetzung** unter den Erben nach § 2204 BGB zu bewirken.

In Erledigung dieser Angelegenheit muss er unter den Erben vermitteln und den Ausgleich durchführen. Sein Vorteil ist, dass er ohne Rücksicht auf die Widersprüche der Erben vorgehen kann, er hat lediglich die Teilungsanordnungen zu berücksichtigen.

(4.) Die Gläubiger der Erben können nach § 2214 BGB nicht auf die Nachlassgegenstände zugreifen, soweit die Testamentsvollstreckung reicht. Der Testamentsvollstrecker hat ihre Ansprüche also zurückzuweisen. Insofern kann die Testamentsvollstreckung auch dem **Schutz des Nachlasses** vor den Gläubigern des Erben dienen, allerdings nur vorübergehend bis zum Ende der Testamentsvollstreckung.

(5.) Nach § 2205 BGB muss er den Nachlass bis zum Ende der Testamentsvollstreckung verwalten. Dies wird „**Verwaltungs-**" oder, wenn es auf eine bestimmte Dauer angeordnet ist, „**Dauervollstreckung**" genannt.

8 Da der Erblasser den Umfang der Aufgaben bestimmt, kann er auch folgende Beschränkungen anordnen:

(1.) Der Testamentsvollstrecker kann nach § 2208 Abs. 1 S. 2 BGB nur für die Verwaltung einzelner Nachlassgegenstände eingesetzt werden („**Spezialvollstreckung**"), etwa zur Verwaltung eines im Nachlass befindlichen Unternehmens.
(2.) Er kann nach § 2223 BGB eingesetzt werden, um die den Erben übertragenen Beschwerungen, etwa hinsichtlich der Vermächtnisse, sowie deren Ausführungen zu **überwachen**.
(3.) Dem Testamentsvollstrecker kann die **Verwaltung** des Nachlasses **allein** übertragen werden.

Ebenso kann der Erblasser den Wirkungskreis des Testamentsvollstreckers erweitern:

(1.) Im Rahmen der Dauervollstreckung wird die Verwaltung von Nachlass oder **einzelnen Nachlassgegenständen** auch für die Zeit nach der Teilung angeordnet.
(2.) Der Erblasser kann den Testamentsvollstrecker nach § 2207 BGB von den **Beschränkungen bei Eingehung von Nachlassverbindlichkeiten** befreien, nicht jedoch vom Verbot der Schenkungen aus dem Nachlass.

Der Überblick veranschaulicht, dass die Testamentsvollstreckung ein vielseitig einsetzbares Instrument ist. Keineswegs handelt es sich immer nur um die Beschränkung der Erben durch die fortwährende Herrschaft des Erblassers aus dem Grabe durch seinen Testamentsvollstrecker. Vielmehr dient dieses Mittel auch dem Schutz der Erben, etwa im Fall der reinen Abwicklung oder der Vermögenssicherung beim Übergang auf die nächste Generation.

IV. Befugnisse

Mit der Aufgabe sind verschiedene Befugnisse des Testamentsvollstreckers verbunden. Er kann insbesondere:

(1.) nach § 2205 S. 2 BGB den Nachlass **in Besitz nehmen**. Der Erbe wird lediglich mittelbarer Besitzer.
(2.) Gemäß § 2205 S. 2 a. E. BGB darf er über Nachlassgegenstände auch ohne Zustimmung der Erben **verfügen**.
(3.) **Unentgeltliche Geschäfte** dürfen gemäß § 2205 S. 3 BGB nur vorgenommen werden, soweit es sich um Pflicht- oder Anstandsschenkungen handelt. Die Zustimmung der Miterben überwindet jedoch das Schenkungsverbot.[379]
(4.) Der Testamentsvollstrecker ist gemäß § 2212 BGB zur **Aktivprozessführung** legitimiert, wenn ein Recht betroffen ist, das der Testamentsvollstreckung unterliegt.
(5.) Für Prozesse gegen den Nachlass sind nach § 2213 Abs. 1 S. 1 BGB der Testamentsvollstrecker und der Erbe **passivlegitimiert**, soweit der Testamentsvollstrecker den gesamten Nachlass verwaltet. Wurde der Testamentsvollstrecker nicht zur Verwaltung des Nachlasses berufen, ist nur der Erbe gemäß § 2213 Abs. 1 S. 2 BGB legitimiert. Wird ein Pflichtteilsanspruch geltend gemacht, ist ebenso nur der Erbe nach § 2213 Abs. 1 S. 3 BGB als Partei berufen.

Das Verbot des Insichgeschäfts nach § 181 BGB ist für Geschäfte des Testamentsvollstreckers als Partei kraft Amtes nur analog anwendbar.

Durch die Testamentsvollstreckung ist der Erbe nach § 2211 Abs. 1 BGB nicht mehr zur Verfügung berechtigt. Allerdings bleibt der **gutgläubige Erwerb** von ihm nach § 2211 Abs. 2 BGB möglich. Der Nachlassschuldner kann ebenso nach § 407 BGB analog noch mit befreiender Wirkung an die Erben zahlen.

Der Testamentsvollstrecker hat allerdings keine familienrechtlichen Kompetenzen. Der berufsmäßige Betreuer des Erben mit der Aufgabe der Vermögenssorge wirkt unabhängig vom Testamentsvollstrecker, dieser hat gegenüber dem Betreuer kein Beschwerderecht.[380]

V. Pflichten

Mit den Aufgaben sind verschiedene Pflichten des Testamentsvollstreckers verbunden.

(1.) Er muss nach § 2215 Abs. 1 BGB unverzüglich ein **Nachlassverzeichnis** erstellen und dieses den Erben mitteilen.
(2.) Soweit **Nachlassgegenstände** nicht mehr benötigt werden, hat er sie nach § 2217 Abs. 1 S. 1 BGB **freizugeben**. Mit der Freigabe erlischt das Recht des Testamentsvollstreckers zur Verwaltung und die Erben können mit dem Gegenstand nach Belieben verfahren. Damit können auch Gläubiger der Erben auf den Gegenstand erstmals zugreifen.[381]
(3.) Gemäß § 2216 Abs. 1 BGB ist der Testamentsvollstrecker allgemein zu einer „**ordnungsgemäßen Verwaltung**" verpflichtet.

---
[379] BGH 14.7.1971 – V ZR 54/70, BGHZ 57, 47, 48.
[380] OLG München 18.4.2007 – 33 Wx 52/07, NJW-RR 2007, 1240 = ZEV 2007, 334.
[381] BeckOK BGB/*Lange*, 70. Aufl. 01.05.2024, BGB § 2217 Rn. 8.

(4.) Bei schuldhafter Verletzung seiner Aufgaben und Pflichten haftet der Testamentsvollstrecker den Erben und Vermächtnisnehmern auf **Schadensersatz** gemäß § 2219 BGB.

Nach § 2218 Abs. 1 BGB sind zwischen Erben und Testamentsvollstreckung nur einzelne Vorschriften aus dem **Auftragsrecht** anwendbar, insbesondere Auskunfts- und Rechenschaftspflichten.

VI. Testamentsvollstreckung in Gesellschaftsanteile

12 Strittig ist, ob der Testamentsvollstrecker damit beauftragt werden kann, ein Handelsgeschäft im eigenen Namen oder kraft Bevollmächtigung durch die Erben unter deren persönlicher Haftung weiterzuführen. Durch die Ernennung des Prokuristen zum Testamentsvollstrecker beispielsweise könnte man im Fall des **einzelkaufmännischen Unternehmens** die ungeteilte Fortführung des Familienunternehmens auf längstens 30 Jahre erreichen. Im Ergebnis ähnelt dies dem Ausschluss der Auseinandersetzung. Zusätzlich wird den Erben verwehrt, Entscheidungen für den Nachlass zu treffen. Allerdings haftet den Gläubigern der Gesellschaft nicht der Testamentsvollstrecker, sondern nur der Nachlass. Dies widerspricht der unbeschränkten persönlichen Haftung des Einzelkaufmanns. Der Erblasser würde so ein Unternehmen mit beschränkter Haftung schaffen, ohne die dafür vorgesehene Rechtsform der GmbH zu wählen. Nach der h. M. muss der Testamentsvollstrecker daher entweder als Treuhänder oder als Stellvertreter des Erben diese Haftung übernehmen. Dann haftet entweder der Testamentsvollstrecker als formeller Eigentümer oder der Erbe aufgrund der von ihm erteilten Vollmacht. Die Zulässigkeit dieser Lösungen wird teilweise bestritten.[382]

13 Auch bei **Personengesellschaften** wird nach § 105 HGB eine solche unbeschränkte Haftung des Testamentsvollstreckers erforderlich. Daher wird meist die unbeschränkte Verwaltung eines Gesellschaftsanteils durch einen Testamentsvollstrecker für unzulässig gehalten.[383] Weder seine Stellung als Treuhänder noch als Bevollmächtigter könne jene Verantwortung begründen, die für einen Gesellschafter erforderlich sei. Sowohl die unterschiedliche Haftungsregelung als auch der vermutete Wille des Erblassers sprächen gegen die Übernahme der Gesellschafterfunktion durch den Testamentsvollstrecker.[384]

Die beschränkte Verwaltung des Gesellschaftsanteils durch den Testamentsvollstrecker kann jedoch wirksam sein. Dazu gibt es eine uneinheitliche Rechtsprechung der BGH-Senate. Eine praktikable Grenze lässt sich zwischen dem Anteil in seiner Wirkung nach außen und den inneren Angelegenheiten der Personengesellschaft finden.[385]

14 Auch der Anteil des **Kommanditisten** kann damit grundsätzlich durch einen Testamentsvollstrecker ausgeübt werden,[386] sofern dies nicht zu einer persönlichen Haftung des Erben führt.

---

[382] Die Vollmachtlösung bestreitet *Karlheinz Muscheler*, Die Haftungsordnung der Testamentsvollstreckung (Ius Privatum, 5), 1994, 357 ff, 550, da die Testamentsvollstreckung in einen Gesellschaftsanteil auch ohne Vollmacht zulässig sei, denn § 105 HGB schließe gesetzliche Haftungsbeschränkungen nicht aus; dagegen *Barbara Dauner-Lieb*, Unternehmen in Sondervermögen (Ius Privatum, 35), 1989, 269, 298 ff; zum Überblick Staudinger, Kommentar zum Bürgerlichen Gesetzbuch, Buch 5, §§ 2197–2264, Neubearb. 2016/ *Reimann*, § 2205 Rn. 97.

[383] Leipold (Fn. 117), Rn. 806.

[384] OLG Düsseldorf, ZEV 2008, 124 m.Anm. Gursky = NJOZ 2008, 1170 = ZErb 2008, 43.

[385] So BGH 14.5.1986 – IVa ZR 155/84, BGHZ 98, 48, 57 = NJW 1986, 2431.

[386] BGH 3.7.1989 – II ZB 1/89, BGHZ 108, 187, 192 = NJW 1989, 3152 f.

§ 39 Testamentsvollstreckung

▶ **Antwort:** Die Antwort hängt davon ab, wie man die Stellung des Testamentsvollstreckers deutet. Einerseits ist er nur Vertreter des Erblassers und an dessen Anweisungen allein gebunden. Mangels einer solchen Anweisung ist er gemäß § 2205 S. 3 BGB daran gehindert, Schenkungen vorzunehmen, die Pflicht- und Anstandsschenkungen übersteigen. In dieser Hinsicht ist es dem Testamentsvollstrecker verwehrt, diese Transaktion vorzunehmen. Andererseits soll § 2205 S. 3 BGB gerade die Erben schützen. Sind diese mit der Schenkung einverstanden, ist die Beschränkung überflüssig geworden. Im Hinblick darauf überwindet die Zustimmung der Miterben das Schenkungsverbot.[387] ◀

---

[387] Vgl. Fn. 379.

§ 40 Erbschaftskauf

▶ **Frage:** Erbe E will so schnell wie möglich die Sorge um den Nachlass abgeben, an den im Nachlass befindlichen Sachen ist er nicht interessiert. Was kann er tun, um möglichst schnell an Geld zu gelangen? ◀

1 Jeder Erbe, Miterbe oder Nacherbe kann sein Erbrecht bzw. seinen Erbteil veräußern. § 311b Abs. 4 S. 1 BGB verbietet lediglich einen Vertrag über den Nachlass von noch Lebenden; der biblische Fall von Esau und Jakob[388] würde daher nach heutigem Recht keine Rechtsfolgen auslösen. Der Kaufvertrag mit dem Erben wird dadurch charakterisiert, dass es sich um eine Sachgesamtheit handelt. Dies löst für die Beteiligten besondere Risiken aus. Daher wird der Erbschaftsverkauf als besonderer Kaufvertrag in §§ 2371 ff BGB behandelt. Zur Wirksamkeit des **Verkaufs eines Nachlasses nach dem Erbfall** ist daher nach § 2371 BGB die notarielle Beurkundung nötig. Fehlt es daran, ist das Geschäft nach § 125 BGB formunwirksam und nichtig. Der Verkauf ist selbstverständlich auch dann möglich, wenn der Erbe nur Miterbe geworden ist. Auch für den Erbteil sind §§ 2371 ff BGB anwendbar.

In Betracht kommt eine Heilung für Formfehler im Fall des **Verkaufs eines Erbteils**. Für die Verfügung über einen Erbteil verlangt § 2033 Abs. 1 S. 2 BGB in gleicher Weise einen notariell beurkundeten Vertrag. Die Rechtslage für Verpflichtungs- und Verfügungsgeschäft in Bezug auf Erbteile ähnelt der bei Grundstücken. Aus diesem Grund käme hier in Betracht, entsprechend § 311b Abs. 1 S. 2 BGB einen Formfehler des Erbschaftskaufs durch die Wahrung der Form des Verfügungsgeschäfts als geheilt anzusehen. Die Heilung durch Erfüllung ist jedoch allgemein nicht möglich. Das BGB kennt keinen allgemeinen Grundsatz der Heilung, sondern ordnet diese nur in einzelnen Fällen wie etwa gerade in § 311b Abs. 1 S. 2 BGB an. Die Norm ist daher kaum analogiefähig und man muss an der Regelungslücke im Erbschaftskauf zweifeln. Außerdem würde man den von § 2371 BGB gewährten Übereilungsschutz umgehen.[389]

2 Verkauft werden gemäß § 2374 BGB alle zur Zeit des Verkaufs vorhandenen **Erbschaftsgegenstände nebst Surrogaten**. Dies gilt nach § 2373 BGB allerdings nicht für die später anfallenden Erbteile, Vorausvermächtnisse sowie Familienpapiere und -bilder. Bei der Erfüllung kann der Alleinerbe nur die einzelnen Nachlassgegenstände übertragen, nicht die Erbschaft insgesamt. Der Miterbe verkauft seinen Erbteil, indem er ihn durch einheitlichen Akt überträgt. Der Erwerber tritt durch Übertragung des Erbteils mit dinglicher Wirkung in die Stellung des Erben ein. Der Mitbesitz des Veräußerers geht jedoch nicht analog § 857 BGB auf den Erwerber über.

3 Bei der Verwaltung, der Auseinandersetzung und der Ausgleichung ist **der Erwerber wie ein Miterbe** zu behandeln. Der Erwerber wird gemäß § 2382 Abs. 1 S. 1 BGB bei der **Haftung** gegenüber den Nachlassgläubigern wie ein Erbe in die Pflicht genommen. Der Veräußerer hingegen bleibt Erbe und haftet als solcher weiter für die Nachlassverbindlichkeiten gemäß § 2382 Abs. 1 S. 1 a. E. BGB.[390] Die Haftung des Erwerbers bestimmt sich nach erbrechtlichen Grundsätzen nach der Maßgabe von § 2383 BGB. Für Nachlassverbindlichkeiten haften Erbschaftsverkäufer und -käufer gemäß § 2382 BGB als Gesamtschuldner.

---

388 Genesis 25, 29 ff.
389 Vgl. Damrau (Fn. 113)/ *Redig*, § 2371 Rn. 26.
390 Dies entspricht der Haftung des ausgeschiedenen Gesellschafters, dazu *Karsten Schmidt*, Gesellschaftsrecht, 5. Aufl. 2017, § 52, 1491 ff.

§ 40 Erbschaftskauf

Die Pflichten der Parteien bestimmen sich dabei grundsätzlich nach **Kaufrecht**. Allerdings gibt es **Besonderheiten**. Die Gefahr des zufälligen Untergangs sowie die Nutzungen und Lasten gehen schon mit Abschluss des Kaufvertrags auf den Käufer über gemäß §§ 2379 f. BGB. Für den Verkäufer ergibt sich die besondere Pflicht nach § 2375 Abs. 1 BGB für Verbrauchtes aus dem Nachlass Ersatz zu leisten. Dafür wird in § 2376 BGB seine Pflicht zur Gewährleistung im Fall von Mängeln beschränkt. Für den Käufer ergeben sich Besonderheiten aus § 2378 BGB, wonach er nunmehr auch Nachlassverbindlichkeiten erfüllen muss, sowie seine Pflicht nach § 2381 BGB, dem Verkäufer notwendige Verwendungen zu ersetzen.

▶ **Antwort:** E kann seinen Anteil verkaufen. Dadurch befreit er sich jedoch nicht von der Haftung gegenüber den Nachlassgläubigern, weil er Erbe bleibt und als solcher den Nachlassgläubigern haftet. Im Innenverhältnis kann er allerdings diese Haftung bei entsprechender Vereinbarung mit dem Käufer überleiten. ◀

Fragen zur Wiederholung und Vertiefung

101. Worin liegt die Gefahr für den Erben in § 1980 BGB?
102. Worin liegt die Chance bzw. der Vorteil des Nachlassinsolvenzverfahrens für den Erben?
103. Welche Position kommt dem Testamentsvollstrecker zu?

J. Haftung der Erben

§ 41 Einführung

▶ **Frage:** Gegenüber dem Erben E beansprucht die geschiedene Ehefrau des Erblassers die Fortzahlung des Unterhalts. Muss E dafür aufkommen? ◀

1 Aus dem Nachlass müssen zunächst die Nachlassschulden beglichen werden. Die Erben stehen grundsätzlich für die Schulden des Erblassers ein. § 1967 Abs. 1 BGB statuiert diese Einstandspflicht des Erben ausdrücklich. Dies wirft die Fragen auf, für welche Schulden (s. u. § 42 Rn. 1 ff), in welchem Maße (s. u. § 43 Rn. 1 ff) und ab wann (s. u. § 44 Rn. 1 ff) die Erben zur Haftung verpflichtet sind. Schließlich ist nach der Haftung bei einer Vielzahl von Erben zu fragen (s. u. § 45 Rn. 1 ff).

Für die Haftung des Erben gibt es grundsätzlich drei Möglichkeiten:

(1.) die unbeschränkte Erbenhaftung,

(2.) eine gegenständlich beschränkte Haftung sowie

(3.) die rechnerisch beschränkte Haftung.

Das BGB hat eine Kombination der Lösungen gewählt: Der Erbe **haftet grundsätzlich unbeschränkt**. Ihm stehen jedoch mehrere Möglichkeiten offen, die Haftung zu beschränken; sie ist also **beschränkbar**. Unter bestimmten Umständen kann der Erbe Einreden geltend machen. Indem man dem Erben Einreden gewährt, zwingt man ihn, seine Rechte aktiv geltend zu machen. Tut er das nicht oder gehen die Einreden verloren, haftet er endgültig unbeschränkt. Auch wenn das BGB konstruktiv die unbeschränkte Haftung als Grundfall wählt, hat der Erbe tatsächlich so viele Gegenrechte, dass man in der Realität die beschränkte Haftung als Grundfall ansehen könnte. Allerdings muss er hierfür tätig werden. Begeht er dabei Fehler, riskiert er eine endgültig unbeschränkte Haftung.

2 Fraglich ist zunächst schon, was **Nachlassschulden** sind. Diese werden näher in § 1967 Abs. 2 BGB beschrieben: Danach handelt es sich um Schulden des Erblassers sowie die Schulden des Erben, also Verbindlichkeiten, die den Erben als solchen selbst treffen. Hierzu zählen etwa Pflichtteilsrechte, Vermächtnisse oder Auflagen. Allerdings gibt es einzelne besondere Schulden wie etwa nach § 1615 Abs. 1 BGB Unterhaltsverpflichtungen, die nicht vererblich sind und daher die Erben nicht treffen; eine Rückausnahme bildet, wie schon dargelegt, § 1586 b Abs. 1 BGB für den Anspruch der geschiedenen Ehefrau an Stelle des Pflichtteils, als Haftungsbegrenzung der Höhe nach. Grundsätzlich fallen jedoch alle Schulden des Erblassers in den Nachlass.

3 Der Erbe haftet für folgende Nachlassverbindlichkeiten, die man auch in die drei Kategorien als Erblasserschulden, Erbfallschulden und Nachlasseigenschulden einteilen kann:

(1.) bereits **Schulden des Erblassers** aus Rechtsgeschäft oder Gesetz nach § 1967 Abs. 2 Var. 1 BGB („Erblasserschulden"). Dazu gehören auch die Steuerschulden des Erblassers bzw. die im Laufe des Jahres seines Todes anfallenden Steuerpflichten.[391]

(2.) Kosten erst infolge des Todes wie z. B.

die **Beerdigungskosten** nach § 1968 BGB. Hierzu gehören alle Kosten bis zur erstmaligen Anlage des Grabes, nach h. M. jedoch nicht die laufenden Grabpflegekosten.[392] Bis 1994 bestand der Anspruch auf eine „standesgemäße" (!) Beerdigung. Die sprachliche Bereinigung durch Streichung des Adjektivs, das an den frühneuzeitlichen Ständestaat erinnerte, sollte jedoch nichts daran ändern, dass der Aufwand entsprechend dem Familienbrauch und Vermögen des Erblassers zu gestalten ist. Weitere unbenannte Schulden der Erben bilden

die **Zugewinnausgleichsforderung** nach § 1371 Abs. 2, 3 BGB,

die Zahlungen für die **Ausbildung von Stiefkindern** nach § 1371 Abs. 4 BGB und für die werdende Mutter eines Erben gemäß § 1963 BGB.

(3.) Kosten der **Nachlassabwicklung** wie z. B. für Erbschein und Testamentseröffnung,

(4.) Schulden, die erst in der Person des Erben entstehen wie die **Pflichtteilsrechte**, **Vermächtnisse** oder **Auflagen** gemäß § 1967 Abs. 2 a. E. BGB („Erbfallschulden"). Hierzu gehören insbesondere die gesetzlichen Vermächtnisse:
- der **Voraus** des Ehegatten nach § 1932 BGB,
- der **Dreißigste** gemäß § 1969 BGB, also der Anspruch von Familienangehörigen des Erblassers, die zum Zeitpunkt des Todes zu seinem Hausstand gehörten und von ihm Unterhalt bezogen, weiterhin 30 Tage lang Unterhalt zu beziehen und die Wohnung nutzen zu dürfen.

(5.) Die Kosten der **Verwaltung des Nachlasses** muss schließlich der Erbe selbst tragen („Nachlasseigenschulden"), also
- die Verbindlichkeiten, die durch den Nachlasspfleger, -verwalter, Testamentsvollstrecker begründet wurden, sowie deren Ansprüche aus der Verwaltung,
- vom Erben bei ordnungsgemäßer Verwaltung des Nachlasses eingegangene Verbindlichkeiten, auch wenn er dabei persönlich die Schuld begründet hat,
- endlich auch die durch die Verwaltung des Nachlasses begründeten Gerichtskosten.

Nicht zu den Nachlasskosten gehört sicherlich ebenfalls die eigene Erbschaftsteuerschuld des Erben bzw. Vermächtnisnehmers.

Zur Darstellung der Nachlasshaftung sollen im Folgenden (§§ 42–45) verschiedene Perspektiven gewählt werden, aus denen die unterschiedlichen Instrumente der Haftungsbeschränkung betrachtet werden sollen. Nach der Ermittlung des Nachlasses als Haftungsmasse (dazu sogleich § 42 Rn. 1 ff) soll zunächst ein Überblick über die verschiedenen Erschöpfungseinreden gegeben werden (s. u. § 43 Rn. 1 ff). Wenn anschließend nach dem zeitlichen Beginn der Haftungspflicht (s. u. § 44 Rn. 1 ff) und den Besonderheiten der Haftung von Erbengemeinschaften gefragt wird (s. u. § 45 Rn. 1 ff), kommt es hinsichtlich der Haftungsbegrenzungen und -risiken scheinbar zu Wiederholungen, denn die Problemlage soll aus unterschiedlichen Blickwinkeln betrachtet wer-

4

---

391 Der Erbe kann diese Steuerschulden als Nachlassverbindlichkeiten bei der Erbschaftsteuer gemäß § 10 V Nr. 1 ErbStG abziehen, BFH 4.7.2012 – II R 15711.
392 OLG Köln 21.11.2014 – 20 W 94/13, NJW-Spezial 2015, 168 m. w. N.

den. An Stelle einer rein dogmatischen Darstellung soll die Einnahme dieser Perspektiven es erleichtern, für die Lösung konkreter Fälle leichter den Überblick über die verschiedenen Haftungsbeschränkungen und Risiken zu gewinnen.

▶ **Antwort:** E muss die Schulden des Erblassers begleichen, aber nur soweit sie bis zum Erbfall entstanden sind; Die Unterhaltspflicht geht nach § 1586b Abs. 1 S. 1 BGB auf die Erben über. Nach § 1586b Abs. 1 S. 3 BGB kann der Ehegatte insgesamt so viel verlangen, wie der Pflichtteil betrüge, wenn die Ehe noch bestünde. ◀

§ 42 Feststellung des Nachlasses

▶ **Frage:** E wurde Alleinerbe. Muss er das Nachlassgericht über den Inhalt der Erbschaft informieren? ◀

Die Beschränkung der Haftung auf den Nachlass erfordert, dass dessen Bestand festgestellt wird. Nur so lässt sich zudem ermitteln, ob der Nachlass überschuldet ist, ob Zahlungen aus dem Nachlass wegen dessen Dürftigkeit abgelehnt werden dürfen. Die Feststellung, was und wie viel zum Nachlass gehört, ist grundsätzlich **Aufgabe des Erben**. Es können aber auch besondere Verwalter eingesetzt werden wie Nachlass-, Nachlassinsolvenzverwalter und Testamentsvollstrecker. Den Erben stehen zwei Mittel zur Klärung des Nachlasses zur Verfügung, nämlich (1.) das Aufgebotsverfahren hinsichtlich der Schulden und (2.) die Errichtung eines Nachlassinventars hinsichtlich der Aktiva.

Die Erben können ein **Aufgebotsverfahren** nach §§ **1970 ff BGB** durchführen. Das Verfahren wird vom Nachlassgericht durchgeführt und findet auf Antrag statt. Die Erben richten damit eine Aufforderung an die Nachlassgläubiger, ihre Forderungen anzumelden. Einige Gläubiger brauchen sich dabei nach § 1971 BGB nicht zu beteiligen, sofern ihre Forderung bereits auf andere Weise öffentlich geworden ist: Dies gilt für Pfand-, Zwangsvollstreckungsgläubiger und durch Vormerkung gesicherte Ansprüche, ebenso nach § 1972 BGB für Pflichtteilsberechtigte und Vermächtnisnehmer. Durch das Aufgebotsverfahren stellt der Erbe fest, welche Forderungen gegen den Nachlass bestehen.

Nach dem Aufgebotsverfahren kann der Erbe gemäß § **1973 Abs. 1 BGB** die **Einrede der Dürftigkeit** (s. u. § 43 Rn. 5) erheben. Dann ist er nur soweit zur Begleichung der Forderungen verpflichtet, wie der Nachlass reicht. Durch diese Haftungsbeschränkung muss die Forderung also nur noch mit den Mitteln des Nachlasses erfüllt werden. Wurde dieser aufgebraucht, ist die weitergehende Haftung des Erben mit seinem Vermögen im Übrigen grundsätzlich ausgeschlossen.

Unabhängig vom Aufgebotsverfahren steht dem Erben die Einrede der **Verschweigung** nach § **1974 BGB** gegenüber nachlässigen und verspäteten Gläubigern zu: Wer seine Nachlassforderungen erst fünf Jahre nach dem Erbfall geltend macht, steht einem im Aufgebotsverfahren ausgeschlossenen Gläubiger gleich.

Zur Feststellung des Nachlasses kann der Erbe weiterhin gemäß § 1993 BGB ein Inventar errichten. Dieses darf er beim Nachlassgericht einreichen, soweit es noch nicht vom Gericht erstellt wurde. Die **Inventarerrichtung** wird zur Pflicht, wenn das Nachlassgericht dies dem Erben nach § 1994 BGB auf Antrag eines Nachlassgläubigers aufgibt und dafür eine Frist bestimmt, die nach § 1995 Abs. 1 BGB zwischen einem und drei Monaten betragen kann. Die Fristbestimmung ist gemäß § 2000 BGB unwirksam, wenn (1.) Nachlassverwaltung oder -insolvenzverfahren angeordnet sind, ebenso wenn (2.) nach § 2011 BGB der Fiskus gesetzlicher Erbe ist, schließlich (3.) gemäß § 2012 BGB gegenüber einem Nachlasspfleger. Dieses Inventar wird entweder durch das Nachlassgericht selbst aufgenommen oder es wird eine zuständige Behörde nach § 2003 BGB auf Antrag des Erben zur Aufnahme hinzugezogen.

Das Inventar soll nach § 2001 BGB die Vermögensgegenstände und Verbindlichkeiten des Nachlasses vollständig auflisten und die Gegenstände beschreiben sowie ihren Wert veranschlagen. Der Erbe hat nach § 2006 Abs. 1 BGB auf Verlangen eines Nachlassgläubigers die **Vollständigkeit** des Inventars an Eides statt zu versichern. Das Inventar begründet daher nach § 2009 BGB die **Vermutung**, dass zur Zeit des Erbfalls andere Gegenstände nicht vorhanden waren.

4 Aufgrund dieser Vermutung kann der Erbe nach Errichtung des Inventars leichter Rechenschaft über den Nachlass ablegen. Sind ihm keine Fehler nachzuweisen, kann er gemäß § 1980 Abs. 1 S. 2 BGB nicht mehr wegen Versäumung des Antrags einer Nachlassinsolvenz in Anspruch genommen werden. Seine Berufung auf die Erschöpfung des Nachlasses wird durch das Inventar stichhaltig. In den Fällen der Nachlassverwaltung, des Nachlassinsolvenzverfahrens und im Zusammenhang von Erschöpfungseinreden eröffnet das Inventar gemäß §§ 1973, 1974, 1989, 1990 BGB die Möglichkeit einer **Haftungsbeschränkung**.

Nach Ablauf der Frist, in der die Erben das Inventar erstellen können, also der „Inventarfrist" nach § 1994 Abs. 1 S. 1 BGB, entfällt die Beschränkungsmöglichkeit, sofern das Inventar nicht erstellt wurde. Dies gilt jedoch nicht, wenn die Bestimmung der Inventarfrist nach § 2000 BGB unwirksam ist, weil etwa die Nachlassverwaltung angeordnet oder das Nachlassinsolvenzverfahren eröffnet wurde. Ist die Frist jedoch abgelaufen und wurde sie versäumt, haftet der Erbe gemäß § 1994 Abs. 1 S. 2 BGB unbeschränkt. Nach § 2010 BGB hat jeder, der ein rechtliches Interesse hat, das Recht, **Einsicht** in das Inventar zu nehmen. Dadurch kann sich jeder darüber versichern, ob der Erbe aufgrund der Erschöpfung des Nachlasses zur Zahlungsverweigerung berechtigt ist.

5 Durch das Inventar gewinnen Erbe und Nachlassgläubiger Vorteile, gleichzeitig gehen beide Parteien jedoch ebenso ein Risiko ein. Hat der Erbe die mühsame Errichtung des Inventars und die oft schwierige Schätzung der Objekte auf sich genommen und den Wert des Nachlasses offen gelegt, kann er den beschränkten Wert des Nachlasses demonstrieren und sich darauf berufen. Nur wenn ihm nach § 2005 Abs. 1 und 2 BGB ein Fehler nachgewiesen wird, er zum Nachteil der Gläubiger also das Inventar verzögert, unvollständig oder mit falschen Wertangaben erstellt hat, kann er noch das Recht der **Haftungsbeschränkung** verlieren.[393] Da es den Gläubigern schwer fällt, den Nachlass zu überblicken, sind sie auf die Angaben des Erben angewiesen. Sie müssen seinem Inventar vertrauen, soweit ihm keine Fehler nachgewiesen werden können. Dafür erhalten die Gläubiger durch die vom Erben selbst vorgenommene **Verklarung** die Möglichkeit, den ursprünglichen Bestand des Nachlasses zu ermitteln. Indem das Inventar unter anderem darüber informiert, ob der Erbe die Nachlassinsolvenz beantragen muss, kann es auch als eine „Angriffswaffe der Nachlassgläubiger" genutzt werden.

▶ **Antwort:** Die Mühe der Inventarerrichtung muss der Erbe sich nicht machen. Sie lohnt sich nur, wenn eine Überschuldung des Nachlasses in Betracht kommt und E verhindern will, dass er den Nachlassgläubigern auch mit seinem übrigen Vermögen haften muss. Im Zusammenhang mit der Nachlassverwaltung, der Nachlassinsolvenz und bei möglichen Erschöpfungseinreden ermöglicht das Inventar die Berufung auf eine Haftungsbeschränkung. ◀

---

[393] MüKo (Fn. 113)/ *Küpper*, § 1993 Rn. 1.

§ 43 Erschöpfungseinreden

▶ **Frage:** Nach dem Ablauf der Ausschlagungsfrist stellt der Erbe E fest, dass der Nachlass überschuldet ist. Das Nachlassgericht lehnt es ab, ein Nachlassinsolvenzverfahren zu eröffnen. Der Nachlassgläubiger G erwirbt einen Titel gegen E, wobei es E im Gerichtstermin versäumt hatte, auf die Dürftigkeit des Nachlasses hinzuweisen. Muss E die Forderung des G erfüllen? ◀

Um die Einreden der Erschöpfung des Nachlasses zu erheben, muss festgestellt werden, ob der Wert des Nachlasses verbraucht wurde. Voraussetzung dafür ist, dass der Nachlass nicht durch die Aufteilung mit dem Vermögen des Erben im Übrigen verschmolzen ist, sondern **noch eine separate Vermögensmasse** darstellt. Allerdings ist es auch möglich, dass das schon verschmolzene Vermögen nachträglich durch den Erben wieder aufgeteilt wird, um eine Beschränkung seiner Haftung auf den Nachlass zu erreichen.

Grundsätzlich gibt es drei Möglichkeiten der Einrede:

(1.) Zunächst gibt es nach § 1973 Abs. 1 S. 1 BGB die Möglichkeit der **Erschöpfungseinrede im** Verfahren des **Gläubigeraufgebots** (s. o. § 42 Rn. 2). Wer nach der Eröffnung dieses Verfahrens seine Forderung nicht anmeldet, verliert zwar nicht seinen Anspruch, erleidet jedoch den Nachteil, dass der Erbe ihm gegenüber die Einrede der Haftungsbeschränkung auf den Nachlass erhält.

Die Haftung des Erben ist bereits ohne die Anordnung einer Nachlassverwaltung oder eines Nachlassinsolvenzverfahrens auf den Nachlass beschränkt. Zu spät angemeldete Forderungen **kann** der Erbe nach § 1973 Abs. 1 S. 1 BGB zurückweisen, weil der Gläubiger seine Forderung im Aufgebotsverfahren nicht rechtzeitig geltend gemacht hat. Er **kann** also die Erfüllung verweigern: Darin kommt sein Ermessen zum Ausdruck, ob er die **Einrede erheben** will. Dieses kann er aber auch dazu einsetzen, um über die Person des Nachlassgläubigers zu entscheiden, der er gegenüber haften will.

Diese Auswahlfreiheit gilt jedoch in folgenden Fällen nicht:
- Wurde bereits die **unbeschränkte Haftung** des Erben festgestellt, kann er die Einrede nicht geltend machen.
- Gegenüber **Realgläubigern**, also den dinglich Berechtigten aus Pfand, Hypothek oder Vormerkung, kann die Einrede gemäß § 1971 BGB nicht erhoben werden.
- Auch gegenüber **Pflichtteilsberechtigten, Vermächtnisnehmern und** durch **Auflagen** Begünstigten kann diese Einrede nach § 1972 BGB nicht geltend gemacht werden. Diese Verpflichtungen des Nachlasses kennt der Erbe bereits aus dem Testament bzw. der ihm bekannten familiären Situation. Selbst wenn diese Gläubiger sich gemäß § 1974 BGB verschweigen sollten, kann sich der Erbe nicht auf Unkenntnis berufen.
- Nach § 1973 Abs. 1 S. 2 BGB soll der Erbe zunächst die Forderungen der übrigen Nachlassgläubiger erfüllen, bevor er an Pflichtteilsberechtigte, Vermächtnisnehmer oder Auflagebegünstigte auszahlt. Bei den Ansprüchen aus **Pflichtteilsrecht, Vermächtnis** und **Auflage** handelt es sich gemäß § 1991 Abs. 4 BGB, § 327 Abs. 1 InsO um **nachrangige Verbindlichkeiten** des Nachlasses. Hat sie der Erbe vorrangig vor den nicht ausgeschlossenen Gläubigern beglichen, können diese ihn persönlich haftbar machen. Dies gilt gemäß § 1979 BGB nur dann nicht,

wenn der Erbe davon ausgehen konnte, dass der Nachlass für alle Gläubiger ausreichen werde.

Ergibt sich, dass nach der Befriedigung aller berechtigten Gläubiger noch etwas vom Nachlass übrig bleibt, können dies die ausgeschlossenen Gläubiger nach § 1973 Abs. 2 S. 1 BGB nutzen. Der Erbe **muss den Rest** den Nachlassgläubigern **auszahlen**. Hinsichtlich der verspätet angemeldeten Forderungen ist er allerdings nicht mehr an die Reihenfolge der Gläubiger gebunden.

4 (2.) Eine weitere Einrede ergibt sich aufgrund der **Verschweigung** nach § **1974 BGB** (s. o. § 42 Rn. 2). Macht ein Nachlassgläubiger seine Forderung erst fünf Jahre nach dem Erbfall geltend, kann der Erbe die Befriedigung nach § 1974 Abs. 1 S. 1 BGB ablehnen, sofern er die Forderung nicht kannte. Dieser Nachlassgläubiger steht einem im Aufgebotsverfahren ausgeschlossenen Gläubiger gleich. Der Erbe kann daher die Bezahlung dieser Forderung ablehnen, soweit der Nachlass nicht erschöpft ist (vgl. u. Rn. 7 a. E.).

5 (3.) Schließlich gibt es die **Dürftigkeitseinrede** nach § **1990 BGB**. Der Nachlass ist in diesem Fall so gering, dass er die Kosten der Nachlassverwaltung oder des Nachlassinsolvenzverfahrens nicht decken kann und diese nach § 1982 BGB, § 26 Abs. 1 InsO nicht angeordnet werden können. Der Nachweis wird etwa durch die gerichtliche Ablehnung der Einleitung eines Nachlassinsolvenzverfahrens geführt. Maßgeblich sind die Verhältnisse zum Zeitpunkt, in dem die Einrede geltend gemacht werden soll. Diese Einrede kann allen Gläubigern gegenüber erhoben werden. Dies gilt nach § 1992 BGB sogar gegenüber den Vermächtnisnehmern und Auflageempfängern, wenn der Nachlass gerade dadurch überschuldet ist („Überschwerungseinrede"). Die Dürftigkeitseinrede ist ihrerseits wieder nach § 2013 BGB ausgeschlossen, wenn der Erbe den Gläubigern aus anderen Gründen unbeschränkt haftet, etwa aufgrund eines entsprechenden Urteils oder durch Versäumung der Inventarfrist nach § 1994 Abs. 1 S. 2 BGB.

Die **Wirkung** dieser Einrede ist, dass der Erbe nach § 1990 BGB beschränkt auf den Nachlass haftet, ohne dass ein Nachlassinsolvenzverfahren oder eine Nachlassverwaltung eingeleitet sein muss. Der Nachlass wird rechnerisch vom Vermögen des Erben abgesondert und gemäß § 1991 Abs. 2 BGB tritt keine Konfusion mit den Ansprüchen des Erben ein. Der Erbe muss den Gläubigern den Nachlass zum Zweck der Befriedigung herausgeben. Dies kann grundsätzlich in beliebiger Reihenfolge geschehen, sofern nicht eine rechtskräftige Verurteilung vorliegt; Pflichtteile, Vermächtnisse, Erbersatzansprüche sowie Auflagen sind erst nach anderen Nachlassverbindlichkeiten auszuzahlen (s. o. § 43 Rn. 3).

Auch in diesem Fall steht es dem Erben frei, ob und wann er die Einrede erhebt. Dadurch kann er wiederum entscheiden, welchem Gläubiger er zu haften bereit ist.

6 Kann der Erbe die **Beschränkung seiner Haftung** auf den Nachlass geltend machen, gilt dies **gegenständlich**, nicht rechnerisch; die Haftung wird also auf den Nachlass beschränkt. Der Erbe ist nach § 1990 Abs. 1 S. 2 BGB nur verpflichtet, die Nachlassgegenstände herauszugeben. Im Vergleich zu einer rechnerisch beschränkten Haftung erhält der Erbe dadurch die Wahl, ob er sich durch die Hingabe des Nachlasses von der Haftung befreien will oder ob er selbst den geschuldeten Geldbetrag zahlt. Will er Ge-

§ 43 Erschöpfungseinreden

genstände des Nachlasses behalten und aus der Haftung herausnehmen, kann er diese durch eine Zahlung auslösen („**Auslösungsrecht**").

Einen weiteren wesentlichen Vorteil gestattet die Rechtsprechung dem Erben allerdings schon seit langem:[394] Der **Erbe** hat keine Möglichkeit, für seinen eigenen Anspruch gegen den Nachlass einen rechtskräftigen Titel gegen sich selbst als Erben zu besorgen. Nur ein solch titulierter Anspruch wäre nach § 1990 BGB vorrangig zu befriedigen. Da dieser Weg dem Erben nicht offen steht, werden die eigenen Ansprüche des Erben trotz § 1991 Abs. 2 BGB immer als tituliert angesehen. Im Ergebnis genießt der Erbe einen **Vorrang für seine eigenen Ansprüche**.

Es fällt nicht leicht, die verschiedenen genannten Haftungsbeschränkungen auf den Nachlass zu überblicken. Bei der Übersicht können vielleicht die beiden folgenden Systematisierungen der Haftungsbeschränkungen helfen, indem man zunächst auf die Beschränkung der Gläubiger und dann auf eine rechnerische Begrenzung der Haftung achtet:

(1.) Kann der Erbe einen Gläubiger speziell oder alle ausschließen?
   (a.) Nur **einzelnen Nachlassgläubigern** gegenüber kann der Erbe die Erfüllung verwehren,
      – indem er nach dem *Aufgebotsverfahren* die Erschöpfungseinrede nach § **1973** BGB erhebt.
      – Wird eine Forderung erst fünf Jahre nach dem Erbfall bekannt gemacht, kann der Erbe die Leistung nach § **1974** BGB wegen *Verschweigung* dauerhaft ablehnen. Dafür muss er nachweisen, dass der Nachlass tatsächlich erschöpft ist.

   (b.) **Allen Nachlassgläubigern gegenüber** kann der Erbe entgegenhalten:
      – die **Dürftigkeitseinrede** gemäß § **1990 Abs. 1 S. 1** BGB, wenn der Nachlass zur Begleichung der Schulden insgesamt nicht ausreicht und sich der Aufwand für eine Nachlassverwaltung nicht lohnt.
      – Durch Absonderung des Nachlasses mit der Einleitung einer **Nachlassverwaltung** oder eines **Nachlassinsolvenzverfahrens** nach § 1975 BGB wird ein weiteres Einrederecht begründet, das in der Praxis nicht selten zu finden ist. Durch Konfusion erloschene Forderungen des Nachlasses gegen den Erben leben dann allerdings nach § 1976 BGB rückwirkend wieder auf, etwa auch ein zur Finanzierung der Ausbildung des Erben erfolgtes Darlehen. Gemäß § 1977 BGB gelten Aufrechnungen ebenfalls als nicht erfolgt, da die Gegenseitigkeit *ex tunc* entfallen ist. Ebenso rückwirkend wird der Erbe für die Verwaltung des Nachlasses verantwortlich. Er haftet nach § 1978 Abs. 1 BGB für die ordnungsgemäße Geschäftsführung nach den Grundsätzen der Geschäftsführung ohne Auftrag bis Annahme, danach wie ein Beauftragter. Mit Nachlassmitteln erworbene Gegenstände muss er gemäß §§ 667 i. V. m. 681 S. 2 BGB herausgeben; für sein Verschulden haftet er danach gemäß § 280 BGB. Schließlich haftet er den Gläubigern für den daraus entstehenden Schaden nach § 1980 Abs. 1 S. 1 und S. 2 BGB, wenn er die Überschuldung des Nachlasses kannte und nicht unverzüglich ein Nachlassinsolvenzverfahren beantragte. Der Erbe haftet

---

[394] RG 19.5.1913 – VI 30/13, RGZ 82, 273, 278.

rückwirkend hinsichtlich der Nachlassverwaltung für eine ordentliche Geschäftsführung.

9 (2.) Der Erbe haftet in folgenden Fällen **unbeschränkt**:
- Er haftet gegenüber allen Gläubigern nach § 1994 Abs. 1 S. 2 BGB unbeschränkt, wenn die **Inventarfrist abgelaufen** ist bzw. nach § 2005 Abs. 1 BGB, wenn das Inventar absichtlich **unrichtig** war und die Nachlassgläubiger geschädigt werden sollten. Dann fallen nach § 2013 Abs. 1 BGB alle Einredemöglichkeiten nach §§ 1973 ff BGB fort.
- Soll der Erbe auf Verlangen von Nachlassgläubigern die Korrektheit der **Inventarerklärung** an Eides statt gemäß § 2006 Abs. 1 BGB versichern und leistet er die Erklärung nicht oder bleibt er im Termin vor Gericht aus, so haftet er gleichfalls nach § 2006 Abs. 3 BGB unbeschränkt.
- **Vertraglich** kann man natürlich ebenso auf Haftungsbeschränkungen **verzichten** wie auf die Geltendmachung von Einreden.
- Wurde der Erbe vorbehaltlos zur Erfüllung von Nachlassverbindlichkeiten durch das Gericht verurteilt, wurde also die **Haftungsbeschränkung nicht in das Urteil aufgenommen** – etwa durch die Schlampigkeit des Erben, fällt die Beschränkungsmöglichkeit weg. Die „Einrede" wurde nicht erhoben.

Im Fall der Zwangsvollstreckung kann der Erbe die Beschränkung seiner Haftung auf den Nachlass nach § 780 Abs. 1 ZPO nur geltend machen, sofern die Haftungsbeschränkung **im Urteil** vorbehalten ist. Sonst haftet er wieder unbeschränkt. Der **Vorbehalt beschränkter Erbenhaftung** ist gemäß § 780 Abs. 2 ZPO allerdings nicht erforderlich, wenn das Urteil gegen den Testamentsvollstrecker, den Nachlasspfleger oder -insolvenzverwalter ergangen ist.

Die Haftung ist folglich in folgenden Fällen unbeschränkt:
- Verletzung der Inventarpflicht, §§ 1994 Abs. 1 S. 2, 2005 Abs. 1, 2013 Abs. 1 BGB,
- Verschweigen der Inventarerklärung, § 2006 BGB,
- Verzicht auf Haftungsbeschränkung,
- Verurteilung zur vorbehaltlosen Erfüllung von Nachlassverbindlichkeiten.

▶ **Antwort**: E hat grundsätzlich die Dürftigkeitseinrede nach § 1990 Abs. 1 S. 1 BGB. Die Einrede muss jedoch vor Gericht erhoben werden. Hat E diese nicht geltend gemacht, ist ein Urteil mit einer unbeschränkten Zahlungspflicht gegen ihn ergangen. E muss daher nunmehr die Forderung des G erfüllen. ◀

§ 44 Beginn der Haftungspflicht

▶ **Frage:** Der Nachlassgläubiger G besteht auf sofortige Begleichung der Schuld. Wann muss der Erbe E, der eben vom Erbfall erfahren hat, zahlen? ◀

Gemäß § 1958 BGB haftet der Erbe erst **ab** seiner **Annahme** der Erbschaft. Er hat also die Annahmefrist, um die Schulden des Nachlasses zu prüfen. Hat er diese Zeit ungenutzt verstreichen lassen, steht er als Erbe fest und muss für die Schulden aufkommen. Gleichfalls ist der zunächst als Erbe Ermittelte von der Haftung befreit, wenn ihm die Erbschaft durch Erbunwürdigkeit entzogen wird oder seine Erbschaft angefochten wird.

Zwischen Erbfall und Annahme bzw. Ausschlagung gibt es damit eine **Übergangszeit**, in welcher der Erbe nicht haftet. Wer später die Erbschaft ausschlägt und vorher erbschaftliche Geschäfte geführt hat, haftet gemäß § 1959 Abs. 1 BGB nach den Grundsätzen der **Geschäftsführung ohne Auftrag**. Zinsen muss er etwa nach §§ 681 S. 2, 667 BGB herausgeben. Seine Verfügungen über Nachlassgegenstände sind nach § 1959 Abs. 2 BGB nur insoweit wirksam, als sie ohne Nachteil für den Nachlass nicht hinausgeschoben werden konnten. Einseitige empfangsbedürftige Rechtsgeschäfte, die ein Dritter gegenüber dem Erben vorgenommen hat, sind nach § 1959 Abs. 3 BGB wirksam. Der Erbe darf vor Annahme der Erbschaft nach § 1958 BGB nicht für den Nachlass verklagt werden, da seine Erbenstellung noch nicht feststeht. Macht er Nachlassverbindlichkeiten vor Gericht geltend, liegt darin eine konkludente Annahme. Hat er als Erbe etwas erhalten, das ihm mangels Erbrecht nicht zusteht, greift der Anspruch aus § 2018 BGB.

Daneben gibt es die Möglichkeit **aufschiebender Einreden**:

- Gemäß § 2014 BGB darf der Erbe die Nachlassgläubiger bis zu **drei Monate nach der Annahme** der Erbschaft hinhalten, nicht jedoch über die Errichtung eines Inventars hinaus.
- Wird ein **Aufgebotsverfahren** durchgeführt, kann der Erbe die Begleichung bis zur Beendigung des Verfahrens nach § 2015 Abs. 1 BGB verweigern. Das Aufgebot muss jedoch binnen eines Jahres bei der allgemeinen Zivilabteilung des Amtsgerichts nach §§ 946 ff ZPO beantragt und zugelassen worden sein.

Diese aufschiebenden Einreden sind jedoch nach § 2016 Abs. 1 BGB **ausgeschlossen**, wenn der Erbe unbeschränkt haftet, ebenso gegenüber den Realgläubigern nach §§ 1971, 2016 Abs. 2 BGB. Verständlicherweise dürfen die aufschiebenden Einreden auch nicht gegenüber der Forderung des Dreißigsten nach § 1969 BGB sowie gegenüber werdenden Müttern eines Erben nach § 1963 BGB erhoben werden.

Die aufschiebenden Einreden **bewirken** eine **Vollstreckungsbeschränkung**. Weder eine Klage noch die Verurteilung oder die Zwangsvollstreckung werden dadurch verhindert. Letztere darf jedoch nur eine Sicherung bewirken. Die Sachen dürfen also gepfändet, aber nicht zwangsversteigert werden.

Der Nachlassgläubiger kann also – unabhängig von möglichen Einwendungen – klagen:

- **vor Annahme** der Erbschaft nur gegen einen **Nachlasspfleger**, sofern nicht bereits gegen den Erblasser eine Zwangsvollstreckung begonnen wurde,

- **nach der Annahme** gegen den **Erben** oder, wenn eine Nachlassverwaltung, ein Nachlassinsolvenzverfahren oder eine Testamentsvollstreckung vorliegt, nur gegen die **Verwalter** bzw. **Testamentsvollstrecker**.

▶ **Antwort:** Erst ab Annahme ist E zur Haftung verpflichtet. Allerdings kann er noch die Einrede nach § 2014 BGB geltend machen, um erst nach weiteren drei Monaten zahlen zu müssen. Dann muss er andere triftige Gründe finden, um die Zahlung zu verweigern, etwa durch Beginn eines Aufgebotsverfahrens, wodurch er nach § 2015 Abs. 1 BGB die Zahlung weiter hinausschieben kann. Danach kann er die Zahlung nicht mehr hinausschieben, sondern sie nur noch mit grundsätzlichen Argumenten allgemein verweigern, etwa aufgrund der Dürftigkeitseinrede oder anderen Einreden dieser Art. ◀

§ 45 Haftung der Miterben

▶ **Frage:** G hatte einen Anspruch gegen den verstorbenen E und möchte ihn nun gegenüber den Erben A und B durchsetzen. Wie kann er vorgehen? ◀

I. Bis zur Nachverteilung

Bei der Haftung der Erben ist zeitlich zwischen der Zeit vor und nach der Nachlassteilung zu differenzieren.

Vor der Nachlassteilung haften die Erben nach § 2058 BGB als Gesamtschuldner. Dies ist eine Konsequenz aus der Konstruktion der Miterbengemeinschaft als Gesamthandsgemeinschaft, die eine anteilige Haftung wie im römischen Recht im Grundsatz ausschließt. Solange der Nachlass nicht geteilt ist, sind alle Miterben im Innenverhältnis nur im Verhältnis ihrer Erbteile an allen Aktiva und Passiva berechtigt und verpflichtet. Der Gläubiger kann also gegen jeden Miterben einzeln vorgehen. Der Miterbe haftet als Gesamtschuldner gemäß § 421 BGB für die gesamte Summe; nur im Innenverhältnis zwischen den Miterben besteht nach § 426 BGB eine Ausgleichungspflicht. Diese Klage des Nachlassgläubigers bezeichnet man daher als „**Gesamtschuldklage**". Für die Ausgleichsansprüche unter den Miterben soll nach dem OLG Oldenburg nicht die Regelverjährung von drei Jahren nach § 195 BGB gelten, sondern die 30-jährige Verjährung.[395]

Insoweit jeder Miterbe in voller Höhe zur Begleichung der gemeinsamen Nachlassverbindlichkeiten verpflichtet ist, muss er grundsätzlich auch auf sein Privatvermögen nach § 1967 Abs. 1 BGB, § 859 ZPO zurückgreifen. Das BGB macht es den Miterben jedoch etwas leichter und gestattet, dass vorrangig der Nachlass herangezogen werden kann. Nach § 2059 Abs. 1 S. 1 BGB sind die Erben daher nur verpflichtet, aus ihrem Anteil am Nachlass zu leisten. Jeder der Erben kann daher gemäß **§ 2059 Abs. 1 S. 1 BGB** einwenden, dass der Nachlass noch nicht geteilt sei und kein Erbe bisher seinen Anteil am Nachlass erhalten habe. Macht ein Erbe diese „**Einrede des ungeteilten Nachlasses**" geltend, kann er die Begleichung der Schuld aus dem Privatvermögen bis zur Nachlassteilung ablehnen.

Die Einrede ist unabhängig von den anderen Einredemöglichkeiten. Prozessual muss sie nach §§ 781, 785, 767 ZPO **im Urteil vorbehalten** werden, damit der Miterbe den Zugriff des Gläubigers in sein Privatvermögen mittels einer Vollstreckungsabwehrklage abwehren kann.

Haftet der Miterbe aufgrund eines Gerichtsurteils ohne einen entsprechenden Vorbehalt unbeschränkt, dann trifft ihn die volle **Haftung** jedenfalls **im Verhältnis der Anteile** („*pro rata*") gemäß **§ 2059 Abs. 1 S. 2 BGB**. Die Gesamtschuldklage verpflichtet demnach den Erben als Gesamtschuldner, soweit die Haftung noch beschränkbar ist, nur auf den Anteil am Nachlass. Ist die Haftung unbeschränkbar, muss der Teilschuldner bis zur Höhe seines Erbteils auch mit eigenem Vermögen einstehen.

Bis zur Nachlassteilung können die Miterben gemäß § 2062 BGB nur zusammen die Nachlassverwaltung begründen. Dadurch beschränkt sich ihre Haftung auf den Nachlass gemäß § 1975 BGB.

---

[395] OLG Oldenburg 5.5.2009 – 12 U 3/09, NJW-Spezial 2009, 471. Hierfür gilt jetzt § 199 Abs. 3a BGB.

5 Daneben kann der Nachlassgläubiger gemäß § 2059 Abs. 2 BGB alle Miterben gemeinsam in Anspruch nehmen. Diese Klage richtet sich gegen alle Miterben als Gesamthandsgemeinschaft; es handelt sich bei ihnen dann um notwendige Streitgenossen. Diese Klage ist eine „**Gesamthandsklage**" gegen das gesamthänderisch gebundene Vermögen des Nachlasses. Gemäß § 747 ZPO muss das Urteil gegen alle Erben ergehen. Die Frage nach einer Haftungsbeschränkung stellt sich hierbei nicht. Zwar ist diese Klage in der Klageerhebung komplizierter, dafür können die Streitgenossen keine Einreden nach § 2059 Abs. 1 BGB erheben, da sie jedem nur für sich entstehen. Die Gesamthand muss die bestehende Forderung vollständig erfüllen.

6 Der **Miterbe als Nachlassgläubiger** kann wie jeder Nachlassgläubiger gegen den Miterben durch Gesamtschuldklage oder gegenüber allen mit der Gesamthandsklage vorgehen. Bei der Gesamtschuldklage ist ein Abzug in Höhe seines eigenen Anteils nach §§ 2058, 426 BGB vorzunehmen.

II. Nach der Nachlassteilung

7 Nach der Nachlassteilung ist die Gesamthandsgemeinschaft aufgelöst, es kommt nur noch die **Gesamtschuldklage** in Betracht. Die einzelnen Erben haften nur mit dem Nachlass, falls ihre Haftung beschränkt ist. Unterliegen sie der unbeschränkten Haftung, müssen sie außerdem mit ihrem eigenen Vermögen eintreten. Dennoch gibt es auch nach der Teilung die Ausnahme einer auf den Erbteil beschränkten Haftung:

8 Die Miterben haften in den von § 2060 BGB bestimmten Fällen **ausnahmsweise nur als Teilschuldner** entsprechend ihren Erbteilen. Dies ist dann der Fall, wenn es ihnen überlassen bleiben soll zu bestimmen, ob und gegen welchen der Nachlassgläubiger sie ihre ansonsten bestehenden Einreden, etwa aus §§ 1973, 1974 BGB, erheben wollen. Die Fälle werden in § 2060 BGB gesammelt.

- Die beschränkte Haftung greift nach § 2060 Abs. 1 Nr. 1 BGB gegenüber einem durch ein gerichtliches Aufgebotsverfahren **ausgeschlossenen Gläubiger**.
- Nur beschränkt haften muss man ebenso jenem Gläubiger gegenüber, der gemäß § 2060 Nr. 2 BGB seine Forderung nicht binnen fünf Jahren nach Erbfall geltend gemacht und damit **verschwiegen** hat,
- oder gegenüber allen Gläubigern, wenn ein Nachlassinsolvenzverfahren eröffnet wurde und dieses nach § 2060 Nr. 3 BGB durch die Verteilung der Masse oder einen **Insolvenzplan** beendet wurde,
- sowie nach § 2061 BGB demjenigen gegenüber, der seine Forderung **nicht binnen sechs Monaten angemeldet** hat.

9 Die **übrigen Einreden** stehen den Miterben nicht unumschränkt zu Gebote. Strittig ist jeweils, ob die verschiedenen Verfahren auch noch nach der Teilung beantragt werden dürfen, um die Haftungsbeschränkung zu bewirken. Jeweils bezieht sich § 2060 BGB auf durchgeführte Verfahren. Doch können diese Verfahren ebenso noch später abgeschlossen werden, so dass dieser Ausschluss der Haftungsbeschränkung nicht geboten erscheint.[396] Hält man den Abschluss der Verfahren vor der Teilung für erforderlich, werden mit der Teilung verschiedene Möglichkeiten der Haftungsbegrenzung hinfällig,

---

[396] Str., zum Aufgebotsverfahren Grünewald (Fn. 113)/ *Weidlich*, § 2060 Rn. 2 für die Beschränkung, dagegen wie hier Julius von Staudinger, Kommentar zum Bürgerlichen Gesetzbuch, Buch 5, §§ 1967–2063, Neubearb. 2020/ *Marotzke*, § 2060 Rn. 69; zur Nachlassinsolvenz MüKo (Fn. 113)/ *Fest*, § 2060 Rn. 20 ff., wie hier dagegen wieder Staudinger (Fn. 396)/ *Marotzke*, § 2060 Rn. 85.

was tunlich vor der Teilung durchdacht sein sollte. Schließlich kann die Inventarerrichtung durch einen Miterben als Haftungsbeschränkung nach § 1994 Abs. 1 S. 2 BGB gemäß § 2063 Abs. 1 BGB auch zugunsten der übrigen Miterben wirken, soweit deren Haftung nicht bereits unbeschränkt ist.

Zusammenfassung zur Haftung der Miterben:

vor der Teilung	*nach* der Teilung
Gesamtschuldklage, § 2058 BGB	Gesamtschuldklage, § 2058 BGB, Ausnahmen nach § 2060 BGB: Nr. 1: Ausschluss im Aufgebotsverfahren, Nr. 2: Verschweigung der Forderung binnen 5 Jahren, Nr. 3: Nachlassinsolvenzverfahren eröffnet und durchgeführt.
Gesamthandsklage, § 2059 Abs. 2 BGB	– (keine Gesamthandsgemeinschaft mehr)

Überblick zur beschränkten/unbeschränkten Haftung der Miterben:

- Bis zur Erbteilung haftet der Miterbe beschränkt auf den Nachlass gemäß § 2059 Abs. 1 S. 1 BGB, er muss also nicht auf sein Privatvermögen zurückgreifen.
- Auf Antrag nur durch alle Miterben zusammen kann – lediglich bis zur Teilung – die Nachlassverwaltung nach § 2062 BGB begründet werden. Diese Absonderung des Nachlasses begründet die Beschränkung der Haftung auf den Nachlass nach § 1975 BGB.
- Unter Miterben intern kann sich der Miterbe auf Beschränkung berufen, selbst wenn er sich gegenüber Nachlassgläubigern nicht darauf berufen kann (Natur der Gesamtschuld nach § 426 BGB).
- Die Inventarerrichtung durch einen Miterben wirkt auch zugunsten der übrigen Miterben nach §§ 1994 Abs. 1, 2063 Abs. 1 BGB, sofern nicht die unbeschränkte Haftung schon aus anderen Gründen festgestellt wurde.

▶ **Antwort:** G kann die Gesamthandsklage gegen A und B als notwendige Streitgenossen nach § 2059 Abs. 2 BGB erheben. Die Vollstreckung in den ungeteilten Nachlass erfordert dann gemäß § 747 ZPO ein Urteil, das gegen alle Erben ergangen ist. Stattdessen kann G einzeln gegen entweder A oder B als Gesamtschuldner gemäß § 2059 Abs. 1 BGB vorgehen. Möglich ist hierbei die Pfändung und Überweisung des Anteils eines Erben an der Miterbengemeinschaft. ◀

Fragen zur Wiederholung und Vertiefung

104. Welche Grundregel gilt für die Haftung des (Allein-)Erben?
105. Welche Grundregel gilt für die Haftung der Miterben?
106. Wie kann man den Nachlass rechtlich so absondern, dass eine Haftung mit dem Privatvermögen ausscheidet?
107. Was bewirkt die Dürftigkeitseinrede, wann kann sie erhoben werden?
108. Was bewirkt die Erschöpfungseinrede, wann kann sie erhoben werden?

J. Haftung der Erben

109. Wozu dient die Errichtung eines Nachlassinventars?
110. Wie kann ein Nachlassgläubiger gegen die Miterben einer ungeteilten Miterbengemeinschaft vorgehen?

§ 46 Gestaltung eines Testaments

▶ **Frage:** E hat zwei erwachsene Kinder, A und B, von denen B so behindert ist, dass er betreut werden muss. Was kann E machen, um eine möglichst gute Versorgung von B zu erreichen? ◀

Die Aufgabe des Erbrechts liegt längst nicht nur darin, nach dem Erbfall die Erbfolge zu klären und misslungene Testamente zu interpretieren. Besser ist dagegen die lebzeitige Beratung des Erblassers, an welche Punkte zu denken ist und wie man so formuliert, dass das Testament für eine Vielzahl von Situationen zum Zeitpunkt des Erbfalls die richtige Anweisung enthält. Vielleicht spiegelt dies die erbrechtliche Praxis sogar eher wider als die Prozesssituation. Man kann die gestalterischen Möglichkeiten insbesondere der gewillkürten Erbfolge **präventiv** einsetzen und braucht nicht abzuwarten, bis Probleme entstanden sind. Solche einmal gefällten Beratungsentscheidungen sind selbstverständlich nach Veränderungen in der Familie oder im Vermögen zu überprüfen. Die Klienten tun also gut daran, ihre Situation nach einigen Jahren erneut überprüfen zu lassen.

Anstelle notarieller oder anwaltlicher Beratung ist es ebenso möglich, selbst Entwürfe anhand von Mustertexten auszuwählen, soweit die Situation nicht außergewöhnlich ist und eher eine Standard-Lösung angestrebt wird. Formularbücher halten eine Fülle von Vorschlägen bereit, die sorgfältig ausgewählt werden müssen. Dafür enthalten sie oft selbst schon fast lehrbuchhafte Einführungen in die Materie.[397] Doch bleibt dem Verwender noch die Entscheidung, ob am Text mehr geändert werden muss als nur die Einfügung der persönlichen Angaben.

Im Rahmen einer kurzen Einführung, die nicht mehr als einen Hinweis auf diesen großen Bereich geben kann,[398] sollen vor allem **neun Punkte** benannt werden, die bei der Abfassung einer letztwilligen Verfügung zu berücksichtigen sind. Oft genug gibt es eigene Vorlesungen, die nur diesem Thema vorbehalten sind und eigens von Praktikern gelesen werden.

I. Alternativen zum Testament

Zunächst fragt sich, **ob überhaupt eine letztwillige Verfügung** das richtige Mittel ist oder ob eine alternative Gestaltungsmöglichkeit vorzugswürdig erscheint. Zu Lebzeiten des Erblassers sind ebenso möglich: ein Ehevertrag, die Adoption, eine Schenkung nach § 516 BGB, die Errichtung eines Sparbuchs oder einer Lebensversicherung nach § 331 BGB zugunsten eines anderen, der Erbverzicht, die Anordnung einer Sondernachfolge im Unternehmen, die Errichtung einer postmortalen Vollmacht sowie allgemeine noch vermögensrechtliche Vorsorgemaßnahmen für die Familie.

Bei großen Vermögen ist in besonderer Weise die Möglichkeit der Errichtung einer **Stiftung** zu erwägen. Sie ist nicht nur bei oder zugunsten von Unternehmen, sondern auch zugunsten von Familien als „Familienstiftung" möglich. Nach § 15 Abs. 2 ErbStG handelt es sich um eine Familienstiftung, wenn der Familie oder den Angehörigen über die Hälfte der Leistungen zugutekommen sollen. Auch die laufende Rente für eine lebende Person kann Stiftungszweck sein.

---

[397] Z.B. *Christoph Dorsel*, Kölner Formularbuch Erbrecht, 4. Aufl. Hürth 2024.
[398] S. näher *Lutz Michalski/Jessica Schmidt*, BGB-Erbrecht, 5. Aufl. 2019, Rn. 137 ff.; *Gerrit Langenfeld*, Einführung in die Vertragsgestaltung, Teil 6, JuS 1998, 521–523; *ders.*, Testamentsgestaltung, 3. Aufl. 2002.

Solche Stiftungen können sehr alt werden: Es gibt Familienstiftungen, die bis in das 16. Jahrhundert reichen; das St. Johannis-Spital-Stift in Passau sogar bis um 1200. Große Stiftungen wie die von Robert Bosch, VW, Grundig, Klöckner, Bucerius, Schickedanz, Flick, Zeiss oder Bertelsmann belegen die Vielfältigkeit der möglichen Aufgaben sowie die Leistungskraft eines solchen rechtlich unabhängigen Vermögens, das nach dem Willen des Stifters einem bestimmten Zweck dienen soll. Der Stiftungszweck muss vom Stifter benannt werden, um den Aufgabenbereich und Aktionsradius der Stiftung zu bestimmen.

Die Stiftung hat als beträchtlichen Vorteil die eigene Rechtsfähigkeit nach § 80 BGB. Um ihre Langlebigkeit effektiv zu gewährleisten, braucht sie ein **großes Vermögen**, das ihr das Wirken in den nächsten Jahrzehnten und Jahrhunderten ermöglicht. Ohne ein ausreichendes Kapital kommt nur eine unselbständige Stiftung oder eine Zustiftung zu einer schon bestehenden Stiftung in Betracht. Ein Nachteil ist, dass die Stiftung immer mit ihrer Stiftungsurkunde und dem daraus bestimmten Stiftungszweck leben muss. Oft passt das nicht mehr zu den modernen Umständen. Zudem muss das Vermögen ständig gesichert werden, so dass es nicht vollständig ausgegeben werden kann. Eine Ausnahme hierzu bilden die „Verbrauchsstiftungen", deren Kapital nach dem Willen des Stifters für einen Zweck aufgebraucht werden darf. Soweit der Stifterwille nichts anderes vorschreibt, sind sichere Geldanlagen zu wählen. Im Wesentlichen können nur die Erträge herangezogen werden, um die vom Stifter bestimmten Zwecke zu erfüllen.

Zwar sind auch Stiftungen steuerpflichtig. Bei ihnen wird der Erbfall alle 30 Jahre fingiert; daraus wird eine jährliche Steuerpflicht berechnet. Im Fall eines gemeinnützigen Zwecks gemäß §§ 51 ff AO kommt als weiterer Vorteil gegenüber einer erbrechtlichen Lösung eine Steuerprivilegierung der Stiftung in Betracht.

II. Vorzüge der gesetzlichen Erbfolge?

4 Man sollte sich fragen, **ob** wirklich eine letztwillige Verfügung notwendig ist oder ob doch das **gesetzliche Erbrecht ausreicht**. Zum einen stellt die Ermittlung des Erblasserwillens bis ins Detail einen gewissen Aufwand dar. Zum anderen kann dessen Umsetzung im Rahmen der gewillkürten Erbfolge missverständlich oder lückenhaft erfolgen. Der große Vorteil der gesetzlichen Erbfolge ist, dass hierbei keine Unklarheiten und Lücken entstehen können. Während die individuelle Gestaltung eines Testaments Rechtsberatung erfordert, kann die gesetzliche Erbfolge ohne den Gang zum Notar oder Rechtsanwalt erfolgen. Eventuell reicht es daneben aus, im Wege eines Testaments nur Nebenanordnungen wie Vermächtnisse oder Auflagen zu errichten.

III. Testierfähigkeit

5 Soll ein Testament errichtet werden, sind die Voraussetzungen für die gewillkürte Erbfolge zu klären: Ist der Erblasser **testierfähig**? Welche Staatsangehörigkeit hat er? Wo ist sein Vermögen belegen? Der Notar muss diese Fragen ex officio klären; bei notariellen Akten hilft also der Notar, den Einwand der fehlenden Testierfähigkeit zu überwinden.

Die beiden letzten Fragen berühren das Problem des anwendbaren Rechts, welches auch die Voraussetzungen der Erb- und Testierfähigkeit regelt. Diese Fragen sind nach dem Grundsatz des internationalen Privatrechts, insbesondere Art. 25, 26 EGBGB in

Verbindung mit der EUErbVO, zu klären. Nach der EUErbVO scheinen sie in bestimmten Fällen wieder problematisch geworden zu sein.

IV. Pflichtteilsrechte

Um die Möglichkeiten der testamentarischen Gestaltung zu ermessen, ist die **Bindung des Nachlasses durch Pflichtteilsrechte** zu eruieren. Wird der Erbe durch ein erhebliches Pflichtteilsrecht dazu gezwungen, das im Nachlass befindliche Unternehmen zu veräußern, kann dadurch eventuell gerade der Zweck der Erbeinsetzung und der Enterbung des Pflichtteilsberechtigten vereitelt werden.

6

V. Ermittlung des Erblasserwillens

Eine wesentliche Aufgabe der Rechtsberatung gilt der **Ermittlung des Ziels**, das die letztwillige Verfügung verfolgen soll. Dazu befragt man nicht nur den Mandanten, sondern erarbeitet auch verschiedene Vorschläge, deren Konsequenz erklärt werden muss. Dadurch nähert man sich der Variante, die dem erst zu erkundenden oder zu bildenden Erblasserwillen am ehesten entspricht. Dies ist nicht nur eine juristische, sondern auch eine psychologische Aufgabe. Inhaltlich ist etwa zu klären, ob der Erblasser etwa vor allem die Erhaltung des Nachlasses bezweckt oder eine gleichmäßige Verteilung unter den Nachkommen erreichen will. Ebenso kommt die größtmögliche Begünstigung nur eines Nachkommens, die weitestgehende Enterbung eines Nachkommen oder Ehegatten in Betracht sowie die Sonderregeln im Zusammenhang mit der Nachfolge in Unternehmen.

7

Heikel ist die Verbalisierung der Motive von Testamenten. Sie können zwar helfen, die Absichten der Regelungen besser zu verstehen und insoweit die Interpretation leiten. Doch es besteht die Gefahr, dass sittenwidrige Motive erkennbar werden oder die Motivation des Testaments, etwa wegen des Risikos der bevorstehenden Operation, als Bedingung der Erbeinsetzung verstanden wird, also die Erbeinsetzung nach Überleben der Operation nicht mehr als wirksam angesehen wird.[399]

VI. Art der letztwilligen Verfügung

Sodann ist zu entscheiden, **welcher Typ der letztwilligen Verfügung** zum Zweck am meisten passt. Soll der Erblasser allein oder zusammen mit dem Ehegatten testieren? Soll im letzten Fall die Trennungs- oder Einheitslösung gewählt werden? Insbesondere bei Unternehmen oder Unternehmensteilen im Nachlass kommt in Betracht, diesen besonderen Vermögenswert in nur eine Hand zu geben und einen Erben derart zu privilegieren. Die dann eventuell notwendigen Erb- und Pflichtteilsverzichte können zwar separat erklärt werden, vielleicht ist die Familie aber in besonderer Weise im Rahmen eines Erbvertrags zu einer solchen Gesamtlösung bereit.

8

Dabei sind auch die **steuerrechtlichen Aspekte** zu berücksichtigen. Ist eine gemeinnützige Stiftung aus steuerrechtlichen Gründen gegenüber einem Erbvertrag vorzugswürdig? Welche Verteilung zwischen Ehefrau und Kindern lässt die größten Steuerfreibeträge insgesamt zu?

---

[399] Gegen eine solche Interpretation OLG München 15.5.2012 – 31 Wx 244/11, NJW 2012, 2818.

VII. Gestaltungsmöglichkeiten

9 Die Hauptaufgabe liegt sicherlich in der Bestimmung der **für den Einzelfall geeigneten Gestaltungsmöglichkeiten**. Soll der Erblasser Teilungsanordnungen erlassen? Soll er aufschiebende oder auflösende Bedingungen an die Erbenstellung knüpfen oder eine Vor- und Nacherbschaft anordnen? Ebenso sind steuerliche Vorteile zu ergründen. Vermächtnisse eröffnen Möglichkeiten, die bei der Erbeinsetzung nicht gegeben sind. Insbesondere für Geldvermächtnisse kommen auch Wertsicherungsklauseln in Betracht. Eine Bindung des Erben erreicht man zwar durch Auflagen, viel sicherer ist die Anordnung der Testamentsvollstreckung oder einer postmortalen Vollmacht. Für den Fall von Zwistigkeiten kann man den Erben auflegen, ein bestehendes oder ad hoc zu bildendes Schiedsgericht zu konsultieren, um den Gang zu den Zivilgerichten zu erschweren.

VIII. Mögliche Veränderungen der Rechts- und Sachlage

10 Ein schwieriges Problem stellen die möglichen **Veränderungen der Rechts- und tatsächlichen Lage** dar. Im Testament kann grundsätzlich nur die gegenwärtig bekannte Sachlage berücksichtigt werden. Zwar kann man durch Interpretation spätere Lagen berücksichtigen, doch bleiben damit viele Unsicherheitsfaktoren bestehen. Bei der Niederlegung der letztwilligen Verfügung könnte man daher die Ziele, Motive und Zwecke definieren, etwa alle Kinder zu berücksichtigen, um nach dem Tod nicht nur die benannten Kinder A und B, sondern auch das nachgeborene Kind C leichter als Erbe ausmachen zu können. Eine weitere Möglichkeit wäre eine etwas stärker allgemein gehaltene Formulierung, doch birgt diese Vorgehensweise Risiken, können doch gerade daraus Differenzen und Streitigkeiten entstehen.

IX. Form

11 Schließlich ist die **notwendige Form** zu bestimmen. Zwar genügt die handschriftliche Niederlegung eines Testaments, der Notar berät jedoch nicht nur, sondern steht mit seiner Kompetenz auch dafür ein, dass der Erblasser im Zeitpunkt der Testamentserrichtung bei geistiger Gesundheit war. Dagegen gerichtete Einwendungen kann der Notar daher zumeist entkräften. In Betracht kommt die Hinterlegung des Testaments, um seine Berücksichtigung im Fall des Todes zu garantieren.

▶ **Antwort:** Das besondere Problem des Falles liegt darin, dass jede Zuwendung an B Gefahr läuft, nur zur Finanzierung der Pflegedienstleistungen herangezogen zu werden. Wird die Pflege vom Sozialhilfeträger erbracht, kann dieser nach § 90 Abs. 1 SGB XII (Sartorius Nr. 412) auf das gesamte Vermögen des Pflegebedürftigen zurückgreifen, die Ausnahmen nach § 90 Abs. 2 SGB XII greifen nur in Einzelfällen. Da die Forderungen des Sozialhilfeträgers ständig steigen, läuft die Erbschaft des B Gefahr, vollständig dafür aufgebraucht zu werden. Sicherlich steht es im Allgemeininteresse, dass die Sozialhilfe auch von den leistungsfähigen Patienten getragen wird. Allerdings bewirkt die Erbeinsetzung keine spürbare Verbesserung der Lage des B, der das Vermögen nur weiterleiten darf. Gesucht wird daher nach einer Möglichkeit, dem B etwas zukommen zu lassen und dabei Ansprüche der Sozialhilfeträgerin auszuschließen. Dies wird grundsätzlich nicht als sittenwidrig angesehen („**Behindertentestament**").[400]

---

[400] BGH 21.3.1990 – IV ZR 169/89, BGHZ 111, 36, 42; BGH 20.10.1993 – IV ZR 231/92, BGHZ 123, 368.

§ 46 Gestaltung eines Testaments

Weder ein lebzeitiger Übergabevertrag noch die Enterbung helfen, letzteres weil der Sozialhilfeträger den Pflichtteilsanspruch geltend machen und für sich verwerten könnte. Die Auflage zugunsten des B würde dessen Position gegenüber A wegen des fehlenden Forderungsrechtes zu stark schwächen. In Betracht käme stattdessen entweder eine Stiftung, von der B laufend mit kleinen, pfändungsfreien Beiträgen profitieren könnte, oder eine bedingte Erbeinsetzung des B. Im letzten Fall könnte man beispielsweise an eine Vor- und Nacherbfolge denken, mit B als nicht befreitem Vorerben und A als Nacherben. Dann könnte B von den Erträgen profitieren, ohne dass das Vermögen zugunsten der Sozialhilfeträgerin verwertet werden dürfte. Dadurch entsteht sicherlich eine komplizierte rechtliche Situation. Zusätzlich oder auch anstelle dieser Lösung könnte man einen Testamentsvollstrecker einsetzen, der ausschließlich über die Verwertung des Nachlasses entscheiden soll. Die Dauertestamentsvollstreckung allein ist dabei vielleicht kein ausreichender Schutz.[401] Der Testamentsvollstrecker müsste präzise für bestimmte Funktionen eingesetzt werden und könnte dabei flexibel nach den konkreten Bedürfnissen des Kindes entscheiden. Da die Privatgläubiger des Erben nicht mehr Rechte haben können als der Erbe selbst, würde dies auch die Verwertung des Nachlasses durch die Sozialhilfeträgerin ausschließen.

Für einen Textvorschlag vgl. *Gerrit Langenfeld*, Testamentsgestaltung, 3. Aufl. 2002, Rn. 423 ff, 270 ff; insbesondere Rn. 272, 273; *Hartmann*, ZEV 2001, 89. ◄

---

[401] *Christiane Manthey/Constanze Trilsch*, Das „Bedürftigentestament": die hohe Schule der Testamentsgestaltung, ZEV 2015, 618–624.

Wiederholungs- und Vertiefungsfragen und Antworten

1. Was ist Universalsukzession?

Das grundlegende Prinzip des deutschen Erbrechts, wonach der Nachlass bis zur Aufteilung als Ganzes auf die Erben übergeht, deshalb auch Gesamterbrechtsnachfolge genannt, und unter den Erben als Sondervermögen erhalten bleibt, so dass den Erben insgesamt die Rechte an der Gesamtheit von Aktiva und Passiva zustehen.

2. Kann der Erbe die Tilgungsbestimmung ändern?

Handelt es sich um die Nachfolge in Vermögenswerte, gilt das Erbrecht. Durch den Erbfall rückt der Erbe in die Position des Erblassers, durch den Vertrag wird er wie der Erblasser berechtigt und verpflichtet. Dem Erben muss es daher grundsätzlich möglich sein, im selben Umfang wie der Erblasser die Tilgungsbestimmung nachträglich zu ändern.

3. Warum könnten die Erben eine Gesellschaft bürgerlichen Rechts bilden?

Der ungeteilte Nachlass kann einem gemeinsamen Zweck dienen. Beschließen die Erben dessen Fortführung und leisten sie auch Beiträge dazu, dann sind die Voraussetzungen der Gesellschaft bürgerlichen Rechts gegeben, § 705 BGB. Seit dem Urteil des BFH (Urteil vom 19.01.2023 – IV R 5/19 Rz. 38) wird diese Möglichkeit aber höchstrichterlich abgelehnt.

4. Was ist der Zweck des Erbrechts?

Das Erbrecht hat die Aufgabe, die Testierfreiheit zu verwirklichen und den Nachlass zu verteilen.

5. Was sind die Voraussetzungen für die Errichtung einer selbstständigen, rechtsfähigen Stiftung?

Die Stiftung setzt voraus
- den Stifterwillen,
- ein ausreichendes Vermögen,
- das auf Dauer rechtlich verselbstständigt werden soll,
- ein gültiges Stiftungsgeschäft, das die Formerfordernisse nach § 81 BGB erfüllt und
- eine handlungsfähige Organisation vorsieht.
- Insbesondere muss die Einrichtung der Stiftung die Gewähr bieten, den Zweck der Stiftung dauerhaft erfüllen zu können; ihr Zweck darf dem Gemeinwohl nicht widersprechen. (Ausnahme – Verbrauchsstiftung gemäß § 80 Abs. 1 S. 2).
- Die Stiftung muss anerkannt werden, worauf es allerdings nach § 82 BGB einen Rechtsanspruch gibt, wenn die Voraussetzungen im Übrigen erfüllt sind.

6. Was ist ein nondum conceptus?

Der noch nicht Erzeugte ist grundsätzlich nicht erbfähig; nach § 1923 Abs. 1 BGB muss der Erbe zum Zeitpunkt des Erbfalls leben oder jedenfalls gezeugt sein und lebend zur Welt kommen, § 1923 Abs. 2 BGB. Ausnahmsweise kann bei einer gestaffelten Erbfolge der *nondum conceptus* Erbe werden, wenn er als Nacherbe berufen wird und binnen 30 Jahren (§ 2101 Abs. 1 S. 1 BGB) oder sogar noch später geboren wird. Auch die Stiftung kann nach § 80 Abs. 2 S. 2 BGB noch nach dem Tod des Erblassers errichtet werden.

7. Welche Verfügungen von Todes wegen kennt das deutsche Recht?

Nach dem deutschen Recht gibt es das
- Testament,
- das gemeinschaftliche Testament von Ehegatten und Lebenspartnern sowie
- den Erbvertrag.

8. Was bedeutet das Prinzip des Vonselbsterwerbs bzw. der Soforterbfolge?

Der Erbe wird im Zeitpunkt des Erbfalls nach § 1922 BGB Eigentümer und gemäß § 857 BGB auch sofort Besitzer des Nachlasses. Dies ist eine Fiktion, um für keinen Moment Unsicherheiten der Zuordnung der Güter und Vermögenswerte zuzulassen.

9. Was ist „Höferecht"?

Höferecht ist besonderes Zivilrecht für landwirtschaftliche Betriebsstätten. In Bezug auf das Erbrecht soll hier einer Zersplitterung in unrentable Kleinstbetriebe vorgebeugt werden. Zu diesem Zweck gibt es in den Ländern verschiedene Ordnungen und Gesetze, in Nordrhein-Westfalen etwa die Höfeordnung für die britische Zone vom 24.4.1947 in der Neufassung vom 26.7.1976, welche als partielles Bundesrecht gilt. Insoweit handelt es sich um besonderes Erbrecht.

10. Kann das Erbrecht des BGB für einen Erbfall vom 10.10.1989 in Dresden herangezogen werden?

Nach dem intertemporalen Privatrecht der Bundesrepublik kann das BGB gemäß Art. 230 Abs. 2 EGBGB, Art. 235 § 1 Abs. 2 EGBGB e contrario nur für einen Erbfall nach dem 3.10.1990 angewendet werden. Für Altfälle ist nach Art. 235 § 1 Abs. 1 EGBGB das Recht der DDR anzuwenden. Gemäß Art. 235 § 2 EGBGB bleibt das alte Recht auch für vor diesem Termin aufgesetzte Testamente und Erbverträge anwendbar.

11. Auf welche Weise ist der Staat am Nachlass beteiligt?

Als Erbe, also als gewillkürter oder als gesetzlicher Ersatzerbe nach § 1936 BGB, oder über das ErbStG.

12. Der Erblasser hinterlässt seinem einzigen Erben 100.000 EUR. In den letzten 15 Jahren hat er ihm jedes Jahr die gleiche Summe als Geschenk zugewendet. Wie viel hat der Erbe zu versteuern?

Nach § 14 ErbStG die jetzigen 100.000 sowie die jeweils 100.000 nur der letzten 10 Jahre, also insgesamt 1.100.000 EUR.

13. Testamentarischer Erbe wird neben dem einzigen Sohn auch die Mutter des Verstorbenen. In welche Steuerklasse fällt sie?

Steuerklasse II nach § 15 Abs. 2 Nr. 1 ErbStG.

14. Worin liegt die Privilegierung von Grundbesitz, warum könnte sie verfassungswidrig sein?

Grundbesitz wird über die Bemessung nach dem Einheitswert, dem veraltete Verkehrswerte zugrunde gelegt werden, zu einem geringeren Wert angesetzt als der aktuell auf dem Markt zu erzielende Wert. Für alle anderen Vermögensgegenstände wird hingegen der Marktwert zum Zeitpunkt des Erbfalls zugrunde gelegt. Dies kann eine steuerliche Ungleichbehandlung nach Art. 3 GG darstellen.

15. Wozu dient der Erbschein?

Der Erbschein ist nach § 2353 BGB ein vom Nachlassgericht ausgestelltes Zeugnis über das Erbrecht und die Größe des Erbteils, um den Nachweis der Erbenstellung führen zu können. Der Erbe erhält auf diese Weise Zugriff auf das Vermögen des Erblassers und kann schnell anfallende Kosten wie Begräbnis und Schulden des Erblassers aus dem Nachlass begleichen (Legitimationsfunktion).

16. Wer kann einen Erbschein beantragen?

Jeder Erbe, vgl. § 2353 BGB, sowie diejenigen, die den Nachlass verwalten sollen: Testamentsvollstrecker, Nachlassverwalter, Nachlassinsolvenzverwalter, schließlich auch die Gläubiger des Erben mit vollstreckbarem Titel.

17. Wozu dient ein Vorbescheid?

Es handelt sich um eine Vorankündigung eines Erbscheins, die insbesondere bei schwierigen Verfahren die Auffassung des Gerichts verdeutlicht, eine Widerspruchsfrist einräumt und so zur Klärung strittiger Sachverhalte vor der Aushändigung des Legitimationspapiers führen soll.

18. Worin liegen die wesentlichen Unterschiede zwischen freiwilliger und streitiger Gerichtsbarkeit?

Nach § 26 FamFG regiert im freiwilligen Verfahren der Amtsermittlungsgrundsatz, gestritten wird um einen Erbschein, der jederzeit abänderbar ist und die Kosten dieses Verfahrens sind geringer. Im streitigen Verfahren gilt die Dispositionsmaxime. Ziel ist die Feststellung des Erben. Die Entscheidungen werden rechtskräftig und sind dann endgültig, auch binden sie die Gerichte der freiwilligen Gerichtsbarkeit; die Kosten sind höher.

19. Sind die Sachen, die sich in Übereinstimmung mit dem gültigen Erbschein im Besitz des Scheinerben befinden, dem Erben abhandengekommen?

Konsequent nach §§ 1922, 857 BGB ergibt sich das Besitzrecht des wahren Erben, so dass die Sachen im Besitz des Scheinerben sich dort gegen oder zumindest ohne den Willen des wahren Erben befinden und ihm abhandengekommen sind. Fraglich ist jedoch, ob die Zuweisung an den Scheinerben durch das Gericht und den Erbschein nicht eine gewisse Wirkung auch dann entfaltet, wenn nachträglich eine andere Rechts- und Erblage deutlich wird. Die Gleichstellung von Scheinerben mit Erbschein mit der Situation des Diebstahls entspricht jedoch der ganz h.M. Die Besitzergreifung durch den, der sich später erst als Scheinerbe herausstellt, ist verbotene Eigenmacht gegenüber dem wahren Erben. Der Scheinerbe ist in der Regel Erbschaftsbesitzer nach § 2018 BGB.

20. Was ist der Erbschaftsanspruch?

Nach § 2018 BGB der Anspruch des/der Erben gegen den Erbschaftsbesitzer.

21. Was ist eine dingliche Surrogation?

Eine Sache wird in der rechtlichen Zuordnung an die Stelle einer anderen gestellt – unabhängig von dem konkreten Erwerbsvorgang.

▶ **Beispiel:** Erwirbt der (Schein-)Erbe mit Mitteln der Erbschaft ein Buch, so wird kraft § 2019 BGB der wahre Erbe Eigentümer in dem Moment des Erwerbs, ganz unabhängig von den Vorstellungen und Willensrichtungen der Vertragsparteien. ◀

22. Warum muss das deutsche Recht die Ausschlagung der Erbschaft regeln?

Aufgrund des Grundsatzes der Soforterbfolge (Vonselbsterwerb) muss der Erbe die Möglichkeiten haben, die Erbschaft und die mit ihr verbundenen Pflichten ablehnen zu können. Aufgrund der Privatautonomie darf keiner gezwungen werden, die Haftung des Nachlasses übernehmen zu müssen oder auch nur gegen seinen Willen einen Vermögenszuwachs zu erfahren.

23. Was ist die Ausschlagung?

Sie ist eine förmliche, amtsempfangsbedürftige und fristgebundene Erklärung gegenüber dem Nachlassgericht, §§ 1945 Abs. 1, 1944 BGB.

24. Warum ist eine Teilausschlagung grundsätzlich auszuschließen?

Zunächst widerspricht sie dem Grundsatz der Universalsukzession, sodann auch dem Gebot der Transparenz der klaren Zuordnung von Nachlass und neuem Eigentümer, auch im Sinne der Nachlassgläubiger.

25. Kann man die Erbschaft nur im Hinblick auf die Passiva ausschlagen?

Aufgrund der Universalsukzession gibt es grds. nach deutschem Recht keine gegenständlich beschränkte Erbfolge. Für Minderjährige sieht § 1629 a Abs. 1 BGB allerdings eine Haftungsprivilegierung vor: Sie haften nur in der Höhe des Wertes des Nachlasses, nicht mit ihrem eigenen Vermögen.

26. Wie wirkt die Ausschlagung?

Nach § 1953 Abs. 1 BGB wirkt die Ausschlagung zurück auf den Moment des Erbfalls. Der ausschlagende Erbe wird so gestellt, als ob er nie Erbe geworden sei, so als ob er vor dem Erblasser verstorben sei.

27. Welche Voraussetzungen sind bei der Anfechtung der Ausschlagung zu beachten?

Die Anfechtung der Ausschlagung wirkt wie eine Annahme, § 1957 Abs. 1 BGB. Sie ist daher so zu behandeln wie Annahme und Ausschlagung selbst, d.h. sie muss den Formen der Ausschlagung entsprechen und ebenso dem Nachlassgericht gegenüber erklärt werden, §§ 1955, 1945 BGB. Ebenso ist auch für die Anfechtung eine 6-Wochen-Frist bemessen, § 1954 Abs. 1 BGB.

28. Die Vereinbarung eines Mietverhältnisses durch den Erben, der noch nicht ausgeschlagen hat, ist demnach gegenüber den zur Ausschlagung berufenen Erben wirksam; warum?

Entweder vertritt man die Auffassung, die Vereinbarung eines Mietverhältnisses sei fristgebunden und könne daher nur vor dem, der zu diesem Zeitpunkt Berechtigter war, vorgenommen werden, oder sie wurde jedenfalls gegenüber dem Berechtigten vorgenommen, nämlich dem, der aus der Sicht des Ausschlagenden allgemein der Berechtigte war, § 1959 Abs. 2 BGB.

29. S wird nach Ausschlagung der Erbschaft durch T Erbe. Vor der Ausschlagung hat T einen Nachlassgegenstand veräußert. Ist dies gegenüber S wirksam?

Durch die Fiktion des § 857 BGB wird S rückwirkend vom Erbfall an Besitzer. Fraglich ist, ob T, solange sie Erbin war, gutgläubigen Dritten Eigentum übertragen konnte. Eigentlich war sie zu diesem Zeitpunkt Erbin und Besitzerin, erst die Ausschlagung führte nachträglich zum Verlust ihrer Berechtigung. Darauf konnte sich der Dritte keineswegs einstellen.

Hinzu tritt, dass der Erbenbesitz nach § 857 BGB schon eine Fiktion ist, die unabhängig von seiner tatsächlichen Sachgewalt und seinem Besitzwillen greift. Im Fall der späteren Ausschlagung tritt die weitere Fiktion der Rückwirkung der Stellung des nachfolgend Erkorenen als Erbe hinzu. Diese doppelte Fiktion kann nicht stärker sein als die momentane Berechtigung des Erben vor der Ausschlagung.

30. Worin liegt die Funktion der gesetzlichen Erbfolge?

Sie nimmt eine Regelung vor, wenn keine andere Nachlassverteilung angeordnet ist. Ferner stellt sie ein Modell auf, wie der Nachlass nach den Wertungen der Gesellschaft verteilt werden kann.

31. Was ist eine Parentelordnung?

Als Parentelordnung wird die Gruppe von Erbberechtigten bezeichnet, die von einem bestimmten Vorfahren abstammen und durch ihn mit dem Erblasser verwandt sind.

32. Welche Grundsätze leiten das deutsche gesetzliche Erbrecht?

1. Prinzip der Erbteilung (nach Kopfteilen);
2. Repräsentationsprinzip: Der nähere Verwandte schließt die durch ihn mit dem Erblasser Verwandten von der Erbfolge aus;
3. Eintrittsprinzip: Fällt der nähere Verwandte weg, treten seine Abkömmlinge in seine Stellung als Erbe ein und erben exakt seinen Erbteil zusammen.

33. Was für „Systeme" kennt das deutsche gesetzliche Erbrecht?

1. Parentelsystem (durchgängig);
2. Liniensystem: bis zur 3. Parentelordnung, um die Nachlassquote in der väterlichen oder mütterlichen Linie zu halten;
3. Gradualsystem: ab der 4. Parentelordnung zur Bestimmung des gradnächsten Verwandten.

34. Welches sind die besonderen Erbregeln für Kinder nicht miteinander verheirateter Eltern?

Es gibt keine.

35. Wie erbt die – nicht enterbte, die Erbschaft nicht ausschlagende – Ehefrau neben einem gemeinsamen Kind mit dem verstorbenen Ehemann?

Sie erbt ¼ nach § 1931 Abs. 1 BGB. Dazu erhält sie über die Auflösung des gesetzlichen Güterstandes der Zugewinngemeinschaft, soweit kein anderer Güterstand vereinbart wurde, ein weiteres Viertel gemäß § 1371 Abs. 1 BGB.

36. Macht es einen Unterschied in der erbrechtlichen Behandlung, ob es sich um eine homosexuelle oder eine heterosexuelle Lebenspartnerschaft handelt?

Nur die homosexuelle Lebenspartnerschaft kann eingetragen werden. Ist dies geschehen, erhält der überlebende Partner nach § 10 LPartG ein Erbrecht, das der Rechtsstellung des überlebenden Ehegatten entspricht.

37. Wozu dient das Pflichtteilsrecht?

Es gleicht die durch die Testierfreiheit gegebene Möglichkeit aus, die Familie zu enterben. Es erinnert den Erblasser an die Pflicht gegenüber seiner Familie. Es korrigiert Erbverteilungen, die dem Pflichtteilsberechtigten weniger als den Pflichtteil zukommen lassen.

38. Was ist der große Pflichtteil und wann bekommt der überlebende Ehegatte nur den „kleinen" Pflichtteil?

Der große Pflichtteil wird berechnet, indem man die in § 1931 BGB bestimmte gesetzliche Erbquote des Ehegatten gemäß § 1371 Abs. 1 BGB um ein Viertel erhöht und davon die Hälfte bildet. Dem liegt die Idee zugrunde, dass der Zugewinnausgleich pauschaliert berechnet wird und aufgrund dieser Berechnungsart dem Charakter nach ein Erbrecht darstellt.

Der kleine Pflichtteil wird dagegen berechnet, indem man nur den Anspruch aus § 1931 BGB als Erbrecht zugrunde legt. Dann muss allerdings der Zugewinnausgleich anders durchgeführt werden, nämlich nach § 1371 Abs. 2 BGB durch die konkrete Berechnung des Zugewinnausgleichsanspruchs nach den Regeln des Familienrechts. Dann muss das Erbrecht nicht mehr die Rechtsfolgen der Auflösung des gesetzlichen Güterstandes herbeiführen.

Wird der überlebende Ehegatte nicht Erbe, ist der Pflichtteil nach § 1371 Abs. 2 a.E. BGB stets als „kleiner Pflichtteil" zu berechnen.

39. Kind K erhält als Vermächtnis eine Zuwendung, die ein Achtel des Nachlasses ausmacht; sein gesetzliches Erbrecht hätte sich auf die Hälfte des Nachlasses bezogen. Was kann K machen?

K ist zwar nicht enterbt, hat aber nach § 2307 I 2 BGB einen Anspruch auf Erhöhung der Zuwendung an sich bis zur Höhe des Pflichtteils, also bis auf ¼ des Nachlasses; K kann danach ein weiteres Achtel des Nachlasses gemäß § 2307 I 2 BGB beanspruchen.

K könnte auch nach § 2307 BGB das Vermächtnis ausschlagen und den vollen Pflichtteilsanspruch nach § 2303 I 1 BGB geltend machen.

40. Warum ist eine Spende zugunsten der Stiftung zum Wiederaufbau der Dresdner Frauenkirche keine Schenkung, die einen Pflichtteilergänzungsanspruch nach § 2325 I BGB auslösen kann?

Nach der Auffassung des OLG Dresden ist die Spende mit der Zweckbestimmung der Fortsetzung der Bautätigkeit in seiner Verwendung fiduziarisch gebunden und vermehrt daher auch nicht allein das Vermögen der Stiftung, damit ist sie auch keine Schenkung; vgl. OLG Dresden NJW 2002, 3181 f.

41. Sohn S ist drogensüchtig und würde das zu erbende Vermögen nur in Drogen umsetzen. Was kann der Erblasser tun?

In Betracht kommt der Pflichtteilsentzug in guter Absicht nach § 2338 I BGB, denn die Drogensucht gefährdet den Nachlass; die Zuwendung an S würde sogar seine Gesundheit gefährden. Der Erblasser muss dann für den Anteil des S entweder nach § 2338 I 1 BGB einen gesetzlichen Erben des S als Nacherben einsetzen, etwa die 8-jährige Tochter T des S, oder nach § 2338 I 2 BGB einen Testamentsverwalter bestimmen. In beiden Fällen unterliegt S Verfügungsbeschränkungen und ist so in dem freien Verbrauch des Nachlasses gehindert, ohne dass ihm völlig die Beteiligung am Nachlass genommen wird.

42. Wozu dient das Testamentsrecht?

Aufgabe des Testamentsrechtes ist es zunächst, Voraussetzungen eines wirksamen Testamentes zu bestimmen. Ferner sind die **juristischen Schranken** für das Testament etwa aufgrund gesellschaftlicher Anschauungen zu ermitteln i.R.v. § 138 BGB. Vor allem will es aber den Schutz des Testaments und des darin geäußerten Willens erreichen.

43. Warum ist die Entscheidung des Erblassers höchstpersönlicher Natur?

Er kennt die vererbbaren Rechte, die potenziellen Erben sowie deren Beziehungen. Die Kriterien zur Ermittlung des oder der Erben sind zahlreich, nur die Wertungen des Erblassers sind nach Art. 14 Abs. 1 S. 1 GG geschützt.

44. Was schützt Art. 14 Abs. 1 S. 1 GG im Hinblick auf das Erbrecht?

Art. 14 Abs. 1 S. 1 GG schützt das Erbrecht als Institut des Zivilrechts, den freien Testierwillen des Testators sowie das Recht des als Erben Ermittelten, die Erbschaft auch tatsächlich in Empfang zu nehmen.

45. In welchem Maße gelten die Grundrechte im Zivilrecht?

Dies ist str.: H.M. ist die Theorie der mittelbaren Drittwirkung, wonach sie nur im Rahmen der Generalklauseln zu berücksichtigen sind. Nach Canaris gelten sie jedoch mittelbar bei der Interpretation aller Normen des Zivilrechts, obgleich sie bei der Ausdeutung der Generalklauseln besonders wichtig sind. Bei der Interpretation ist allerdings nicht nur auf die entgegenstehenden Grundrechte der Betroffenen, sondern auch auf die Freiheitsrechte des Testators usw. zu achten.

46. Was sind die Grenzen der Testierfreiheit?

§ 138 Abs. 1 BGB, das Pflichtteilsrecht nach §§ 2303 ff BGB sowie die Formvorschriften für Testamente.

47. Durch welche zivilrechtlichen Instrumente wird die Testierfreiheit geschützt?

Die Testierfreiheit wird geschützt durch:

a) § 2302 BGB: Die vertragliche Verpflichtung über eine letztwillige Verfügung ist nichtig;

b) §§ 2064, 2274 BGB: Es gilt der Grundsatz der persönlichen Errichtung,

c) § 2253 BGB: Die einseitige Verfügung von Todes wegen ist jederzeit widerrufbar,

d) § 2078 BGB: Durch die Anfechtung bei Irrtum, Täuschung oder Drohung,

e) § 2339 BGB: Durch die Erbunwürdigkeit bei Angriff auf die Testierfreiheit des Erblassers.

48. Wonach wird ein Testament ausgelegt?

Gemäß § 133 BGB nach dem wirklichen Willen des Erblassers.

49. Im Testament wurden A zu 1/3, B zu 1/4 und C zu 2/5 eingesetzt, weitere Informationen sind nicht zu erhalten. Wie ist der Nachlass aufzuteilen?

Der Nachlass wurde nicht vollständig aufgeteilt. Nach § 2089 BGB ist der gemeinsame Nenner zu bilden: /60. Umgerechnet wurden zugewiesen: A 20/60, B 15/60 und C 24/60, verteilt sind 59/60. Da diese Brüche auch das Verhältnis der Erbquoten wiedergeben, verteilt man den Nachlass, indem man den Quotienten auf 59 korrigiert. Nach den Quoten verteilt erhalten A 20/59, B 15/59 sowie C 24/59.

50. Wann kommt bei Ausfall eines Erben die Anwachsung der Erbteile der übrigen Erben in Betracht?

Wenn der Erblasser erkennbar den gesamten Nachlass nur den benannten Erben zukommen lassen will und die gesetzliche Erbfolge im Übrigen ablehnt sowie die Anwachsung durch letztwillige Verfügung nicht ausgeschlossen hat, z.B. durch Benennung eines Ersatzerben, § 2096 BGB.

51. Warum kann man sagen, die Form sei eine „Zwillingsschwester" der Freiheit (Jhering)?

Wer die Freiheit hat, seinen Willen zu äußern, muss dies so tun, dass die Gesellschaft den Willen sicher erkennen kann. Insofern gehört eine Formvorschrift notgedrungen zur Einräumung eines Freiheitsrechtes.

52. Sind Minderjährige testierfähig?

Nach § 2229 Abs. 1 BGB können Minderjährige ab dem 16. Geburtstag ein öffentliches Testament ablegen.

53. Wann muss das Testament Ort und Zeitpunkt der Abfassung erkennen lassen?

Wenn davon die Beantwortung der Frage, ob das Testament gültig ist, abhängt, § 2247 Abs. 5 BGB, etwa wenn der Erblasser zeitweilig testierunfähig war oder es verschiedene Testamente gibt und das zeitlich letzte herauszufinden ist.

54. Warum muss der Erblasser beim Verlesen des Testaments vor dem Notar die einzelnen Verfügungen mit „Ja" ausdrücklich bestätigen?

Der Notar darf nur aufsetzen, was dem Willen des Erblassers entspricht und muss sich der Übereinstimmung von Wille und Testament vergewissern.

▶ **Lösen Sie folgenden Fall 1:** E hat in seinem notariell beglaubigten Testament seinen Sohn S als Alleinerben eingesetzt. Kurz vor seinem Tod möchte er doch seine Ehefrau F als Alleinerbin einsetzen. Er nimmt sein Testament, in dem er handschriftlich S eingesetzt hat. Da der Kugelschreiber versagt, nimmt er eine Blaupause und drückt mittels des Kugelschreibers auf das Blatt durch:

„Ich habe mir die Sache noch einmal überlegt. Nicht S, sondern F soll nach meinem Tod alles erhalten." (Unterschrift mit Vornamen),

Dann fällt ihm noch ein, auch seiner Schwester T etwas zu hinterlassen. 3 cm unter dem obigen Text setzt er hinzu:

P. S. : Meine Schwester T soll 5.000 EUR erhalten.

S verlangt den Nachlass von F heraus. T will wissen, ob sie die 5.000 EUR verlangen kann.

Wie ist die Rechtslage?

Fertigen Sie zunächst unbedingt eine Skizze der beteiligten Personen an! Sie erhalten dadurch zunächst eine unverzichtbare Übersicht über den Fall und die Beziehungen zwischen seinen Personen.

1. Teil: *Anspruch des S gegen F auf Herausgabe des Nachlasses*

A) Anspruch aus § 2018 BGB

I.) Dann müsste S *Erbe* sein. Seine Erbenstellung könnte sich daraus ergeben, dass E ihn durch *notarielles Testament* zum Alleinerben eingesetzt hat.
   1.) Höchstpersönlichkeit, § 2064 BGB (+)
   2.) Testierfähigkeit, (+)
   3.) *Form* (+), hier notarielles Testament gem. §§ 2231 I Nr. 1, 2232 BGB

4.) *Inhalt*
Auslegung gem. § 133 BGB ergibt keine Zweifel an ernstlichem Testierwillen. E wollte S als Alleinerben einsetzen. Demnach wäre F nicht Erbin.

5.) Allerdings könnte das Testament *widerrufen* worden sein durch geänderte Verfügung, § 2258 BGB. Dann müsste diese wirksam sein.

a) *Höchstpersönlichkeit*, § 2064 BGB (+)

b) *Testierfähigkeit* (+)

c) *Form* (+), hier eigenhändiges Testament gem. § 2247 BGB

aa) *Eigenhändigkeit* (selbstständiger Entschluss, Echtheit), § 2247 BGB (+), Schreibmittel egal

bb) *Unterschrift* wahrt Identitäts- und Abschlussfunktion, § 2247 III 1 BGB (+)

cc) *Orts- und Zeitangaben* fehlen, § 2247 V 1 BGB (-), allerdings ist dies unschädlich, wenn sich der Zeitpunkt der Testamentserrichtung anderweitig feststellen lässt, hier (+)

d) Inhalt
Auslegung gem. § 133 BGB ergibt, dass E ernstlich testieren wollte. Er wollte F als Alleinerbin einsetzen.

e) Kein Verstoß gegen *§§ 134, 138* BGB

f) Kein weiterer *Widerruf*

g) Keine *Anfechtung*

h) Zwischenergebnis: Durch die Abänderung ist das erste Testament wirksam widerrufen worden.

6.) Das erste vor dem Notar verfasste Testament ist demnach nichtig. Vielmehr kommt es auf den Inhalt des geänderten Testaments an. Demnach ist nicht S, sondern F Erbin geworden.

II.) Der Anspruch aus § 2018 BGB scheitert daher schon an der mangelnden Erbenstellung des S.

B) Weitere Ansprüche aus §§ 985, 861, 1007, 812, 823 I BGB können zwar grundsätzlich neben § 2018 BGB zur Anwendung kommen, vgl. § 2029 BGB. Vorliegend kommen sie allerdings nicht in Betracht, da F Erbin und damit rechtmäßige Eigentümerin und Besitzerin geworden ist.

2. Teil: *Anspruch der T auf Zahlung von 5.000 EUR*

I.) Anspruch aus §§ 2147, 2174 BGB

Dann müsste T von E wirksam mit einem *Vermächtnis* bedacht worden sein. Die Zuwendung erfolgt durch Testament, § 1939 BGB. Auch hier ist Anknüpfungspunkt die zweite Verfügung des E.

1.) Inhaltlich muss ermittelt werden, ob die von E getroffene Anordnung tatsächlich als Vermächtnis auszulegen ist.

a) Mangels anderer Anhaltspunkte greift die Auslegungsregel des § 2087 II BGB. Demnach ist, wenn über eine bestimmte Geldsumme verfügt wird, nicht davon auszugehen, dass eine *Erbeinsetzung* gewollt ist.

b) Zudem könnte die Verfügung als *Auflage* ausgelegt werden. Dann müsste jedoch ein entsprechender Wille des E ermittelt werden können, dass E der T nicht selbst einen Anspruch auf das zugewendete Geld vermitteln wollte, sondern

es sich lediglich um eine Pflicht des Erben handelt. Hierfür spricht vorliegend nichts.
   c) Es ist daher davon auszugehen, dass E der T die 5.000 EUR *vermachen* wollte.
2.) Form, §§ 1931, 2247 BGB
   a) *Eigenhändige* Niederschrift, § 2247 I BGB (+)
   b) *Unterschrift*, § 2247 I, III BGB
      aa) Identitätsfunktion (+), E eindeutig erkennbar
      bb) Abschlussfunktion
         Hier problematisch, da sich die Anordnung, T solle 5.000 EUR erhalten, unterhalb der Unterschrift befindet. Ob nachträgliche Änderungen neu unterschrieben werden müssen, ist streitig.
         aaa) Sofern es sich um *bloße Streichungen oder* Einfügungen *vor der Unterschrift* handelt, ist eine erneute Unterschrift nach allgemeiner Meinung nicht erforderlich (vgl. zu letzterem BGH NJW 1974, 1083).
         bbb) Werden *der Unterschrift nachfolgende Anordnungen* getroffen, so sind diese nach der h.M. räumlich nicht mehr von der Unterschrift gedeckt. Im Interesse der Rechtssicherheit sei daher eine neue Unterschrift erforderlich (vgl. OLG Köln NJW-RR 1994, 74).
         ccc) Dagegen ließe sich argumentieren, dass die Unterschrift nicht notwendigerweise der zeitlich letzte Akt sein muss. Insofern ist eine Ungleichbehandlung mit Einfügungen vor der Unterschrift nicht gerechtfertigt. Maßgeblich sollte vielmehr sein, ob die Anordnung noch vom Testierwillen gedeckt ist und das äußere Erscheinungsbild nicht dagegen spricht. Eine Millimetertheorie könnte als zu formal angegriffen werden, insbesondere weil der Testator selbst in der Regel denken wird, eine nachgefügte Anordnung sei noch von seiner Unterschrift gedeckt.
3.) Folgt man der h.L. und Rspr., so ist die *nötige Form nicht gewahrt*.
II.) Mangels wirksamen Testaments ist T daher nicht mit einem Vermächtnis bedacht; folglich kann sie von F nicht Zahlung von 5.000 EUR verlangen.

55. Der Erblasser vermacht sein Unternehmen der Tochter unter der Bedingung, dass sie nicht mehr der Scientology-Bewegung angehört. Stellt dies einen Verstoß gegen § 2065 Abs. 2 Var. 1 BGB dar?

In Betracht kommt ein Verstoß gegen § 2065 Abs. 2 Var. 1 BGB, da es sich um eine Potestativbedingung handelt, deren Erfüllung der Bedingung im Willen des Erben steht. Über Annahme und Ausschlagung des Nachlasses kann jeder Erbe jedoch frei entscheiden und hat damit die Möglichkeit, die Verteilung des Nachlasses zu beeinflussen. Durch die Bedingung hat die Tochter nicht mehr Einfluss auf den Nachlass als durch eine Ausschlagung. Die Verfügung stellt also keinen Verstoß gegen die Höchstpersönlichkeit dar. Hier liegt allenfalls ein Verstoß gegen § 138 Abs. 1 BGB vor. Allerdings erfolgt die Entscheidung des Erben frei im Hinblick auf die religiöse Überzeugung und nach der hier vertretenen Auffassung nicht unter dem Druck der Erbschaft.

56. **Wie bestimmen Sie, ob der Erblasser im Fall der vorigen Frage gegen das Gebot des § 2065 Abs. 2 BGB verstoßen hat, wenn die Entscheidung über die Zugehörigkeit dem Prokuristen des Unternehmens überlassen wird?**

Nach dem BGH darf der Dritte (Prokurist) nur die Person des Erben bezeichnen, nicht bestimmen. Die Zugehörigkeit zu Scientology ist zwar schwer zu beweisen, außerdem gibt es verschiedene Grade der Zugehörigkeit. Insofern hat der Prokurist Spielraum. Hält man allerdings das Kriterium für objektivierbar und nachvollziehbar, wäre die Einsetzung wirksam. Nach der Literatur darf der Prokurist auch kein Eigeninteresse haben; nur dann liegt kein Verstoß gegen § 2065 Abs. 2 BGB vor. Der Prokurist dürfte grundsätzlich kein eigenes Interesse daran haben, der Tochter das Erbe zu nehmen; die Sicherheit seines Arbeitsplatzes ist durch die Entscheidung nicht unmittelbar berührt. Nach einer anderen Ansicht kann man darauf abstellen, ob der Dritte bei der Entscheidung vor allem die Erbentscheidung trifft oder ob die Entscheidung unabhängig von der Erbeinsetzung durchgeführt werden kann. Hier kann die Zugehörigkeit sicherlich unabhängig von der Erbeinsetzung festgestellt werden.

57. **An welche Prüfungspunkte muss man denken, wenn man die Wirksamkeit eines Testaments prüfen will?**

Denken Sie an a. Testierfähigkeit, b. Testierwillen, c. Höchstpersönlichkeit, d. Form!

58. **Der Erblasser verbietet dem überlebenden Ehegatten, die Konfession zu wechseln. Dieser möchte nach dem Erbfall zum Islam übertreten, scheut sich jedoch davor, die finanzielle Grundlage des bisherigen Lebens zu verlieren. Welches Problem besteht?**

Es liegt eine auflösende Potestativbedingung vor, der zufolge der überlebende Ehegatte den Nachlass verliert, wenn er zum Islam übertritt. Diese Verbindung von Nachlass und Konfession und der damit verbundene Druck auf den Erben können möglicherweise sittenwidrig sein. (Hinweise zur Lösung s.u. Antwort zur Frage 60, S. 258).

59. **Wie sind im Fall der vorangehenden Frage die Interessen zu werten?**

Gegenübergestellt werden können die beteiligten grundrechtlich geschützten Interessen. Auf der Seite des Erblassers steht möglicherweise Art. 14 Abs. 1 GG. Nach der hier vertretenen Ansicht sind jedoch keine Interessen zu erkennen, die auf den Schutz des Nachlasses zielen; Art. 14 Abs. 1 GG greift daher m.E. nicht. Vielmehr steht im Vordergrund, die Person des Erben zu beeinflussen. Dies ist allenfalls nach der allgemeinen Handlungsfreiheit gemäß Art. 2 Abs. 1 GG geschützt. Demgegenüber steht das Interesse des Erben, im Bereich der Religion keinem Druck ausgesetzt zu werden, welches nach Art. 4 Abs. 1 GG geschützt ist. Im Rahmen der Abwägung wiegt Art. 4 Abs. 1 GG stark und ist in erheblicher Weise betroffen. Das Recht des Erben könnte daher hier – vorbehaltlich von Aspekten, welche die Verfügung des Erblassers rechtfertigen können – überwiegen, so dass die Sittenwidrigkeit zu bejahen wäre.

60. **Zu welchem Zweck gibt es ein gemeinschaftliches Testament?**

Ehegatten planen den Einsatz ihres Vermögens gemeinschaftlich, so soll es ihnen auch für ihren Todesfall möglich sein, gemeinschaftlich darüber zu verfügen. Die wirtschaftliche Einheit wirkt sich so auch im Erbrecht aus.

61. Was sind wechselbezügliche Verfügungen?

Vgl. § 2270 Abs. 1 BGB: Verfügungen des einen, die nicht ohne eine entsprechende Verfügung des anderen getroffen worden wären; inhaltlich nur Erbeinsetzung, Vermächtnis, Auflage, § 2270 Abs. 3 BGB.

62. Wozu dient ein Erbvertrag?

Auch andere als Ehegatten können so vertraglich Regelungen über die Nachfolge eines oder mehrerer Erblasser treffen. Durch den Vertragscharakter ist die Bindungswirkung im Vergleich zum gemeinschaftlichen Testament noch stärker (dazu s.u. Antworten zu den Fragen 64, 65, beide S. 259).

63. Worin liegt die Bindungswirkung des Erbvertrags?

Der Erblasser ist an den Inhalt des Erbvertrags – bzw. der dortigen spezifisch erbvertraglichen Verfügungen, vgl. § 2278 Abs. 2 BGB – gebunden, § 2289 Abs. 1 BGB:

- Eine spätere Verfügung ist unwirksam, soweit sie den Erbvertrag beeinträchtigt.
- Eine frühere Verfügung wird durch den späteren Erbvertrag aufgehoben.

Der Erbvertrag kann nur vertraglich unter den Parteien aufgehoben werden; nach dem Tod einer Vertragspartei ist die Aufhebung ausgeschlossen, § 2290 Abs. 1 BGB.

64. Wie kann ein Erbvertrag seine Bindungswirkung verlieren?

Der Erbvertrag verliert seine Bindungswirkung durch:
- Anfechtung, vgl. §§ 2281 ff BGB,
- Aufhebungsvertrag, § 2290 BGB,
- Aufhebung eines Vermächtnisses oder Auflage durch Testament und Zustimmungserklärung seitens des Vertragspartners, § 2291 BGB,
- Rücktritt, soweit dieser vorbehalten wurde, § 2293 BGB, oder
- Rücktritt bei Verfehlung des Bedachten, sofern die Voraussetzungen zum Pflichtteilsentzug vorliegen: §§ 2294, 2333–2335 BGB,
- Rücktritt bei Wegfall einer Pflicht zur regelmäßigen Leistung, § 2295 BGB.
- Ein Erbvertrag unter Ehegatten kann durch ein gemeinschaftliches Testament aufgehoben werden, § 2292 BGB.

▶ **Fall 2 (nach BGH NJW-RR 96, 133):** M und F errichten zusammen ein Testament, das F schreibt und beide unterschreiben. Darin setzen sie sich gegenseitig als Alleinerben ein; nach dem Tod des letzten Ehegatten soll ihr gemeinsames Kind T Erbin werden. Das Vermögen des M besteht im Wesentlichen aus dem Haus im Wert von 800.000 EUR.

5 Jahre später stirbt F. Wenig später lernt M die G kennen, welche immer häufiger im Haus weilt. Daraufhin zieht T aus. Aus Verärgerung schließt M mit G einen notariell beurkundeten Schenkungsvertrag über das Haus, nur ein lebenslanges Wohnrecht behält M sich vor. Die Auflassung wird erklärt, etwas später wird G als Eigentümerin im Grundbuch eingetragen. Einige Monate danach heiratet der nunmehr recht betagte M die G und verstirbt ein Jahr später. Zu diesem Zeitpunkt ist das Hausgrundstück 1 Millionen EUR wert.

T ist der Auffassung, dass die Schenkung nichtig ist und verlangt von G die Herausgabe des elterlichen Hausgrundstücks.

Ansprüche der T gegen G auf Herausgabe des Wohnhausgrundstücks

A) *Anspruch aus § 2018 BGB (-)*

Dann müsste G *Erbschaftsbesitzerin* sein. Sie beruft sich jedoch nicht auf ein vermeintliches Erbrecht, sondern darauf, das Eigentum an dem Grundstück schon zu Lebzeiten von M erworben zu haben. Ein Anspruch aus § 2018 BGB scheidet daher aus.

B) *Anspruch aus § 985 BGB (-)*

I.) G ist in *Besitz* des Grundstücks.

II.) Allerdings müsste T *Eigentümerin* des Grundstücks sein.

1.) Zunächst war *M* Eigentümer.

2.) Allerdings könnte G von M das Eigentum nach §§ 873 I, 925 I 1 BGB erworben haben.

  a) Die *Auflassung* wurde in der nötigen Form erklärt, § 925 BGB.

  b) G wurde auch im Grundbuch als Eigentümerin *eingetragen*, § 873 I BGB. Zu diesem Zeitpunkt waren sich G und M *einig*, dass das Eigentum übergehen solle.

  c) Das Grundstück stand im Alleineigentum des M, sodass er Berechtigter war.

  d) Es stellt sich die Frage, ob M wegen des gemeinschaftlichen Testaments *in seiner Verfügungsbefugnis beschränkt* war.

  aa) *§ 2113* BGB ist nicht anwendbar, da das Grundstück nicht aus dem Nachlass der F stammt. Insofern erübrigt sich auch die Frage, ob das gemeinschaftliche Testament dem Einheits- oder dem Trennungsprinzip entsprechen sollte.

  bb) In ihrem gemeinschaftlichen Testament haben M und F wechselseitige Verfügungen getroffen, die nach dem Tod der F den M insoweit binden, als eine diese wechselseitigen Verfügungen beeinträchtigende Verfügung von Todes wegen unwirksam wäre. Vorliegend geht es jedoch bei der Eigentumsübertragung um eine *Verfügung unter Lebenden*. Die Verfügungsbefugnis des Überlebenden wird durch das Ehegattentestament nicht beschränkt, § 137 S. 1 BGB.

  e) Denkbar wäre allenfalls, dass die Eigentumsübertragung gem. *§ 138 I* BGB nichtig wäre. Aus § 2287 I BGB, der wegen der erbvertragsähnlichen Lage nach allg. M. auch auf wechselseitige Verfügungen im Rahmen von Ehegattentestamenten angewendet wird, ergibt sich *e contrario*, dass die Rechtsfolge einer Verfügung unter Lebenden, die in der Absicht vorgenommen wird, den Vertragserben zu beeinträchtigen, als Rechtsfolge nur die Herausgabe des Zugewendeten auslöst, die dingliche Übereignung jedoch wirksam bleiben soll. Um diese rechtspolitische Entscheidung nicht zu umgehen, kommt eine Nichtigkeit wegen Sittenwidrigkeit nur dann in Betracht, wenn zu der bloßen Beeinträchtigungsabsicht weitere Umstände hinzutreten. Dies ist nicht ersichtlich.

  f) Folglich hat G das Eigentum an dem Hausgrundstück erworben.

- 3.) Aus diesem Grund befand sich das Grundstück zum Zeitpunkt des Erbfalls nicht mehr im Eigentum des M, weshalb ein *Eigentumserwerb gem. § 1922 BGB* durch T als Erbin im Rahmen der Universalsukzession ausscheidet.
- III.) T kann daher nicht aus § 985 BGB Herausgabe des Grundstücks von F verlangen.

C) *Anspruch aus § 826 BGB (-)*

§ 826 BGB scheidet als Anspruchsgrundlage aus, weil § 2287 BGB insoweit eine Spezialregelung enthält.

D) *Anspruch aus § 812 I 1 Var.1 BGB (-)*

- I.) G hat *Eigentum und Besitz am Grundstück erlangt*.
- II.) Dies geschah *durch Leistung* des M, der damit das Vermögen des G bewusst und zweckgerichtet mehren wollte. Dass M damals geleistet hat steht der Geltendmachung des Bereicherungsanspruchs durch T nicht entgegen, weil diese nach § 1922 BGB auch insoweit in dessen Position nachgefolgt ist.
- III.) Allerdings müsste die Leistung *rechtsgrundlos* erfolgt sein. Der Grund ist jedoch in der der Eigentumsübertragung zugrunde liegenden Schenkung zu erblicken.
- IV.) Demgemäß kann T auch nicht nach § 812 I 1 Var.1 BGB vorgehen.

E) *Anspruch aus § 2287 Abs. 1 analog i.V.m. § 812 BGB*

- I.) Zwar handelt es sich bei dem gemeinschaftlichen Testament nicht um einen Erbvertrag, jedoch sind die Interessenlagen identisch, wenn die Ehegatten wechselseitige Verfügungen getroffen haben, die einen Dritten begünstigen. Auch in diesem Fall ist der überlebende Ehegatte an die einmal getroffene Verfügung von Todes wegen gebunden. Wenn er diese umgehen will, indem er in Beeinträchtigungsabsicht Schenkungen vornimmt, finden nach allgemeiner Meinung die *§§ 2286 f. BGB analoge Anwendung*.
- II.) M hat G das Grundstück *geschenkt*. Fraglich ist, ob er dies in *Beeinträchtigungsabsicht* getan hat. Diese ist hier anzunehmen, da M den Schenkungsvertrag „aus Verärgerung" über T abschließt, um ihr zu schaden. An einer Beeinträchtigungsabsicht fehlt es, wenn M handelt, um G nach seinem Ableben versorgt zu wissen. Dann müsste allerdings dargelegt werden, dass eine Versorgung nicht auch ohne die Schenkung gewährleistet war.
- III.) Die Erbschaft ist gem. § 1942 Abs. 1 BGB *angefallen*.
- IV.) Bezüglich der *Rechtsfolge* verweist § 2287 Abs. 1 BGB auf die §§ 812 ff. BGB (Rechtsfolgenverweis)
    - 1.) Demnach kann T von G *Rückübereignung des Hausgrundstücks* verlangen.
    - 2.) Allerdings wird der Herausgabeanspruch eingeschränkt, wenn der Beschenkte zugleich auch pflichtteilsberechtigt ist. Insoweit ist der Wert des Hauses bei der Berechnung des Pflichtteils zu berücksichtigen, sodass der *Pflichtteilsanspruch* der G größer ist, wenn T den Herausgabeanspruch geltend macht, da dann auch die geschenkte Sache zum Nachlass gehört (BGHZ 88, 272).
        - a) G ist nach § 2303 Abs. 2 BGB *pflichtteilsberechtigt*.
        - b) Der Pflichtteil beträgt die Hälfte des gesetzlichen Erbteils, § 2303 I 2 BGB. Da gem. § 1371 Abs. 2 BGB in dem Fall, dass die Ehefrau von der Erbfolge ausgeschlossen ist, der Zugewinnausgleich nicht durch eine pauschalierte Erhöhung des Pflichtteils realisiert wird, kann G nur den *„kleinen Pflichtteil"* gel-

tend machen; gem. §§ 2303 Abs. 1 2, 1931 Abs. 1 1 BGB beträgt der Pflichtteil daher 1/8 der Erbschaft, d.h. 125.000 EUR.

c) Die Herausgabepflicht entfällt gänzlich, wenn das durch Schenkung zugewendete den Pflichtteil wertmäßig nicht übersteigt. Ansonsten gelten die Grundsätze der gemischten Schenkung. Wenn der unentgeltliche Teil nicht überwiegt, muss der Beschenkte Wertersatz in Höhe des unentgeltlichen Teils leisten. Überwiegt er jedoch, wie hier, so muss die *Herausgabe der geschenkten Sache Zug um Zug gegen Zahlung des Pflichtteils erfolgen.*

V.) Demnach kann T von G Herausgabe des Grundstücks Zug um Zug gegen Zahlung von 125.000 EUR verlangen.

65. Welchem Zweck dient die Anordnung von Vor- und Nacherbschaft?

Das Vermögen wird dadurch auf gewisse Dauer gebunden, der Erblasser entscheidet über eine Folge von Erben, über die Kriterien der Nacherbenbestimmung kann er auch Wertungen im Umgang mit dem Nachlass für eine Zeit festschreiben. Problematisch ist dabei die anhaltende „Herrschaft des Erblassers aus dem Grabe".

66. Welche relevanten Zeitpunkte gibt es bei der Vor- und Nacherbfolge?

Mit dem Tod des Erblassers tritt der Vorerbfall ein: Der Vorerbe erhält grds. die Verfügungsgewalt über den Nachlass, der Nacherbe ein Anwartschaftsrecht. Mit dem Eintritt der Bedingung oder des Termins zur Beendigung der Vorerbfolge ist der Nacherbfall gegeben. Eo ipso erwirbt der Nacherbe den Nachlass.

67. Wie lange behält die Anordnung der Nacherbfolge grundsätzlich ihre Wirksamkeit? Warum konnte im Fall der Fürsten zu N. (vgl. BayObLGZ 1996, 204–233 vom 3.9.1996, = FamRZ 1997, 705–710) noch nach dem Tod des 7. Fürsten der Erbvertrag von 1925 angewandt werden?

Nach § 2109 Abs. 1 S. 1 BGB gilt grds. die 30-Jahresfrist. Durch die Ausnahmen in § 2109 Abs. 1 S. 2 Nr. 1 und 2 BGB kann sie jedoch erheblich erweitert werden.

Fürst zu N. bestimmte, dass sein Vermögen immer an den jeweils ältesten Sohn der nächsten Generation weitergegeben werden sollte. Das bestimmte Ereignis gemäß § 2109 Abs. 1 S. 1 Nr. 1 BGB war demnach das Versterben des jeweiligen Vorerben. So vererbte sich das Gut nach dem Tod des Erblassers, des 5. Fürsten, auf den 6. Fürsten, ebenso nach dessen Tod 1946 auf den Enkel des Erblassers, den 7. Fürsten. Dieser hatte nun schon 1939, dem Zeitpunkt des Erbfalls, gelebt, so dass auch auf seine Person die Voraussetzungen von § 2109 Abs. 1 S. 2 Nr. 1 BGB gegeben waren. Sein Sohn wurde schließlich Nacherbe. Das von N. bestimmte Ereignis, sein Tod, konnte nicht mehr berücksichtigt werden, da er im Zeitpunkt der Anordnung noch nicht geboren war.

68. Welche Pflichten treffen den Vorerben gegenüber dem Nacherben?

Er ist bei gewissen Verfügungen beschränkt gemäß §§ 2113 ff BGB, muss den Nachlass ordnungsgemäß verwalten (vgl. § 2120 Abs. 1 S. 1 a.A. BGB) und hat dem Nacherben gegenüber nach dem Maßstab der Sorgfalt in eigenen Angelegenheiten, §§ 2131, 277 BGB zu haften.

69. Wofür haftet der Vorerbe dem Nacherben trotz Verschlechterung bzw. Verlust nicht?

Er haftet nicht für Nachlässigkeit wie in eigenen Angelegenheiten, § 2131 i.V.m. § 277 BGB, sowie für gewöhnlichen Verschleiß und Verbrauch.

▶ **Fall 3:** M und F haben sich ggs. zu Erben eingesetzt und ihre beiden Kinder T und S zu Nacherben. M stirbt. Zum Nachlass gehört ein Mietshaus, das F und T modernisieren wollen. Dazu wollen sie ein Darlehen bei der B-Bank aufnehmen. Diese verlangt dafür die Bestellung einer Hypothek, wofür F und T einen besonders günstigen Kredit erhalten würden. S weigert sich, der Belastung des Grundstücks zuzustimmen.

Kann F die Belastung des Hausgrundstücks erreichen?

Fraglich ist, ob zwischen F und B wirksam eine Hypothek bestellt werden kann.

A) Nötig wäre zunächst eine *dingliche Einigung* zwischen F und B gem. §§ 873 I, 1113 BGB.

B) Außerdem müsste eine *Eintragung im Grundbuch* gem. §§ 873 I, 1115 BGB erfolgen.

C) Der *Hypothekenbrief* müsste übergeben werden, § 1117 BGB.

D) Die *zu sichernde Forderung müsste tatsächlich bestehen*, § 1113 BGB. Vorliegend wäre dies der Anspruch der Bank aus § 488 I 2 BGB.

E) Ferner müsste F *berechtigt* sein. Sie hat gem. § 1922 BGB als Vorerbin das Eigentum am Nachlass erworben. Da dazu auch das Grundstück gehörte, ist sie Eigentümerin geworden und insoweit Berechtigte.

F) Allein problematisch ist die Frage, ob F aufgrund ihrer Stellung als Vorerbin *Verfügungsbeschränkungen* unterliegt, die einer wirksamen Bestellung einer Hypothek entgegenstehen.

I.) Relevant wird hier § 2113 I BGB. Demnach wird eine Verfügung des Vorerben über ein Grundstück *mit dem Nacherbenfall absolut unwirksam*, wenn sie das Recht des Nacherben beeinträchtigen würde. Eine solche Beeinträchtigung ist in der Belastung des Grundstücks zu sehen. Das bedeutet, dass F zwar durch Vereinbarung mit B eine Hypothek bestellen kann, diese aber schon die Anlagen einer späteren Unwirksamkeit in sich trägt.

II.) Die Folge, dass die Hypothek mit dem Nacherbenfall absolut unwirksam wird, würde sich jedoch dann nicht ergeben, wenn B *gutgläubig ist in Bezug auf die Verfügungsbeschränkung*, d.h. die Vorerbenstellung der F. Gem. § 2113 III BGB sind die allgemeinen Gutglaubensvorschriften anzuwenden, bei Grundstücken also die §§ 892 f. BGB. Bei Grundstücksverfügungen scheidet eine Gutgläubigkeit jedoch in der Regel deshalb aus, weil mit der Eintragung des Vorerben als Eigentümer gleichzeitig von Amts wegen das Recht des Nacherben durch einen sog. Nacherbenvermerk gem. § 51 GBO einzutragen ist.

III.) Die Verfügung wäre ebenfalls wirksam, wenn die Nacherben der Bestellung der Hypothek zustimmen (§ 182 BGB) bzw. sie nachträglich genehmigen (§ 184 BGB). Allerdings müssten gem. § 2040 I BGB alle Nacherben ihre *Einwilligung* erklären. T kann nicht alleine nur ihren Gesamthandsanteil, den sie mit dem Nacherbschaftsfall erwirbt, mit der Hypothek belasten. Dies ergibt sich e contrario aus § 1114 BGB, der die Belastung eines Miteigentumbruchteils zulässt, aber eben nicht von Gesamthandsteilen spricht.

G) Es lässt sich folgendes *Ergebnis* zusammenfassen:
I.) B wird ihre auf dingliche Einigung mit F gerichtete Willenserklärung nicht abgeben, wenn – wie es von Amts wegen sein sollte – ein entsprechender Nacherbenvermerk im Grundbuch eingetragen ist.
II.) Eine auch nach dem Nacherbenfall wirksame Hypothek kann dann nur durch Einwilligung von sowohl T als auch S erreicht werden.
III.) Sollte hingegen der Nacherbenvermerk fehlen, könnte B sich nach erfolgter Hypothekenbestellung auf ihren guten Glauben berufen, mit der Folge, dass die Hypothek wirksam ist, ohne dass es auf eine Einwilligung der Nacherben ankäme.

70. Wozu dient die Befreiung des Vorerben, wie wird sie erreicht?

Der Vorerbe wird befreit, wenn die Bindungen gegenüber dem Nacherben vom Erblasser nicht gewünscht werden, entweder durch ausdrückliche Befreiung des Erblassers (§ 2136 BGB) oder durch Einsetzung des Nacherben auf den Überrest (§ 2137 I BGB).

71. Wozu dient ein Vermächtnis?

Damit kann jemandem letztwillig ein Vermögensvorteil zugesprochen werden, ohne ihn zum Erben zu machen. Er erhält daher nur ein schuldrechtliches Forderungsrecht gegen den Erben, braucht sich um die ganze Nachlassverwaltung jedoch nicht zu kümmern.

72. Worin unterscheiden sich Vermächtnis und Erbenstellung?

Inhaltlich bedeutet Erbschaft einen Anteil am Erbe, das Vermächtnis jedoch nur eine isolierte Berechtigung an einer Sache; in der Rechtsfolge ist der Erbe (Gesamthands-)Eigentümer vom Zeitpunkt des Erbfalls an, der Vermächtnisnehmer erhält nur ein Forderungsrecht gegen den Erben.

73. Worin liegt der Unterschied zwischen Vorausvermächtnis und Teilungsanordnung?

Bei einem Prälegat erhält der Erbe etwas zusätzlich zu seinem Erbteil, das Zugewendete soll bei der Teilung nicht als Erbteil angerechnet werden. Bei einer Teilungsanordnung soll der Erbe dagegen nur seinen Erbteil erhalten und nicht mehr. Zum Zweck der Auseinandersetzung zwischen den Erben wird lediglich präzisiert, welche Teile des Nachlasses konkret dem einen Erben zufallen sollen.

74. A vermacht B sein Haus, das den Großteil seines Vermögens ausmacht. Liegt eine Erbeinsetzung oder die Anordnung eines Vermächtnisses vor?

Die letztwillige Verfügung muss gemäß dem wirklichen Willen des Erblassers nach § 133 BGB ausgelegt werden. Der Wortlaut „vermachen" deutet zwar auf Vermächtnis hin, dies ist jedoch nicht ausschlaggebend. Zwar ist nach § 2087 II BGB ein Vermächtnis anzunehmen, wenn nur ein Gegenstand übertragen werden soll. Jedoch handelt es sich um eine gesetzliche Vermutung, die subsidiär zur Auslegung ist.

In der Regel soll derjenige, der einen wesentlichen Anteil des Nachlasses erhält, diesen als Erben erhalten, um ihn sofort in die Position des Eigentümers zu heben, sodass er für die Verwaltung des Nachlasses zuständig ist. Das Haus bildet den Großteil von

As Vermögen, besondere Gesichtspunkte sind nicht ersichtlich. Daher ist B als Erbe eingesetzt worden.

▶ **Fall 4:** O hat keine eigenen Nachkommen, jedoch eine Nichte N, die bei ihm wohnt, sowie einen entfernten jüngeren Verwandten V, der den gleichen Nachnamen trägt. Dem V will er einen Gobelin hinterlassen, der den Ort zeigt, nach dem die Familie heißt. Um dies sicherzustellen, schreibt er dem V eigens handschriftlich einen Brief, den O mit seiner Unterschrift abschickt. Davon macht er sich eine Kopie. Eine weitere letztwillige Anordnung hinterlässt er nicht.

Nach seinem Tod betrachtet sich N als Erbin des gesamten Nachlasses und verkauft alles, auch den Gobelin. Der Wert des Gobelin beträgt 200.000 EUR. Durch geschickten Verkauf an die Stadtverwaltung des dargestellten Ortes erzielt N für den Gobelin einen Preis von 250.000 EUR.

V erfährt erst nach dem Verkauf vom Tod des O. Kann er von N Schadensersatz oder die Herausgabe der 250.000 EUR verlangen? Die Stadt ist nicht bereit, den Gobelin wieder zu verkaufen.

1. Teil: *Ansprüche des V auf Schadensersatz*

A. Anspruch des V gegen N auf Schadensersatz statt der Leistung gem. §§ 280 I, III, 283, 2174 BGB

I.) Zwischen V und N müsste ein *Schuldverhältnis* bestehen. Hier hat V einen Anspruch gegen N gem. § 2174 BGB, wenn V von O der Gobelin wirksam vermacht worden ist (§ 2147 BGB). Gem. § 1939 BGB kann ein Vermächtnis nur durch Testament angeordnet werden. Es muss daher geprüft werden, ob die Anordnung des O den Anforderungen eines Testaments genügt und sie ihrem Inhalt nach darauf gerichtet ist, V den Gobelin zu vermachen.

1.) O hat den Brief *höchstpersönlich* verfasst, § 2064 BGB.
2.) An seiner *Testierfähigkeit* bestehen keine Zweifel.
3.) Ferner müsste der Brief die für Testamente nötige *Form* wahren.
   a) O hat den Brief *eigenhändig*, d.h. handschriftlich verfasst, § 2247 I BGB.
   b) Auch hat er den Brief *unterschrieben*, § 2247 I, III BGB.
   c) Zwar bleibt nach dem Sachverhalt unklar, ob O *Ort und Datum* bezeichnet hat, § 2247 II BGB. Dabei handelt es sich jedoch nur um eine Sollvorschrift, deren Einhaltung Zweifel an der Gültigkeit des Testaments verhindern will. Da solche Zweifel hier nicht bestehen, bleibt die Nichtbeachtung insoweit ohne Folgen.
4.) Des Weiteren ist der *Inhalt* der Anordnung zu ermitteln. Dabei ist zu fragen, ob der Erblasser den ernstlichen Willen hatte, eine Verfügung von Todes wegen vorzunehmen. Zudem muss ermittelt werden, was E inhaltlich verfügen wollte.
   a) Zweifel, ob E mit dem erforderlichen Testierwillen gehandelt hat, ergeben sich bei *Brieftestamenten* wie hier regelmäßig dann, wenn nicht geklärt werden kann, ob der Erblasser den Brief auch tatsächlich abschicken wollte. In diesem Fall muss geprüft werden, ob es sich nicht um einen bloßen Entwurf handelt. Da diesbezüglich der Sachverhalt eindeutig ist, ist hier davon auszugehen, dass O tatsächlich eine verbindliche Regelung für sein Vermögen nach dem Tode treffen wollte.

b) Fraglich ist, was O inhaltlich verfügen wollte. So könnte die Anordnung des O möglicherweise als *Erbeinsetzung* mit Teilungsanordnung gewertet werden. Letzteres soll regelmäßig der Fall sein, wenn der zugewendete Gegenstand (nahezu) das gesamte Vermögen des Erblassers ausmacht. Da aber solche besonderen Umstände hier nicht vorliegen, greift die Auslegungsregel des § 2087 II BGB, wonach die Zuwendung eines einzelnen Gegenstandes im Zweifel nicht eine Erbeinsetzung darstellt. Es könnte sich demnach um ein Vermächtnis oder um eine *Auflage* handeln. Bei einer Auflage hat der Bedachte keinen eigenen klagbaren Anspruch auf den zugewendeten Gegenstand; nur der Beschwerte ist zur Leistung verpflichtet. Da aber die Anordnung, er solle den Gobelin bekommen, dem V selbst zugeschickt wurde, ist davon auszugehen, dass O ihn auch mit einem einsprechenden Anspruch ausstatten wollte. Es handelt sich folglich bei Os Anordnung um ein Vermächtnis gem. § 2147 BGB.

5.) Alleinige Erbin ist N, die als *Beschwerte* Gegnerin des Anspruchs aus § 2174 BGB ist.

6.) Der Anspruch müsste wirksam *entstanden* sein. § 2176 BGB normiert als maßgeblichen Zeitpunkt den Erbfall. Mit dem Tod des O ist daher der Anspruch entstanden.

7.) V hat demnach einen Anspruch gegen N auf Herausgabe des Gobelin gem. § 2174 BGB. Ein Schuldverhältnis i.S.d. § 280 BGB besteht demnach.

II.) Die *Pflichtverletzung* liegt bei §§ 280 I, II, 283 BGB darin, dass ein Leistungshindernis nach § 275 BGB vorliegt. Die Herausgabe des Gobelins müsste der N daher nachträglich unmöglich geworden sein. Geschuldet war nur der eine Gobelin, der sich im Nachlass des O befand. Daher handelt es sich weder um ein Gattungs- noch um ein Verschaffungsvermächtnis. Vielmehr beschränkte die Schuld des N sich auf den bezeichneten Gobelin. Fraglich ist, ob durch seinen Verkauf die Leistung des N unmöglich i.S.d. § 275 I BGB geworden ist. Da zumindest die Stadt, die jetzt Eigentümerin des Gobelins ist, leisten könnte, ist die Leistung nicht objektiv für jedermann unmöglich. Es kommt also nur eine subjektive Unmöglichkeit in Betracht. Allerdings ist diese nicht schon immer dann gegeben, wenn der Schuldner über den Leistungsgegenstand nicht mehr verfügt. Vielmehr kommt bei *§ 275 I BGB* eine *subjektive Unmöglichkeit* nur in Betracht, wenn feststeht, dass der Schuldner die Verfügungsmacht nicht mehr erlangen und zur Erfüllung des geltend gemachten Anspruchs auch nicht auf die Sache einwirken kann. Allenfalls kann der Schuldner dann § 275 II BGB geltend machen. Hier jedoch hat die Stadt kategorisch ausgeschlossen, den Gobelin wieder zu verkaufen. Eine Wiederbeschaffung scheitert daher nicht an unverhältnismäßig hohen Kosten (was für § 275 II BGB relevant wäre), sondern ist generell ausgeschlossen. Die Leistung des Gobelins ist N daher (subjektiv) unmöglich i.S.d. § 275 I BGB.

III.) Eine Schadensersatzpflicht der N tritt indes nicht ein, wenn sie beweisen kann, dass sie die Pflichtverletzung nicht *zu vertreten* hat, § 280 I S. 2 BGB. Dies gelingt ihr jedoch nicht, wenn sie vorsätzlich oder fahrlässig gehandelt hat, § 276 I S. 1 BGB. Ein vorsätzliches Handeln wäre gegeben, wenn N mit Wissen und Wollen die Umstände herbeigeführt hätte, die zur Unmöglichkeit gem. § 275 I BGB führen. Allerdings setzt dies das Bewusstsein voraus, dass N gegenüber V überhaupt eine schuldrechtliche Verpflichtung bezüglich des Gobelins trifft. Vorsatz würde daher entfallen, wenn N substantiiert darlegt, dass sie keine Kenntnis vom Vermächtnis hatte. Allerdings hatte O eine

Kopie des Briefes an V angefertigt, die Teil des Nachlasses war. Insofern könnte N fahrlässig gehandelt haben, als sie den Gobelin verkauft hat, ohne vorher den Nachlass des O nach etwaigen letztwilligen Verfügungen durchgesehen zu haben. Fahrlässig handelt, wer die im Verkehr erforderliche Sorgfalt außer Acht lässt, § 276 II BGB. Wer Erbe geworden ist, weiß, dass sein Erbe u.U. beschwert ist. Die nötige Sorgfalt hätte es daher erfordert, sich zumindest innerhalb des eigenen Machtbereichs zu vergewissern, dass solche Beschränkungen nicht vorliegen. N hat daher *zumindest fahrlässig gehandelt*, als sie den Gobelin verkauft hat; sie hat demnach die Pflichtverletzung zu vertreten.

IV.) Als Rechtsfolge ist N zur Zahlung von Schadensersatz statt der Leistung verpflichtet. V ist daher so zu stellen, wie wenn N ordnungsgemäß erfüllt hätte, §§ 249 I, 251 I BGB. Dann hätte N einen Gobelin im Wert von 200.000 EUR.

V.) Folglich hat V gegen N einen Anspruch auf Zahlung von 200.000 EUR als Schadensersatz aus §§ 280 I, III, 283, 249 I BGB.

B. Anspruch des V gegen N auf Schadensersatz gem. §§ 989, 990 BGB

Dieser Anspruch scheitert schon daran, dass V nicht Eigentümer war, als N den Gobelin an die Stadt verkaufte. Er hatte vielmehr nur den schuldrechtlichen Anspruch gegen V aus § 2174 BGB.

C. Anspruch des V gegen N auf Schadensersatz gem. §§ 687 II, 678 BGB:

N führte kein fremdes Geschäft, als sie den Gobelin verkaufte, da sie gem. § 1922 I BGB Eigentümer geworden war. Ein Anspruch aus GoA scheidet daher aus.

D. Anspruch des V gegen N auf Schadensersatz gem. § 823 I BGB:

Ein solcher Anspruch ist hier deshalb nicht gegeben, weil lediglich ein Forderungsrecht des V und keines der in § 823 I BGB benannten Rechtsgüter betroffen ist.

2. Teil: Ansprüche des V gegen N auf Herausgabe des durch den Verkauf an die Stadt Erlangten

Nicht nur Ansprüche auf Schadensersatz sind für V interessant. Wenn er die Möglichkeit hätte, statt Schadensersatz auch das herauszuverlangen, was N für den Gobelin bekommen hat, wäre dies im konkreten Fall vorteilhaft. Denn während der Schadensersatzanspruch der Höhe nach auf 200.000 EUR gerichtet ist, könnte V auf diese Weise 50.000 EUR mehr verlangen.

I.) Anspruch des V gegen N auf Zahlung von 250.000 EUR gem. §§ 285, 2174 BGB

1.) Die Unmöglichkeit der Leistung gem. § 275 I BGB wurde durch den Verkauf an die Stadt ausgelöst. Aufgrund dieses Verkaufs hat N als rechtsgeschäftliches Surrogat 250.000 EUR erlangt.

2.) Die Pflicht zur Herausgabe des Ersatzes tritt unabhängig von einem Verschulden der N ein.

3.) Folglich hat V einen Anspruch auf Zahlung von 250.000 EUR gegen N. Allerdings stellt § 285 II BGB klar, dass, wenn dem Gläubiger – so wie hier – neben dem Herausgabeanspruch aus § 285 BGB auch ein Anspruch auf Schadensersatz statt der Leistung zusteht, letzterer um den Wert des Surrogats gekürzt wird. Jedoch ist vorliegend der Anspruch aus § 285 höher als der aus §§ 280 I, III, 283 BGB, sodass, wenn V nach § 285 BGB vorgeht, kein Raum mehr daneben für den Schadensersatzanspruch ist

II.) Anspruch des V gegen N auf Zahlung von 250.000 EUR gem. § 2184 S. 1 Var.1 *BGB*

1.) Dem V wurde wirksam der Gobelin vermacht. Das Vermächtnis ist auch bereits angefallen, § 2176 BGB.

2.) Gem. § 2184 S. 1 Var.1 BGB muss N dem V daher nicht nur den Gobelin leisten, sondern das aufgrund des vermachten Rechts Erlangte herausgeben. Ob hierunter auch der Verkaufserlös als Surrogat fällt, ist streitig. Teilweise wird § 2184 BGB für in diesem Fall neben § 285 BGB anwendbar gehalten, teilweise wird vertreten, einzig § 285 BGB sei für Surrogate anwendbar. Da unter den Wortlaut auch rechtsgeschäftlich erlangte Surrogate fallen, ist eher von einer konkurrierenden Anwendung auszugehen.

3.) V kann seinen Anspruch auf Zahlung von 250.000 EUR folglich auch auf § 2184 S. 1 Var.1 BGB stützen. Allerdings ist, wenn man der hier vertretenen Auslegung folgt, die Vorschrift insoweit teleologisch zu reduzieren, als V sich, auch wenn er nach § 2184 S. 1 Var.1 BGB vorgeht, das herauszugebende Surrogat auf die Höhe seines Schadensersatzanspruches anrechnen lassen muss.

III.) Anspruch des V gegen N aus § 816 I BGB

Ein solcher Anspruch scheitert daran, dass N als Eigentümer berechtigt war, über den Gobelin zu verfügen.

IV.) Anspruch des V gegen N aus §§ 687 II, 681 S. 2, 667 BGB

Dann müsste N ein objektiv fremdes Geschäft haben, was vorliegend nicht der Fall war.

75. Was ist eine Auflage?

Nach § 1940 BGB handelt es sich um eine schuldrechtliche Verpflichtung des/ der Erben ohne ein Forderungsrecht des Begünstigten.

76. Wer sichert die Einhaltung der Auflage?

Es gibt nach § 2194 BGB nur ein fiduziarisches Klagerecht Dritter. Danach kann neben dem Testamentsvollstrecker nur klagen, wer vom Wegfall des (durch die Auflage beschwerten) Erben profitieren würde. Soweit eine Auflage im öffentlichen Interesse liegt, kann auch die zuständige Behörde klagen.

77. Was bewirkt die testamentarische Verwirkungsklausel der cautela Socini?

Hinterlässt der Erblasser allen gesetzlichen Erben gleichermaßen den Nachlass und will er den Kindern untersagen, ihren Anteil vom überlebenden Ehegatten abzuziehen, welcher lebenslang den Nutzen des Vermögens haben soll, kann er durch die *cautela Socini* bestimmen, dass die Kinder den Erbteil nur auflösend bedingt erhalten: Wollen diese ihren Erbteil in Anspruch nehmen, sollen sie nur noch den Pflichtteilsanspruch haben.

78. Was versteht man unter dem Grundsatz des „favor testamenti"?

Das Testament ist so auszulegen, dass ein Auslegungsergebnis erreicht wird, durch das die letztwillige Verfügung rechtmäßig und wirksam bleibt, vgl. auch § 2084 BGB.

79. Was ist die Andeutungstheorie?

Trennt man den wirklichen Willen von dem wirklich Erklärten, muss man nach Ermittlung des Willens prüfen, ob dieser formgerecht erklärt wurde. Das ist bei größtmöglichem Entgegenkommen gegenüber dem Erblasser dann der Fall, wenn man noch eine Andeutung oder irgendeinen Anhaltspunkt für eine Interpretation im geschriebenen Testament finden kann.

Die Andeutungstheorie minimiert dabei das Formerfordernis der schriftlichen Erklärung einer letztwilligen Verfügung, um soweit als möglich den erkannten wahren Erblasserwillen zu verwirklichen. Sie dient der Erinnerung, immer vom Wortlaut des Erklärten auszugehen, und zur Warnung vor zu großer Entfernung vom Testament durch Auslegung.

80. Wie kann man nach der Errichtung des Testaments veränderte Umstände und Willensrichtungen des Erblassers berücksichtigen?

Grundsätzlich sind Willenserklärungen nach ganz h.M. gemäß den Verhältnissen des Errichtungszeitpunkts zu interpretieren. Nur wenn die Auslegung verschiedene Lösungen ermöglicht, können nachfolgende Erklärungen des Erblassers als Leitlinien der Interpretation herangezogen werden.

81. Warum kann man, wenn eine letztwillige Verfügung unwirksam ist, nicht einfach die übrigen Anordnungen ausführen, wie der Erblasser es bestimmt hatte?

Die „pro non scripta habetur"-Regel ist zu grob, nicht immer spiegelt sich im Rest der wirkliche oder zumindest mutmaßliche Wille des Erblassers wieder. Es ist ebenso möglich, dass die letztwilligen Verfügungen erst im Zusammenhang die Intention des Erblassers verwirklichen. Eventuell muss man die Lücke durch ergänzende Auslegung schließen, um eine Rechtsfolge zu erreichen, die dem Willen des Erblassers entspricht.

82. Wozu dient ein Auslegungsvertrag?

Die Erben einigen sich außergerichtlich oder gerichtlich auf das, was im Erbfall gelten soll. Zwar ist nur der Wille des Erblassers für das Nachlassgericht maßgeblich. Aber die außergerichtliche Einigung der Erben kann bereits den Erbstreit verhindern. Selbst wenn es zum Prozess kommt, kann der Auslegungsvertrag ein wichtiges Indiz bilden, wie das Testament richtig auszulegen ist.

83. Was bewirkt der Erbverzicht?

Der notarielle Erbverzicht bewirkt, dass der Verzichtende gemäß § 2346 I 2 BGB als Erbe wegfällt, er gilt als vorverstorben, und auch seine Abkömmlinge sind in der Regel nach § 2349 BGB von der Erbfolge ausgeschlossen. Auch das Pflichtteilsrecht wird damit ausgeschlossen.

84. Wodurch entsteht Erbunwürdigkeit?

Nach § 2339 BGB durch Vergehen gegen den Erblasser oder durch Angriffe gegen die Testierfreiheit des Erblassers.

85. Wozu bedarf es der Anfechtungsregeln §§ 2078 ff BGB?

Der Erblasser könnte anfechten nach §§ 119 ff BGB oder, noch einfacher, widerrufen. Doch oft stellt sich der Irrtum erst nach dem Erbfall heraus. Die Erben und Angehörigen können nicht nach §§ 119 ff BGB anfechten, da sie nicht den der letztwilligen Verfügung zugrunde liegenden Willen gebildet haben. Für die Anfechtung der Dritten, der Erben, benötigt das Erbrecht Sonderregeln, die im Übrigen den §§ 119 ff BGB nachgebildet sind.

86. Warum kann die Willenserklärung eines Verstorbenen noch zum Vertragsabschluss führen?

Nach § 130 II BGB bleibt seine Willenserklärung auch nach dem Ableben wirksam, der Vertrag kann nach § 153 BGB noch abgeschlossen werden, dabei braucht ggf. nach § 151 BGB noch nicht einmal die Annahme zugehen.

87. Wie kann man das Erbrecht durch Stellvertretung aushöhlen?

Die postmortale Vollmacht wird erklärt, um ein Rechtsgeschäft nach dem eigenen Tod durch einen anderen vornehmen zu lassen. Die Rechtsfolgen treffen die Erben, die Vollmacht stammt jedoch vom Erblasser. Anstelle der erbrechtlichen Mittel wird das allgemeine Vertragsrecht genutzt, um den Willen des Erblassers zu verwirklichen.

88. Wann ist eine Überlebensbedingung nach § 2301 I 1 BGB anzunehmen?

Es ist entweder ausdrücklich oder konkludent vereinbart, dass das Geschäft nur gelten soll, sofern der Empfänger den Zuwendenden überlebt. Ausschlaggebend für die Auslegung, ob eine Überlebensbedingung vorliegt, ist der wirkliche Wille des Zuwendenden. Im Zweifel ist jedoch keine Überlebensbedingung anzunehmen. Erst deren Unterstellung führt dazu, dass es erbrechtlichen Vorschriften genügen muss, was meist nicht der Fall ist. Liegt keine Überlebensbedingung vor, wird in der Regel Schenkungsrecht anzuwenden sein, so dass nach § 518 II BGB bei Missachtung der Formvorschrift eine Heilung durch Vollzug in Betracht kommt. Der Vollzug schließt nach § 2301 II BGB ebenfalls die Anwendung des Erbrechts aus. Indem die Rechtsprechung die Überlebensbedingung nur restriktiv annimmt, wird die Gültigkeit des Rechtsgeschäfts gefördert.

89. Wann ist die Schenkung gemäß § 2301 Abs. 2 BGB vollzogen?

Der Vollzug nach § 2301 Abs. 2 BGB ist jedenfalls dann gegeben, wenn der Gegenstand übergeben wurde, also eine endgültige Entäußerung vorliegt. Gleich zu behandeln ist das Einräumen eines Anwartschaftsrechts. Entsprechend dieses Gedankens verlangt der BGH, dass der Erblasser alles seinerseits Mögliche und Erforderliche getan hat, um den Eigentumsübergang zu bewirken. Dann genügen selbst die Vertragsanbahnung und die Absendung der Ware, so dass der Begünstigte Verpflichtungs- und Verfügungsvertrag annehmen kann.

90. Sind im Verhältnis von Schenker und Beschenktem in den Fällen des § 331 Abs. 1 BGB erbrechtliche Formen zu wahren, wenn der Beschenkte erst nach dem Ableben des Schenkers von der Schenkung erfahren soll?

§ 331 BGB erwähnt das nicht; man kann § 331 Abs. 1 BGB als Sonderregel zum allgemeineren § 2301 Abs. 1 BGB ansehen; schließlich gibt es ein praktisches Bedürfnis nach der vereinfachten Zulassung dieser Verträge zugunsten Dritter. Allerdings wird eingewandt, dass dies Gestaltungen zum Nachteil der Nachlassgläubiger bewirkt. Doch können diese eher pauschal angenommenen Interessen nicht die Wirksamkeit der Geschäfte nach § 331 BGB generell ausschließen.

▶ **Fall 5:** E hinterlässt ein Testament zugunsten seiner Tochter T. Dem Schachpartner F verspricht er sein kostbares Schachspiel, das schon bei F aufgestellt ist. Dem Neffen N richtet er mit dessen Wissen ein Guthaben bei der B-Bank ein und zahlt noch kurz vor seinem Tod darauf ein. Seiner früheren Kollegin K schickt er einen Bildband, der erst nach seinem Tod bei K eintrifft. Kann T dies alles herausfordern, evtl. dann, wenn sie kurz nach dem Tod die Schenkungen widerruft?

Ansprüche der T gegen F

A) Anspruch *aus § 2018 BGB (-)*

F beruft sich jedoch nicht auf ein vermeintliches Erbrecht, ist demnach nicht Erbschaftsbesitzer.

B) Anspruch *aus § 985 BGB (-)*

I.) F ist in *Besitz* des Schachspiels.

II.) Allerdings müsste T *Eigentümerin* des Schachspiels sein.

    1.) Zunächst war *E* Eigentümer.

    2.) Allerdings könnte F von E das Eigentum nach §§ 929 S. 2, 158 Abs. 1, 163 BGB erworben haben.

        a) Das Schachspiel befindet sich bereits im Besitz des F (§ 929 S. 2 BGB; *brevi manu traditio*).

        b) E und F haben sich über den Übergang des Eigentums geeinigt unter der Bedingung, dass F den E überlebt. Mit dem Tod des E ist diese Bedingung eingetreten. Eine *wirksame dingliche Einigung* liegt somit vor.

    3.) Folglich ist F mit dem Tod des E Eigentümer des Schachspiels geworden.

III.) Ein Anspruch der T aus § 985 BGB ist daher nicht gegeben.

C) Anspruch *aus § 812 Abs. 1 1 Var.1 BGB (-)*

I.) F hat *Eigentum und Besitz* am Schachspiel *erlangt*.

II.) Dies geschah *durch Leistung des E*. Dieser hat bewusst und zweckgerichtet das Vermögen des F mehren wollen. T ist im Rahmen der Leistungskondiktion anspruchsberechtigt, weil sie auch insoweit in die Rechtsstellung des Erben eingetreten ist.

III.) Die Leistung müsste *ohne Rechtsgrund* erfolgt sein. Ein solcher ist der, der Eigentumsübertragung kausal zugrunde liegender Schenkungsvertrag. Zwar könnte das Versprechen möglicherweise auch als Vermächtnis auszulegen sein; dies hätte aber in testamentarischer Form erfolgen müssen, § 1939 BGB, was nicht geschehen ist. Fraglich ist jedoch, ob diese Schenkung wirksam ist. Da auch sie unter der Bedingung erklärt wurde, dass F den E überlebt, handelt es sich um eine *Schenkung auf den Todesfall*. Fraglich ist, unter welcher *Form* dieses Geschäft vorgenommen werden muss. Da bereits das Eigentum am Schachspiel auf F übergegangen ist (s.o.), ist die Schenkung bereits vollzogen. Gem. § 2301 Abs. 2 BGB finden daher die Vorschriften über Schenkungen unter Lebenden Anwendung. Die gem. § 518 Abs. 1 BGB erforderliche *notarielle Beurkundung* fehlt. Allerdings wurde diese Formnichtigkeit *gem. § 518 Abs. 2 BGB geheilt*, da das Eigentum übergegangen, die versprochene Leistung also bewirkt worden ist. Die Leistung erfolgte demnach mit Rechtsgrund.

IV.) Ein Anspruch der T aus § 812 Abs. 1 1 Var.1 BGB ist daher nicht gegeben.

Ansprüche der T gegen K

A) Anspruch *aus § 985 BGB (-)*

I.) K ist unmittelbare *Besitzerin*.

II.) Zudem müsste T *Eigentümerin* sein.
1.) Ursprünglich war E Eigentümer.
2.) Mit dem Tod ist das Eigentum des E *auf T übergegangen*, § 1922 BGB. Dazu gehörte auch der Bildband. Zwar hatte E schon ein Angebot auf Eigentumsübertragung gegenüber K abgegeben, das aber noch nicht hatte angenommen werden können.
3.) Allerdings könnte T das *Eigentum an K verloren* haben gem. § 929 S. 1 BGB.
   a) Nachdem das Paket angekommen war, hatte K *unmittelbaren Besitz* am Bildband.
   b) Allerdings müsste auch eine *dingliche Einigung* vorliegen.
      aa) Noch zu Lebzeiten hat E ein entsprechendes Angebot abgegeben. Nach § 130 Abs. 2 BGB ist es für die Wirksamkeit einer solchen Willenserklärung ohne Einfluss, wenn der Erklärende stirbt. Insofern bindet eine solche Erklärung auch die Erben.
      bb) Das Angebot konnte durch K auch noch nach dem Tod des E angenommen werden, § 153 BGB. Die entsprechende Annahmeerklärung musste nach der Verkehrssitte der T nicht zugehen, § 151 BGB.
      cc) Eine Willenserklärung wird nicht wirksam, wenn dem Empfänger vorher oder gleichzeitig ein Widerruf zugeht, § 130 Abs. 1 S. 1 BGB. Da T in die Stellung des E gerückt ist, wäre sie widerrufsberechtigt. Der Widerruf könnte aber nur dann einen Eigentumserwerb der K verhindern, wenn er mindestens zeitgleich bei K eingehe, was hier nicht der Fall ist.
4.) Folglich ist K Eigentümerin.

III.) Ein Anspruch aus § 985 BGB scheidet daher aus.

B) Anspruch *aus § 812 Abs. 1 S. 1 Var.1 BGB*

I.) K hat Besitz und Eigentum am Bildband erlangt.

II.) Dies geschah durch Leistung des E.

III.) Fraglich ist allein, ob ein wirksamer Rechtsgrund vorliegt. Auch hier kommt wieder eine Schenkung in Betracht. Auch hier ist wieder von einer Überlebensbedingung auszugehen, sodass es sich um eine *Schenkung auf den Todesfall* handelt. Dieser müsste wirksam sein.
1.) Dabei ist zunächst zu ermitteln, welche Formvorschriften anwendbar sind. Gem. § 2301 BGB sind dies die Bestimmungen über Verfügungen von Todes wegen, es

sei denn, die Schenkung ist bereits vollzogen; dann kommt § 518 BGB zur Anwendung. Dabei ist umstritten, wann Vollzug vorliegt, wenn die Tatbestandsvoraussetzungen des Eigentumsübergangs im Zeitpunkt des Todes noch nicht vorlagen.

   a) *Eine Ansicht* sieht den Vollzug als eine sofortige und unmittelbare Minderung des Vermögens (Mot. V, 252). Einige fordern daher, dass der Schenker zu seinen Lebzeiten ein Vermögensopfer erbracht oder der Dritte zumindest ein Anwartschaftsrecht erworben hat, Brox, Erbrecht, Rn. 744. Daran fehlt es hier, weil die Übereignung erst nach dem Tod stattfand und der Empfänger auch bis zu diesem Zeitpunkt kein Anwartschaftsrecht erwerben konnte.

   b) Die *herrschende Meinung* und der BGH legen § 2301 Abs. 2 BGB extensiver aus und nehmen den Vollzug bereits dann an, wenn der Schenker zu Lebzeiten alles getan hat, was er zum Übergang des Schenkungsgegenstandes tun konnte. E hat aus seiner Sicht alles getan, um einen Eigentumsübergang herbeizuführen, sodass auch der BGH den Vollzug annähme.

   c) Für die extensive Auslegung spricht, dass so die Gültigkeit des Geschäfts erreicht wird, während die Unterstellung unter das Erbrecht entgegen dem Grundsatz des *favor testamenti* zur Unwirksamkeit des Geschäfts führen würde. Ferner sollte es für die Gültigkeit des Geschäfts nicht darauf ankommen, ob der Postbote bereits zugestellt hat oder nicht. Es ist daher davon auszugehen, dass Vollzug gegeben ist.

2.) Da die Schenkung bereits vollzogen ist, gilt hinsichtlich der *Form* § 518 BGB.

   a) Die nötige *notarielle Form* gem. § 518 Abs. 1 BGB wurde nicht gewahrt.

   b) Allerdings ist *Heilung* aufgrund des erfolgten Eigentumserwerbs eingetreten, § 518 Abs. 2 BGB. Wäre ein *Widerruf* des Schenkungsversprechens rechtzeitig eingegangen, entfiele die Schenkung als Rechtsgrund und die Kondiktion wäre erfolgreich.

   c) Die Schenkung ist daher wirksam und steht als Rechtsgrund einer Kondiktion entgegen.

IV.) T kann von K nicht Herausgabe des Bildbandes gem. § 812 Abs. 1 S. 1 Var.1 BGB verlangen.

Ansprüche der T wegen des Guthabens bei der Bank

A) Anspruch *der T gegen B auf Auszahlung des Guthabens gem. §§ 700, 607, 1922 BGB*.

I.) Ein Anspruch der T setzt zunächst voraus, dass sie Erbin geworden ist, was hier der Fall ist.

II.) Allerdings ist sie nur dann Inhaberin der Rückzahlungsforderung im Rahmen der Bankeinlage geworden, wenn diese Forderung zum Nachlass gehört. Hier wollte E, dass das Geld dem N nach seinem Tode zustehen soll. Gem. § 331 Abs. 1 BGB ist daher *N im Zeitpunkt des Todes* Inhaberin *der Forderung geworden*, ohne dass die Forderung gegen die Bank in den Nachlass fiele. Einer besonderen Form bedarf der Vertrag zugunsten Dritter auf den Todesfall nicht.

III.) Ein Auszahlungsanspruch gem. §§ 700, 607, 1922 BGB scheidet daher aus.

B) Anspruch *der T gegen N auf Abtretung des Anspruchs gegen die Bank gem. § 812 Abs. 1 S. 1 Var. 1 BGB*.

I.) N hat mit dem Zeitpunkt des Todes einen *Auszahlungsanspruch* gegen die Bank erlangt.
II.) Dies ist die Folge davon, dass E mit B einen entsprechenden Vertrag zugunsten des N abgeschlossen hat. Damit wollte E bewusst und zweckgerichtet das Vermögen des N mehren, hat also *geleistet*.
III.) Allerdings muss es für diese Leistung im (Valuta-)Verhältnis zwischen E und N an einem *Rechtsgrund* fehlen. Auch hier kommt wieder eine *Schenkung auf den Todesfall* in Betracht. Diese wäre gem. § 125 BGB nichtig, wenn sie nicht in der gültigen Form zustande gekommen wäre.
1.) Fraglich ist daher wieder, welche Formvorschrift gilt, da § 2301 BGB für Schenkungen auf den Todesfall auf die für letztwillige Verfügungen geltenden Normen verweist. In dieser besonderen Konstellation eines Vertrages zugunsten Dritter auf den Todesfall im Deckungsverhältnis ist jedoch umstritten, ob § 2301 Abs. 1 BGB anwendbar ist.
a) Nach der teilweise vertretenen Auffassung, die auch im Verhältnis E – K einen Vollzug ablehnte, soll § 2301 Abs. 1 BGB anwendbar sein. Da sich E seine Verfügungsgewalt bis zum Tode offen gelassen hat, sei auch nicht von einem Vollzug der Schenkung i.S.d. § 2301 Abs. 2 BGB auszugehen. Folglich wären die Formvorschriften über Verfügungen von Todeswegen anwendbar.
b) Die h.M. verneint die Anwendbarkeit von § 2301 Abs. 1 BGB auf die vorliegende Konstellation. Insofern wird darauf verwiesen, dass § 331 Abs. 1 BGB die spezielle Regelung darstellt. Zudem verbliebe kaum mehr ein Anwendungsbereich für § 331 Abs. 1 BGB, wenn im Valutaverhältnis die besonderen Formvorschriften des Erbrechts zu beachten wären.
2.) Folgt man der h.M., so stellt sich die Frage, ob der Schenkungsvertrag die nach den §§ 516 ff BGB nötige Form wahrt. Eine notarielle Beurkundung ist zwar nicht vorgenommen worden, § 518 Abs. 1 BGB, allerdings ist N der Anspruch gegen die Bank bereits durch den Vertrag zugunsten Dritter zwischen E und B zugewendet worden. Insofern hat E bereits zu Lebzeiten ein Vermögensopfer gebracht, was nach allgemeiner Meinung ausreicht, um die Schenkung i.S.d. § 518 Abs. 2 BGB zu bewirken. Der Formmangel ist damit geheilt.
3.) Der Schenkungsvertrag zwischen E und N ist damit wirksam und hindert als Rechtsgrund die Kondiktion der T.
IV.) Ein Anspruch der T gegen N aus § 812 Abs. 1 S. 1 Var.1 BGB besteht nicht.

91. Welche Nachfolgelösungen kommen in Betracht, wenn ein Gesellschafter einer OHG durch Tod ausscheidet?

Möglich sind die völlige Auflösung der Gesellschaft, die Fortführung ohne einen Erben des Verstorbenen, also die Anwachsung der Anteile unter den verbliebenen Gesellschaftern, sowie das Weiterbestehen der Gesellschaft mit dem oder den Erben.

92. Warum widersprechen sich die gesellschaftsrechtliche und die erbrechtliche Sicht, wenn ein Erbe den Gesellschaftsanteil übernehmen soll?

Die typischen Wertungen unterscheiden sich in vier Punkten:

- Die Haftung des Erben ist dadurch privilegiert, dass er nur mit der Erbschaft haftet, nicht mit seinem Privatvermögen. Dadurch unterscheidet er sich fundamental von der Haftung eines Gesellschafters. Aus der Sicht der Gläubiger und auch der Gesellschaft selbst kann die unbeschränkte Haftung der Gesellschafter jedoch wichtig sein.
- Pflichtteilsberechtigte und Nachlassgläubiger haben ein berechtigtes Interesse daran, dass der Gesellschaftsanteil in den Nachlass fällt und nicht getrennt qua Gesellschaftsrecht transferiert wird. Der Entzug des vermutlich wichtigsten Vermögenswertes schmälert den Nachlass erheblich zulasten der Erben und Familie.
- Die Erben bilden eine Erben- und Gesamthandsgemeinschaft. Im Unternehmen soll jedoch meist weder eine Gesamthandsgemeinschaft als Gesellschaft noch eine Mehrzahl von Personen als neue Gesellschafter aufgenommen werden.
- Die Nachfolge im Unternehmen erfolgt eventuell nach anderen Kriterien als die Bestimmung der Erben. Im einen Fall kann der Fortbestand des Betriebes, im anderen Fall die Unterstützung der Familie bezweckt werden.

93. Warum stellt die Theorie der Sondernachfolge eine Ausnahme vom deutschen Erbrecht dar und warum ist sie so überzeugend?

Sie widerspricht dem Grundsatz der Universalsukzession. Danach sind alle Erben als Erbengemeinschaft am gesamten Nachlass berechtigt und aus ihm verpflichtet. Stattdessen soll durch die Sondernachfolge ein Erbe privilegiert allein einen Vermögensbestandteil des Verstorbenen übernehmen.

Die Theorie der Sondernachfolge ermöglicht einerseits eine Durchbrechung, andererseits die Geltung des Erbrechts im Übrigen. Einerseits folgen die anderen Erben nicht gemäß der Universalsukzession auch in den Gesellschaftsanteil als Nachlassgegenstand, andererseits gilt kraft der Anwendung des Erbrechts die Sofortsukzession. Der Gesetzgeber hat dies nun mit § 711 BGB auch ausdrücklich anerkannt. Weil der Gesellschaftsanteil in den Nachlass fällt, wird der Nachfolger in der Gesellschaft außerdem ausgleichungspflichtig. Bei der Berechnung der Pflichtteilsansprüche ist vom Nachlass inkl. Gesellschaftsanteil auszugehen.

94. Was bedeutet es, dass die Erbengemeinschaft eine Gesamthandsgemeinschaft darstellt?

Alle Erben werden dadurch gemeinschaftlich an der Gesamtheit des Nachlasses berechtigt und verpflichtet. Sie werden nicht an den einzelnen Sachen berechtigt, sondern erhalten einen nur rechtlich fassbaren Anteil am gesamten Nachlass. Sie können nicht allein über die Sachen verfügen, Nachlassschulden sind an alle gemeinschaftlich zu leisten. Erst bei der Teilung wird bestimmt, wer was genau erhält.

95. Was bedeutet die dingliche Surrogation nach § 2041 BGB?

Werden Gegenstände ersetzt oder verkauft, fällt das Surrogat automatisch in den Nachlass ungeachtet der konkreten von den Beteiligten gewünschten dinglichen Rechtsfolgen.

▶ **Fall 6:** E wird von seinen Kindern A, B und C zu gleichen Teilen beerbt. Zum Nachlass gehört ein Haus, das an einer kleinen Stelle renoviert werden soll. A und B beauftragen U mit den nötigen Arbeiten, C stimmt dem nicht zu. Für die Rechnung des U i.H.v. 5.000 EUR sollen nach seiner Auffassung nur A und B aufkommen müssen. Kann U die Erbengemeinschaft in Anspruch nehmen?

Abwandlung: C kauft von D mit Geld aus dem Nachlass ein Bild. A und B verlangen von C die Einräumung von Mitbesitz.

Anspruch des U gegen die Erbengemeinschaft: § 631 Abs. 1 BGB

A) Wirksamer Werkvertrag

I.) Einigung
  1.) Erklärung des U, sich deckende Erklärung des A
  2.) Wirksame Vertretung der Erbengemeinschaft durch A? §§ 164 ff BGB
     a) § 164 BGB anwendbar
     b) Stellvertretung zulässig, kein höchstpersönliches Rechtsgeschäft
     c) Handeln im Namen der Erbengemeinschaft, § 164 Abs. 2 BGB
     d) Mit Vertretungsmacht?
        – keine ausdrückliche Bevollmächtigung, § 167 BGB
        – Befugnis aus § 2038 BGB?
          1) Maßnahme der Nachlassverwaltung? Nicht definiert, nach h.M. „alle Handlungen, die der Erhaltung, Nutzung, Mehrung des Nachlasses oder der Schuldbegleichung dienen, egal ob sie nur im Innenverhältnis (Geschäftsführung) oder auch nach außen (Vertretung) wirken".
          2) Vertretungsmacht für konkretes Geschäft? Nach §§ 2038 Abs. 1 S. 2 Hs. 1, 2038 Abs. 2, 745 BGB für ordnungsgemäße Verwaltung gegeben, also für alle Maßnahmen, die der Beschaffenheit der Nachlassgegenstände und dem objektiven Interesse aller Miterben entsprechen. Da die Reparaturen dem Erhalt des Hauses dienen, entsprechen sie der ordnungsgemäßen Verwaltung. Ein Mehrheitsbeschluss ist ausreichend und vermittelt Vertretungsmacht zur Vornahme des beschlossenen Geschäfts im Außenverhältnis. A daher nach § 2038 Abs. 1 S. 2 Hs. 1 BGB aufgrund Mehrheitsbeschluss zur Vertretung der Erbengemeinschaft befugt.

II.) Wirksamkeitshindernisse für Einigung sind nicht ersichtlich.

B) Fälligkeit, § 641 BGB erst grds. mit Abnahme, (+)

C) Keine Erlöschensgründe

D) Haftung der Miterben für Nachlassverbindlichkeiten? Vor der Teilung: Jeder Miterbe haftet für gemeinschaftliche Nachlassverbindlichkeiten in voller Höhe, aber beschränkt auf Anteil an Miterbengemeinschaft, § 2059 Abs. 1 BGB (zur Erbenhaftung s.u. § 44, S. 237).

Abwandlung: A/ B gegen C auf Einräumung, von Mitbesitz

A) § 2018 BGB, Besitz nicht aufgrund angemaßter Erbenstellung, sondern aufgrund Rechtsgeschäft mit Drittem D

B) § 985 BGB

I.) C als unmittelbarer Besitzer

II.) Eigentümerstellung der Erbengemeinschaft
   1.) Ursprünglich D
   2.) Eigentumserwerb der Erbengemeinschaft durch C nach §§ 929, 164 ff BGB? nein, da C im eig. Namen handelt
   3.) Aber kraft dinglicher Surrogation, § 2041 BGB (lesen!)?
      a) Erwerb durch einen Miterben = C
      b) Tatbestand der Surrogation
         – Var. 1: „aufgrund eines zum Nachlass gehörenden Rechts": Nein, weil der Anspruch aus dem Kaufvertrag nur dem C, nicht jedoch der Erbengemeinschaft zustand.
         – Var. 2: Nicht als Ersatz für die Zerstörung/ Beschädigung
         – Var. 3: durch ein Rechtsgeschäft, „das sich auf den Nachlass bezieht": Ist dafür ein objektiv erkennbarer Zusammenhang oder der Wille, für den Nachlass zu handeln, erforderlich? Hier:
            – subjektiv: Soll das rechtsgeschäftliche Handeln dem Nachlass zugutekommen? Nicht ersichtlich.
            – objektiv: innerer Zusammenhang mit Nachlass? Kein erkennbarer Zusammenhang.
            Reicht evtl. die reine Verwendung von Nachlassmitteln zur Annahme der dinglichen Surrogation aus? Dagegen spricht der Vergleich mit § 2019 BGB (Erbschaftsanspruch) und § 2111 BGB (bei Vor- und Nacherbschaft), weil dies nur dort ausdrücklich angeordnet wird, nicht hingegen in § 2041 S. 1 BGB. Normzweck ist andererseits, den Nachlass auch im Wert zu erhalten (Leipold, Erbrecht, Rn. 741). Die Surrogation ist gemäß dem Normzweck wohl sogar dann möglich, wenn die Übertragung von Nachlassgut etwa wegen § 935 BGB nicht wirksam ist; die Erbengemeinschaft kann dann auch die erlangte Gegenleistung verlangen. Daher muss auch die Mittelsurrogation i.S.v. § 2041 Var. 3 BGB ausreichen.

III.) Besitz des C (+)

IV.) Ohne Recht zum Besitz (+)

Darauf folgt der Anspruch der A und B auf Einräumung von Mitbesitz. ◄

96. Kann der Erblasser die Auseinandersetzung verhindern?

Der Erblasser kann die Auseinandersetzung für maximal 30 Jahre ausschließen, § 2044 Abs. 2 S. 1 BGB, und anordnen, dass sie mit dem Eintritt eines Ereignisses in Person eines Miterben stattfinden soll, z.B. Tod des überlebenden Ehepartner, § 2044 Abs. 2 S. 2 BGB.

97. Was versteht man Erben betreffend unter einem Abschichtungsvertrag?

Jeder Miterbe kann durch einen solchen Vertrag aus der Miterbengemeinschaft ausscheiden, die unter den übrigen Erben erhalten bleibt. Die Miterbengemeinschaft muss also nicht unbedingt wegen des Ausscheidens eines Erben aufgelöst werden.

98. Was ist eine Teilungsanordnung?

Die Teilungsanordnung des Erblassers nach § 2048 S. 1 BGB legt fest, welcher Erbe welche Gegenstände erhalten soll. Dabei soll die Erbquote unverändert bleiben. Soll sie gemäß dem Ergebnis der Auslegung überschritten werden, handelt es sich stattdessen um ein Vorausvermächtnis.

99. Was ist eine erbrechtliche Ausgleichung?

Unter den Miterben muss bei der Nachlassverteilung korrigierend berücksichtigt werden, was ein Abkömmling zu Lebzeiten als Ausstattung oder besondere Zuwendung über normale Schenkungen hinaus erhalten hat und ob er daher entweder nach der allgemeinen Anschauung oder entsprechend der Vereinbarung gemäß § 2050 BGB ausgleichungspflichtig ist.

100. Wie wird der Nachlass geteilt?

Erst werden die Nachlassschulden getilgt, dann wird in natura geteilt oder, sofern das nicht möglich ist, nach Verkauf der Nachlassgegenstände durch Verteilung des Erlöses.

101. Worin liegt die Gefahr für den Erben in § 1980 BGB?

Nach § 1980 Abs. 1 BGB muss er, wenn er die Überschuldung des Nachlasses kennt, unverzüglich das Nachlassinsolvenzverfahren beantragen, sonst haftet er persönlich für die den Gläubigern entstehenden Schäden. Dem steht nach § 1980 Abs. 2 S. 1 BGB die fahrlässige Unkenntnis gleich. Demnach muss der Erbe in jedem Fall sich über die Lage der Nachlassschulden informieren, wenn er die Gefahr der Haftung nach § 1980 Abs. 1 S. 2 BGB ausschließen will.

102. Worin liegt die Chance bzw. der Vorteil des Nachlassinsolvenzverfahrens für den Erben?

Nach dem Insolvenzverfahren über den Nachlass hat der Erbe die Einrede der Erschöpfung des Nachlasses nach § 1973 BGB.

103. Welche Position kommt dem Testamentsvollstrecker zu?

Der Testamentsvollstrecker ist eigene Partei kraft seines Amtes, das ihm vom Erblasser zugewiesen wurde. Er wacht über die Einhaltung der Anordnungen des Erblassers, soweit sie ihm von diesem übertragen wurden.

104. Welche Grundregel gilt für die Haftung des (Allein-)Erben?

Er haftet grundsätzlich unbeschränkt, hat aber ggf. Einreden, um seine Haftung zu beschränken.

105. Welche Grundregel gilt für die Haftung der Miterben?

Sie haften nach außen als Gesamtschuldner, müssen also dem Nachlassgläubiger für die gesamte Summe aufkommen. Nur im Innenverhältnis sind sie zum Ausgleich des zu viel Geleisteten verpflichtet.

106. Wie kann man den Nachlass rechtlich so absondern, dass eine Haftung mit dem Privatvermögen ausscheidet?

Nach § 1975 BGB tritt diese Rechtsfolge bei Einleitung eines Nachlassinsolvenzverfahrens oder einer Nachlassverwaltung ein.

107. Was bewirkt die Dürftigkeitseinrede, wann kann sie erhoben werden?

Sie kann erhoben werden, wenn der Weg über § 1975 BGB mangels Masse des Nachlasses nicht eröffnet ist. Allen Gläubigern gegenüber kann der Erbe dann entgegenhalten, dass der Nachlass nicht zur Befriedigung der Forderungen ausreicht. Er kann dann den Nachlass nach seinem Ermessen auf die Nachlassgläubiger verteilen.

108. Was bewirkt die Erschöpfungseinrede, wann kann sie erhoben werden?

Wurde ein Nachlassgläubiger im Aufgebotverfahren wegen der Erschöpfung des Nachlasses ausgeschlossen, kann der Erbe diesem Gläubiger gegenüber die Befriedigung des Nachlasses verweigern.

109. Wozu dient die Errichtung eines Nachlassinventars?

Das Inventar verzeichnet vollständig die Gegenstände und Rechte des Nachlasses sowie objektiv ihren Wert. Ihm kommt die Vermutung der Vollständigkeit zu, §§ 2001, 2009 BGB. Der Erbe, der dabei absichtlich Täuschungen vornimmt (§ 2005 Abs. 1 BGB), die Inventarfrist versäumt (§ 1994 Abs. 1 S. 2 BGB) oder die Vollständigkeit trotz Aufforderung zu garantieren nicht bereit ist (§ 2006 Abs. 1, 3 BGB), verliert die Möglichkeit, sich auf irgendeine Haftungsbeschränkung zu berufen.

110. Wie kann ein Nachlassgläubiger gegen die Miterben einer ungeteilten Miterbengemeinschaft vorgehen?

Der Nachlassgläubiger kann eine Gesamtschuldklage einreichen, also gegen den einzelnen Miterben als Gesamtschuldner gemäß §§ 2058, 426 BGB vorgehen. Gemäß § 2059 Abs. 1 S. 1 BGB hat jeder Erbe dabei die Einrede des ungeteilten Nachlasses. Der Gläubiger kann stattdessen die Gesamthandsklage nach § 2059 Abs. 2 BGB gegen alle Miterben als Gesamthandsgemeinschaft erheben. Dann muss gemäß § 747 ZPO ein Urteil gegen alle Erben ergehen.

Definitionen

Erbrecht
Im objektiven Verständnis bezeichnet das Erbrecht die Gesamtheit der Normen, welche die Weitergabe des Vermögens aufgrund eines Todesfalls regeln.

Im subjektiven Verständnis bezeichnet Erbrecht – im Gegensatz zum Volksmund, der damit denjenigen bezeichnet, der sich etwas erhofft, – nur die Rechtsstellung desjenigen, der nach dem Erbfall tatsächlich Erbe geworden ist. Die Expektanz wird grds. nicht geschützt, selbst der Vertragserbe aus einem Erbvertrag muss u. a. erst den Erbfall erleben, um seine Rechte aus dem Vertrag geltend machen zu können.

Nacherbe
Die Stellung als Erbe kann zeitlich so gestaffelt werden, dass erst ein Vorerbe, dann ein Nacherbe den Nachlass erhält (§ 2100 BGB).

Letztwillige Verfügung
Unter einer letztwilligen Verfügung versteht man alle gewillkürten Gestaltungen der Erbfolge, egal ob sie die gesetzliche Erbfolge bestätigen oder abändern.

Testament
Ein Testament ist eine Form der letztwilligen Verfügung. Sie kann einseitig oder – im Fall von Eheleuten oder einer eingetragenen Lebenspartnerschaft – auch gemeinschaftlich erstellt werden.

Erbvertrag
Der Erbvertrag ist eine letztwillige Verfügung neben den Testamenten, auch hierdurch wird ein Nachfolgerecht begründet (§ 1941 BGB).

Pflichtteil
Das Pflichtteilsrecht ist ein Forderungsrecht der Abkömmlinge sowie des Ehepartners und seiner Eltern gegen den Erben, soweit sie nicht Erben wurden oder der ihnen zugewendete Teil kleiner als die Hälfte ihres gesetzlichen Erbteils (§ 2305 BGB) ist. Der Pflichtteil umfasst genau die Hälfte des gesetzlichen Erbrechts.

Parentelsystem
Mit dem Parentalsystem wird die Familie in Ordnungen aufgeteilt. Diese Ordnungen umfassen den Erblasser bzw. aufsteigend seine Eltern, Großeltern usw. sowie die gesamten Abkömmlinge, die erste Ordnung schließt die anderen aus usw. Die Erbschaft wird grds. unter allen Angehörigen der ersten Ordnung verteilt.

Vermächtnis
Das Vermächtnis ist nach deutschem Recht ein Forderungsrecht gegen den Erben, etwas aus dem Nachlass herausverlangen zu können (§ 1939 BGB).

Auflage
Die Auflage ist eine Leistungsverpflichtung, ohne dass dabei jemand ein Forderungsrecht erhält (§ 1940 BGB).

Ersatzerbe
Für den Fall, dass der im Testament bestimmte Erbe vor oder nach dem Erbfall wegfällt, kann der Erblasser eine Ersatzperson als Erben bestimmen (§ 2096 BGB).

Definitionen

Ausschlagung einer Erbschaft	Da die Erbschaft sofort und unmittelbar anfällt, muss der Erbe die Möglichkeit haben, die Erbschaft abzulehnen. Dies erklärt er mit der Ausschlagung (§ 1942 I BGB).
Erbschein	Zum Nachweis der Erbenstellung im Geschäftsverkehr, um so auf das Vermögen des Erblassers zugreifen zu können, stellt das Nachlassgericht nach einer ersten Prüfung demjenigen ein Zeugnis über das Erbrecht aus, den es für den Erben hält (§ 2353 BGB).
Erbschaftskauf	Der Erbe kann seine gesamte Stellung als (Mit-)Erbe notariell mitsamt der Beteiligung am Nachlass verkaufen (§ 2371 BGB).
Testierfähigkeit	Ähnlich wie die Geschäftsfähigkeit für die allgemeinen Rechtsgeschäfte ist die Testierfähigkeit die spezielle Fähigkeit, letztwillige Verfügungen treffen zu können. Sie muss dabei nicht genau der Geschäftsfähigkeit entsprechen.
Testierwille	Grundlage einer letztwilligen Verfügung ist der Testierwille, also die Absicht, den Nachlass letztwillig zu regeln.
Widerruf einer Verfügung von Todes wegen	Ausdruck der Testierfreiheit ist, dass der Erblasser sein Testament jederzeit durch ein anderes Testament widerrufen bzw. aufheben kann (§§ 2253f BGB). Nur die Bindungswirkung des gemeinschaftlichen Testaments bzw. des Erbvertrags könnte dem im Weg stehen.
Miterbengemeinschaft	Mehrere Erben bilden eine Miterbengemeinschaft (§ 2032 BGB), bis sie den Nachlass unter sich konkret aufteilen. Diese Miterbengemeinschaft ist eine Gesamthandsgemeinschaft.
Erbenhaftung	Alle Erben haften für die Nachlassschulden als Gesamtschuldner. Sie haben aber verschiedene Möglichkeiten, die Haftung auf den Nachlass zu beschränken.
Andeutungstheorie	Eine letztwillige Verfügung ist nach § 133 BGB nach dem wirklichen Willen auszulegen. Die Grenze dieser weiten Interpretationsmöglichkeiten bestimmt die Andeutungstheorie: So muss sich für die durch Auslegung gewonnene Lösung jedenfalls eine Andeutung im Testament finden.
„Favor testamenti"	Damit wird ein Interpretationsgrundsatz bezeichnet, wonach letztwillige Verfügungen allgemein so interpretiert werden sollen, dass sie und ihre einzelnen Bestimmungen nach Möglichkeit wirksam sind.
Nachlasspfleger	Das Nachlassgericht setzt einen Nachlasspfleger ein, um den Nachlass zu schützen und verwalten zu lassen, bis der Erbe bestimmt und handlungsfähig ist (§ 1960 I BGB).
Testamentsvollstreckung	Der Erblasser kann bestimmen, dass und inwieweit nicht der Erbe, sondern ein Testamentsvollstrecker mit der Verwaltung des Nachlasses entweder bis zur Verteilung oder auf Dauer zuständig sein soll (§§ 2197ff BGB).

Paragraphenregister

Die **fetten Ziffern** verweisen auf die Paragrafen, die mageren Ziffern auf die Randnummern.

A = Antwort auf die Eingangsfrage

F (Nr.) = Fall Nummer

W = Wiederholungs- und Vertiefungsfragen

AktG (Aktiengesetz, 1965)

§ 278	**32** 1

AO (Abgabenordnung, 2002)

§§ 51 ff	**46** 3

BeurkG (Beurkundungsgesetz, 1969)

§ 9	**20** 17
§ 10	**20** 17
§ 11	**20** 9; **20** 17
§ 13	**20** 17
§§ 22 ff	**20** 8
§ 24	**21** 19
§ 28	**20** 17

BGB (Bürgerliches Gesetzbuch, 1900)

§ 80	**3** 1; **3** 2; **3** 6 A; **5** 2; **36** 2 A; **46** 3; W 5
§ 81	**3** 1; **3** 2; W 5
§ 82	**3** 1
§ 84	W 6
§ 99	**10** 3
§ 100	**10** 3
§§ 104 ff	**11** 5; **20** 4
§ 107	**21** 18
§ 118	**20** 10
§ 119	**11** 8; **11** 9 A; **20** 30; **25** 1; **27** 1; **27** 2; **27** 3
§§ 119 ff	**11** 9; **27** 1; W 85
§ 121	**11** 9; **20** 30
§ 122	**27** 5
§ 123	**11** 8; **20** 30; **25** 1; **27** 2
§ 125	**20** 13; **31** 5; **40** 1; F (5)

Paragraphenregister

§	
§ 126	20 10
§ 130	28 2; 28 3; 29 5; 29 6 A; 30 1; 30 3; 30 6; 31 6; W 86; F (5)
§ 133	1 3; 6 1; 20 1; 20 6; 21 6; 22 34; 22 46; 23 3; 23 4; 23 6; W 48; F (1); W 74
§ 134	21 17; F (1)
§ 137	21 17; F (2)
§ 138	2 6; 2 7; 6 3; 18 14; 19 1; 19 7; 19 8; 19 11; 19 16; 20 31; 20 32; 20 36; 22 43; W 42; W 46; W 55; F (1); F (2)
§ 139	20 38
§ 140	23 7
§ 142	20 30; 27 5
§§ 142 f	11 8
§ 144	27 3
§ 151	29 5; 30 3; 31 6; W 86; F (5)
§ 153	28 2; 29 5; 29 5 A; 30 1; 30 3; 31 6; W 86; F (5)
§ 157	20 1; 20 6; 23 3; 30 2
§ 158	18 5; 22 43 A; F (5)
§§ 158 ff	22 45
§ 163	F (5)
§ 164	F (6)
§§ 164 ff	F (6)
§ 167	F (6)
§ 168	28 3; 30 1; 30 2; 30 4 A; 31 6 A
§ 181	39 10
§ 182	F (3)
§ 184	34 5; F (3)
§ 185	32 1; 34 5
§ 195	18 6; 45 1
§ 198	4 6
§ 199	18 6;
§ 242	20 30; 35 13
§ 243	22 40
§ 249	F (4)
§ 251	F (4)
§ 260	18 3
§ 275	F (4)
§ 276	F (4)

Paragraphenregister

§ 277	22 23; W 68; W 69
§ 280	43 8; F (4)
§ 283	F (4)
§ 285	F (4)
§§ 286 ff	10 5
§ 287	10 5
§ 306a	20 34
§ 311 b	21 5; 25 2; 25 3; 33 1; 33 2; 33 3; 40 1
§ 328	31 6; 31 6 A
§§ 330 ff	6 1
§ 331	4 5; 4 12; 20 1; 28 4; 31 1; 31 2; 31 4; 31 6; 31 6 A; 46 2; W 90; F (5)
§§ 331 ff	3 5
§ 407	39 10
§ 421	45 1
§ 426	45 1; 45 6; 45 10; W 110
§ 472	34 2
§ 488	F (3)
§ 516	31 2; 46 2
§§ 516 ff	F (5)
§ 517	25 1
§ 518	25 3; 28 3; 29 1; 29 2; 29 3; 29 5; 31 5; 31 6; 31 6 A; W 88; F (5)
§ 528	15 2
§§ 528 ff	29 2
§§ 530 ff	29 3
§ 532	26 2
§ 563	4 5; 4 12; 16 8 A
§ 563 ff	4 5
§ 607	F (5)
§ 612	19 17 A
§ 620	31 5
§ 621	31 5
§ 631	F (6)
§ 641	F (6)
§ 648	31 5
§ 667	43 8; 44 1; F (4)

Paragraphenregister

§ 671	30 2; 31 5, 31 6 A
§ 672	28 3; 30 1; 30 4 A
§ 675	31 5
§ 678	F (4)
§ 681	43 8; 44 1; F (4)
§ 687	F (4)
§ 700	F (5)
§ 705	W 3
§ 711	32 7, 32 9, 32 13 A
§ 723	32 2; 32 6
§ 724	32 11
§ 728	32 2; 32 6, 32 10
§ 733	32 6
§ 740a	32 2
§§ 741 ff	4 11
§ 745	34 5; 34 6; 34 6 A; F (6)
§ 751	35 1
§§ 752 ff	22 46
§ 766	25 3
§ 779	23 20; 33 5
§ 808	31 6 A
§ 812	19 17 A; F (1); F (2); F (5)
§§ 812 ff	F (2)
§ 816	22 22; F (4)
§ 818	10 5
§ 822	21 16
§ 823	4 12 A; 9 1; 10 3; 10 5; F (1); F (4)
§ 826	F (2)
§ 857	4 15; 6 1; 9 14; 10 5 A; 34 3; 40 2; W 8; W 19; W 29
§ 858	10 5
§ 861	4 15; 10 3; F (1)
§ 862	10 5 A
§ 869	10 5 A
§ 873	F (2); F (3)
§ 892	22 22

Paragraphenregister

§§ 892 f	F (3)
§ 893	22 22
§ 925	F (2)
§ 929	9 14; F (5); F (6)
§§ 929 ff	9 12
§ 932	9 12; 9 14; 9 15; 10 5; **22 22**
§§ 932 ff	9 12; **22** 22
§ 935	9 12; 9 14; F (6)
§ 985	4 15; 9 6; 10 1;; 10 5 A; **32** 8; F (1); F (2); F (5); F (6)
§§ 985 ff	10 3
§ 987	10 5
§§ 987 ff	10 3; 10 5
§ 988	10 3
§ 989	10 5; F (4)
§ 990	10 5; F (4)
§ 992	10 5
§ 994	10 5
§ 1004	4 12 A
§ 1007	4 15; 10 3; F (1)
§ 1032	22 22
§ 1052	22 21
§ 1061	4 10
§ 1090	4 10
§ 1113	F (3)
§ 1114	F (3)
§ 1115	F (3)
§ 1117	F (3)
§ 1207	22 22
§ 1208	22 22
§ 1371	11 7; 13 7; 16 1; 16 3; 16 4; 16 5; 16 6; 16 7; 16 8 A; 18 5; 18 9; 18 11; 35 11; 41 3; W 35; W 38; F (2)
§ 1372	18 9
§§ 1373 ff	16 4; 18 9
§ 1410	21 18
§ 1586 b	4 7; 18 4; 41 2; 41 4 A
§ 1589	14 4

Paragraphenregister

§§ 1589 ff	6 1; 12 4; 13 1
§ 1591	12 4
§ 1592	12 4
§ 1599	12 4
§ 1615	4 7; 41 2
§ 1624	35 8
§ 1629 a	11 5, W 25
§ 1754	12 4, 18 4
§ 1767	18 4
§ 1770	18 4
§ 1772	18 4
§ 1785	38 2
§ 1821	9 3
§ 1823	9 3
§ 1826	9 3
§ 1835	9 3; 36 2
§ 1849	9 3
§ 1851	21 20
§ 1870	9 3
§ 1876	36 2
§ 1877	36 2; 36 2 A
§ 1882 ff	36 1, 38 1
§ 1885	36 1, 38 2
§ 1886	36 2 A, 38 3
§ 1888	9 3; 9 4, 36 2 36 2 A
§ 1922	4 5; 4 9; 4 13; 22 27; 35 1, W 8, W 19, F (2), F (3); F (5)
§§ 1922 ff	4 3; 8 1
§ 1923	5 2; 5 2 A; 19 15; 21 13; 22 16; 22 17; 22 31; 22 35; 23 11; W 6
§§ 1923 ff	23 9
§ 1924	13 4; 13 5; 13 6; 13 7; 14 1; 14 2; 22 3
§§ 1924 ff	12 1; 13 7
§ 1925	13 4; 13 7 A; 14 2
§ 1926	13 7 A; 14 3; 14 7 A; 16 2
§ 1927	14 5
§ 1928	14 4

Paragraphenregister

§ 1929	14 4; 14 6
§ 1930	13 3; 13 7; 13 7 A
§ 1931	12 3; 13 7; 16 1; 16 2; 16 3; 16 4; 16 5; 16 8 A; 18 9; 22 3; 27 5; 35 11; W 35; W 38; F (1); F (2)
§ 1932	13 7; 16 2; 16 8 A; 41 3
§ 1933	16 2; 16 3
§ 1934	16 2
§§ 1934 a ff	15 1
§ 1934 d	15 2
§ 1934 d a. F.	15 3
§ 1936	7 1; 7 3; 12 1; 13 7; 14 7; 17 1; W 11
§ 1937	16 4
§§ 1937 ff	8 1 A
§ 1938	16 5; 18 1; 19 7; 19 11; 19 16; 22 44; 24 1
§ 1939	5 1; 22 26; F (1); F (4); F (5)
§ 1940	22 28; 22 43; W 75
§ 1941	8 1; 21 13; 22 43
§ 1942	7 3; 11 1; 11 2; 11 3; 20 26; F (2)
§§ 1942 ff	8 1
§ 1943	11 2; 11 4
§ 1944	11 3; 11 4; 11 9 A; W 23
§ 1945	11 3; 11 5; 11 8; 11 9; W 23; W 27
§ 1946	11 5; 21 5
§ 1947	11 5; 18 5
§ 1948	11 7
§ 1949	11 7; 11 8
§ 1950	11 7
§ 1951	11 7
§ 1952	11 5; 11 7
§ 1953	11 6; 18 5; W 26
§ 1954	11 8; 11 9; 11 9 A; W 27
§ 1955	11 8; 11 9; W 27
§ 1956	11 9 A; 18 5
§ 1957	11 9; W 27
§ 1958	11 6; 44 1
§ 1959	10 2; 11 6; 44 1; W 28

Paragraphenregister

§ 1960	9 3; 36 1; 36 2; 36 2 A; 38 1
§ 1961	9 3; 36 2
§ 1963	41 3; 44 2
§ 1964	7 1; 9 4, 14 7
§ 1965	7 1, 9 4
§ 1967	4 5, 16 2; 22 25; 41 1; 41 2; 41 3; 45 2
§ 1968	4 5, 41 3
§ 1969	13 7; 16 8 A; 41 3; 44 2
§ 1970	37 3 A
§§ 1970 ff	42 2
§ 1971	42 2; 43 3; 44 2
§ 1972	42 2; 43 3
§ 1973	32 8; 37 3; 42 2; 42 4; 43 2; 43 3; 43 7; 45 8; W 102
§§ 1973 ff	43 9
§ 1974	42 2; 42 4; 43 4; 43 7; 45 8
§ 1975	18 12; 38 1; 43 8; 45 4; 45 10; W 106; W 107
§ 1976	43 8
§ 1977	43 8
§ 1978	43 8
§ 1979	43 3
§ 1980	37 2; 37 3; 37 3 A; 42 4; 43 8; W 101
§ 1981	38 2
§ 1982	38 2; 43 5
§ 1984	38 3
§ 1985	38 3
§ 1987	38 2
§ 1988	38 3; 38 3 A
§ 1989	37 3; 42 4
§ 1990	18 12; 37 3; 38 3 A; 42 4; 43 5; 43 6; 43 8; 43 9 A
§§ 1990 f	11 5
§ 1991	43 3; 43 5; 43 6
§ 1992	18 12; 22 37; 43 5
§ 1993	42 3
§ 1994	42 3; 42 4; 43 5; 43 9; 45 9; 45 10; W 109
§ 1995	42 3

Paragraphenregister

§ 2000	42 3; 42 4
§ 2001	42 3; W 109
§ 2003	42 3
§ 2005	42 5; 43 9; W 109
§ 2006	42 3; 43 9; W 109
§ 2009	42 3
§ 2010	42 4
§ 2011	7 3; 42 3
§ 2012	42 3
§ 2013	43 5; 43 9
§ 2014	44 2; 44 4 A
§ 2015	44 2; 44 4 A
§ 2016	44 2
§ 2018	9 6; 10 1; 10 2; 10 3; 10 5; 10 5 A; 44 1; W 19; W 20; F (1); F (2); F (5); F (6)
§§ 2018 ff	10 3
§ 2019	10 3; 10 4; W 21; F (6)
§§ 2019 ff	10 3
§ 2020	10 3
§ 2021	10 3; 10 5
§ 2022	10 5
§ 2023	10 5
§§ 2023 f	10 5
§§ 2023 ff	10 3
§ 2024	10 5
§ 2025	10 5
§ 2027	10 1
§ 2028	10 1
§ 2029	10 3; F (1)
§ 2030	10 2
§ 2032	4 10; 34 1
§§ 2032 ff	34 1
§ 2033	4 10; 34 1; 34 2; 40 1
§ 2034	34 2
§ 2038	30 2; 34 4; 34 5; 34 6; 34 6 A; F (6)
§ 2039	10 2; 34 1; 34 6

§ 2040	34 5; F (3)
§ 2041	10 4; 34 2; W 95; F (6)
§ 2042	22 46; 35 1; 35 12
§ 2043	35 1
§ 2044	35 1; W 96
§ 2045	35 1
§ 2046	35 12
§ 2047	4 5; 35 12; 35 13
§ 2048	22 28; 22 46; 22 47 A; 35 3; 35 13; W 98
§ 2049	35 2
§ 2050	15 4 A; 28 9 A; 35 7; 35 8; W 99
§§ 2050 ff	18 10
§ 2051	35 7
§ 2052	35 7
§ 2055	28 9 A; 35 4; 35 9
§ 2056	35 9
§ 2057	35 7
§ 2057 a	34 1; 35 10; 35 11
§ 2058	45 1; 45 6; 45 10; W 110
§ 2059	45 2; 45 3; 45 5; 45 10; 45 10 A; F (6); W 110
§ 2060	45 8; 45 9; 45 10
§ 2061	45 8
§ 2062	38 2; 45 4; 45 10.
§ 2063	45 9; 45 10
§ 2064	19 12; 20 2; 20 22; 20 29; W 47; F (1); F (4)
§§ 2064 ff	8 1
§ 2065	20 2; 20 23; 20 24; 20 26; 20 27; 20 28; 20 29; 20 30 A; 22 35; W 55; W 56
§ 2066	22 3; 22 3 A; 23 9
§§ 2066 ff	23 9
§ 2067	23 9
§ 2068	22 4; 23 9
§ 2069	21 9; 22 7 A; 23 9
§ 2072	23 9
§ 2073	23 9
§ 2074	22 16; 23 11

Paragraphenregister

§ 2075	23 11
§ 2076	23 11
§ 2077	21 12; 21 12 A
§ 2078	27 2; 27 5; W 47
§ 2078 f	21 11
§§ 2078 ff	19 12; 27 1; W 85
§ 2079	21 11; 27 2; 27 3; 27 5 A
§ 2080	27 2
§ 2081	27 4
§ 2082	27 4
§ 2084	20 3; 20 29; 20 37; 20 38; 23 3; 23 14; W 78
§ 2085	20 38; 22 32; 23 12; 27 5
§ 2087	5 1; 22 41; 22 42; 23 10; F (1); W 74; F (4)
§§ 2087 f	23 10
§ 2088	22 3
§ 2089	22 3; 22 3 A; W 49
§§ 2089 ff	22 36
§ 2090	22 3
§ 2092	22 2
§ 2094	22 7
§ 2096	22 4; 22 7; 22 7 A; 22 15; W 50
§§ 2097 ff	22 36
§ 2099	22 7; 22 7 A
§ 2100	22 5
§ 2101	5 2; 22 12; W 6
§ 2102	22 6; 22 11; 22 15
§ 2103	22 11
§ 2104	22 11; 22 12
§§ 2104 f	22 14
§ 2105	22 11; 22 12
§ 2106	22 5; 22 17
§ 2108	22 16; 22 17
§ 2109	22 18; 22 19; 22 20; 22 25 A; 39 6; W 67
§ 2111	22 21; 22 25; F (6)
§ 2112	22 21

Paragraphenregister

§ 2113	22 22; 22 24; 22 25; F (2); F (3)
§§ 2113 ff	22 21; W 68
§ 2114	22 22; 22 24
§ 2115	22 22
§ 2116	22 22; 22 24
§ 2118	22 22
§ 2119	22 24
§ 2120	22 22; 22 23; W 68
§ 2123	22 24
§ 2125	22 23
§ 2126	22 23
§ 2127	22 21; 22 24
§§ 2128 ff	22 24
§ 2129	22 21
§ 2130	22 23
§ 2131	22 23; 22 24; W 68; W 69
§ 2132	22 23
§ 2133	22 24
§ 2134	22 23; 22 24
§ 2136	22 25; W 70
§ 2137	22 25; W 70
§ 2138	22 25
§ 2140	22 17
§ 2142	22 17
§ 2144	22 25
§ 2145	22 23
§ 2147	22 33; F (1); F (4)
§§ 2147 ff	22 27
§ 2149	22 34
§ 2150	22 29; 22 42 A
§ 2151	20 30 A; 22 35
§ 2152	22 35
§ 2154	22 40
§ 2155	22 40
§ 2156	22 40

Paragraphenregister

§ 2157	22 36
§ 2158	22 36
§ 2160	22 31
§ 2161	22 33
§ 2162	22 31
§ 2163	22 31, 39 6
§ 2169	22 38; 32 11
§ 2170	22 38
§ 2174	22 27; F (1); F (4)
§ 2176	22 32; F (4)
§ 2178	22 35
§ 2180	22 32
§ 2182	22 40
§ 2183	22 40
§ 2184	F (4)
§ 2186	22 33; 22 37
§ 2187	22 37
§ 2190	22 36
§ 2191	22 27; 22 36
§ 2192	22 43
§ 2193	22 28
§ 2194	22 43; W 76
§ 2197	22 47; 39 3
§§ 2197 ff	39 1, 39 2
§ 2198	39 3
§§ 2198 ff	39 6
§ 2200	39 3
§ 2201	39 3
§ 2202	39 4
§ 2203	39 7
§ 2204	39 7
§ 2205	39 7; 39 9; 39 14 A
§ 2207	39 8
§ 2208	39 8
§ 2209	39 6

§ 2210	39 3; 39 5, 39 6
§ 2211	39 4; 39 10
§ 2212	39 9
§ 2213	39 9
§ 2214	39 2, 39 7
§ 2215	39 11
§ 2216	39 11
§ 2217	39 11
§ 2218	39 2; 39 11
§ 2219	39 11
§ 2223	39 8
§ 2224	39 3
§ 2225	39 5
§ 2226	39 5
§ 2227	39 5
§ 2229	20 4; 20 5; W 52
§ 2231	20 16; 20 18; F (1)
§ 2232	20 16; 21 19; F (1)
§ 2233	20 4; 20 8; 20 9 A; 20 16, 21 19
§ 2247	19 17 A; 20 10; 20 12; 20 13; 20 16; 20 19 A; 21 3; 23 5; 23 7; 29 3; W 53; F (1); F (4)
§ 2248	20 15
§ 2249	20 18
§ 2250	20 18
§ 2251	20 18; 20 19 A
§ 2252	20 19; 20 19 A
§ 2253	19 12; 19 14; 19 17 A; 20 20; W 47
§§ 2253 ff	22 47
§ 2254	20 13; 2 20; 21 10
§ 2255	20 20; 20 21; 20 21 A; 21 10; 21 14; 23 3; 23 7 A
§ 2256	20 20; 20 21, 21 10
§ 2257	20 21
§ 2258	20 13; 20 20; 20 21; 20 21 A; 21 10; 22 47, F (1)
§ 2259	9 1
§ 2263	9 2
§ 2265	21 2

Paragraphenregister

§§ 2265 ff	20 2, 21 2
§ 2267	21 4; **21** 12 A
§ 2268	21 12; **21** 12 A
§ 2269	21 6; 22 11
§ 2270	21 8; **21** 9; W 61
§ 2271	21 9; **21** 10; **21** 11
§ 2272	21 10
§ 2274	19 12; **21** 19; 33 2; 33 3; W 47
§§ 2274 ff	8 1; 20 2
§ 2275	21 18
§ 2276	19 17 A; **21** 18; **21** 19
§ 2278	21 14; **21** 15; **21** 23; **21** 23 A; W 63
§ 2279	21 13
§ 2281	21 11; **21** 22
§§ 2281 ff	21 23; W 64
§ 2282	21 22
§ 2283	21 22
§ 2285	21 22
§ 2286	21 16
§§ 2286 f	F (2)
§ 2287	21 16; F (2)
§ 2288	21 16
§ 2289	21 13; W 63
§ 2290	21 20; W 63; W 64
§ 2291	21 10; **21** 20; W 64
§§ 2291 ff	21 10
§ 2292	21 21; W 64
§ 2293	21 21; W 64
§ 2294	21 11; **21** 21; W 64
§ 2295	21 21; W 64
§ 2296	21 10
§ 2297	21 21
§ 2298	21 15, **21** 21
§ 2299	21 14, **21** 23
§ 2300	9 1

§ 2301	28 6; 29 1; 29 3; 29 5; 29 5 A; 30 1; 30 4; 31 2; 31 3; 31 4; 31 5; 31 6 A; W 88; W 89; W 90; F (5)
§ 2302	19 12; 19 17 A; 20 2; 20 20; 20 32; 21 13; 21 14; 33 1; W 47
§ 2303	4 4; 16 4; 16 5; 18 4; 18 5; 18 5 A; 18 8; 18 9; 24 1; 28 9; W 39; F (2)
§§ 2303 ff	8 1; 18 3; 19 11; 24 1; W 46
§ 2305	18 5
§ 2305 ff	18 5 A
§ 2306	11 7; 18 5; 21 7; 22 45
§ 2307	18 4; 18 5; 18 5 A; W 39
§ 2309	18 4
§ 2310	18 8
§ 2311	18 8
§ 2314	18 3
§ 2315	15 4 A; 18 10; 18 10 A
§ 2316	18 10; 28 9
§ 2317	18 6
§ 2318	18 3; 18 7
§ 2319	18 3
§ 2325	18 11; 18 12; 18 12 A; 28 8; W 40
§ 2326	18 12
§ 2329	18 7; 18 12; 28 8
§ 2331 a	18 7
§ 2332	18 12
§ 2333	18 14; 21 21; 22 44; 24 1
§§ 2333 ff	18 5; W 64
§ 2335	W 64
§ 2336	18 15; 21 11
§ 2337	18 15; 26 2
§ 2338	18 14; W 41
§ 2339	18 6; 19 13; 24 1 A; 26 1; 26 2; 26 2 A; W 47; W 84
§§ 2339 ff	8 1; 26 1
§ 2340	18 6; 24 1 A; 26 2
§ 2341	24 1 A; 26 2
§ 2342	26 2
§ 2343	26 2; 26 2 A
§ 2344	24 1 A; 26 2

Paragraphenregister

§ 2345	18 6; 24 1 A; 26 2
§ 2346	7 3; 18 5; 18 13; 18 15 A; 19 14; 24 1 A; 25 1; 25 4; W 83
§§ 2346 ff	8 1; 11 5
§ 2347	18 13; 21 21; 25 3
§ 2348	18 10; 18 13; 21 21; 25 3
§ 2349	19 14; 25 4; W 83
§ 2350	19 14; 25 4
§ 2351	25 5
§ 2352	19 14; 25 4; 25 5
§ 2353	9 11; 9 20; W 15; W 16
§§ 2353 ff	8 1
§ 2361	9 8
§ 2362	10 1
§ 2365	9 11; 9 19
§ 2366	9 12; 9 13; 9 14; 10 4; 39 4
§§ 2366 f	9 15
§ 2367	9 13
§ 2368	39 4
§ 2371	40 1
§§ 2371 ff	8 1; 34 2; 40 1
§ 2373	4 5; 22 32; 40 2
§ 2374	40 2
§ 2375	40 3
§ 2376	40 3
§ 2378	40 3
§§ 2379 f	40 3
§ 2381	40 3
§ 2382	34 3; 40 3
§ 2383	40 3
§ 2385	34 3

BW (Burgerlijk Wetboek [Niederlande], 1970)

Art. 1: 41	15 4
Art. 1: 221	15 4
Art. 1: 222	15 4
Art. 1: 224	15 4

299

Art. 1: 394   15 4
Art. 899 a   16 8

Cc (Code Civil, Frankreich, 1804)

Art. 649   22 27
Art. 711   4 16
Art. 724   4 16
Art. 727   26 1
Art. 730   9 19

Codice civile (Codice Civile Italiano, Italien, 1942)

Art. 458   4 2
Art. 589   4 2

EGBGB (Einführungsgesetz zum Bürgerlichen Gesetzbuch, 1994)

Art. 25   6 6; 6 6 A; 46 5
Art. 26   6 6; 46 5
Art. 138   7 3
Art. 139   7 3
Art. 227   15 3; 15 4 A
Art. 230   6 5; W 10
Art. 235   6 5; W 10

ErbStG (Erbschaftsteuergesetz, 2002)

§ 1   3 4
§ 7   3 4; 7 9
§ 8   7 9
§ 13   3 4; 7 9
§ 13a   7 9
§ 13d   7 9
§ 14   7 9; W 12
§ 15   7 7; 7 10 A; 46 3; W 13
§ 16   7 7; 7 10 A
§ 17   7 10 A
§ 19   7 8; 7 10 A
§ 29   3 4

FamFG (Gesetz über das Verfahren in Familiensachen und in den Angelegenheiten der freiwilligen Gerichtsbarkeit)

§ 26   9 6; 9 19; W 18

§ 58	9 23
§ 58 ff	9 10
§ 59	9 23
§ 70	9 25
§ 70 ff	9 10
§ 342	9 5
§ 343	9 1, 9 10
§ 344	9 1, 20 17
§ 348	9 1; 9 2; 9 10
§ 349	21 2
§ 352	9 20
§§ 352 ff	9 17; 9 20
§ 352c	9 18
§ 352e	9 20, 9 22
§ 363	35 5
§ 372	9 23

FamGKG (Gesetz über Gerichtskosten in Familiensachen, 2018)

§ 28	9 9

FGG (Gesetz über die Angelegenheiten der freiwilligen Gerichtsbarkeit, 1898)

§ 28	9 25

GBO (Grundbuchordnung, 1994)

§ 40	9 14
§ 51	F (3)

GebrMG (Gebrauchsmustergesetz, 1891)

§ 22	4 7

GeschmMG (Geschmacksmustergesetz, 1876)

§ 7	4 7

GG (Grundgesetz, 1949)

Art. 1	6 2
Art. 2	19 8; W 59
Art. 3	6 2; 17 1; 19 7; 19 15; W 14
Art. 4	W 59
Art. 6	6 2; 12 4; 12 5; 19 7; 19 15
Art. 10	4 8

Art. 14	6 2; 6 4; 7 1; 19 6; 19 8; 19 12; 19 13; 19 14; 20 8; 20 36; 21 13; 23 3 A; W 43; W 44; W 59
Art. 19	20 35
Art. 106	7 4

GmbHG (Gesetz betreffend die Gesellschaften mit beschränkter Haftung, 1892)

§ 15	32 1

GVG (Gerichtsverfassungsgesetz, 1877)

§ 23	9 10
§ 71	9 10

HeimG (Heimgesetz, 1974)

§ 14	19 13

HGB (Handelsgesetzbuch, 1897)

§ 22	6 1
§ 105	39 13
§ 130	32 6
§ 131	32 3; 32 11
§ 135	32 6
§ 141	32 6
§ 161	32 12
§ 177	32 13

InsO (Insolvenzordnung, 1994)

§ 26	43 5
§ 81	38 3
§ 315	37 2
§§ 315 ff	37 1
§ 316	37 1
§ 320	37 1
§ 327	43 3

IntErbRVG (Internationales Erbrechtsverfahrensgesetz, 2015)

§§ 33 ff	6 6

Japanisches BGB (1947)

§ 951	7 2

LPartG (Gesetz über die Eingetragene Lebenspartnerschaft [Lebenspartnerschaftsgesetz], 2001)

§ 10	4 2; 6 1; 12 3; 17 1; 21 2; W 36

Paragraphenregister

§ 15   17 1; 21 12

PatG (Patentgesetz, 1877)

§ 15   4 7

RPflG (Rechtspflegergesetz, 1969)

§ 3   9 2; 9 21

§ 11   9 23

§ 16   9 21

SGB XI (Sozialgesetzbuch, 11. Buch, 1995)

§ 36   35 10

SGB XII (Sozialgesetzbuch, 12. Buch, 1998)

§ 90   46 11 A

§ 93   20 31

StGB (Strafgesetzbuch, 1871)

§ 168   4 5

§ 206   4 8

TDDDG (Gesetz über den Datenschutz und den Schutz der Privatsphäre in der Telekommunikation und bei digitalen Diensten, 2021)

§ 3   4 8

§ 4   4 8

TestG (Testamentsgesetz, 1938)

§ 48   2 6; 19 7; 19 9; 20 31

UrhG (Urheberrechtsgesetz, 1965)

§ 28   4 7

§ 70   4 7

VBVG (Vormünder- und Betreuervergütungsgesetz, 2005)

§§ 1 ff   9 4

§ 3   9 4

VerschollenheitsG (Verschollenheitsgesetz, 1951)

§ 10   23 11 A

§ 11   5 2; 5 2 A

VersVG (Gesetz über den Versicherungsvertrag, 1908)

§§ 159 f   31 1

WRV (Weimarer Reichsverfassung, 1919)

Art. 155   2 4

ZGB (Zivilgesetzbuch [Schweiz], 1907)

§ 559	9 19

ZPO (Zivilprozessordnung, 1950)

§ 116	39 1
§ 148	9 9
§ 253	10 1
§ 256	9 6; 9 24; 10 1
§ 292	9 11
§ 322	9 7
§ 325	9 7
§ 747	45 5, 45 10 A; W 110
§ 767	45 3
§ 771	22 22
§ 773	22 22
§ 780	7 3; 43 9
§ 781	45 3
§ 785	45 3
§ 794	23 20
§ 859	34 3; 45 2
§§ 946 ff	44 2
§§ 1029 ff	20 29
§ 1066	22 47

ZVG (Gesetz über die Zwangsversteigerung und die Zwangsverwaltung, 1900)

§ 180	35 5

Stichwortverzeichnis

Die Angaben verweisen auf die Paragrafen des Buches (**fette Zahlen**) sowie die Randnummern innerhalb der einzelnen Paragrafen (magere Zahlen).
Beispiel: § 9 Rn. 10 = 9 10

Abkömmling 7 7, 13 2 f., 14 1 ff., 16 2, 18 4, 9, 14 f., 19 7, 20 34 ff., 21 9, 22 4, 7, 15 f., 25 1, 4, 35 7, 10 f.
Allgemeines Persönlichkeitsrecht 4 9
Alternativen zum Erbrecht
– Schenkung unter Lebenden 3 1, 5
– Stiftung 3 1 ff., 21 17, 23 15, 35 1, 46 3, 8
– Treuhand 3 6
– Trust 3 6, 22 9
Amtsempfangsbedürftigkeit 11 3, 5, 22 2
Amtsermittlungsgrundsatz 9 6
Andeutungstheorie 23 5, 18
Anfechtung 19 12, 21 11, 23 7, 27 1
– Anfechtungsberechtigter 27 2
– Anfechtungserklärung 11 8 f., 21 22, 27 4
– Anfechtungsgrund 11 8, 27 2 ff.
– Ausgestaltung im Erbrecht 27 1
– Auslegung 23 7, 27 1
– Bestätigung 27 3
– der Annahme 11 8 f.
– der Ausschlagung 11 8 f.
– der Erbschaft 24 1, 27 5
– der Vaterschaft 12 4
– des Erbvertrages 21 22
– Drohung 27 2
– Erbunwürdigkeit 26 2
– Erheblichkeit 27 3
– Form 11 8 f., 27 3 f.
– Frist 21 11, 22, 27 4
– Irrtum 11 7 f., 19 12, 27 1 ff.
– Täuschung 27 2
– Wirkung 27 5
Annahme 20 32 f., 22 7, 24 1, 27 2, 36 1, 37 2, 44 1 f., 4
– Anfechtung 11 8 f.
– Annahmeerklärung 11 2
– ausdrückliche 11 2, 7
– Frist 11 4, 44 1
– konkludente 11 2
Antrag
– auf Erbschein 9 20

– auf Nachlassinsolvenzverfahren 37 2
– auf Nachlassverwaltung 38 1
Antritt der Erbschaft 4 16, 20 26, 22 15
Anwachsung 22 7, 36
Anwartschaftsrecht 21 5, 22 31, 36 2
– Nacherbschaft 22 15 f., 25
– Schenkung 29 5
Aufgabe des Erbrechts 2 7
– „Recht der letzten Dinge" 1 1
– Vollendung des Zivilrechts 1 3
– Wertvermittlung 2 7
Aufgebotsverfahren 42 1 f., 43 2, 4, 8, 44 2, 45 8
Aufhebungsvertrag 21 20
Auflage 13 7, 18 3, 7, 9, 20 32, 21 8, 14, 20, 23, 22 8, 23, 28, 43, 41 2 f., 43 2 f., 5, 46 4, 9
– kein Leistungsanspruch 22 43
– Verpflichtung des Erben 22 43
Auflösende Bedingung s. Bedingung, auflösende
Aufschiebende Bedingung s. Bedingung, aufschiebende
Auseinandersetzung
– Ausschluss 35 1
– Ausschluss der Auseinandersetzung durch den Erblasser 35 1
– Ausschluss der Auseinandersetzung durch die Miterben 35 1
– Erbteile stehen nicht fest 35 1
– Gläubigeraufgebot 35 1, 43 2
– Teilungsverfahren 35 2 ff.
– Zeitpunkt 35 1
Ausgleichung 18 10, 12, 32 11, 34 3, 35 4, 6 ff., 40 3, 45 1
– Anordnung der Ausgleichung 35 8
– Anspruch, schuldrechtlicher 35 13
– Aufwendungen für Berufsausbildung 35 8
– Ausgleichspflichtiger 35 7
– Ausstattung 18 10, 20 22, 22 29, 35 8
– Begünstigter 35 7
– Berechnung 35 9, 11

- Erhaltung oder Vermehrung des Vermögens 35 10
- Familienbindungen 35 13
- Leistungen 35 10 f.
- Pflege des Erblassers 35 10
- typische 35 8
- unter den Abkömmlingen 35 10
- unter den miterbenden Abkömmlingen 35 7
- Vollzug der Teilung 35 12 f.
- Zuschüsse 18 12, 35 8
- Zuwendungen 35 6 ff.

Auskunftsanspruch 11 2
- des Erben 10 1
- des Nacherben 22 21
- des Pflichtteilsberechtigten 18 3
- des Testamentsvollstreckers 39 11

Auslegung 6 1, 18 14, 19 8 f., 20 39, 22 11, 14, 34, 41, 46, 28 6, 29 4, 31 1, 35 4
- Andeutungen 23 5, 7, 14
- Andeutungstheorie 23 5, 18
- Anfechtung 23 7, 27 1
- Auslegungsgrundsätze 23 3
- Auslegungsregeln, gesetzliche 22 41, 23 10
- Auslegungsvertrag 23 19 ff., 33 6
- Bedingung 20 39
- benigna interpretatio 23 3
- ergänzende 20 39, 23 5, 12 ff., 18
- favor testamenti 20 3, 29, 38, 23 3, 27 5
- Gesellschaftsvertrag 32 11
- Grenze des Wortlautes 20 3, 23 2, 7, 14
- Indizwirkung im Rahmen der Auslegung 23 18
- keine Berücksichtigung 23 17
- keine Lücke 23 14
- Mehrdeutigkeit, bewusste 23 14
- „pro non scripta habetur"-Regel 20 39, 23 13
- Testament 19 1, 20 1 ff., 15, 29, 22 2 f., 7, 23 3, 5, 16, 19, 27 1, 46 1, 10
- Verfügungen, bedingte 23 11
- Verfügungen, letztwillige 1 2 f., 20 1, 22 36, 42, 27 1
- Vermutung, gesetzliche 9 11, 20 21, 21 9, 22 4, 6 f., 12, 15, 41 f., 23 3, 7 ff., 35 2, 42 3 f.
- Vermutung, widerlegbare 9 11, 19, 23 8

- Wille, mutmaßlicher 23 14
- Willensänderung, spätere 23 16 ff.
- Willenserklärung 22 42, 23 3, 6, 17
- wirklicher Wille des Erblassers 21 6, 22 41, 23 3 ff., 14

Auslegungsvertrag 23 19 ff., 33 6
- Einigung, außergerichtliche 23 20
- Einigung der Erben 23 19
- Indiz für Auslegung 23 19
- Mediation 33 5 f.
- Prozessvergleich 23 20
- Wirkung, indirekte 23 19

Ausschlagung 8 1, 10 2, 11 2 ff., 14 2, 16 4, 6, 18 5, 13, 19 17, 21 5, 22 32 f., 24 1, 26 2, 44 1
- Amtsempfangsbedürftigkeit 11 3, 5
- Anfechtung 11 8 f.
- ausdrückliche 11 7
- Bedingungsfeindlichkeit 11 5
- Fiktion der Rückwirkung 11 6
- Form 11 3, 8 f.
- Frist 11 2 ff., 6
- Geschäftsfähigkeit 11 5
- Teilausschlagung 11 7

Ausschluss von der Erbfolge 24 1 ff.
- Anfechtung 19 12, 21 11, 23 7
- Ausschlagung 8 1, 10 2, 11 2 ff., 14 2, 16 4, 6, 18 5, 13, 19 17, 21 5, 22 32 f., 24 1, 26 2, 44 1
- Enterbung 16 4 f., 18 1 f., 8, 19 7, 11, 20 31 f., 34, 22 44 f., 23 15, 24 1, 46 6 f.
- Erbunwürdigkeit 8 1, 10 2, 18 6, 8, 19 13, 24 1, 44 1
- Erbverzicht 8 1, 11 5, 16 4, 18 8, 15, 24 1, 46 2, 8

Bedingung 20 26 f., 39, 21 7, 22 8, 13 f., 45, 47, 23 11 ff., 15, 46 11
- auflösend 21 5 f., 22 13, 19, 43, 45, 46 9
- aufschiebend 22 31, 45, 23 11, 28 3 f., 31 6, 46 9
- Auslegung, ergänzende 20 39, 23 5, 12 ff., 18
- Potestativbedingung 20 26, 34, 22 45, 23 11
- Schenkung 28 1, 5 ff., 29 1, 5
- Überlebensbedingung 28 6, 29 1, 30 4, 31 3, 6

Bedingungsfeindlichkeit 11 5

Beerdigungskosten s. Kosten der Beerdigung

Befreiungsvermächtnis 22 39
Behinderte 20 32, 21 19, 22 40
– Geistes- und Bewusstseinsgestörte 20 5, 7
– Mehrfachbehinderung 20 8
– Stumme 21 19
Behindertentestament 20 32, 46 11
benigna interpretatio 23 3
Berliner Testament s. Testament, Berliner
Beschaffungsvermächtnis 22 38
Beseitigung des Erbrechts 2 5, 7 6
Bestimmung, kaptatorische 20 25
Bestimmungsvermächtnis 22 40
Beurkundungsgesetz 20 17
Bonifatiusfall 28 7, 30 4
Bundesverfassungsgericht 7 4, 9 25, 19 9, 15 ff., 21 19

cautela Socini 22 45

Digitaler Nachlass 4 9
Dingliche Surrogation s. Surrogation, dingliche
Dispositionsgrundsatz 9 6
Dreißigster 13 7, 41 3, 44 2
Drittwirkung von Grundrechten 6 3 f., 19 8
– Bundesverfassungsgericht 7 4, 9 25, 19 9, 15 ff., 21 19
Drohung 26 1, 27 2
Dürftigkeitseinrede 37 3, 43 5, 8

Ehegatte 18 2
– Erbrecht des überlebenden Ehepartners 12 3, 13 7, 18 9, 11, 22 24, 45 f., 46 7 f.
– Erbschaftssteuer 7 7, 9
– Erbvertrag 4 2, 21 13 ff.
– Mietvertrag 4 8, 12
– Pflichtteilsberechtigung 18 4 f., 14
– Testament, Berliner 21 5 f.
– Testament, gemeinschaftliches 4 2, 21 1 ff.
– Voraus 13 7, 16 2, 17 1, 41 3
Ehepartner s. Ehegatte
Eigentumsfreiheit 7 1, 4, 19 6, 8, 12 ff., 20 8, 21 13, 23 3
– Bundesverfassungsgericht 7 4, 9 25, 19 9, 15 ff., 21 19
– Gesetzesvorbehalt 6 2, 19 6

– Grenzen 19 6
– Recht des Erben 19 6 f.
– Recht des Erblassers 19 6 f.
– Sozialbindung des Eigentums 6 2, 19 6
Einheitsprinzip 21 5 ff., 21, 46 8
– Trennungsprinzip 21 5 ff., 22 9, 46 8
Einseitige Verfügungen s. Verfügungen, einseitige
Eltern 15 2 f., 20 9, 35 8
– Erbrecht 12 4, 13 2, 14 2, 21 7, 28 1
– Erbschaftssteuer 7 7 f.
– Pflichtteilsberechtigung 18 4
Empfangsbedürftigkeit 11 2 f., 20 1, 23 3, 27 2
– Amtsempfangsbedürftigkeit 11 3, 5
Enterbung 16 4 f., 18 1 f., 8, 19 7, 11, 20 31 f., 34, 22 44 f., 23 15, 24 1, 46 6 f.
– Abkömmling 19 7
Entzug des Pflichtteils 18 4, 13 ff., 21 11, 14, 21, 22 44, 24 1, 28 8
– Form 18 15
Erbe 5 1
– Auflage 13 7, 18 3, 7, 9, 20 32, 21 8, 14, 20, 23, 22 8, 23, 28, 43, 41 2 f., 43 2 f., 5, 46 4, 9
– Ausgleichung 18 10, 12, 32 11, 34 3, 35 4, 6 ff., 40 3, 45 1
– Auskunftsanspruch 10 1
– Auslegungsvertrag 23 19 ff., 33 6
– Druck auf den Erben 19 17, 20 33 f.
– Ersatzerbschaft 20 26, 21 6, 22 4 ff., 12 f.
– gesetzlicher 2 3, 4 16, 7 1 ff., 9 1, 11 3, 7, 13 7, 14 6, 16 3, 18 4 f., 8, 15, 20 32, 21 14, 22 2 ff., 7, 13, 16, 35, 44 f., 23 5, 9, 24 1, 25 2, 4, 27 4 f., 35 7, 42 3
– Grundrechte der Erben 20 34 ff.
– Haftungsprivilegierung 32 8
– Inhalt 22 27
– Nacherbe 5 2, 18 5, 15, 21 5 ff., 21, 22 1, 5 f., 8 ff., 32
– Nachlasspflegschaft 9 3 f., 10 2, 37 2, 41 3, 43 9, 44 4
– Pflichtteilsberechtigung 18 1, 4 f., 7
– Rechtsfolge 22 27
– Staat 2 5, 7 1 ff., 11 1, 3, 14 7, 17 1
– Trennung zwischen Vermächtnis und Erbe 22 26
– Vorerbe 21 5, 22 1, 5 f., 8 ff.

Stichwortverzeichnis

- zeitliche Staffelung von Erben **22** 9, 36
- Erbeinsetzung **20** 31, 33, 39, **21** 7 ff., 13 f., 23, **22** 1, 3, 6, 30, 35 f., 41 ff., 47, **23** 10, 12, 18, **27** 4 f., **46** 6, 9
- Vermächtnis **22** 41 f., **23** 10
- Erbengemeinschaft **4** 10
  - Außenverhältnis **34** 5
  - Erhaltung **4** 10, **34** 4
  - Geltendmachung zum Nachlass gehörender Forderungen **34** 6
  - Gesamthandsgemeinschaft **4** 10, **32** 4, **34** 1, 6, **45** 1, 4
  - Haftung für Nachlassschulden **34** 3, **41** 1 f.
  - Innenverhältnis **34** 5
  - Mitwirkung an der ordentlichen Verwaltung **34** 6
  - Nachlassverbindlichkeit **34** 3 f.
  - Nachlassverwaltung **11** 1, **18** 15, **22** 23, **42** 3 f., **43** 2, 5, 8, **44** 4
  - Notgeschäftsführung **30** 2, **34** 6
  - Rechte und Pflichten **34** 6
  - Sondervermögen **4** 10, **34** 2
  - Surrogation, dingliche **10** 3 f., **22** 21, 25, **34** 2
  - Teilung des Reinertrags **34** 6
  - Übertragung des Erbteils **4** 10, **34** 2, **40** 2
  - Verwertung **34** 4
  - Vorkaufsrecht **34** 2
- Erbensucher **11** 1, **14** 6
- Erbfähigkeit **22** 31
- Erbfall **4** 9
  - Kommorientenvermutung **5** 2
- Erbfolge
  - agnatische **12** 3
  - cognatisch **12** 3
  - Erbrecht der Angehörigen **19** 14 ff.
  - Familie **1** 1, **2** 1 ff., 6 f., **4** 2, 4, 9, **7** 1, 4 f., 9 f., **12** 1, 3 ff., **14** 3, **15** 1, **18** 1 f., 4, **19** 2 f., 5, 10, 16, **33** 6, **46** 8
  - gesetzliche **1** 3, **2** 6, **4** 3, **5** 1, **7** 8, **8** 1, **9** 6, **18** 4, 8, **19** 3 f., **20** 18, 31, **22** 1 ff., 7, **25** 4, **35** 2, 7, **46** 4
  - gewillkürte **2** 2, 4, **8** 1, **27** 5, **35** 3, **46** 1, 4 f.
  - Lebenspartnerschaft **4** 2, 8, **12**, **6** 1, **12** 3, 5, **17** 1, **20** 31, **21** 2 f., 12
  - nach Kopfteilen **13** 4, **14** 4 f.
  - nach Stämmen **13** 2, **14** 1

- Parentelordnung **14** 5 f.
- Pflichtteilsrecht **18** 1 ff.
- Subsidiarität der gesetzlichen Erbfolge **12** 1
- Testamentsrecht **19** 1 ff.
- Testierfreiheit **19** 10 ff.
- Vermengung gewillkürter und gesetzlicher Erbfolge **12** 1
- Versorgungsfunktion **12** 5, **18** 2 f., **19** 11
- Verwandtschaft **1** 3, **12** 1, 3 f., **13** 1
- Vorbildcharakter **12** 2
- Erblasser **4** 9
  - „Herrschaft aus dem Grabe" **22** 5, 9, **39** 8
  - Höchstpersönlichkeit **19** 4, **20** 2, **21** ff., **21** 10, 19
  - Identifikation **20** 10
- Erbprätendent **19** 16 f., **25** 5, **26** 1
- Erbquote **4** 10, **9** 17, **22** 1 ff., **28** f., 46, **23** 10, **35** 4, 6, 11
- Erbrecht **2** 7, **4** 9
  - Abkömmling **13** 2 f., **14** 1 ff.
  - Angleichung zum Erbrecht der ehelichen Kinder **2** 7, **15** 3
  - Aufgabe **2** 7
  - Aufteilung der Erbteile **14** 3
  - Begriff **4** 9
  - Behauptetes **10** 2
  - Beseitigung des Erbrechts **2** 5, **6** 2, **7** 6
  - Besonderheiten **7** 3
  - der Angehörigen **19** 14 ff.
  - der Lebenspartner **4** 2, 8, **12**, **6** 1, **12** 3, 5, **17** 1, **20** 31, **21** 2 f., 12
  - des Staates **2** 5, **7** 1 ff., **11** 1, 3, **14** 7, **17** 1
  - des überlebenden Ehepartners **12** 3, **13** 7, **18** 9, 11, **22** 24, **45** f., **46** 7 f.
  - Eintrittsrecht der Abkömmlinge **14** 1
  - Eltern **12** 4, **13** 2, **14** 2, **21** 7, **28** 1
  - Erbausgleich, vorzeitiger **15** 2 f., **28** 1
  - Erbensucher **11** 1
  - Erbrechtsgarantie **2** 7, **19** 14, **20** 8
  - Freiheit des Erbprätendenten **19** 16 f.
  - Geltungsbereich des Erbrechts **15** 3 f., **46** 5
  - Gradualprinzip **14** 4
  - Intestaterbrecht **1** 2, **4** 3, **12** 1
  - Kodifikation des Erbrechts **2** 4

Stichwortverzeichnis

- Kollision von Erb- und Handelsrecht 3 1
- Kritik 16 8
- Linienprinzip 14 2
- Lösung, erbrechtliche 16 3, 6
- Lösung, güterrechtliche 16 4, 6, 18 9
- nichtehelicher Kinder 28 1
- Okkupationsrecht 7 2
- Pflichtteil 2 4, 7, 4 4, 15 4, 16 5 f., 19 17, 21 7, 22 45, 41 2, 43 5
- Sittenwidrigkeit 19 11, 16 f., 20 34 ff.
- Stiefkinder 7 7, 41 3
- Verwandtschaft 1 3, 2 5, 4 9, 9 20, 12 1, 3 ff., 13 1 ff., 14 4 ff., 15 2, 16 1 f., 4, 17 1, 18 3, 21 9, 23 9, 25 1, 31 1
- Verwandtschaft, mehrfache 14 5
- Voraus 13 7, 16 2, 17 1, 41 3
- Zugewinnausgleich 16 3, 5 f., 17 1, 18 5, 9, 41 3

Erbrechtsgarantie 2 7, 19 14, 20 8
Erbschaft 4 11, 13, 8 1, 18 15
- Anfechtung 24 1, 27 5
- Annahme 20 32 f., 22 7, 24 1, 27 2, 36 1, 37 2, 44 1 f., 4
- Antritt 4 16, 20 26, 22 15
- Ausschlagung 8 1, 10 2, 11 2 ff., 14 2, 16 4, 6, 18 5, 13, 19 17, 21 5, 22 32 f., 24 1, 26 2, 44 1
- Erbschaftsbesitzer 10 1 f.
- Erbschaftsgegenstand 10 5
- Erbschaftsklage 10 5
- Erbschaftsteuer 3 4 f., 4 4, 19 6, 21 6, 22 45, 41 3, 46 8
- liegende s. hereditas iacens
- Nacherbschaft 5 2, 9 17, 18 3, 5, 15, 21 5 f., 21, 22 1, 5 f., 8 ff., 31 f., 36, 45 f., 35 1, 46 9
- Nachlassverwaltung 11 1, 22 23, 42 3 f., 43 2, 5, 8, 44 4
- trustee 3 6, 4 14
- Vorerbschaft 22 8 ff.

Erbschaftsanspruch
- Anspruchsgegner 10 2
- Anspruchsinhaber 10 2
- Auskunftsanspruch 10 1
- Erbrecht, behauptetes 10 2
- Erbschaftsgegenstand 10 5
- Haftung des Erbschaftsbesitzers 10 3, 5
- Haftungsprivilegierung 10 3, 5
- Haftungsstufen 10 5
- Herausgabe aus dem Nachlass 9 6, 10 1 ff.
- Nachlasssachen 10 1
- Surrogation, dingliche 10 3 f., 22 21, 25, 34 2
- Universalklage 10 1
- Vorteilsanmaßung 10 2

Erbschaftsbesitzer 10 1 f.
- bösgläubiger 10 5
- gutgläubiger 10 5
- Haftung 10 3, 5
- unverklagter 10 5

Erbschaftskauf 8 1, 22 32, 34 2 f.
- Anwendbares Recht 40 3
- Besonderheiten 40 3
- Erbschaftsgegenstände nebst Surrogaten 40 2
- Erbteil 40 1
- Gegenstand 40 1 f.
- Haftung wie Miterbe 40 3
- Kaufrecht 40 3
- Nachlass nach dem Erbfall 40 1
- Nichtigkeit 40 1

Erbschaftsklage 10 5
- Rechtshängigkeit 10 5
- Universalklage 10 1

Erbschaftsteuer 3 4 f., 4 4, 19 6, 21 6, 22 45, 41 3, 46 8
- Bedeutung 7 1 ff.
- Besserstellung näherer Familienangehöriger 7 8
- Ehegatte 7 7, 9
- Eltern 7 7 f.
- Freibetrag 7 4, 9, 21 6, 22 45, 46 8
- Gestaltungsspielraum bei Steuerpflicht 7 7 ff.
- Haftung des Erben 41 3
- ökonomisch 7 5
- politologisch 7 5
- Schenkung unter Lebenden 3 5, 7 9
- Steuerklasse 7 4, 7 f., 10
- Verbot konfiskatorischer Erbschaftsteuern 7 4, 6
- verfassungsrechtliche Grenze 19 6

Erbschaftsvertrag 25 2
Erbschein 8 1, 9 11 ff.
- Amtsermittlungsgrundsatz 9 6
- Antrag 9 20
- Aussetzung 9 9
- Berufungsgrund 7 8, 8 1, 9 17, 11 4, 7 f.

Stichwortverzeichnis

- Beschränkungen des Erben 9 17, 18 5, 22 14, 23, 25, 39 8
- Bundesverfassungsgericht 9 25
- Dispositionsgrundsatz 9 6
- EMRK 9 25
- Erbteil 4 4, 10, 9 17, 11 7, 18 8, 34 1, 35 1, 40 1
- Erteilung 9 6 ff., 23 20
- Gerichtsbarkeit, freiwillige 9 5 f., 35 5
- Gerichtsbarkeit, streitige 9 6
- Glaube, guter 9 13 f., 10 4
- Gruppenerbschein 9 17 f.
- Inhalt 9 17
- Kosten 9 9, 24
- Kritik 9 24
- Rechtskraft 9 9
- Schiedsgerichtsbarkeit 9 25
- Streitgegenstand 9 7
- Unrichtigkeit des Erbscheins 9 15, 23, 10 1
- Verfahren 9 6 ff.
- Vermutung, widerlegbare 9 11, 19
- Vorbescheid 9 22
- Wirkung 9 11 f.
- Zeugnis 9 11, 39 4

Erbteil 4 4, 10, 9 17, 11 7, 18 8, 25 2, 34 1, 35 1, 40 1
- Anwachsung 22 7, 36
- gesetzlicher 4 4, 15 1, 16 3, 5, 18 8
- Pflichtteil 2 4, 7, 4 4, 15 4, 16 5 f., 19 17, 21 7, 22 45, 41 2, 43 5

Erbunwürdigkeit 8 1, 10 2, 18 6, 8, 19 13, 24 1, 44 1
- Anfechtung 26 2
- Geltendmachung 26 2
- Verzeihung 18 15, 26 2
- Voraussetzung 26 1

Erbvertrag 4 2, 21 13 ff.
- Ablehnung 4 2
- Anfechtung 21 22
- Aufhebungsvertrag 21 20
- Ehegatte 4 2, 21 13 ff.
- Einheitsprinzip 21 5 ff., 21, 46 8
- einseitiger 21 15
- Ergänzungen, testamentarische 21 14
- Form 21 18 ff., 35 2
- Geschäftsfähigkeit 21 18
- Grenzen der Bindungswirkung 21 20 ff.
- Höchstpersönlichkeit 21 10, 19
- Nichtigkeit 21 15
- Rücktritt 21 15, 21
- Umgehungsgeschäft 3 5, 21 16 f.
- Voraussetzungen 21 18 f.
- Widerruf 21 13, 23
- zweiseitiger 21 15

Erbverzicht 8 1, 11 5, 16 4, 18 8, 15, 24 1, 46 2, 8
- Erbschaftsvertrag 25 2
- Erbverzichtsvertrag 25 1, 3
- Form 25 3
- Pflichtteilsverzicht 16 4, 18 13, 15, 25 4, 46 8
- Wirkung 25 4
- Zuwendungsverzicht 25 4 f.

Ergänzende Auslegung s. Auslegung, ergänzende

Ersatzerbschaft 20 26, 21 6, 22 4 ff., 12 f.
- Abkömmling 21 9, 22 4, 7, 15

Erschöpfungseinreden 22 37, 41 4, 42 4
- Auslösungsrecht 43 6
- Ausschluss 43 2, 7 f.
- durch Auflagen Begünstigte 43 2
- Dürftigkeitseinrede 37 3, 43 5, 8
- Einrede der Haftungsbeschränkung 43 2
- Ermessen 43 2
- Gläubigeraufgebot 35 1, 43 2
- Haftung 22 37
- Haftung, unbeschränkte 42 4, 43 2, 5, 9, 44 2, 45 3, 5, 10
- Nachlassinsolvenzverfahren 38 2, 42 4 f., 45 8
- Nachlassverwaltung 11 1, 18 15, 22 23, 42 3 f., 43 2, 5, 8, 44 4
- Pflichtteilsberechtigte 43 3
- Realgläubiger 43 3, 44 2
- Rest 43 3
- Vermächtnisnehmer 43 2
- Verschweigung 42 2, 43 4
- Vorrang der Erbenansprüche 43 6

executor 4 14, 16, 9 19, 19 4

ex tunc 27 5, 43 8

Familie 1 1, 2 1 ff., 6 f., 4 2, 4, 9, 7 1, 4 f., 9 f., 12 1, 3 ff., 14 3, 15 1, 18 1 f., 4, 19 2 f., 5, 10, 16, 33 6, 46 8
- agnatisch 12 3
- Benachteiligung 20 26
- cognatisch 12 3 f.

Stichwortverzeichnis

- Familienbindung 35 12
- Großfamilie 7 1
- Kleinfamilie 12 5
- Lebenspartnerschaft 4 2, 8, 12, 6 1, 12 3, 5, 17 1, 20 31, 21 2 f., 12
- Schutz, verfassungsrechtlicher 6 2, 12 4 f., 19 7, 15
- Versorgungsfunktion 12 5, 18 2 f., 19 11

Familienfideikommiss 2 2 ff.
Familienvermögen 2 2 ff., 3 4, 7 5
Familienvertrag 33 4
favor testamenti 20 3, 6, 29, 38, 23 3, 27 5, 29 4
Feststellung des Nachlasses
- Aufgebotsverfahren 42 1 f., 43 2, 4, 8, 44 2, 45 8
- Dürftigkeitseinrede 37 3, 43 5, 8
- Einsicht in das Inventar 42 4
- Haftungsbeschränkung 42 4
- Inventarerrichtung 42 1, 3, 45 10
- Vermutungsregel 42 3
- Verschweigung 42 2, 43 4
- Vollständigkeit des Inventars 42 3

Fiktion der Rückwirkung 11 6
Firmenfortführung 6 1
Forderungsvermächtnis 22 39
Form 4 4, 6 6, 12 1, 20 10, 22 42, 23 5, 7, 18, 25 3, 26 2, 32 8, 35 8, 39 4, 40 1
- Andeutungstheorie 23 5, 18
- der Anfechtung 11 8 f., 27 3 f.
- der Ausschlagung 11 3, 8 f.
- der Schenkung 28 3, 5 f., 29 2 f., 30 4, 31 4 ff.
- des Entzugs des Pflichtteils 18 15
- des Erbvertrages 21 18 ff., 35 2
- des Testaments 6 6, 20 2, 4, 13 f., 20, 22 47, 46 11
- Eigenhändigkeit 20 10, 12 ff.
- Erbverzicht 25 3
- Formerleichterung 20 18, 21 4, 29 3
- notarielle 4 2, 18 13, 20 9, 21 10, 18 ff., 25 2 f., 5, 28 3, 31 5, 40 2
- Nottestament 20 18
- öffentliche 20 4, 10, 16 ff., 21, 21 19 f., 22, 32 4, 40 1
- privatschriftliche 20 10 ff., 18, 29 3
- Schriftform 20 10, 13, 23 5
- Unterschrift 20 10, 13, 21 4
- Zeit und Ort der Abfassung 20 13

- Zusätze und Änderungen 20 13

Formel, Jastrowsche 21 7
Freiwillige Gerichtsbarkeit s. Gerichtsbarkeit, freiwillige
Frist 9 4, 22 18, 25, 30, 45, 42 3 ff., 43 5, 9
- Anfechtung 21 11, 22, 27 4
- Annahme 11 4, 44 1
- Ausschlagung 11 2 ff., 6
- Jahresfrist 21 22, 22 18, 25
- Nottestament 12 1, 20 18
- Schenkung 18 11
- Vermächtnis 22 31 f.

Gattungsvermächtnis 22 40
Geistes- und Bewusstseinsgestörte 20 5, 7
Geltungsbereich des Erbrechts 15 3 f., 46 5
- Internationales Privatrecht 6 6, 46 5
- intertemporal 6 5

Gemeinschaftliches Testament s. Testament, gemeinschaftliches
Generation 2 2, 3 4, 12 3, 13 1, 19 1, 11, 22 8 ff., 19 f., 39 8
Gerichtsbarkeit
- freiwillige 9 5 f., 35 5
- Schiedsgerichtsbarkeit 9 25, 20 29, 22 47, 46 9
- Streitige 9 6

Germanenrechte
- „Das Gut rinnt wie das Blut" 2 2
- Spezialsukzession 2 2

Gesamthandsgemeinschaft 4 11, 32 4, 34 1, 6, 45 1, 4 f., 10
Gesamthandsklage 45 4, 10
Gesamtrechtsnachfolge s. Universalsukzession
Gesamtschuldner 18 7, 40 3, 45 1, 3
Geschäftsfähigkeit 11 5, 20 4, 21 18, 20
- Behinderte 20 32, 21 19, 22 40
- Geistes- und Bewusstseinsgestörte 20 5, 7
- Minderjährige 21 18
- Stumme 21 19

Geschäftsführung ohne Auftrag 10 2, 5, 11 6, 14 5, 43 8, 44 1
Gesellschaftsvertrag 32 2 ff., 9 ff.
- Auslegung 32 11

311

Gesetzliche Erbfolge s. Erbfolge, gesetzliche
Glaube, guter 9 13 f., 10 4
Gläubigeraufgebot 35 1, 43 2
- Aufgebotsverfahren 42 1 f., 43 2, 4, 8, 44 2, 45 8
Gradualprinzip 14 4
Grundbegriffe des Erbrechts
- Erbfähigkeit 22 31
- Soforterbfolge 4 13 f., 11 1, 6
- Testierfreiheit 1 2, 2 4, 4 1 ff., 9, 6 2, 8 1, 12 1, 18 4, 14, 19 2, 7, 10 ff., 14 ff., 20 20, 31, 34, 21 13, 26 1
- Universalsukzession 4 9 ff., 10 2, 11 7, 22 1, 32 9
- Vonselbsterwerb 4 15 ff., 11 1 f.
Grundfreiheit 1 2
- Testierfreiheit 1 2, 2 4, 4 1 ff., 9, 6 2, 8 1, 12 1, 18 4, 14, 19 2, 7, 10 ff., 14 ff., 20 20, 31, 34, 21 13, 26 1
Grundgesetz 6 2 f., 19 8 f., 20 34
- Grundrechte 6 2
- Wertordnung 2 7, 6 3, 19 8
Grundrechte 6 2
- der Parteien 19 8, 11
- des Erben 20 34
- Drittwirkung von Grundrechten 6 2 f., 19 8
- Eigentumsfreiheit 6 2, 7 1, 4, 19 6, 8, 12 ff., 20 8, 21 13, 23 3
- Gesetzesvorbehalt 6 2, 19 6
- Konkordanz, praktische 19 8, 11
- Schutz der Familie 12 4 f., 19 7, 15
Guter Glaube s. Glaube, guter
Haftung 22 37
- ab Annahme der Erbschaft 44 1
- Ablauf der Inventarfrist 42 5, 43 9
- absichtliche Unrichtigkeit des Inventars 43 9
- Aufgebotsverfahren 42 1 f., 43 2, 4, 8, 44 2, 45 8
- Auflage 41 3
- Ausbildung von Stiefkindern 41 3
- Ausschluss 44 2
- Beschränkbarkeit 11 5, 18 12, 41 1, 45 5 f.
- der Erbengemeinschaft 34 3, 41 1 f.
- des Erbschaftsbesitzers 10 3, 5
- des Nacherben 22 25
- des Vorerben 22 23
- Drei-Monatsfrist 44 2

- Dreißigster 13 7, 41 3, 44 2
- Einrede des ungeteilten Nachlasses 45 2
- Einreden, aufschiebende 44 2 f.
- Erbschaftskauf 40 3
- Erbschaftsteuer 3 4 f., 4 4, 19 6, 21 6, 22 45, 41 3, 46 8
- Gegenstand 41 3
- Geltung von Einreden 45 10
- Gesamthandsklage 45 4, 10
- Gesamtschuldklage 45 1, 3, 5 f.
- Gesamtschuldner 18 7, 40 3, 45 1, 3
- Geschäftsführung ohne Auftrag 44 1
- Gläubiger, ausgeschlossene 42 3, 43 3 f., 45 8
- Haftung als Teilschuldner 45 3, 8
- Haftung im Verhältnis der Anteile 45 3
- Haftungsstufen 10 5
- Insolvenzplan 45 8
- Inventarerklärung 43 9
- keine Anmeldung der Forderung 43 2, 45 8
- keine Aufnahme der Haftungsbeschränkung in das Urteil 43 9
- Klagegegner des Nachlassgläubigers 44 4
- Kosten der Beerdigung 9 11, 41 3
- Miterbe als Nachlassgläubiger 45 10
- nach der Nachlassteilung 45 5
- Nachlasseigenschulden 41 3
- Nachlassschulden 8 1, 32 4, 34 3, 41 1 f.
- Nachlassverbindlichkeit 22 21, 23, 25, 37, 28 2, 40 3, 41 3, 44 1, 45 2
- Pflichtteilsrecht 4 4, 8 1, 11 7, 16 4 f., 18 1 ff., 19 11, 22 44 f., 24 1, 41 3, 46 6
- Schulden des Erblassers 41 3
- Übergangszeit 44 1
- unbeschränkte 41 1, 42 4, 43 2, 5, 9, 44 2, 45 3, 5, 10
- Vermächtnis 1 3, 13 7, 16 2, 5, 18 1, 3 ff., 7, 9, 20 29, 21 8 f., 14, 20, 23, 22 1, 8 f., 23, 26 ff., 43, 45 f., 23 4, 10, 27 4, 28 6, 31 1, 4, 32 8, 35 1, 4, 39 8, 41 2 f., 43 3, 5, 46 4, 9
- Verschweigen 45 8
- Vertrag 43 9
- Vollstreckungsbeschränkung 44 3
- Voraus 13 7, 16 2, 17 1, 41 3

- Vorbehalt beschränkter Erbenhaftung 43 9
- vor der Nachlassteilung 45 1 ff.
- Zugewinnausgleichsforderung 41 3

Haftungsbeschränkung 41 4, 42 4 f., 43 7, 9, 45 4, 10
- Beschränkbarkeit der Haftung 11 5, 18 12, 41 1, 45 5 f.
- Erbrecht des Staates 7 3
- Erschöpfungseinreden 22 37, 41 4, 42 4
- Haftung, unbeschränkte 41 1, 42 4, 43 2, 5, 9, 44 2, 45 3, 5, 10

Haftungslage 4 6, 11 7

Haftungsprivilegierung
- des Erben 32 8
- des Erbschaftsbesitzers 10 3, 5
- des Minderjährigen 11 5

hereditas iacens 4 13, 15, 17, 11 1

„Herrschaft des Erblassers aus dem Grabe" 22 5, 9, 39 8

Historischer Überblick
- Ablehnung des Erbvertrages 4 2
- Anton Menger 2 4 f., 3 1
- Beseitigung des Erbrechts 2 5, 7 6
- Bundesrepublik Deutschland 2 7, 6 1, 19 7, 20 31
- „Das Gut rinnt wie das Blut" 2 2
- donatio mortis causa 28 5
- Familie 2 1, 15 1, 18 2, 19 2
- Familienfideikommiss 2 2 ff.
- Familienvermögen 2 2 ff., 3 4, 7 5
- Französische Revolution 2 3
- hereditas iacens 4 13, 15, 17, 11 1
- Intestaterbrecht 1 2, 4 3, 12 1
- Kodifikation des Erbrechts 2 4
- Kritik des Erbrechts 2 3
- Liberalismus 2 4, 19 2
- Nationalsozialismus 2 6, 19 7, 20 31
- Otto von Gierke 2 4
- Römisches Recht 2 1
- Sittenwidrigkeit 2 1, 6 f., 19 7, 21 3
- Spezialsukzession 2 2
- Testamentsrecht 19 2
- Testierfreiheit 2 4, 19 2
- Verantwortung der staatstragenden Männer 2 1

Höchstpersönlichkeit 19 4, 20 2, 21 ff., 21 10, 19
- Bestimmung, kaptatorische 20 25
- formelle 20 22
- materielle 20 23

- Potestativbedingung 20 26, 34, 22 45, 23 11

Höferecht 6 1, 11 7, 19 3

Intestaterbrecht 1 2, 4 3, 12 1

Inventarerrichtung 42 3, 45 10

Irrtum 11 7 f., 19 12, 27 1 ff.

Jahresfrist 21 22, 22 18, 25

Jastrowsche Formel s. Formel, Jastrowsche

Kaptatorische Bestimmung s. Bestimmung, kaptatorische

Kinder, nichteheliche
- Erbrecht 28 1
- Stiefkinder 7 7, 16 7, 41 3

Kodifikation des Erbrechts 2 4
- Anton Menger 2 4 f., 3 1
- Beseitigung des Erbrechts 2 5, 7 6
- Otto von Gierke 2 4

Kollision von Erb- und Handelsrecht
- Aktiengesellschaft 32 1
- Auflösung der Gesellschaft 32 6
- einfache 32 11
- Fortbestehen der Gesellschaft ohne Erben 32 6
- Gesellschaft bürgerlichen Rechts 4 10, 32 2
- Gesellschaftsanteil in Nachlass 32 6
- gesellschaftsrechtliche 32 4
- GmbH 32 1
- Haftung der Miterben 32 8
- Haftungsprivilegierung 32 8
- Kommanditisten 32 13
- Nachfolgeklausel 32 5, 11
- Nachfolgeregelung, erbrechtliche 32 8
- Personengesellschaften 32 3, 9
- qualifizierte 32 11
- Sicht des Erbrechts 32 4, 8
- Sicht des Gesellschaftsrechts 32 4 f., 11
- Theorie der Sondernachfolge 32 9, 46 2

Kommorientenvermutung 5 2

Konkordanz, praktische 19 8, 11

Kosten
- der Beerdigung 9 11, 41 3
- der Nachlassverwaltung 22 23, 41 3, 43 5
- des Erbscheinverfahrens 9 9

313

Lebenspartnerschaft 4 2, 8, 12, 6 1, 12 3, 5, 17 1, 20 31, 21 2 f., 12
- Familie 1 1, 2 1 ff., 6 f., 4 2, 4, 9, 7 1, 4 f., 9 f., 12 1, 3 ff., 14 3, 15 1, 18 1 f., 4, 19 2 f., 5, 10, 16, 33 6, 46 8
- LebenspartnerschaftsG 6 1
Liegende Erbschaft s. hereditas iacens
Linienprinzip 14 2
Lösung
- erbrechtliche 16 3, 6
- güterrechtliche 16 4, 6, 18 9

Mediation 33 5 f.
Mietvertrag 4 8, 12
Minderjährige 21 18
- Haftungsprivilegierung 11 5
- Testierfähigkeit 20 4, 16
Miterbenhaftung
- Einrede des ungeteilten Nachlasses 45 2
- Geltung von Einreden 45 10
- Gesamthandsklage 45 4, 10
- Gesamtschuldklage 45 1, 3, 5 f.
- Gesamtschuldner 18 7, 40 3, 45 1, 3
- Gläubiger, ausgeschlossene 42 3, 43 3 f., 45 8
- Haftung als Teilschuldner 45 3, 8
- Haftung im Verhältnis der Anteile 45 3
- Insolvenzplan 45 8
- keine Anmeldung der Forderung 43 2, 45 8
- Miterbe als Nachlassgläubiger 45 10
- nach der Nachlassteilung 45 7
- Verschweigen 45 8
- vor der Nachlassteilung 45 1 ff.
Nacherbschaft 5 2, 9 17, 18 3, 5, 15, 21 5 f., 21, 22 1, 5 f., 8 ff., 31 f., 36, 45 f., 35 1, 46 9
- Anordnung 22 5, 8 f., 11, 13 f., 26, 45
- Anwartschaftsrecht 22 16, 25
- Auskunftsanspruch 22 21
- Bedingung 22 14 f.
- Beschränkung, zeitliche 22 18 ff., 31
- Ersatzerbschaft 20 26, 21 6, 22 4 ff., 12 f.
- gestufte 5 2, 22 14
- Gewollte 22 11
- Haftung des Nacherben 22 25

- „Herrschaft des Erblassers aus dem Grabe" 22 5, 9, 39 8
- Nacherbe 18 5, 15, 21 5 f., 21, 22 1, 5 f., 8 ff., 32
- Nacherbfall 22 15 f., 21 ff., 45
- Nacherbfolge 9 17, 21 6, 22 9 f., 13, 15 f., 22, 45
- Vorerbschaft 22 8 ff.
- zeitliche Staffelung von Erben 22 9, 36
- Zweck 22 8
Nachfolgeklausel 32 4, 11
- einfache 32 11
- qualifizierte 32 11
Nachlass
- Aufteilung 14 1, 34 1, 35 1, 3 ff., 43 1
- Fürsorge 36 1 ff.
- Fürsorgebedürftigkeit 9 3, 11 1, 36 1
- Höchstpersönliche Rechte 35 13
- Nachlassinsolvenzverfahren 38 2, 42 4 f., 45 8
- Nachlasspflegschaft 9 3 f., 10 2, 37 2, 41 3, 43 9, 44 4
- Nachlassverwaltung 11 1, 22 23, 42 3 f., 43 2, 5, 8, 44 4
- Rechte, höchstpersönliche 4 11
- Testamentsvollstreckung 9 17, 46 9
- Verwendung 22 8, 23
Nachlassgericht 9 1 ff., 8 f., 11, 19 f., 11 1, 3, 5, 9, 20 5, 21 22, 23 20, 27 4, 35 5, 39 1 ff., 42 3, 43 2
- Ermessen 36 1
- Fürsorgepflicht 9 3, 11 1, 36 1 f.
- Nachlasspflegschaft 9 3 f., 10 2, 37 2, 41 3, 43 9, 44 4
- Nachlassverwaltung 11 1, 22 23, 42 3 f., 43 2, 5, 8, 44 4
- Rechtspfleger 9 2, 6, 21, 23 f., 35 5
- Teilungsverfahren 35 2 ff.
- Verwahrung 9 1, 20 15, 17, 20 f., 21 10
Nachlassinsolvenzverfahren 38 2, 42 4 f., 45 8
- Antrag 37 2
- Dürftigkeitseinrede 37 3, 43 5, 8
- Erbschein 9 20
- Erschöpfungseinrede 37 3
- Nachlassinsolvenzverwalter 10 2, 42 1, 44 4
- Nachlasspflegschaft 9 3 f., 10 2, 37 2, 41 3, 43 9, 44 4

Stichwortverzeichnis

- Nachlassverwaltung 11 1, 22 23, 42 3 f., 43 2, 5, 8, 44 4
- Voraussetzungen 37 1
- Nachlasspflegschaft 9 3 f., 10 2, 37 2, 41 3, 43 9, 44 4
- Anordnung 36 1
- Aufgabe 36 2
- Aufwandsentschädigung 9 4, 36 2
- Ermessen des Nachlassgerichts 9 3, 36 1
- Nachlassinsolvenzverfahren 38 2, 42 4 f., 45 8
- Nachlasspfleger 9 3, 10 2, 42 3, 43 9, 44 4
- Nachlassverwaltung 11 1, 22 23, 42 3 f., 43 2, 5, 8, 44 4
- Vertreter des Erben 9 3
- Nachlassschulden 8 1, 32 4, 34 3, 41 1 f.
- Nachlassverbindlichkeit 35 12, 38 2, 39 8, 43 5, 9
- Erbengemeinschaft 34 3 f.
- Haftung des Erben 22 21, 23, 25, 37, 28 2, 40 3, 41 1, 45 2
- Pflichtteil 18 7, 41 2
- Nachlassverwaltung 11 1, 18 15, 22 23, 42 3 f., 43 2, 5, 8, 44 4
- Antrag 38 1
- Beendigung 38 2
- durch den Vorerben 22 22 f.
- Dürftigkeitseinrede 37 3, 43 5, 8
- Erbschein 9 20
- Erhaltung 4 10, 11 2, 18 3, 22 14, 23 12, 34 4 f., 46 7
- Kosten 22 23, 41 3, 43 5
- Nachlassinsolvenzverfahren 38 2, 42 4 f., 45 8
- Nachlasspflegschaft 9 3 f., 10 2, 37 2, 41 3, 43 9, 44 4
- Nachlassverwalter 7 2, 10 2, 38 2
- Verwertung 22 22, 34 4
- Zweck 38 1
- Nichteheliche Kinder s. Kinder, nichteheliche
- Nichtigkeit
- Bestimmung 19 1, 21 9
- Erbschaftskauf 40 1
- Erbvertrag 21 15
- gemeinschaftliches 21 12
- Geschichte 2 6
- Teilnichtigkeit 20 38
- Testament 9 23, 19 1, 11, 20 3, 38

- Verfügungen, letztwillige 4 4, 27 5
- Noterbrecht
- formelles 18 1
- materielles 18 2
- Notgeschäftsführung 30 2, 34 6
- Nottestament 20 10, 18
- Form 12 1, 20 18
- Frist 20 18
- Gültigkeit 20 18

- Öffentliches Testament s. Testament, öffentliches
- Ordre public 19 11, 17, 20 36

- Parentel 13 1, 7, 14 3, 5
- infinites 14 5 f.
- Parentelklasse 13 1 f., 14 1, 3, 5 f.
- Parentelordnung 14 5 f.
- Erbfolge, gesetzliche 1 3, 2 6, 4 3, 7 8, 8 1, 9 6, 12 1 ff., 18 4, 8, 19 3 f., 20 18, 31, 22 1 ff., 7, 25 4, 35 2, 7, 46 4
- Generation 2 2, 3 4, 12 3, 13 1, 19 1, 11, 22 8 ff., 19 f., 39 8
- Rangfolgeprinzip 13 3, 14 3
- Repräsentationsprinzip 13 2, 5, 18 4
- Verwandtschaft 1 3, 12 1, 3 f., 13 1
- Pflichtteil 2 4, 7, 4 4, 15 4, 16 5 f., 19 17, 21 7, 22 45, 41 2, 43 5
- Berechnung 16 5, 18 8 ff.
- Beschränkung 18 15, 22 44
- Entzug des Pflichtteils 18 13 ff., 21 11, 14, 21, 22 11, 24 1, 28 8
- Form 18 15
- Historie 2 4, 7
- kleiner 16 5, 18 9
- Verzeihung 18 15, 26 2
- Verzicht 16 4, 18 13, 15, 25 4, 46 8
- wegen bestimmter schwerer Verfehlungen 18 14
- Pflichtteilsanspruch 18 1, 3, 5 ff., 26 2, 28 5, 32 11, 39 9
- Ausschluss von der Erbfolge 18 5
- Geldanspruch, schuldrechtlicher 18 6
- Höhe des gesetzlichen Erbteils 18 8
- Inhalt 18 8 ff.
- Nachlassverbindlichkeit 18 7, 41 2
- Natur des Anspruchs 18 6 f.
- Pflichtteil, kleiner 18 9
- Voraussetzungen 18 5

315

- Vorempfänge, ausgleichspflichtige 18 10
- Wahlrecht 18 5
- Wert des Nachlasses 18 8
- Zugewinnausgleich 18 9
- Zusatzpflichtteil 18 5
- Zuwendung geringer als Pflichtteil 18 5

Pflichtteilsberechtigung 4 4, 18 1, 4, 6 f., 10, 12, 21 11, 22 45, 27 2, 5, 28 7 f., 42 2, 43 2 f., 46 6
- Abkömmling 18 4, 9, 14 f.
- Ehegatte 18 4 f., 14
- Eltern 18 4
- Erbe, gesetzlicher 18 1, 4 f., 7
- Voraussetzung: Erbenstellung 18 4

Pflichtteilsergänzungsanspruch 18 11 f., 28 7
- Betrag 28 9
- Hinzurechnung des Wertes zum Nachlass 18 12
- Schenkung 18 11, 28 8
- Schuldner 18 12

Pflichtteilsrecht 4 4, 8 1, 11 7, 16 4 f., 18 1 ff., 19 11, 22 44 f., 24 1, 41 3, 46 6
- Auskunftsanspruch 18 3
- Form der Entziehung 18 15
- formelles 18 1
- materielles 18 2
- Nachlassverbindlichkeit 18 7, 41 2
- Noterbrecht s. dort
- Vereinbarkeit mit Art. 6 GG 19 15

Postmortale Vollmacht s. Vollmacht, postmortale

Potestativbedingung 20 26, 34, 22 45, 23 11

Praktische Konkordanz s. Konkordanz, praktische

Prinzipien des Erbrechts
- Erbfähigkeit 22 31
- Soforterbfolge 4 13 f., 11 1, 6
- Testierfreiheit 1 2, 2 4, 4 1 ff., 9, 8 1, 12 1, 18 4, 14, 19 2, 7, 10 ff., 14 ff., 20 20, 31, 34, 21 13, 26 1
- Universalsukzession 4 9 ff., 10 2, 11 7, 22 1, 32 9
- Vonselbsterwerb 4 15 ff., 11 1 f.

Privatschriftliches Testament s. Testament, privatschriftliches

„pro non scripta habetur"-Regel 20 39, 23 13

Prozessvergleich 23 20

Rangfolgeprinzip 13 2, 14 3

„Recht der letzten Dinge" 1 1

Rechtskraft
- bei Anfechtung 26 2
- Gerichtsbarkeit, streitige 9 9

Rechtspfleger 9 2, 6, 21, 23 f., 35 5

Rechtsscheintatbestand 4 6

Repräsentationsprinzip 13 2, 18 4

Römisches Recht 2 1
- Ablehnung des Erbvertrages 4 2
- donatio mortis causa 28 5
- Familie 2 1, 15 1, 18 2, 19 2
- hereditas iacens 4 13, 15, 17, 11 1
- Intestaterbrecht 1 2, 4 3, 12 1
- Testamentsrecht 19 2
- Verantwortung der staatstragenden Männer 2 1

Rücktritt
- Erbvertrag 21 15, 21
- Verfügungen, wechselbezügliche 21 10

Schenkung 18 11 f., 21 16, 22 22, 25 2, 28 8, 31 2 ff.
- Anwartschaft 29 5
- auf den Todesfall s. donatio mortis causa
- Auslegung 6 1, 18 14, 19 8 f., 20 39, 22 11, 14, 34, 41, 46, 28 6, 29 4, 31 1, 35 4
- bedingte 28 1, 5 ff., 29 1, 5
- donatio mortis causa 28 5
- favor testamenti 20 3, 29, 23 3, 27 5, 29 4
- Form 28 3, 5 f., 29 2 f., 30 4, 31 4 ff.
- Frist 18 11
- Geltung des Erbrechts 28 5 f.
- Heilung 29 2, 4 f., 40 1
- Überlebensbedingung 28 6, 29 1, 30 4, 31 3, 6
- Umgehungsgeschäft 3 5, 21 16 f.
- unter Lebenden 3 1, 5, 7 9, 18 9, 11, 28 3, 29 2, 30 3, 46 2
- Verfügungsbeschränkung 22 22, 39 8
- Vollzug 29 5, 30 1, 31 5
- Wert 18 12

– Widerruf 29 2 f., 5, 31 6
Schiedsgerichtbarkeit 9 25, 20 29, 22 47, 46 9
Schriftform 20 10, 13, 23 5
Selbstbestimmung 20 6
Selbstständige Stiftung s. Stiftung, selbstständige
Sittenwidrigkeit 4 4, 15 4, 18 14, 19 16, 20 31 ff., 22 43 ff.
– Anschauung, gesellschaftliche 19 1, 20 31
– Auslegung, ergänzende 20 39, 23 5, 12 ff., 18
– Belohnung sexueller Hingabe 20 31
– Benachteiligung der Familie 20 32
– Druck auf den Erben 19 17, 20 33 f.
– Einflüsse des Verfassungsrechts 19 6 ff.
– Geschichte 2 1, 6 f., 19 7, 21 3
– Grundrecht des Erben 20 34
– ordre public 19 11, 17
– Potestativbedingung 20 26, 34, 22 45, 23 11
– System, bewegliches 20 33 f.
– Testamentsrecht 19 1, 7, 11, 16 f., 22 30
– Verfügungen, letztwillige 20 3, 31 ff.
– Verwendung des Nachlasses 20 35 ff., 22 8, 23
Soforterbfolge 4 13 f., 11 1, 6
– Vonselbsterwerb 4 15 ff., 11 1 f.
Sondervermögen 4 10, 34 2
Sozialbindung des Eigentums 19 6
Spezialsukzession 2 2, 22 1, 32 9
Stiefkinder 7 7, 41 3
Stiftung 3 1 ff., 21 17, 23 15, 35 1, 46 3, 8
– Stiftungsrecht 3 1
– Treuhand 3 3
– unselbstständige 3 3, 46 3
– Zustiftungen 3 3, 46 3
Streitige Gerichtsbarkeit s. Gerichtsbarkeit, streitige
Stückvermächtnis 22 38
Surrogation, dingliche 10 3 f., 22 21, 25, 34 2
– Voraussetzung 10 4
Täuschung 19 13, 26 1, 27 2
Teilungsanordnung 22 28 f., 46 f., 35 2 ff., 13, 39 6, 46 9

Teilungsverfahren 35 2 ff.
– Ausgleichung 18 10, 12, 32 11, 34 3, 35 4, 6 ff., 40 3, 45 1
– Bewertung 35 2
– Teilungsanordnung 22 28 f., 46 f., 35 2 ff., 13, 39 6, 46 9
– Vermittlung durch das Nachlassgericht 35 5
– Vorausvermächtnis 22 29, 32, 42, 46, 35 4, 6, 40 2
Testament 21 1 ff.
– Alternativen zum Testament 46 2 f.
– Anwachsung 22 7, 36
– Art der letztwilligen Verfügung 46 8
– Aufbewahrung 20 15
– Auslegung 19 1, 20 1 ff., 15, 29, 22 2 f., 7, 23 3, 5, 16, 19, 27 1, 46 1, 10
– Bedingung 20 26 f., 39, 21 5 ff., 22 8, 13 f., 45, 47, 23 11 ff., 15, 46 11
– Behindertentestament 20 32, 46 11
– Berliner 21 5 f.
– Beurkundungsgesetz 20 17
– cautela Socini 22 45
– durch Errichtung eines neuen Testaments 20 20
– durch Rücknahme aus amtlicher Verwahrung 20 21
– Ehepaar 21 2, 5
– Eigenhändigkeit 20 10, 12 ff.
– Einheitsprinzip 21 5 ff.
– einseitige 1 3, 20 1
– einzelner Bestimmungen 20 21
– Empfangsbedürftigkeit 20 1
– Erbeinsetzung 20 31, 33, 39, 21 7 ff., 13 f., 23, 22 1, 3, 6, 30, 35 f., 41 ff., 47, 23 10, 12, 18, 27 4 f., 46 6, 9
– Erbfolge, gesetzliche 1 3, 2 6, 4 3, 7 8, 8 1, 9 6, 12 1 ff., 18 4, 8, 19 3 f., 20 18, 31, 22 1 ff., 7, 25 4, 35 2, 7, 46 4
– Erbquote 4 10, 9 17, 22 1 ff., 28 f., 46, 23 10, 35 4, 6, 11
– Erhöhung, anteilsmäßige 22 3
– Ermittlung des Erblasserwillens 46 7
– Eröffnung 9 1 f., 11 4, 21 2
– Ersatzerbschaft 20 26, 21 6, 22 4 ff., 12 f.
– favor testamenti 20 3, 29, 37 f., 23 3, 27 5, 29 4

317

- Form 6 6, 20 2, 4, 13 f., 16, 20, 22 47, 46 11
- Formel, Jastrowsche 21 7
- Formerleichterung 21 4
- Frist 9 4, 22 18, 25, 30, 45, 42 3 ff., 43 5, 9
- Geistes- und Bewusstseinsgestörte 20 5, 7
- gemeinschaftliches 4 2, 21 1 ff.
- gesetzliche Erbfolge bzgl. des nicht zugewiesenen Teils 22 3
- Gestaltungsmöglichkeiten 46 9
- Höchstpersönlichkeit 20 2, 21 ff.
- Identifikation des Erblasser 20 10
- Inhalt 20 17, 21 2, 22 44 ff.
- in Höhe der geringsten Erbquote 22 2
- keine vertragliche Verpflichtung 19 12, 17, 20 2, 21 13 f.
- Lesbarkeit 20 11
- Mehrfachbehinderung 20 8
- Minderjährige 20 4, 16
- Nacherbschaft 9 17, 18 3, 5, 15, 21 5 f., 21, 22 1, 5 f., 8 ff., 31 f., 36, 45 f., 35 1, 46 9
- neun Punkte 46 2 ff.
- Nichtigkeit 9 23, 19 1, 11, 20 3, 21 12
- Nottestament 20 10, 18
- nur eine Urkunde 21 3
- öffentliches 20 4, 10, 16 ff., 21, 21 19
- Pflichtteilsrechte 46 6
- Potestativbedingung 20 26, 34, 22 45, 23 11
- präventiv 46 1
- privatschriftliches 20 10 ff., 18
- Rest 22 2
- Teilungsanordnung 22 28 f., 46 f., 35 2 ff., 13, 39 6, 46 9
- Testament, Berliner 21 5 f.
- Testierfähigkeit 6 6, 20 4 ff., 16 f., 46 5
- Trennungsprinzip 21 5 ff., 22 9
- Unterschrift 20 10, 13
- Veränderungen der Rechts- und Sachlage 46 10
- Verfügungen, wechselbezügliche 4 2, 21 8 ff.
- verlorenes 20 21
- Vermächtnis 1 3, 13 7, 16 2, 5, 18 1, 3 ff., 7, 9, 20 29, 21 8 f., 14, 20, 23, 22 1, 8 f., 23, 26 ff., 43, 45 f., 23 4, 10, 27 4, 28 6, 31 1, 4, 32 8, 35 1, 4, 39 8, 41 2 f., 43 3, 5, 46 4, 9
- Vertrauensverhältnis 21 3
- Verwahrung 9 1, 20 15, 17, 21, 21 10
- Verwirkungsklausel 22 8, 45, 47
- Vorzüge der gesetzlichen Erbfolge 46 4
- Widerruf 20 20 f., 21 4, 9 ff., 23 3, 7, 16 f., 27 5
- Willenserklärung 1 3, 20 1
- Zeit und Ort der Abfassung 20 13, 38
- Zusätze und Änderungen 20 13

Testamentsrecht 19 1 ff.
- Aufgabe 19 1
- Ausschluss 21 4
- Bedeutung, gesellschaftliche 19 4
- Drittwirkung von Grundrechten 19 8
- Einflüsse des Verfassungsrechts 19 6 ff.
- Geschichte 19 2
- Gesetzesvorbehalt 19 6
- Grenzen 19 6
- Grundrechte der Parteien 19 8, 11
- Höchstpersönlichkeit 20 2, 21 ff.
- Institutsgarantie 19 6
- Konkordanz, praktische 19 8, 11
- mittelbare 19 8
- Recht des Erben 19 6 f.
- Recht des Erblassers 19 6 f.
- Schranken, juristische 19 1
- Schutz des Erblasserwillens 19 1, 5
- Sittenwidrigkeit 19 1, 7, 11, 16 f., 22 30
- Sozialbindung des Eigentums 19 6
- Voraussetzungen 19 1
- Widerruf 21 23
- Zweck 19 3

Testamentsvollstreckung 9 17, 46 9
- Abwicklungsvollstreckung 39 7
- Aktivprozessführung 39 9
- Aufgaben 39 7 ff.
- Auftragsrecht 39 11
- Auseinandersetzung unter den Erben 35 5, 39 6
- Auskunftsanspruch 39 11
- Befugnisse 39 9
- Beginn des Amtes 39 4
- Beschränkungen 39 8
- Dauervollstreckung 39 6, 8

- Eingehung von Nachlassverbindlichkeiten 39 8
- Ende des Amtes 39 5
- Entlassung 39 5
- Erledigung der Aufgaben 39 5
- Ernennung 39 3
- Erweiterung 39 8
- Fortführung der Gesellschaft in eigenem Namen 39 12
- Freigabe von Nachlassgegenständen 39 11
- Geschäfte, unentgeltliche 39 9
- gutgläubiger Erwerb vom Erben 39 10
- Inbesitznahme des Nachlasses 39 9
- Kündigung 39 5
- Nachlassgegenstände, einzelne 39 8
- Nachlassverwaltung 11 1, 22 23, 39 8, 42 3 f., 43 2, 5, 8, 44 4
- Nachlassverzeichnis 39 11
- Passivlegitimierung 39 9, 43 9, 44 4
- Pflichten 39 11
- Schadensersatz 39 11
- Schutz des Nachlasses 39 6
- Sichten des Nachlasses 39 7
- Spezialvollstreckung 39 8
- Stellung des Verstorbenen 39 1
- Testamentsvollstrecker 4 14, 10 2, 20 23, 21 14, 22 45, 47, 27 4, 41 3, 42 1, 44 4
- Tod 39 5
- Treuhand 39 12
- trustee 3 6, 4 14
- Überwachung 39 8
- Verfügungen 39 9
- Verfügungsbeschränkungen 39 4
- Verwaltung, ordnungsgemäße 39 11
- Verwaltungsvollstreckung 39 6
- Widerruf 39 3, 12

Testier-/ Geschäftsfähigkeit
- relative 20 6

Testierfähigkeit 6 6, 20 4 ff., 16 f., 46 5

Testierfreiheit 1 2, 2 4, 4 1 ff., 9, 8 1, 12 1, 18 4, 14, 19 2, 7, 10 ff., 14 ff., 20 1, 31, 34, 21 13, 26 1, 33 1
- Beeinträchtigung durch Verfehlungen 26 1
- Erbvertrag 4 2, 21 13 ff.
- Funktion 19 10 ff.
- Grenzen 4 4, 18 4, 19 11, 14 ff., 21 13
- Intestaterbrecht 1 2, 4 3, 12 1
- Konsequenz 20 20

- Pflichtteil 2 4, 7, 4 4, 15 4, 16 5 f., 19 17, 21 7, 22 45, 41 2, 43 5
- Schutz 19 12, 26 1
- Testament, gemeinschaftliches 4 2, 21 1 ff.
- Verfügungen, einseitige 4 2, 21 11, 23, 39 3
- Verfügungen von Todes wegen 2 6, 4 1 ff., 6 6, 7 7, 19 12, 17, 21 13, 22 4, 11, 14, 25, 28, 25 1, 26 1, 27 1, 28 1, 29 1, 31 4, 32 8, 35 8

Tilgungsbestimmung 4 6

Trennungsprinzip 21 5 ff., 22 9, 46 8
- Einheitsprinzip 21 5 ff., 21, 46 8

Treuhand 3 6
- Stiftung 3 3
- Testamentsvollstreckung 9 17, 46 9
- Trust 3 6
- Vorerbschaft 22 21

Trust 3 6, 22 9

trustee 3 6, 4 14

Überlebensbedingung 28 6, 29 1, 30 4, 31 3, 6

Umgehungsgeschäft 3 5, 21 16 f.

Universalsukzession 4 9 ff., 10 2, 11 7, 22 1, 32 9

Unselbstständige Stiftung s. Stiftung, unselbstständige

Verfahren
- Eröffnung des Testamentes 9 2
- Nachlassgericht 9 1 ff., 8 f., 11, 18 ff., 11 1, 3, 5, 9, 20 5, 21 22, 23 20, 27 4, 35 5, 39 1 ff., 42 3, 43 2

Verfügungen
- Auslegung 1 2 f., 20 1, 22 36, 42, 27 1
- bedingte 23 11
- Bindungswirkung 21 11
- Einseitige 4 2, 21 11, 23, 39 3
- Erbvertrag 4 2, 21 13 ff.
- Nichtigkeit 4 4, 21 12, 27 5
- Rücktritt 21 10
- Sittenwidrigkeit 20 3, 31 ff.
- Testament, gemeinschaftliches 4 2, 21 1 ff.
- Vermutung der Wechselbezüglichkeit 21 9
- Vertrauensschutz 21 8

319

- von Todes wegen 2 6, 4 1 ff., 6 6,
  7 7, 19 12, 17, 21 13, 22 4, 11, 14,
  25, 28, 25 1, 26 1, 27 1, 28 1,
  29 1, 31 4, 32 8, 35 8
- Wechselbezügliche 4 2, 21 8 ff.
- Widerruf 19 12, 21 10, 22 47, 27 1,
  29 3
- Wirkung 21 9

Verfügungsbeschränkungen
- Testamentsvollstreckung 9 17, 46 9
- Vorerbschaft 22 22 f.

Vermächtnis 1 3, 5 1, 13 7, 16 2, 5,
18 1, 3 ff., 7, 9, 20 29, 21 8 f., 14,
20, 23, 22 1, 8 f., 23, 26 ff., 43, 45 f.,
23 4, 10, 27 4, 28 6, 31 1, 4, 32 8,
35 1, 4, 39 8, 41 2 f., 43 3, 5, 46 4, 9
- Abgrenzungen 22 28
- Anfall des Vermächtnisses 22 32,
  35 1, 40 2
- Arten 22 38 ff.
- Auflage 13 7, 18 3, 7, 9, 20 32,
  21 8, 14, 20, 23, 22 8, 23, 28, 43,
  41 2 f., 43 2 f., 5, 46 4, 9
- Bedachte 22 34, 40
- Befreiungsvermächtnis 22 39
- Beschaffungsvermächtnis 22 38
- Beschwerte 22 33 ff., 40 f.
- Bestimmungsvermächtnis 22 40
- Erbeinsetzung 22 41 f., 23 10
- Forderungsvermächtnis 22 39
- Frist 22 31 f.
- Gattungsvermächtnis 22 40
- Inhalt 22 27
- Rechtfolge 22 27
- Stückvermächtnis 22 38
- Teilungsanordnung 22 28 f., 46 f.,
  35 2 ff., 13, 39 6, 46 9
- Trennung zwischen Vermächtnis und
  Erbe 22 26
- Vertrag zugunsten Dritter für den Todesfall 4 8, 12, 22 28, 28 4
- Vorausvermächtnis 22 29, 32, 42,
  46, 35 4, 6, 40 2
- Wahlvermächtnis 22 40
- Wirksamkeit 22 30 ff., 38
- Zuwendung an mehrere Personen
  22 35 f.
- Zweckvermächtnis 22 40

Vermögen 4 9

Vermutung
- Gesetzliche 9 11, 20 21, 21 9, 22 4,
  6 f., 12, 15, 41 f., 23 3, 7 ff., 35 2,
  42 3 f.
- widerlegbare 9 11, 19, 23 8

Verschweigung 42 2, 43 4

Vertrag zugunsten Dritter für den Todesfall 4 8, 12, 20 1, 22 28, 28 4,
46 2
- Begünstigter 31 1 f.
- Deckungsverhältnis 31 2
- Kollision mit dem Erbrecht 31 4
- Valutaverhältnis 31 2, 4
- Versprechender 31 2
- Vollzug 31 5
- Zuwendender 31 2

Verwahrung 9 1, 20 15, 17, 20 f.,
21 10

Verwandtschaft 1 3, 2 5, 4 9, 9 20,
12 1, 3 ff., 13 1 ff., 14 4 ff., 15 2,
16 1 f., 4, 17 1, 18 3, 21 9, 23 9,
25 1, 31 1
- mehrfache 14 5
- Parentelordnung 14 5 f.

Verwirkungsklausel 22 8, 45, 47

Verzeihung 18 15, 26 2

Verzicht
- Erbrecht 25 4
- Erbverzicht 8 1, 11 5, 16 4, 18 8,
  15, 24 1, 46 2, 8
- Pflichtteil 16 4, 18 13, 15, 25 4,
  46 8

Vollendung des Zivilrechts 1 3

Vollmacht
- Bonifatiusfall 28 7, 30 4
- postmortale 28 3, 46 2, 9
- Widerruf 28 3, 29 6, 30 2

Vonselbsterwerb 4 15 ff., 11 1 f.
- aller dinglichen Ansprüche 4 15
- Antritt der Erbschaft 4 16, 20 26,
  22 15
- behördliche Einführung in das Erbe 4 16
- executor 4 14, 16, 9 19, 19 4
- hereditas iacens 4 13, 15, 17, 11 1
- Soforterbfolge 4 13 f., 11 1, 6
- Unsicherheit des Erben 4 17

Voraus 13 7, 16 2, 17 1, 41 3

Vorausvermächtnis 22 29, 32, 42, 46,
35 4, 6, 40 2

Stichwortverzeichnis

Vorerbschaft **22** 8 ff.
- Anwartschaft **22** 16, 25
- Bedingung **22** 14 f.
- Befreite **21** 5, **22** 14, 24
- Befreiung **22** 25
- Einsetzung auf den Überrest der Erbschaft **22** 25
- Grundschuld **22** 22
- Grundstücke und Grundstücksrechte **22** 22
- Haftung gegenüber dem Nacherben **22** 23
- Haftung gegenüber Dritten **22** 23
- Hypothek **22** 22
- Nacherbschaft **9** 17, **18** 3, 5, 15, **21** 5 f., 21, **22** 1, 5 f., 8 ff., **31** f., 36, 45 f., **35** 1, **46** 9
- Rechte des Vorerben **22** 21 ff.
- Schenkung **22** 22
- Treuhand **22** 21
- Verfügung, freie **22** 25
- Verfügungsbeschränkungen **22** 22 f.
- Verfügungsgewalt, freie **22** 21
- Verwaltung, ordnungsgemäße **22** 22
- Verwaltung des Nachlasses **22** 23
- Vorerbe **21** 5, **22** 1, 5 f., 8 ff.
- Vorerbfall **22** 15
- Vorerbschaft, befreite **21** 5, **22** 14, 24
- Wertpapiere **22** 22
- Zwangsvollstreckung **22** 22

Wahlvermächtnis **22** 40
Widerruf
- Erbvertrag **21** 13, 23
- gemeinschaftliches **21** 4, 9 ff.
- letztwillige **19** 12, **22** 47, **27** 1, **29** 3
- öffentliches **20** 21
- Schenkung **29** 2 f., 5, **31** 6
- Testament **20** 20 f., **21** 4, 9 ff., **23** 3, 7, 16 f., **27** 5

- Testamentsvollstreckung **9** 17, **46** 9
- Verfügungen s. dort
- Verzeihung **18** 15, **26** 2
- Vollmacht **28** 3, **29** 6, **30** 2
- wechselseitige **21** 10
- Willenserklärung **29** 5

Willensänderung, spätere **23** 16 ff.
- Indizwirkung im Rahmen der Auslegung **23** 18
- keine Berücksichtigung **23** 17

Willenserklärung **11** 5, 8, **20** 2, 7, **22** 42, 45, **27** 1 ff., **28** 2
- Amtsempfangsbedürftigkeit **22** 2
- Auslegung **22** 42, **23** 3, 6, 17
- einseitige **1** 3, **20** 1
- Empfangsbedürftigkeit **11** 2 f., **20** 1, **23** 3, **27** 2
- Testament **1** 3, **20** 1
- Widerruf **29** 5
- Wirksamkeit **29** 5, **30** 1, 3, **31** 6

Zugewinn
- konkreter **16** 4
- pauschaler **16** 3, **18** 9

Zugewinnausgleich **16** 3, 5 f., **17** 1, **18** 5, 9, **41** 3
- erbrechtliche **16** 3, 6
- güterrechtliche **16** 4, 6, **18** 9
- Lösung s. dort

Zuwendungen **35** 6 ff.
- Aufwendungen für Berufsausbildung **35** 8
- Ausstattung **18** 10, **22** 29, **35** 8
- typische **35** 8
- Zuschüsse **18** 12, **35** 8

Zuwendungsverzicht **25** 4 f.
Zwangsvollstreckung **22** 22, **38** 2, **42** 2, **43** 9, **44** 3 f.
Zweckvermächtnis **22** 40

321